道善人与经典文库

宋元明易学史

易学史 卷三

高怀民 著

华龄出版社
HUALING PRESS

图书在版编目（CIP）数据

易学史．卷三，宋元明易学史 / 高怀民著．-- 北京：华龄出版社，2025. 3. -- ISBN 978-7-5169-2927-8

Ⅰ. B221.5

中国国家版本馆 CIP 数据核字第 20256C8A64 号

责任编辑　董　巍　　　　责任印制　李未圻

责任校对　张春燕

书　　名	易学史．卷三，宋元明易学史	作　者	高怀民
出版发行	华龄出版社 HUALING PRESS		
社　　址	北京市东城区安定门外大街甲 57 号	邮　编	100011
发　　行	（010）58122255	传　真	（010）84049572
承　　印	固安兰星球彩色印刷有限公司		
版　　次	2025 年 3 月第 1 版	印　次	2025 年 3 月第 1 次印刷
规　　格	880mm×1230mm	开　本	1/32
印　　张	15	字　数	264 千字
书　　号	ISBN 978-7-5169-2927-8		
定　　价	178.00 元（全三卷）		

自 序

我前写先秦及两汉“易学史”二书，分别出版于1970年及1978年。当初因有感于国人易学研究之风气不振，且学术界不见易学史之作，故不忖浅陋，先后撰此二书。意在借以引发易学研究之风气，且以裨补以往易学无史之阙漏。近年来，欣见易学研究之风气大兴，各大学文科系所多有易学课程之开设，民间也多见易学研究之会社以及私人讲习，易学史之著作也见于坊间书肆。尤可喜者，内地学者虽起步较晚，却积极奋发，成果斐然。朱伯昆的《易学哲学史》与张其成的《易学大词典》，都是可称道的书。海峡两岸易学振兴之兆象已现，验诸历史，易学之兴为中国学术思想将大昌盛之前奏。有心学术人士，目睹此景象，自是欢喜鼓舞。是以近二十年来，我的易学研究工作，遂放在易哲学思想的理推索求上，对于易学史已不拟再作魏晋以下的撰写。无如因有先秦、两汉易学史在先，友朋关怀，见面时一再诘询，而本人眼见后来者易学史续续出现，欣喜之余也确有不释于心之憾，几经思量，觉得先秦、两汉之后的易学史有续成之必要，庶几不落有头无尾之讥。乃于前年始，以两年时间完成《宋元明易学史》。并拟两年后，再将清代以来之易学做一梳理，届时或可推出一全程系统之易学史。感谢朋友们的督促鞭策，此为本书出版之由。

本书以“宋元明”为名，上距《两汉易学史》末之述王弼易学的时代，已相距七百年之遥，在“史”的连续观念上，似有不相衔接之感，其实不然。因为自王弼以后，中国思想界已渐走入佛教天地中，易学退藏于密，让其主流思想之位与佛学，而自居于韬光养晦之域。这并不是说自王弼以后便没有了易学家与易学著作，当然仍有许多，只是在哲思的创建方面稀少而传述训注以承继固有者多。从易学发展史上看，不能算作易学兴盛的时代。故本书总此约七百年的时期，简要叙述以作为本书的第一章。应知易学的研究发展，在“史”的观点下虽不能说有间断，却有兴衰起伏之实情，笔者如此处理正是借此以显明易学在发展历程中起伏变化之状，此为必须声明的第一点。

第二，易学史中人物众多，或为思想创发者，或为训注章句者，或为捡拾前人唾余以自炫耀者，或为索奇弄怪以求名利者，或为主观认识不清却执着于一偏之错见，等等情况，不胜其繁多。笔者认为易学史之作不应该一概而论，如编写词典样，著其姓名，述其著作，如果那样便失去了价值标准，乌乎可？本书系以哲学思想为价值取决，以发明哲思为高尚，训注推演者其次。由此，在易学兴盛的时代，依据该时代中易学家的哲思表现，在述论中显其高下地位，俾使读者有正确的认识。周、张、二程学养固然好，但其主要学思指向在理学，不在易学，非纯然易学家，故四人总为一章，述其易学大体而已邵康节则纯然易学家且对易哲学思想创发者多，故述其易学较精微。笔者认为这是写易学史的人应有的认识。

第三，易学兴盛的时代，各有其不同的特色。先秦三圣各以其创思代表该一时代，伏羲氏画八卦始建易学，文王演易重八卦为六十四卦，孔子赞易作《易传》。两汉易学则以数术融会卦象为特色，故称“象数易”。宋元明的易学最主要的特色是“图象”——河图、洛书、太极图、卦图之学特别发达，故本书对图象一章叙述特多。

以上三点，为笔者撰写此书中所操持之原则及主要认识，理应先提出说明者，其他俱见于文字中，毋须多作烦言，敬请不吝指教。

1994 年 9 月　高怀民

目录

第一章　宋元明易学的兴起及其特色

易学是一条巨龙。我们站在历史的下游，上望这一条巨龙，自苍茫遥远的古代一路腾跃翻飞而来，时而张牙舞爪展现其雄姿，时而又退藏隐伏晦迹若无形，真所谓曲折变化，仪态万千。大计其数，则伏羲氏画卦始露头角，为第一盛世；周文王演易为第二盛世；孔子赞易为第三盛世；两汉象数为第四盛世；而宋元明的易学，即本书之所述为第五盛世。这最后的一个易学盛世，由于在出现之前隐伏的时间较长，所以现身的时间也久。自北宋初年开始，下历元、明而气势不衰。然后清继政统，以政治力量裁制学术思想，易学此一盛世才告结束。本章为此第五易学盛世的开端，拟先就两个思想重点叙述：一述北宋初年易学将兴之情势；一就大体以观，述宋代易学之特色。述前者，一并追述易学自汉、魏以后流变之迹，明其衰而不绝；述后者，明时移事革，学术思想自然也随着各历史时代的不同而异其表现。

第一节　北宋初年易学的兴起

一、反复其道，七日来复

笔者前撰《两汉易学史》，终于王弼。以王弼作为两汉易学的休止符，自是最适当的。因为一方面他“扫象数，归义理”的《周易集注》，以检讨批判的态度，有力地打击了象数易烦琐怪诞的风气；另一方面自王弼以后，中国境内学术思想丕变，易学急剧衰落，佛教思想大盛，此后中国思想界中人，逐渐转向佛教世界，被佛教哲学这一片新天地吸收了。在王弼死后，虽然出现了一些零星的易家，如翟元、蜀才、干宝等，无奈易学盛世已过，他们只能算是汉易过后的流光余音，已撑不起易学的大纛。再向后，易学也就更隐伏，等于退出了学术思想的舞台，韬光养晦去了。

不过，我们切不可忘记，易学毕竟是博大精深之学，它是中国学术文化的根本。它的惠泽早已普遍浸润在人心及社会生活中，虽退出了时代思想的主流地位，仍旧有许多人在历史帏幕的后面去研究它；自东晋以下，史册所见易注、讲疏等类著作，依然代不乏书。唐代李鼎祚《周易集解》

中所列三十五家易注，有不少是东晋以后人。这些人虽都是循前人旧迹解易，在思想上罕有创见，但在满天佛教思想之下，却代表着易学的衰而不亡。下面且将自东晋至隋唐间各朝代的易学研究者，略举出一二位以显此情，如：

东晋　干宝（字令升）

　　　王廙（字世将）

　　　张璠

宋　　荀谚（字柔之）

齐　　刘瓛（字子珪）

　　　沈麟士（字云桢）

梁　　伏曼容（字公仪）

　　　褚仲都

陈　　周弘正（字思行）

　　　张讥（字直言）

北魏　姚规

　　　卢景裕（字仲孺）

隋　　何妥（字栖凤）

唐　　李鼎祚

　　　孔颖达（字仲达）

以上所举，他们的著作书目在《隋书·经籍志》与《新唐书·艺文志》中均有著录。至于义要，可参阅马国翰《玉函山房辑佚书·易类》中所收集之遗文；黄庆萱教授撰《魏晋南北朝易学书考佚》，也可供参考。

然后，易学终于又到了崭露头角的时候，那就是佛教思想在中国发扬至盛极之后。也可以说是中国学术界在充分吸收融合了佛教思想之后，归宗返本，易学自然地又出潜离隐，起而领导中国学术界。此时是在唐代以后，经过了五代的乱离，赵宋一开始，先由华山道士陈抟现身，有意无意地透露出一点消息，播散了一些易学将兴的种子。不久之后，易学大家邵雍出现，一时间周敦颐、张载、二程兄弟，这一批以复兴儒学自命的思想家，竞以易学为立论基础，或开讲坛，或事著述，突然间易学如夜空中爆发的火花，灿烂夺目，成了最热门的学问。其兴起之骤与景况之盛，较之汉代象数易之兴，有过之而无不及。

按诸《易经》䷗复卦的卦辞，云：

> 复，亨。出入无疾，朋来无咎，反复其道，七日来复。

复卦是步入亨通之运的卦，“七日来复”中的“日”字，原是指称划分时间为单位概念的用语，在卦象上原指阳爻之“—”，自䷖剥卦而后入于隐晦一面，历无阳之坤阴六个阶段，到第七阶段乃复呈现于䷗复卦，此乃自然天道反复之则，故孔子《彖传》云：“反复其道，七日来复，天行也。……复，其见天地之心乎！”今就汉代易学之衰于王弼而言，王弼卒于魏正始十年（公元249年），算到赵宋初年陈抟之出现，适当七百年之数。如以百年为一日，岂非正合乎“七日来复”之言？哲学思想的议论，应该断之以理，不当以望文生义为说。笔者固不信此等术家之穿凿附会，然行文到此，偶触动此汉、宋易学衰而兴之思，觉得殊堪玩味，乃写此。人智有限，易道无穷，《系辞传》有言：“易之为书也不可远。”又言：“其言曲而中，其事肆而隐。”易之神用，深奥莫测，姑写此以为乐谈运数之好易君子作谈助也。

二、启宋易之运的华山道士陈抟

《宋史·隐逸者列传》中有《陈抟传》，节其文为下：

> 陈抟，字图南，亳州真源人。始四五岁，戏涡水岸侧，有青衣媪乳之，自是聪悟日益，及长，读经史百家之言，一见成诵，悉无遗忘，颇以诗名。后唐长兴中，举进士不第，遂不求禄仕，以山水为乐。自言尝遇孙君仿、獐皮处士，二人者高尚之人也，语抟曰：武当山九室岩可以隐居。抟往栖焉。因服气辟谷二十多年，但日饮酒数杯。移居华山云

台观，又止少华石室，每寝处，多百余日不起。周世宗好黄白术，有以抟名闻者，显德三年命华州送至阙下，留止禁中月余，从容问其术，抟对曰：陛下为四海之主，当以致治为念，奈何留意黄白之事乎？……世宗令赍帛五十匹茶三十斤赐抟。太平兴国中来朝，太宗待之甚厚。九年，复来朝，上益加礼重，谓宰相宋琪等曰：抟独善其身，不干势利，所谓方外之士也。抟居华山已四十余午，度其年近百岁，自言经承五代离乱，幸天下太平，故来朝觐。与之语，甚可观。……下诏赐号希夷先生，仍赐紫衣一袭，留抟阙下，令有司增葺所止云台观，上屡与之属和诗赋，数月放还山。端拱初，忽谓弟子贾德升曰：汝可于张超谷凿石为室，吾将憩焉。二年秋七月，石室成，抟手书数百言为表，其略曰：臣抟大数有终，圣朝难恋，已于今月二十二日化形于莲花峰下张超谷中。如期而卒，经七日，支体犹温，有五色云蔽塞洞口，弥月不散。抟好读《易》，手不释卷，常自号扶摇子，著《指玄篇》八十一章，言导养及还丹之事，宰相王溥亦著八十一章以笺其指；抟又有《三峰寓言》及《高阳集》《钓潭集》，诗六百余首。

《辞海》“陈抟”条下云：

> 宋真源人，字图南，自号扶摇子，生于唐季，五代时居华山修道，服气辟谷，寝处恒百余日不起。自晋、汉以后每闻一朝革命，恒颦蹙数日，及闻宋太祖登极，笑曰：天下自此定矣。太宗时，赐号希夷先生，著有《指元篇》。

从这些传记文字看，陈抟的生平行事，虽然充满神秘，已约略可得到一个大概。唐灭亡于昭宣帝天佑四年（公元 907 年），由此岁算到后唐长兴元年（公元 930 年），共二十三年，与传中称他“后唐长兴中，举进士不第”之言相合。再算至宋太祖登极之建隆元年（公元 960 年），为五十三年。算至太宗端拱二年（公元 989 年），传言抟卒之岁，为八十二年。由此看来，说他生于唐之季世，当可信。因为他只要生在昭宣帝亡唐之前十年，便是九十多的岁数，故传言“度其年近百岁，自言经承五代离乱”之言，是可信的。陈抟当是生于唐季世之僖宗、昭宗时代，卒于宋太宗端拱年间。

对于陈抟这个谜样的人物，我们不能怪罪历史学家的记述不清，因为作史的人也无从得知其底细。从传文看，陈抟是一个修道之士，属于若隐若现的道家人物，历史上的道家人物从来便是这种形象，君不见先秦时代的老子、庄子，他们的生卒年代和行谊，除了他们留下的书中所提到的以外，其他的后人知道多少？汉代的严子陵、魏伯阳等，史册中也只能说出有他们这些人，却不能道其详，更遑论其他更隐秘的，如《论语》中的隐者、列子、鬼谷、鹖冠、黄石、赤松等了。今我们从传文中看，说陈抟是一个修道之士，应该是肯定的。他的生活方式，他的交友，他的被传说会黄白术，都是修道者的模式。传中说他也有一些著作，可惜这些著作早已亡佚，但说他“好读《易》，手不释卷”及“著《指玄篇》八十一章”，也可以证明他醉心于修道的性格。《辞海》附录的中外历代大事年表中记载太宗太平兴国九年（公元 984 年），“华山隐士陈抟入朝，求遗书”。我觉得这一条文字相当重要，因为我们知道中国历史上道士们的修行，不只是功夫，尤重视方法，而方法多有秘笈。古时书籍不普遍，秘笈难得，陈抟既醉心于修道，欲得不传之秘的心情是可以想见的。列传文中说他数次入朝，我想“求遗书”应是他入朝的大用心之一。古时许多秘笈之类的书籍，多被朝廷搜集藏于内阁秘府，他的“求遗书”，当然是求与修道有关的遗书。

至于今日社会上所传署名“陈抟”的一副对联“开张天岸马，奇逸人中龙”，则无人能道其确实出处。有人相信此联出于陈抟手书，也有人说此联乃陈抟摘集自《瘗鹤铭》

之书文。而《瘗鹤铭》之来源又传说不一，此处不必细究。但就此联之文意而论，确是气宇不凡，既见才学功夫，又具不为功夫所囿的开放性格。书法也高尚，笔调超脱而不流于狂傲，独立挺拔中有检束。二者均表现出正统的道家人物精神。

说到陈抟与易学的关系，宋明以下易家多认为他是北宋易学兴起之源头人物。首先被认为是宋易主流的邵雍先天易一支。根据《宋史·邵雍传》、程明道《邵雍墓志铭》、张岷之《邵子行状》，均言邵雍受易于李之才。而《李之才传》则言“师河南穆修”，“修之易受之种放，放受之陈抟”。也正由于此，后来朱熹在《周易本义》卷首安置邵子之先天易图时注云：“伏羲四图，其说皆出邵氏，盖邵氏得之李之才挺之，挺之得之穆修伯长，伯长得之华山希夷先生陈抟图南者，所谓先天之学也。”今从邵雍著作中求之，也可见端倪，例如《击壤诗集》中有一首《六十三吟》，末两句是：

> “珍重至人尝有语，落便宜是得便宜。”下自注云：陈希夷先生尝有是言。

另有三首题如“观陈希夷先生真及墨迹”的诗，云：

未见希夷真，未见希夷迹，止闻希夷名，希夷心不识。

及见希夷迹，又见希夷真，始知今与古，天下长有人。

希夷真可观，希夷墨可传，希夷心一片，不可得而言。

另有一首“题范忠献公真”的诗，也提到陈希夷，诗云：

范邵居洛阳，希夷居华山。陈邵为逸人，忠献为显官。邵在范之后，陈在范之前。三人貌相类，两人名相连。（范雍字伯纯，真宗时在朝为尚书左丞等官，死谥忠献，其时代在邵雍之前，陈抟之后。）

从这些诗中，可看出邵雍对陈抟的景慕之情，则其易学承自陈抟，应非虚言。

此外，宋易中太极图一支，传说也是来自陈抟；河图、洛书也有人说来自陈抟；甚至俞琰的六十四卦直图，有人说是陈抟所传。这些传说想来都与陈抟隐约神秘的一生有关，无法定其真伪，本书后文当我们个别论及这几方面时，将再提及，此处不必多谈。但我们可以肯定的是：陈抟这一个华山道士，对宋代易学之兴起，必然有着大关系。将他视为开启宋易之运的易学家，当不为过言。于是，我们不禁想起历史上的往事，昔汉代象数易的始兴，孟喜与焦延寿即受易于不知名的隐士。隐士一脉对中国学术影响之巨，岂容忽视！

第二节　宋元明易学的特色

历史上不同时代的学术，各具有不同的特色，正如不同的气候土壤产生不同的果木一样。就易学而言，古今易学家虽然同是玩索卦象以解说宇宙人生，然而伏羲氏的八卦、周文王的六十四卦、孔子的《易传》与两汉孟、焦、京的象数易，各依其时代的变革而有其特色，此在笔者的“先秦、两汉易学史”中已叙述过。到了宋元明，易学的表现自然又与先秦、两汉不同。本节拟在个别叙述各家易学之前，先概括地将此一时期的易学特色，综要提出三点作说明，以期读者先有一个概念认识。

一、推易道以占验世运

此言“世运”，指历史时代的治乱兴衰，扩大而及至人类的存亡、宇宙的成毁。此一易学特色自汉象数易之后逐渐酝酿发展，至北宋邵雍的先天易而理论完备。自邵雍以后，此一特色一直为后世人所接受，历宋、元、明、清以迄今日，大都相信易有占断世运之能，易学家们常被询及“今后世运为何”的话。

上一节写华山道士陈抟时，曾引录过他的一个故事，说陈抟“自晋、汉以后，每闻一朝革命，辄颦蹙数日，及闻宋太祖登极，笑曰：天下自此定矣”。这故事不一定是真的，极可能是捏造，但即令是捏造，也表示着宋代易学自开始便有了占断世运的发展趋向。然而这一发展趋向绝非凭空而来，从易学思想史上追索，至少应该说开始于西汉“数术”之学与易学的合流。我们知道汉“象数易”之名，“象”指卦爻之象，“数”乃指《汉志》中“数术家”之学，数术家共包括天文、历谱、五行、蓍龟、杂占、形法六家。六家之每一家，又包括了许多家之学：天文有星气占验等二十一家，历谱有宿历行度等十八家，五行有丛辰、孤虚等三十一家，蓍龟有明堂、射匿等十五家，杂占有占梦、候岁等十八家，形法有宫宅、相人等六家。这些数术之学可以说从天上到地下无所不包，易学与这些杂学相结合，汉代象数易的庞杂可想而知了。

有了这样复杂的学术内容，此中人物的多彩多姿可以想见。还有一个特点，这些数术家们大多具有或纯或杂的隐居修道的性格。他们有些是终生隐居修道之士，有些是被朝廷礼聘做官的，有些是挟其数术出入朝野间的，有些则是浪迹江湖把人生作闲云野鹤游的。总之，象数易这一路学术和其人物很杂、很博、很散漫，神秘隐晦，不容易指陈叙述。就在这种复杂的象数易的帷幕中，隐约已经形成一种学问——推占世运之学。《易纬》可视作象数易的具体作品，就今日残余的些许《易纬》文字来看，如《稽览图》《通卦验》等篇，其中都隐含着推占世运。

因为我们不必要在此作太详细的追寻，而且也确实无法道出这一脉学术的详细传承，我想就史册文籍所载，且举出几位人物，蛛丝马迹，约可看到这一脉推占世运之学由隐丽显之状。

（1）张衡：字平子，南阳西鄂人。《后汉书·张衡传》云：

> 衡善机巧，尤致思于天文、阴阳、历算，常好玄经，谓崔瑗曰：吾观《太玄》，方知子云妙极道数，乃与五经相拟，非徒传记之属，使人难论阴阳之事，汉家得天下二百年之书也，复二百岁殆将终乎？所以作者之数，必显一世常然之符也，汉四百岁玄其兴矣。

张衡为安、顺二代太史令，然不以居官为志，长于玄思，作《思玄赋》等篇；他制作浑天仪、候风地动仪；他反对图谶，而提倡律历、卦候、九宫、风角等学术，且“欲继孔子易说彖象残缺者，竟不能就”。这些都载在传记中。上引文所论及汉兴年数的崔瑗为崔骃之子，骃祖父篆当新莽之世，曾“著《周易林》六十四篇，用决吉凶，多所占验”（见《后汉书·崔骃传》）。崔氏数世习易学，在张衡死后，崔瑗作碑文，有云：“数术穷天地，制作侔造化。”由此种种看来，张衡之论汉兴四百年，实为后世推运之学之滥觞，他的才学为象数易一路。

（2）管辂：字公明，平原人。辂善筮，故陈寿《三国志》将他列入《方技传》中，实则他是以数术合易的象数易家。本传中举其筮例十数则，均准确无误而妙绝常思，他都可讲出易理论做支持。今且举录他预知何晏、邓扬之死的一段记载如下：

> 十二月二十八日吏部尚书何晏请之，邓飏在晏许，晏谓辂曰：闻君著爻神妙，试为作一卦，知位当至三公不？又问连梦见青蝇数十头来在鼻上，驱之不肯去，有何意故？辂曰……昔元凯之弼重华，宣慈惠和，周公之翼成王，坐而待旦，故能流光六合，万国咸宁，此乃履道休应，非卜筮之所明也。

今君侯位重山岳，执若雷电，而怀德者鲜，畏威者众，殆非小心翼翼，多福之仁。又：鼻者艮，此天中之山，高而不危所以常守贵，今青蝇臭恶而集之焉，位峻者颠，轻豪者亡，不可不思害盈之数，盛衰之期。……飏曰：此老生之常谭。答曰：夫老生者见不生，常谭者见不谭。晏曰：过岁更当相见。辂还邑舍，具以此言语舅氏，舅氏责辂言太切至，辂曰：与死人语，何所畏邪？舅大怒，谓辂狂悖。岁朝，西北大风，尘埃蔽天十多日，闻晏、飏皆诛，然后舅氏乃服。

管辂也略道及朝代兴衰之言，如他与魏郡太守钟毓的对答：

毓问辂天下当太平否？辂答：方今四九天飞，利见大人，神武升建，王道大明，何忧不平？毓未解。辂言无几，曹爽等诛，乃觉悟云。

管辂与张衡是一路之学，只是比张衡表现得更露骨些。管辂特别强调“数”的重要，所说“苟得其数，则四岳可藏，河海可逃”“阴阳之数通于万物”，推占世运，正是明数之学。

（3）关朗：是易学史上的一个谜，史册中无传记，他的事迹载在今传宋阮逸注《文中子中说注》一书中。文中子王通其人，在隋唐之际，设帐授经，门下才秀多为兴唐名臣。后来程颐、朱熹均以其为隐君子，固不可诬为虚妄。《文中子中说注》共十篇，最后为关朗篇。十篇之后复有叙篇，言篇目次序之由，曰："通性命之说者，非易安能至乎？关氏易之深者也，故次之关朗篇终焉。"从此书扉页《文中子中说序》及此文看，关朗极有学术修养，明于礼数而善于易筮，属于老子所谓"君子得其时则驾，不得其时则蓬累而行"（《史记·老庄申韩列传》）的人物。书中言关朗字子明，河东解人，与王通的五代祖穆公同时，并为至交。穆公曾以之为"奇才"而荐于魏孝文帝，未及试用，俄而孝文帝崩，穆公继卒，关朗遂不仕，为王通的四代祖同州刺史彦之师。一日，同州问及治乱损益之数，乃有关朗之《百年占运》，引其文如下：

> 府君曰：彦闻治乱损益各以数至，苟推其运，百世可知，愿先生以筮一为决之何如？子明曰：占算幽微，多则有惑，请命蓍卦，以百年为断。府君曰：诺。于是揲蓍布卦，遇夬䷪之革䷰，舍蓍而叹曰：当今大运不过二，再传尔；从今甲申二十四岁戊申大乱，而祸始宫掖，有蕃臣秉政，

世伏其强，若用之以道，则桓文之举世，如不以道，臣主俱屠地。府君曰：其人安出？朗曰：参代之墟有异气焉，若出，其在并之郊乎？府君曰：此人不振，苍生何属？子曰：当有二雄举，而中原分。府君曰：各能成乎？朗曰：我隙彼动，能无成乎？若无贤人扶之，恐不能成。府君曰：请刻其岁。朗曰：始于甲寅，卒于庚子，天之数也。府君曰：何国先亡？朗曰：不战德而用诈权，则旧者先亡也。府君曰：其后为何？朗曰：辛丑之岁，有恭俭之主起布衣而并六合。府君曰：其东南乎？朗曰：必在西北乎，大乱者未可以文治，必须武定，且西北用武之国也，东南之俗其弊也剽，西北之俗其兴也勃，又况东南，中国之旧主也，中国之废久矣，天之所废孰能兴之？府君曰：东南之岁可刻乎？朗曰：东南运历不出三百，大贤大圣不可卒遇，能终其运，所幸多矣，且辛丑明王当兴，定天下者不出九载，己酉江东其危乎？府君曰：明王既兴，其道若何？朗曰：设有始有卒，五帝三王之化复矣，若非其道，则终骄冗而晚节末路有桀纣之主出焉，先王之道坠地久矣，苛化虐政其穷必酷，故曰：大军之后，必有凶年，积乱之后，必有凶主；理当然也。府君曰：先王之道竟亡乎？朗曰：何谓亡也？夫明王久旷，必有达者生焉行其典礼，此三才五常之所系也。孔子曰：文王既没，文不在兹乎？故王道不能亡也。府君曰：请推其数。朗曰：乾坤之策，阴阳之数，推而行之，不过三百六十六，引而伸之，不过三百八十四，天之道也。噫！朗闻之，先圣与卦象相契，自魏以来，天下无真主，故黄初元年庚子至今八十四年，更八十二年丙午，三百六十六矣，达者当生，更十八年甲子，其与王者合乎？用之则王道振，不用则洙泗之教修矣。府君曰：其人安出？朗曰：其唐晋之郊乎？昔殷后不王而仲尼生周，周后不王则斯人生晋，夫生于周者，周公之余烈也，生于晋者，陶唐之遗风也，天地冥契，其数自然。府君曰：厥后何如？朗曰：自甲申至甲子，正百年矣，过此未或知也。

我之所以把如此长篇《百年占运》引录下来，并非因为相信它真正出于关朗，而是因为它可能是历史上最早的一篇推占世运的文字。在这篇文字的结尾，尚回头来根据史实说明关朗之所言不虚，而终结于所谓“达者”即文中子王通：“迨仁寿四年甲子，文中子谒见高祖而道不行，大业之政甚于桀纣，于是文中子曰：不可以有为矣。遂退居汾阳，续诗书，论礼乐。江都失守，文中寝疾，叹曰：天将启尧舜之运而吾不遇焉，呜呼！此关先生所言皆验也。”在笔者想来，这篇文字极可能出于文中子之门人，为其师的生不逢时而抱憾，故比拟其师为周公、孔子。但不管怎么样，这篇推占世运的文字借着关朗之口说出来以装点文中子，揆其情，关朗其人必非虚构。更何况从关朗占运之甲申年算到文中子出生的甲辰年，其间不过八十年，关朗如属虚构，便很容易被拆穿。再者，唐朝初期太宗、高宗两代推占世运之风气甚盛，观《唐书·李淳风传》之预言女祸及其著作《己巳占》可知，文中子之门人正与李淳风同时代，则文中子门人之作上述《百年占运》之文更为可能。现在的问题是上述《百年占运》之文是否为历史上最早的一篇？抑或是失传了的李淳风的《己巳占》？或附会李淳风与袁天罡的《推背图》？比较起来，笔者仍认为上面所引者为最早。《百年占运》虽为后人借关朗之名而作，但关朗对此一路学术必有所习。碍于史料不足，不能得其详情，笔者则宁信关朗与张衡、管辂实为一脉之学，推占世运由张衡启其端，而到关朗乃落实到历史演变的盛衰轨迹上。

（4）李淳风：岐州雍人，唐太宗、唐高宗两代为太史令，明步天历算之学，《新旧唐书》均载其与太宗议论“女武代王”之事，文略同，今录《新唐书》之文如下：

> 太宗得秘谶，言唐中弱，有女武代王，以问淳风，对曰：其兆既成，已在宫中，又四十年而王，王而夷唐子孙且尽。帝曰：我求而杀之，奈何？对曰：天之所命，不可去也，而王者果不死，徒使疑似之戮，淫及无辜，且陛下所亲爱，四十年而老，老则仁，虽受终易姓，而不能绝唐，若杀之复生壮者，多杀而逞，则阶下子孙无遗种矣。帝采其言，止。

李淳风之学，同于上述之关朗，同为“神以知来”之学。其预言“女武代王”之事，极类似于后来陈抟之“闻宋太祖登极，笑曰：天下自此定矣”。当然，对于这个故事，我们也疑心是后来撰写史册的人所造作的，但观传末所载李淳风所撰书，《新唐书》为“所撰典章文物志、已巳占等书”，《旧唐书》则为“所撰典章文物志、乙巳占、秘阁录，并演齐人要术等凡十多部”。《新唐书》的“己巳占”与《旧唐书》的“乙巳占”名不同。乙巳是太宗贞观十九年（公元645年），己巳是高宗总章二年（公元669年）。这两个年代虽前后相隔二十四年，但都是李淳风做太史令之时，究竟为何，令人不解。笔者的假设是：可能撰写新、旧唐书的这些人都不曾见过《乙巳占》或《己巳占》这本书，只是从文献上见此名。但就史学而言，既然史家如此写，必有依据，所以李淳风曾著此书，是不容置疑的。而就此书的名称看，当与占运之学有关，这也正是后来社会上流传李淳风、袁天罡合撰《推背图》、李淳风撰《藏头诗》的原因。

以上所举“张衡—管辂—关朗—李淳风—陈抟”（陈抟已见前节），只是让我们透过历史的帷幕，隐隐约约看到他们所代表的一支学术，虽然看不清楚，却不能不承认此一支学术的真实存在。当然幕后的神妙人物多多，我们无法得知，还有后来的诸如刘伯温烧饼歌、周吕望乾坤万年歌、黄蘖禅师诗、邵康节梅花诗等，其幕后的真实作者应都是这一路人马。总括这一切，到宋邵雍的先天易出现，算是正式建立起了推占世运之学的大纛，在学术思想理论上，名正言顺地被纳入易学之中，几个先天易图提供了推运的模式，几个先天易数提供了用占的规范。邵雍在天津桥上闻鹧鸪以推断南人将主政的故事，也算是上述一类，但已经可以十足地用他的先天易学术理论做解释（邵雍易学将述于后文）。所以，宋元明易学具有推占世运的特色，实由历史逐渐演变形成。究其原因，历史是变化动乱之迹，人生死存亡于变动的历史中，自然会关怀历史的趋向，推占世运之学该说是人心对历史变动的自然反应。

二、收易道于心性存养

宋元明易学的第二个特色是将易道落在心性存养上，从北宋的周、邵、张、二程到明末的王船山，只要讲到易学，常常提到性命，成为普遍的易学风尚，形成一大特色。这事说来有趣，上一节推占世运的特色就学术精神而言，为道家精神的发用，而此一心性存养的特色则为儒家精神的光扬，中国思想史上恒是儒、道并列，彼此不即不离，各有施展的。

易学，克就卦爻辞的经文而言，原从天地化生万物着思，由天地之道而立人道。故经文之教化人，重在要人明白时、位、中、应等义而做到人与天地相合一之正道。孔子在《乾卦·彖传》中始揭“乾道变化，各正性命”，然后到了《系辞传》的“成性存存，道义之门”，到了《说卦传》的“昔者圣人之作易也，将以顺性命之理……穷理尽性，以至于命”，易学之中似已逐渐发展出一支“性命之学”。然后，《大学》《中庸》这两篇很重要。《大学》向性命在于人的深处追究，提出了“正心”与“诚意”;《中庸》则大发挥“诚”之义。《大学》作者直承孔子，虽然要人正心、诚意，却不愿将儒学全然安放在心性中，所以从诚意、正心一路向外，推到修身、齐家、治国、平天下，内省不遗外务，因为开物成务原是孔子在《易传》中教人的本旨。然而这里却在思想上有了缺失，就是陷入内外两端的一始一终，这是很重要的事。中国哲学思想一向认“道”为“周流”“周行”，“诚意”与“平天下”显然是一始一终。始何以起？终何所归？就中国哲学思想而言，这是不合传统的思想形式。于是，我们便知道何以《中庸》要特别发摘“诚”之义的理由了。《中庸》谓“诚者，天之道也”，“自诚明，谓之性”，“唯天下至诚为能化”，“诚者，物之始终，不诚无物”，“至诚无息”，等等，都是把“诚”向最高处提升，提升到“诚”与“道”合，“诚”即“道”。这样一来，本来在“意”之初动处之“诚”，却豁然大开放，成了“平天下”之道之所本，补救了两端之失，回归到儒学之源的《易经》的圆道周流。我们读《中庸》觉得它与《易经》的关系特别密切，原因即在此。

《中庸》将“诚”合于天地之道，这是在中国哲学精神驱迫之下的自然结果。可是落在学术的“利用、厚生”上，“自诚明”的圣人毕竟罕见。一般人都是要走“自明诚”的路，到头来儒家免不掉还是要向内研求，从心、意上下功夫，这便是我们看到的孟子何以要在“心”上讲求。但孟子是一个气魄恢弘的人，他保有“自诚明”的圣人气概，用一句“万物皆备于我矣，反身而诚，乐莫大焉”的话，轻轻带过了“诚”之大用，而把他的全副精神放在对“心”的省察上。因为“心”为人之性之所在，由“心”识“性”，由“性”知“命”知“天”，更不必说再向深处去钻研“意”，这便是他的那句有名的话：

尽其心者，知其性也；知其性则知天矣。存其心，养其性，所以事天也。夭寿不贰，修身以俟之，所以立命也。

《孟子》和《中庸》不同。《中庸》只是讲思想理论，什么“唯天下至诚，为能尽其性……可以与天地参矣”，什么“唯天下至诚为能化”，什么“至诚之道，可以前知”，什么“唯天下至诚，为能经纶天下之大经”等等；孟子却是在“反身而诚”之中，提出一些真实的通乎人心的共感，那便是他的“四端”之说：

恻隐之心，仁之端也。羞恶之心，义之端也。辞让之心，礼之端也。是非之心，智之端也。

换句话说，人只要诚心地依从仁、义、礼、智去行事，就是把握到了“性”，就可以“事天立命”。孟子的教人方法，真是明白清楚！

以上是先秦由孔子到孟子的心性之学的发展，虽然着重内修，却不废外务。和孟子同时的庄子，则是以旁观者的立场，很妥切地说这是“内圣外王之道”。

对于先秦儒家心性之学后来的发展，我在观察思想演变时曾经想过：如果没有中世纪佛教的东来，还会不会产生后来宋明那样的重内轻外呢？因为到了汉代，儒家思想明显转了向。汉代学者也都谈“人性”，却都从天地生人的宇宙论立场讲，不从省思内心处讲，故先秦的心性之学等于被搁置了下来，然后佛教来了。佛教思想点燃了火种，使先秦的心性研究又得以恢复，却与先秦的精神有别，而是务于收缩向内，重新捡起被孟子丢弃的《大学》的“意”，向人心意念之动的精微处着思。“诚”之通贯天地的大精神虽然仍为宋明思想家所推崇，却多把“诚”安置在心性修习的功夫中，不能不说这是受了佛教的影响，仍需简约一述。

佛教思想基本上说是唯心的，传来中国后，汉、魏、两晋时尚不太明显。到了南北朝以后，内体心性的微兆逐渐呈现，僧肇的“动静不二”，慧远的“法性体极”，已很容易使人回想起中国先秦的心性之学。及至达摩东来，正式拈出“心性”二字，开后来“明心见性”的禅宗一支，心性之学遂大兴盛。禅宗的“明心见性”，自然不是要人反身存养心性，而是要人了悟佛心佛性。但是人毕竟是人，要了悟佛心佛性，总难以不透过个人知觉的“心性”而达，慧可向达摩求道的事便是最好的例子：

光（即慧可）曰：诸佛法印，可得闻乎？师曰：诸佛法印，匪从人得。光曰：我心未宁，乞师为安。师曰：将心来，与汝安。曰：觅心了不可得。师曰：我与汝安心竟。

禅宗语录中这一类的例子多多，六祖慧能“斥风动幡动”的故事也是有名的一则。但如实而言，一个人如果完全不沾惹个人的心性而直下入于佛心佛性，委实只有极少数人才能做得到。禅宗与儒家的不同，即在于前者当下脱落个人之心性而入于佛心佛性；后者则是即个人之心性而存养之，以入于天地自然之心、天地自然之性。宋明思想界承受了这两方面的心性之学，故数百年间禅宗与儒学并盛，若二株之并立。而宋明的学者们由于怀着要恢复沦陷于佛学数百年之久的中国本位学术之心，故当他们站在易学基础上讲论思想理论的时候，几乎无一例外地将易学向心性上讲。周、张、二程、朱熹等理学家固是如此，既使邵雍、来知德、王船山等易学家也是如此。这是时代学术所造成的心理趋向，遂而形成这一时期的易学特色。

三、借图示以表达思想

“易者，象也。”“八卦以象告”，易学原本就是倚于象而建立的学问，但历代易学家们虽然一直守着以象说易的传统，却因时代的变革而方式有别。伏羲氏为八卦的创制者，当然是即象而明易；周文王则把易象置于神道筮占中设教；孔子的《易传》乃就象做理性思考，言其所以然之故；汉象数则把象合在天文、历谱、五行等数术之学上，广演易道之用；到了宋明时代，易学家们却喜欢创制易图，透过易图以说易。这也该说是宋元明易学的一大特色。

对于这一特色，笔者在此只是指出，不拟过多叙述。因为后文在各家易学介绍中将会道及，而且后文也有专论“易图象之学”的一章。宋代学术，一开始便是周濂溪的太极图，后来又有蔡元定入蜀求得太极图的传说。到了明代，太极图的形式已经有了多种不同，而来知德又推出了他独创的太极图。河图与洛书两图，在邵雍之前已有，究竟起于何时何人，不可知，但一直为宋元明易学家所钟爱，邵雍、朱熹、来知德、王船山都把它们视为有最高的学术价值。除此之外，卦象的花样翻新，也排列出许多新鲜的图形。最有名的当然是邵雍的先天易图，代表着邵子易学，至今为世人赞叹。蔡元定最佩服邵子易学，也根据其学说做了不少图。宋元明的易学家似乎都存着“制作易图”的心理倾向，例如朱熹，虽然对易学的才思不逮，也会排出一个卦变图；俞琰推出了一个美丽而排列有序的六十四卦图；此期间许多隐士道人，都有些易图载于道藏书中；来知德易注了后来的数十个易图；就连王船山也制作了一个重卦图以代表他对重卦的新见地。总之，宋元明易学时期风起云涌造易图的盛况，不得不说是一大特色。

第二章　周、张、二程本易理发扬儒学

今人言易，多喜以“理”“象”“数”三分易学，这种划分是受了宋易的影响。溯易学之初建，伏羲氏画八卦，八卦是“象”，然而“象也者，像也”，像什么？像其哲学思想，即“理”。“八卦以象告”，告什么？告其“理”。“圣人立象以尽意”，意何指？指其“理”。所以如就哲思上论先后，应是有“理”在先，制“象”在后。可是“理”随“象”显，无“象”则“理”不明。易之为学，在于制“象”之后，故易学又应说是“象”之学。至于“数”，又是伴“象”而生。太极之“—”，独立无二，即已落入“数”的概念之中，两仪的乾“—”与坤“--”，更明白显示出“数”的含义。由此推思形上，“数”更有在“象”前已存在之理由。此三者关系密切，难做泾渭之分，是以古人并不明确做“理”“象”“数”之三分，只是用“象也者，像也”“以象告”“易，逆数也”等话，表示“理”是易学的本质，“象”

与“数”是表现“理”的方式。然而到了宋易之兴，情况却不同。周、张、二程诸人，一时并起，同依据于易学而说儒门之“理”。与他们同时的易学家邵雍，则特重“象”与“数”，透过他的先天易图与易数而说“理”，建立起独家的易学思想体系。这样一来，周、张、二程的重易之“理”与邵雍的重“象”与“数”，遂有了明显的分别。其实，这是一般人的不正确的看法，因为邵雍的说“象”与“数”，正是说易学的“理”，而周、张、二程乃是依据已知的易学说儒门之“理”，周、张、二程应是儒学家，非可谓易学家，后世称之为“理学家”，也是对的。本书正是基于此观点，将这几位理学家放在一章中，从他们的著作和言论中，看他们的易学。但也必须声明，这几位理学家虽然不是易学家，却都有甚深的易学修养。他们都对易学下过甚深的思考功夫，说是易学家，也都当之无愧。

第一节　周敦颐的易学

一、事　略

《宋史·道学传·周敦颐传》:

周敦颐，字茂叔，道州营道人，元名敦实，避英宗旧讳，改焉。……为分宁主簿……徙知南昌……通判虔州……熙宁初，知郴州，用抃及吕公著荐，为广东转运判官提点刑狱，以洗冤泽物为己任。……以疾，求知南康军，因家庐山莲花峰下，前有溪，合于湓江，取营道所居濂溪以名之。……卒年五十七。黄庭坚称其人品甚高，胸怀洒落，如光风霁月，廉于取名而锐于求志，薄于徼福而厚于得民，菲于奉身而燕及茕嫠，陋于希世而尚友千古。博学力行，著《太极图》……又著《通书》四十篇……掾南安时，程珦通判军事，视其气象非常人，与语，知其为学知道，因与为友，使二子颢、颐往受业焉。敦颐每令寻孔、颜乐处，所乐何事，二程之学源流乎此矣。故颢之言曰：自吾[1]再见周茂叔后，吟风弄月以归，有吾与点也之意。……嘉定十三年，赐谥曰元公。淳祐元年，封汝南伯，从祀孔子庙庭。

周敦颐生于北宋真宗天禧元年（公元1017年），卒于神宗熙宁六年（公元1073年），后世称濂溪先生。由上面传文中，知他不但是思想家，而且具有精于政事的才能，

---

① 吾：有本无此字。

是典型的“学而优则仕”的儒家榜样。他是宋代理学家中第一位出场的人物，当然他的师承也为后人所关心，但传记中未言及，后人也无从考知。朱熹注《通书》云：“茂叔自少即以学行有闻于世，而莫或知其师传之所自。”

笔者认为对此一问题，不妨作如是想：佛教在中国，到了唐代后期，实已臻于盛极，盛极而衰，故韩愈、李翱辈在当时已发“排佛”“复性”之论，兆示中国本位学术之将兴。此一学术思想势运到北宋而成熟，周、张、二程、邵等一时并发，濂溪不过是第一个代表此一思想势运出场的人。至于学术问题的指向方面，先秦儒家所提出的心性存养之学，在孟子之后并未得到精微细致的发挥，而现被佛学禅宗的“明心见性”说一激荡，遂点燃起儒学再兴的火把。《易经》本来就是当初孔子儒家思想的根源，而今重新拾起，《大学》《中庸》二篇讲正心、讲诚意、讲慎独、讲中和、讲静定，故特别重要。站在此一观点上看，对北宋诸子之学的兴起与方向，便可了若指掌，我们固可不必偏偏计较于周濂溪之师承，他应时代潮流之推送而生，不出于某一师门，也不囿于某一家，说是“自学有得”比较妥当。

二、易说——《太极图说》《通书》

周濂溪的哲学思想，在于他的两篇著作：《太极图说》

与《通书》。前者糅合了先秦及两汉易学而借图示以表达宇宙万物发生的思想体系；后者则据前者的理论作人道方面的发挥。二者一言体一言用，关系密切。

濂溪之太极图，是几个大小圆圈组合而成的一连串的思想概念。所传之图形略有不同，例如朱震《汉上易》所载之图，便是太极、阴阳、五行、人、万物各圆圈相分离；而“阴静”“阳动”之文字做上下安置。今以清初康熙年间李光地所编之《性理精义》之图为准，此为今日学术界所常引用者，其图说如图 2-1。

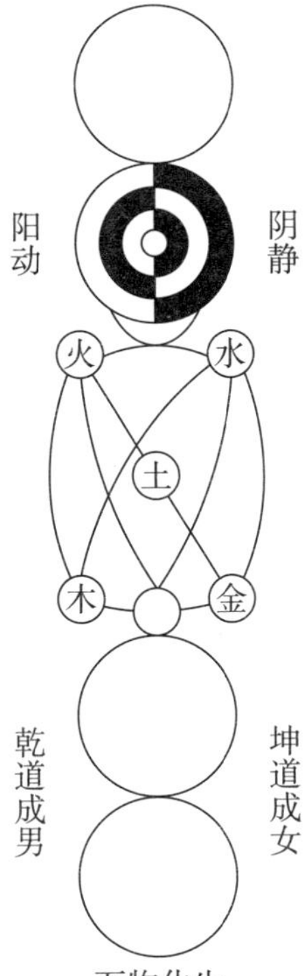

图 2-1 周濂溪太极图

> 无极而太极，太极动而生阳，动极而静，静而生阴，静极复动，一动一静，互为其根，分阴分阳，两仪立焉。阳变阴合，而生水火木金土，五气顺布，四时行焉。五行一阴阳也，阴阳一太极也，太极本无极也，五行之生也，各一其性。无极之真，二五之精，妙合而凝，乾道成男，坤道成女，二气交感，化生万物，万物生生，而变化无穷焉。惟人也，得其秀而最灵，形既生矣，神发

知矣，五性感动，而善恶分万事出矣。圣人定之以中正仁义，而主静立人极焉。故圣人与天地合其德，日月合其明，四时合其序，鬼神合其吉凶；君子修之吉，小人悖之凶。故曰：立天之道曰阴与阳，立地之道曰柔与刚，立人之道曰仁与义。又曰：原始反终，故知死生之说。大哉易也，斯其至矣。

以上文字部分不足二百五十言，却倚图道出了宇宙万物化生的思想理论，且及于人生修焉，真可以称得上是“言简意赅”了。中国文字的特性，偏向于简约。周子这一篇《太极图说》，是代表此一特性的名篇之一。但图说虽简约，却让人一望而知不是来自于单纯的思想源流。“无极”“太极”“五行”三个名称已经包含了先秦的道家易、儒门易与汉代的象数易在内，显然周子是糅合了前代易学而成一说。至于上面的图形部分，在周子卒后不久，朱震、胡宏已提出疑义。朱谓此图乃传自陈抟、种放、穆修；胡谓此外另有他师授。清代胡渭在《易图明辨》中，更指出此图乃《唐真元妙经品》中之太极先天图，原为道家之传。凡此考据部分，笔者不拟在此多做计较。太极之图或非为周子自创，但图说之文字部分，必为其自作，即此文字部分而观，周子当对易学深有见地，这是无疑的。

图说中最引起后人争议的是“无极而太极”一句，争议的焦点在于“无极”与“太极”二名在思想层次上究竟是二或是一。主张二名一指的以朱熹为代表，他注“无极而太极”云：

> 上天之载，无声无臭，而实造化之枢纽，品类之根柢也，故曰无极而太极，非太极之外复有无极也。

又云：

> 谓之无极，正以其无方所形状，以为在无物之前，而未尝不立于有物之后；以为在阴阳之外，而未尝不行于阴阳之中；以为通贯全体无乎不在，则又初无声臭影响之可言也。
>
> 圣人谓之太极者，所以指夫天地万物之根也，周子因之而又谓之无极者，所以著夫无声无臭之妙也。
>
> 周子所谓无极而太极者，非谓太极之上别有无极也，但言太极非有物耳。

朱熹的意思很明白，他是以《系辞传》为依据，因为在《系辞传》中孔子只言“太极”而未言“无极”。就易经思想而言，“太极”已经是最根本，更毋须在其上装头加角，故以“无极”作为“太极”的形容词来解。这样作解，一方面与《易传》相合；另一方面又照应了《中庸》所引《大雅·文王》“上天之载，无声无臭”之言。朱熹毕竟是儒家的立场，由此可见。

但是，朱熹之解说终不能令人心服，因为周子之思想显然非只源于儒家，不可以儒家范围之，此其一。其二，正如杭辛斋在《易楔》中所言：“其图明明太极之上有无极，其说（按指朱说）终不可通也。”今且尝试论之，“无极”一名，最早出于《老子》第二十八章：“常德不忒，复归于无极。”其句法与含义同于第十四章之“绳绳不可名，复归于无物”，乃对不可名状之形而上之“道”而言。至于后来《庄子·逍遥游》中之“吾惊怖其言，犹河汉而无极也”，此“无极”实同于无穷、无尽。“太极”在《易·系辞传》中之句为：“太极生两仪，两仪生四象，四象生八卦。”在象上为“⚊ → ⚊、⚋ → ⚌、⚏、⚍、⚎ → ☰、☷、☳、☴、☵、☲、☶、☱”。换句话说，“太极”在易学中虽是宇宙万物的最根本，却是落在象（即思想符号）之“⚊”上，与“无极”相较，“无极”则不落在任何象上。今以前面周子的太极图印证，其“太极”即最上面的圆圈，“无极”则应是圆圈以外无任何代表之象的空白，是以“无极”与“太极”之分，理应是“无象”与“有象”之分。做此解释才算应理，而且自然顺畅，不必如朱熹那样费偌大心力去做迹近强词的解释。

再从周子写这句话的思想发生上看，他并非无端地突然写下这句“无极而太极”。我们知道自唐代法相宗之盛行，佛教界言八识之说。第八识名“阿赖耶识”，又名“种子识”，义为人所受用之一切事物之种子含藏于其中，由此种子而能引生死，善不善业异熟果。然而异于法相宗之法性宗，却倡立第九识“阿摩罗识”。阿摩罗义为清净、无垢，即离一切无名烦恼。法相宗，以阿摩罗为阿赖耶识之净分；法性宗则认为第八阿赖耶识虽为根本识，但不离对下起用，终不彻底纯粹，第九阿摩罗识才是如来清净识，故又名“佛识”或“如来识”。周濂溪之“无极”与“太极”之关系，正同于“阿摩罗识”与“阿赖耶识”。其“无极而太极”，应是在这一佛教思想影响之下产生的。此乃笔者一管之见，提供给读此书的诸君作为参考。

以下“太极动而生阳……两仪生焉”一节，为思想之又一层次。图中黑白相间各半之圆象，象阴阳之生，左阳先生，中含一阴，右阴后起，中含一阳，与后于周子出现的太极图“☯”之象形异而义同（见本书后文）。然此阴阳相含而生于太极之图象，追溯其义，实为东汉魏伯阳《参同契》之说。《参同契·乾坤门户章第一》言：“乾坤者易之门户，众卦之父母，坎离匡廓，运毂正轴。”离卦象 ☲ 阳中有阴，坎卦象 ☵ 阴中有阳，离坎二卦象征乾坤之交互变化，此义且又可更早追溯到西汉孟喜卦气中的“乾、坤、坎、离”为四正卦。今周子以黑白图代阴阳爻，左半即离卦，右半即坎卦，显然是承自汉易的思想。然必以左半为阳中阴，右半为阴中阳，系以左为先生，右为后起，与图说“太极动而生阳，动极而静，静而生阴”之言相合。此一理论乃继承先秦易学“大哉乾元，万物资始”，“至哉坤元，万物资生”，故周子此图实为融合了先秦与两汉之易学而成。于是，我们可以想到，太极既然有“动而生阳”，当然有“未动而生阳”之时，则该时应为与“动”相对之“静”，此即下文“一动一静，互为其根”之由。更下文还有圣人“主静而立人极”之言，也是由此而来。“主静”原是先秦道家的主要思想，老子尝言：“夫物芸芸，各复归其根，归根曰静，是识复命。”周子思想中有相当的道家成分，自不待言。而由此再检视朱震《汉上易》之将周子太极图中“阴静”“阳动”做上下安排，也未始不有其道理。此种非本书主题的细节讨论，笔者不拟再多费篇幅，读者请自参详。

再下，“阳变阴合，而生水火木金土……各一其性”一节，言阴阳生五行，为又一思想层次。以五行为五气而合于四时，完全是汉易的思想，图中五行之排列系以相生之序，阳之生始于水，阴之生始于火，各以线相牵。木生火为阳长，故居左；金生水为阴长，故居右；与上面之“阳动”“阴静”相应合。此五行之圆圈不要作平面看，作圆球形看，便可理解。

再下，“无极之真……而变化无穷焉”一节，言阴阳、五行之相交生人及万物，人为万物之灵，故代表人（男女）之圆圈在上，而代表万物之圆圈在下。在五行与大圆圈中间的小圆圈是“二五之精，妙合而凝”。人、物之生，此即为天命之所赋予。

再以下“惟人也……斯其至矣”，乃落降到人世善恶万事上，由是而标立出圣人之可贵，拈出“中正仁义”四字代表圣人之教，以“主静”为圣人“立人极”之精神境界。“主静”即是反于无极、太极之自然，故特引易文中“原始反终”之言。君子与小人之判，即在此认识与修为上。最后，周子特赞扬易道之大，表示这个图说便是他对易学的心得见解。

以上论周子之太极说简述，确乎是易学史上自《易传》而后的第一篇宏文。它的特点不在于创思，而在于糅合先秦、两汉及儒、道二家之易说，以简约的文章冶于一炉而成一条理井然的思想体系，读之令人感到它的内涵远溢乎文辞之外。朱熹后来在注文中说：

> 自周衰，孟轲氏没，而此道之传不属，更秦及汉，历晋隋唐以至于我有宋，五星集奎，实开

文明之运，而先生出焉，不由师传，默契道体，建图属书，根极领要……非天所畀，其孰能与于此！

朱熹此等赞颂，也不为过言。

然后再说周子的另一篇著作:《通书》。根据朱注:

（周子）所著之书，又多散失，独此一篇，本号“易通”，与《太极图说》并出程氏，以传于世。

则知此篇为周子诸多著作中幸存的一篇，以此篇与前之《太极图说》相较，太极图说为括宇宙万物之纲要体系，此篇则言人生修为。虽然，此篇仍处处不离易道，可以说是站在易学的基础上论说人生之道。

《通书》似非一时计划之作，乃为学精思与功夫修为中有所得时记录下来的心得。全篇四十章，文辞简约，字数最多的章为“师第七”“乐上第十七”，也不过百余字；最少者为“陋第三十四”“拟议第三十五”“公第三十七”，均二十余字。开篇以圣人之诚合易道乾元之始，以发性命之源，然后论及于人生修养的多方面，所强调的也都是古人曾提出过的思想，如“中”“几”“纯”“神”“和”等，但在周子简短的字句中再次提出，觉得特别有力。其中有几章与《易经》关系密切，显然是读《易》心得，如“精蕴第三十”，“乾损益动第三十一”，“家人睽复无妄第三十二”，“蒙艮第四十”。

周子《通书》影响宋明理学家极深且巨，不但对宋明学术方向具有决定作用，且带动后来的学者们向着人生修养的精深处去思考体会。他曾经教授过二程，而程朱一脉又是通贯宋明的学术，所以影响特巨。今且举其“动静第十六”一章之言为例，其言曰：

> 动而无静，静而无动，物也。
> 动而无动，静而无静，神也。
> 动而无动，静而无静，非不动不静也。
> 物则不通，神妙万物。

周子此言甚精，物有滞碍，故动静不通；神无不通，故妙万物。神之“动而无动”即动而有静，“静而无静”即静而有动，“动静”双遣双存，故不落于不通，实即“道”之自然。但更重要的是他将此义用在人道之“无欲”上说，“圣学第二十”云：

> 圣可学乎？曰：可。曰：有要乎？曰：有。请闻焉。曰：一为要，一者无欲也，无欲则静虚动直。

静虚则明，明则通；动直则公，公则溥。明通公溥，庶矣乎！

他把《易传》乾坤的“其静也专，其动也直”“其静也翕，其动也阔”，改成“静虚动直”，并无不妥。换言之，人“无欲”，方能入动静自然之“一”，也就是方能合于圣人之“主静”。此即后来理学家们所说的“静存动察”。“静”所“存”者何？存其“虚”；“动”所“察”者何？察其“直”。甚至到了明代末季的刘宗周，更说出了“静存之外无动察”（见黄梨洲《子刘子行状》）之言。刘宗周极佩服周子“主静”“无欲”之见，其言曰：

周子曰：无欲故静，吾人日用苟其有欲，动固动也，静亦动也；苟其无欲，静固静也，动亦静也。

动静二字，终当以静为主。周子云：定之以中正仁义，而主静立人极。人极非静不足以立，又恐人误以静为静，故加定之以中正仁义七字，乃是定而后能静也。

观此，可知周子对后世学术的影响。

第二节　张载的易学

一、事　略

《宋史·道学传·张载传》:

张载，字子厚，长安人，少善谈兵，至欲结客取洮西之地。年二十一，以书谒范仲淹，一见知其远器，乃警之曰：儒者自有名教可乐，何事于兵？因劝读《中庸》……尝坐虎皮讲易京师，听说者甚众。一夕，二程至，与论易，次日语人曰：比见二程，深明易道，吾所弗及，汝辈可师之。撤坐辍讲，与二程语道学之要，涣然自信曰：吾道自是，何事旁求？于是尽弃异学，淳如也。举进士……以为崇文院校书……屏居南山下，终日危坐一室，左右简编，俯而读，仰而思，有得则识之，或中夜起坐，取烛以书，其志道精思，未尝须臾息，亦未尝须臾忘也。敝衣蔬食，与诸生讲学，每告以知礼成性，变化气质之道，学必如圣人而后已。……以《易》为宗，以《中庸》为体，以孔孟为法……载学古力行，为关中士人宗师，世称为横渠先生，著书号“正蒙”，又作《西铭》……程颐尝言，《西铭》明理一而分殊，扩前圣所未发，与孟子性善养气之论同功，自孟子后盖未之见。学者至今尊其书，嘉定十三年，赐谥曰明公，淳祐元年封郿伯，从祀孔子庙延。

张载生于宋真宗天禧四年（公元1020年），卒于神宗熙宁十年（公元1077年），享年五十八岁。张载是一个胸有大志而肯下功夫的人。他倾心力学做圣人，故一生有为有守，不苟同于人，也不自矫饰。正因如此，才能写出像《西铭》那样的文字。他的名言“为天地立心，为生民立命，为往圣继绝学，为万世开太平”，被后世读书人奉为人生奋斗的指标。

他的学术思想也植基础于《易经》。《正蒙》一篇取先秦易学理论合气化而运思，《西铭》则发于乾坤之义落入人生日用。无论思与行，均见其功力。

二、易说——《正蒙》

张载的哲思代表作为《正蒙》，程门高弟杨龟山曾说：

《正蒙》之书，关中学者尊信之与《论语》等，其徒未尝轻以示人，盖恐未信者不惟无益，徒增其鄙慢尔。

后来王船山尤推重此书，作《张子正蒙注》。王船山喜欢批评前代学者，儒、道二家前贤罕逃过他的笔伐，然而对张载却赞扬有加。在他死前自题的墓铭中，曾写过“希张横渠之正学而力不能企”的话。此语出自孤傲的王船山，真算难得了。而事实上，王船山易学的形而上思想即是张载《正蒙》思想的继承，此是后话，将述于后文王船山易学中。然由杨、王二氏的话中，可以看出张载《正蒙》在当代及后世所受的重视。至于《西铭》，原是《正蒙》中的一篇，特别提出以教示生徒。《西铭》之要旨在于表扬“仁孝”之德，论易学思想则在《正蒙》。

《正蒙》之思想基础建立在第一篇形而上思考之《太和篇》上，兹录其要言如下：

太和所谓道，中涵浮沉、升降、动静相感之性，是生絪缊相荡，胜负屈伸之始，其来也几微，易简其究也。广大坚固，起知于易者乾乎，效法于简者坤乎，散殊而可象为气，清通而不可象为神。不如野马絪缊，不足谓之太和。

太虚无形，气之本体，其聚其散变化之客形尔。至静无感，性之渊源，有识有知，物交之客感尔。客感客形与无感无形，惟尽性者一之。

天地之气，虽聚散功取百涂，然其为理也，顺而不妄。气之为物，散入无形，适得吾体；聚为有象，不失吾常。太虚不能无气，气不能不聚而为万物，万物不能不散而为太虚。循是出入，是皆不得已而然也。然则圣人尽道其间，兼体而不累者，存神其至矣。

知虚空即气，则有无、隐显、神化、性命，通一无二。顾聚散、出入、形不形，能推本所从来，则深于易者也。

气块然太虚，升降飞扬，未尝止息。

气聚则离明得施而有形，气不聚则离明不得施而无形。方其聚也，安得不谓之客，方其散也，安得遽谓之无?

气之聚散于太虚，犹冰凝释于水，知太虚即气则无无。

由太虚有天之名，由气化有道之名，合虚与气有性之名，合性与知觉有心之名。

两不立，则一不可见；一不可见，则两之用息。两体者，虚实也，动静也，聚散也，清浊也，其究一而已。

游气纷扰，合而成质者，生人物之万殊，其阴阳两端，循环不已者，立天地之大义。

气本之虚，则湛本无形。感而生，则聚而有象。有象斯有对，对必反其为。有反斯有仇，仇必和而解。故爱恶之情，同出于太虚而卒归于物欲，倏而生，忽而成，不容有毫发之间，其神矣夫！

由以上《太和篇》中的主要章句看，我想把张载的思想做如下的说明。

第一，《太和篇》的哲思源自《易经》，如仅就本篇而论，张载可以称为是易学家。“太和”之名即来自《易·乾卦·彖传》。

第二，然先秦易学不以“气”言，“气”在思想史上，孟、庄以后始正式步入哲思之域，至西汉易纬时，与易学融合成一大思想体系。张载此篇则主要倚于“气”而言变化，是承汉人之思想。按“太虚”之名，乃取自《庄子》，《庄子·知北游》：“不过乎昆仑，不游乎太虚。”《知北游》即以“通天下一气”言变化，其文曰：

人之生，气之聚也，聚则为生，散则为死，若死生为徒，吾又何患？故万物，一也。是其所美者为神奇，其所恶者为臭腐，臭腐复化为神奇，神奇复化为臭腐，故曰：通天下一气耳。

又《庄子·列御寇篇》也有“太一形虚”之言。

第三，“太虚”是张子形而上思想的最上层义，它有以下几方面的认知：一是“无形”，二是“有实”，三是“气之本体”。言其“无形”，是对“气”之聚散变化为有象而言，然“气”也通乎无形，那就是聚之前与散之后，当“气”之未及聚散变化，即与“太虚”无别，故言“虚空即气”。言其“有实”，是指“太虚无形”中，自然而生“气之聚散”，虚非真虚，形虚而质实，此即《乾称篇》中说的：“至虚之实，实而不固。”而言其为“气之本体”，是说“气”之聚而出有象与散而入无形，均不离此“太虚”。《性理大全》引有张子的话说：

人知道为自然，而未识自然之为体。天地之道，无非以至虚为实，人须于虚中求至实。(《性理大全》卷二十四《性理六》)

换句话说，自然变化之有形与无形，均以“太虚”为体，而自然变化起于“气”，故“太虚”为“气之本体”。

第四，“太虚”之能生“气”与“气”之聚散变化，有“顺而不妄”之“理”，“理”之功用是为“神”。张子于此“理”

未太着意发挥，只是道及。二程则着意于此，后来朱熹更大加发扬，以“理”为形而上之本体。

第五，“性”生于“虚”与“气”之合，也就是说自“气”之始聚即有“性”。故圣人之所以为“圣”，一为尽性，二为存神；由“至诚”而达。

以上对《正蒙·太和篇》的解析说明，可以说即是张子易学思想的全部。以下诸篇，虽然在篇名上与易学相关，为“参两”，为“大易”，为“乾称”，而实已走入儒家人生哲学的领域，不必再于此多作讨论。然于此不得不指出，张子上面这一看来是建立在易学上的思想，并非全然与传统易学相合，以“气”言易道之变化上文已言，此外至少有两点需要指出：

第一，张子之“太和”，只是笼统的就“道”之变化而言（浮沉、升降、动静相感之性）。按“太和”之初见于《易·乾卦·彖传》，其义在于指明乾坤生万物之“始”之形而上因素之“和”，包含三种根源：一为物原质（原文以“品物流形”表示）；二为时间（原文以“大明终始”表示）；三为位（即今所谓空间，原文以“六位时成”表示）。此三者之“和”，化成“性命”，故言“乾道变化，各正性命”。今张子不言“时”“位”，只言“气”，在思想析辨上实未若原来易学之精微。

第二，张子言“由太虚有天之名”，则是以“太虚”为

“天”。此说乃取先秦以下诸“天”说之一，不可以说是妄言。但《太和篇》是倚于易学而讲形而上思想，《乾卦·彖传》明言：“大哉乾元，万物资始，乃统天。”天与地是“乾元”与“坤元”之化身，在思想层次上为“太极”一元之下分，“太极”是绝对是一，“乾元”与“坤元”是相对是二，以“天”名“太虚”即是以“天”名“太极”，岂可？由此看，张子的思想也不够精密。

在今所见张子全集的附录里，有程伊川的话说：“横渠之言，不能无失。”我想程伊川对他这位表叔的批评是不错的，因为伊川在洛阳教授易学，著有《程氏易传》，就传统易学的立场言，张子的言论确是“不能无失”。

复次，在此不妨一提的是张子在《太和篇》中，颇有排斥老子之言，他说：

> 若谓虚能生气，则虚无穷，气有限，体用殊绝，入老氏“有生于无”自然之论，不识所谓有无混一之常。

后面《大易篇》中，有言：

> 大易不言有无，言有无，诸子之陋也。

张子执于老子“有生于无”一句话，将老子的“无”视为他的“太虚”，而将“有”视为他的“气”，以为“有生于无”为“体用殊绝”，却不自知他这种思想乃承自魏王弼注老的错误见解。老子本来的思想，一方面由变化现象说“有生于无”；另一方面也在本体存在理论上说“二者同出而异名”，“有无相生”。张子不深谙老子，顺随世风承王氏之误解与唐代排佛老之潮流，使其思想囿于一偏。这一方面也许兼为伊川“不能无失”言中其意。

总之，张载的易学思想，就其《正蒙》以观，主要是纳“气”入易，采庄子之“太虚”以代“太极”。其说就形而上之精思言，不及两汉后期《易纬乾凿度》，然而《易纬》是道家思想之传，张子此篇则为儒家气化易说之首见，后为王船山所继承，在易学史上自当有其地位。

第三节　程颢的易学

一、事　略

《宋史·道学传·程颢传》：

程颢，字伯淳，世居中山，后从开封徙河

南。……颢举进士，调鄠上元主簿……熙宁初，用吕公著荐，为太子中允、监察御史里行。神宗素知其名，数召见，每退必曰：频求对，欲常常见卿。……哲宗立，召为宗正丞，未行而卒，年五十四。颢资性过人，充养有道，和粹之气，盎于面背，门人交友从之，数十年亦未尝见其忿厉之容。遇事优为，虽当仓卒，不动声色。自十五六时，与弟颐闻汝南周敦颐论学，遂厌科举之习，慨然有求道之志，泛滥于诸家，出入于老释者几十年，返求诸六经，而后得之。……颢之死，士大夫识与不识，莫不哀伤焉。文彦博采众论，题其墓曰：明道先生。……嘉定十三年，赐谥曰纯公。淳祐元年，封河南伯，从祀孔子庙庭。

程颢生于宋仁宗明道元年（公元 1032 年），卒于神宗元丰八年（公元 1086 年），是年哲宗初亲政，故传言“哲宗立”。传中言“十五六时，与弟颐闻汝南周敦颐论学”之事，即周敦颐“掾南安时”之事，已见于周子传中。由此看来，北宋四位理学大师，二程曾闻学于周，而张载与二程为表叔侄，则四人者，可说是声气相通，联袂而兴起；且另一位大易学家也是理学家的邵雍，与二程、张载均相交往，一代学风之将昌，云龙风虎，这大概就是所谓的“运数”吧！

程颢没有专书著作，只是语录，后人有将其与弟子吕大临论“识仁”的一番话提出来，名之为“识仁篇”，又将其与张载论“定性”的一篇“定性书”提出来（见《宋元学案·明道学案》），但此实不足以像周子的《太极图说》与张子的《正蒙》一样具代表性。不过，我们也不能因为他没有专书著述而菲薄他的学养，相反，他的学养正由于不落降在专书著作上而显得更高格。我且引清初补修《宋元学案》的全榭山的一段话来看：

> 大程子之学，先儒谓其近于颜子，盖天生之完器，然哉！然哉！故世有疑小程子之言若伤我者，而独无所加于大程子。

全榭山“完器”二字用得真好，世有不以著书立说为目的而做学问的人，他们平日的生活言行便是做学问，程颢就是这种人，全氏故以其与颜子并称。

程颢与其弟颐在洛阳讲授《易经》，其学来自易者实多。今就从其语录中撮其思想之要，而引录其与易学相关之言以解说之，以见其易学思想。

二、易说——《定性书》、语录

首先，让我们节引《定性书》之文来看。该文录载于

《宋元学案》卷十三《明道学案》中。黄百家的按语谓："横渠张子问于先生曰：定性未能不动，犹累于外物，何如？先生因作是篇。"文如下：

> 所谓定者，动亦定，静亦定，无将迎，无内外，苟以外物为外，牵己而从之，是以己性为有内外也。且以己性为随物于外，则当其在外时，何者为在内？是有意于绝外诱而不知性之无内外也。既以内外为二本，则又乌可遽语定哉？夫天地之常，以其心普万物而无心；圣人之常，以其情顺万物而无情。故君子之学，莫若廓然而大公，物来而顺应。《易》曰：贞吉，悔亡，憧憧往来，朋从尔思。苟规规于外诱之除，将见灭于东而生于西也，非惟日之不足，顾其端无穷，不可得而除也。

这段话说来极精，虽非论易之言，然其义全合于易，故引易咸卦九四之文以证明之。"性"生于乾元之始，《彖传》所谓"乾道变化，各正性命"是也。其根唯一，分内外意即未达其根本，达其根本之一则知无分于人、物，无分于内、外，人、物与内、外无分，故能与万物相应，无物不应，以性相通故。大程子之所言，一见其对易学体会之深；一见其天资之高。

下面再摘录他语录中有关易学的部分语句：

> 形而上者为道，形而下者为器，须著如此说：器亦道，道亦器，但得道在，不系今与古，己与人。
>
> 《系辞》曰：形而上者谓之道，形而下者谓之器。又曰：立天之道曰阴与阳，立地之道曰柔与刚，立人之道曰仁与义。又曰：一阴一阳之谓道。阴阳亦形而下者也，而曰道者，惟此语截得上下最分明，元来只此是道，要在人默而识之也。（以上两条见于《宋元学案》《二程遗书》）

“道”与“器”只是形而上形而下之别，变化生生，其质一如。一个“道”，不落于“今与古”之时间的分别，也不落“己与人”之空间的分别。而于“一阴一阳之谓道”一语上体会其二而一之义。

> 天地设位，而易行其中。何不言人行其中？盖人亦物也。若言神行乎其中，则人只于鬼神上求矣。若言理，言诚，亦可也；而特言易者，欲使人默识而自得之也。（《二程遗书》卷十一《明道先生语一》）
>
> 生生之谓易。天地设位，而易行乎其中。乾坤

毁，则无以见易，易不可见，则乾坤或几乎息矣。易毕竟是个甚？又指而言曰：圣人以此洗心，退藏于密。圣人示人之意，至此深且明矣，终无人理会。易也，此也。密也，是甚物？人能至此深思，当自得之。（见于《宋元学案》《二程遗书》）

大程子尝言：“昔受学于周茂叔，每令寻仲尼、颜子乐处所乐何事？”他教授弟子，也采用了昔日得之于周子的方法，在语录中多见令弟子“默识”“自得”之言。这种方法的应用，宜施之于天资高、领悟力强的人，大程子对周子的这种方法感受特深，仿效之，正证明他是这种人。“道”本不落于言，可意会而不可言语。“易毕竟是个甚？”一句问话逼得弟子们不得不从人及万物的根本处想，天地之间唯人与物，而使人与物为此人与物者，是易。人之所在所思，即易之所以是，人易不分，人何能以言言易？大程子正是在此处立意，问弟子：“密也，是甚物？”实则，圣人可以不密乎？唯密，唯密而已。大程子之思精，于此可见。

寂然不动，感而遂通者，天理俱备，元无欠少，不为尧存，不为桀亡，父子君臣常理不易，何曾动来？因不动，故言寂然。虽不动，感便动，感非自外也。

死生存亡皆知所从来，胸中莹然无疑，止此理耳。孔子言未知生，焉知死，盖略言之，死之事即生是也，更无别理。（以上两条见于《宋元学案》《二程遗书》）

所以谓万物一体者，皆有此理，只为从那里来。“生生之谓易”，生则一时生，皆完此理。人则能推，物则气昏，推不得，不可道他物不与有也。（《二程遗书》卷二）

此数处解说《易传》之“寂然不动，感而遂通”，谓“天理”永恒如是，自感自应，生生不息，死生之事在此理中。大程子颇以悟天理为得，曾言：“吾学虽有所受，天理二字却是自家体贴出来。”（《二程全书·外书第十二》）语中大程子以“不动”释“寂然”，似与《易传》之“为道屡迁，变动不居，周流六虚”不合。但大程子之“不动”，并非指“道”为不动，乃对“道”之体而言。“道”之体即“道”之流行之根，此于先秦易学中称为“不易”。在先秦易学中，易之义有三：变易、不易与易简。“变易”谓易之道，为流行变化。“不易”谓变易之“道”所呈现之理则，此理则为恒存而不易。大程子之“不动”，实即指“不易”而言。再就“不动”之文义而论，“不动”即相对于动之“静”。何谓“静”？非死寂之不变化，乃自然流行之不见动象之义。

以不见动象，故言“不动”，故言“寂然”。所以大程子之言，非但与《易传》之本义不隔，且予人以精思入微之感。

由上面所引的《定性书》之言与几则语录，我们便可以清楚地看到，大程子对于易学有非常精深之思。他的精深之思与张载的力学而致不同，后者靠人智解析推求而得，是功夫之所得；他的学养却予人以浑然圆通自然、无棱无角的感受，似是直接涌身入于所向往的“道”中，不着力地不做刻意描模地把握了易学的根本义。就此而言，他似是得之于天性禀赋者独多。因之，当时与他交接的人以及后世人所称赞他的也多指他特具“和”“粹”之气。这在《宋元学案·明道学案》及《二程全书》附录中均可见，此处不引。但我仍想引录他的一首常为人吟咏的诗，以见他优游于道的学养：

秋景偶成

闲来无事不从容，睡觉东窗日已红。
万物静观皆自得，四时佳兴与人同。
道通天地有形外，思入风云变态中。
富贵不淫贫贱乐，男儿到此是豪雄。

第一、第二句状从容于道，第三、第四句言物我一如，第五、第六句言道括有无而存在，第七、第八句谓人能明道则不为物欲所困。言浅而义深，岂是等闲玩弄辞章者写得出来的！

第四节　程颐的易学

一、事　略

《宋史·道学传·程颐传》：

程颐，字正叔。年十八，上书阙下，欲天子黜世俗之论，以王道为心。游太学，见胡瑗问诸生以颜子所好何学，颐因答曰：学以至圣人之道也。……瑗得其文，大惊异之，即延见，处以学职。……寻召为秘书省校书郎，既入见，擢崇政殿说书……绍圣中，削籍窜涪州……徽宗即位，徙峡州，俄复其官，又夺于崇宁，卒年七十五。……著《易》《春秋传》以传于世。……平生诲人不倦，故学者出其门最多，渊源所渐，皆为名士。涪人祠颐于北岩，世称为伊川先生，嘉定十三年赐谥曰正公，淳祐元年封伊阳伯，从祀孔子庙庭。

程颐生于宋仁宗明道二年（公元 1033 年），比其兄程颢小一岁，卒于徽宗大观元年（公元 1107 年），在北宋诸子中，是享寿最高的一位。

程颐为学，主于力行实践以期做圣人，形而上思考方面非其主要指向，这可以说是天性使然。朱熹在注周濂溪《太极图说》中曾提到一个问题，说当初二程昆弟学于周子时，周子曾手授该图，然卒未见二先生以此图示人，因而认为“是则必有微意焉”（见注文）。朱熹并言就此一问题曾与张敬夫讨论过，张敬夫也同意他的意见，于是朱熹的最后结论是：“至程子而不言，则疑其未有能受之者尔。”（见注后记）笔者在此则未敢苟同朱熹的此一论断，愚以为朱熹过于将二程与周濂溪的性向作同样看待，而忽略了人各有不同的性向。二程固受太极图于周子，然二程的主要性向所指，实在于“性”“仁”“诚”“敬”等心德的修为，非着力于思考“宇宙万物之本体为何”及“宇宙万物如何发生”等形而上问题的解答。大程子虽然对“道”“天理”有深到的体会，其意在于做到人天合一，而不在于观察太极、阴阳、五行之变而解析思考之；小程子则更务于人生之实际，他作《易传》诠释经文则可，因为《易》经文是教化人生行事的务实之学，而为《太极图说》之统观博采，再撮要解析以为形而上之论，实非其天性所近。且观其对张载的《西铭》备极称赞，而对《正蒙・太和》等篇未见多誉，便可知。小程子有《易传》之作，而大程子无；大程子体会易道甚精深，而不言《太极图说》，应该说是各有不同的天性使然。

二、易说——《周易传》、语录

程颐注易，自名为“易传”，后人为有别于孔子之《易传》，乃名为“易程传”或“程氏易传”，即今市面所见。按《易》之“传”乃相对于“经”而言，《彖传》为解释卦象卦辞之言，《象传》为解释爻象爻辞之言，《文言传》为发挥推说乾坤二卦之义之言。其他《系辞传》《说卦传》《序卦传》《杂卦传》等乃各以不同立场述说易义。自汉以降，凡称“易传”，人皆知为上述之十篇文字（又称“十翼”）。程颐生在北宋开国百年之后，竟以自注经传之文称“易传”，察其意不出以下两点：其一，自汉至唐宋，注易之书多亡失无存，而行于世之易学，又多以象数、图书言，与他以理学思想领会的易义不同。他颇自负于己见，故以“易传”名。其二，王弼之《周易集注》，号称“扫象数，归义理”，然而其间杂有老子思想，非儒学义理之纯，而程颐对老子是持反对态度的，所以他的《易传》意在取代王氏《周易集注》。观其同于王氏只注六十四卦及《彖传》《象传》《文言传》，而舍《系辞传》《说卦传》《序卦传》《杂卦传》可知。

实际上，他的以上两点“自负”，在《易传》序文中已很明白地表现了出来：

去古虽远，遗经尚存，然而前儒失意以传言，后学诵言而忘味，自秦而下，盖无传矣。予生千余载之后，悼斯文之湮晦，将俾后人沿流而求源，此传所以作也。

另外，他对他的这本《易传》相当重视，这从朱熹的话中可以看出来。朱熹对他是知道得很清楚的，曾说：

伊川《易传》却只管修改，晚年方出其书。（见《朱子语类》卷九十三）

《易传》序末写道：“有宋元符二年己卯正月庚申河南程颐正叔序。”算起来这一年是程颐六十七岁，死前八年，朱说他晚年出书是不错的。

程颐以前的易注，最有名的自是今日列于《十三经注疏》中的“王弼注、孔颖达疏”，将《程氏易传》与王、孔的注疏比较，有着以下几项的不同：

第一，补王弼未注之辞。最明显的如乾之卦辞“元、亨、利、贞”，以及需、履、泰、否、同人、谦、豫、随等卦的卦辞都未作注，而小程子《易传》则无一遗漏。

第二，王弼注文中有涉入道家思想的部分，如乾卦用九“见群龙无首”之注，如《复卦·彖传》“复其见天地之心”之注，其他如颐初九、恒上六等数处之注。孔氏正义疏有时候也只是随注文起伏，未作当否之指陈，小程子《易传》则对这些道家思想的文字都予以了清除。

第三，孔颖达正义疏中，某些地方仍保有象数易思想，如《复卦·彖传》之“反复其道，七日来复”疏，仍引汉象数易“六日七分”之说，小程子《易传》也都予以清除。

换句话说，小程子的《易传》是在严谨的儒门义理下写成的，而这也正是小程子的学术立场。至于他的传文内容，例如“乾，元亨利贞”，下云：

> 上古圣人始画八卦，三才之首备矣。因而重之，以尽天下之变，故六画而成卦，重乾为乾。乾，天也，天者天之形体，乾者天之性情。乾，健也，健而无息之谓乾。夫天，专言之则道也，天且弗违是也。分而言之，则以形体谓之天，以主宰谓之帝，以功用谓之鬼神，以妙用谓之神，以性情谓之乾。乾者，万物之始，故为天、为阳、为父、为君。元亨利贞谓之四德，元者万物之始，亨者万物之长，利者万物之遂，贞者万物之成，唯乾坤有此

四德，在他卦则随事而变焉。故元专为善大利，主于正固亨贞之体，各称其事，四德之义广矣大矣。

客观地说，这不能算是好注释，一半的文字使读的人感到他是借乾以释“天”，且思想杂集，不是纯粹在解说乾卦辞的哲学义。似此传注，虽然胜过王弼的未立注，但比之孔颖达的正义疏，却不如。（孔氏之文长，且不引。）

再如乾卦九二与九五两爻，我把小程子与王弼的注文并抄录在下面来看：

乾九二：见龙在田，利见大人。

王注：出潜离隐，故曰见龙。处在地上，故曰在田。德施周普，居中不偏，虽非君位，君之德也。初则不彰，三则乾乾，四则或跃，上则过亢，利见大人，唯二五焉。

程传：田，地上也，初见于地上，其德已普。以圣人言之，舜之田渔时也，利见大德之君，以行其道；君亦利见大德之臣，以共成其功；天下利见大德之人，以被其泽。大德之君九五也，乾坤纯体，不分刚柔，而以同德相应。

乾九五：飞龙在天，利见大人。

王注：不行不跃而在乎天，非飞如何？故曰飞龙也。龙德在天，则大人之路亨也。夫位以德兴，德以位叙，以至德而处盛位，万物之睹不亦宜乎？

程传：进位乎天位也。圣人既得天位，则利见在下大德之人，与共成天下之事，天下固利见夫大德之君也。

我之所以引录以上两爻，是因为此两爻中同有“利见大人”之言。王、程之注显然对此句观点不同，引以供读者参阅，由此可见小程子《易传》之思想。

我在前面曾说小程子的《易传》清除了王弼注文中有道家思想的文字，只是指“文字”而言，实际上在思想中并未清除。现在再举乾卦用九之辞，看小程子与王弼、孔颖达三家注之不同：

乾用九：见群龙无首，吉。

王注：九，天之德也，能用天德，乃见群龙之义焉。夫以刚健而居人之首，则物之所不与也，以柔顺而为不正，则佞邪之道也，故乾吉在无首，坤利在永贞。

孔疏：用九见群龙者，此一句说乾元能用天德也。九，天德也，若体乾元圣人能用天德，则见群龙之义。群龙之义以无首为吉，故曰用九见群龙无首吉也。

程传：用九者，处乾刚之道，以阳居乾体，纯乎刚者也。刚柔相济为中，而乃以纯刚，是过乎刚也。见群龙谓观诸阳之义，无为首则吉也，以刚为天下见，凶之道也。

王弼的注乾卦用九，可以说是大败笔，他根本未曾了解辞义，故不得不用老子思想作注（笔者在《两汉易学史》王弼易学一章中述及，此不赘）。孔颖达的正义疏，便明显看出他不赞成王氏之注，故未疏及王氏之注文。他的意思虽未疏解得很明白，已能使人体会出“无首”的含义。然而程传却以“刚柔相济”责乾卦之“纯刚”“过中”，是在思想上又回到了王弼。这一传注并未比王弼进步，倒是比孔颖达退步了。试问小程子：你如此看待乾之过刚、不中，将何以解说孔子“大哉乾元”之赞？

笔者无意于贬低《程氏易传》，只是取相关各家之注释比照以观，发现小程子对乾、坤二卦的传注，实未见高明（坤卦之“上六”及“用六”，也未说出应有之义理，兹不赘引）。这情形正与王弼相同。于是使我想到王弼之所以注乾、坤二卦较差，可能是因为年纪太轻，以二十四岁就去世的青年，思想再敏锐也不能体会乾、坤二卦大包揽之含义；而程颐则是因为天性较疏于形而上思想（乾、坤二卦之思想关系为易之形而上）。相反，二人对于除乾、坤以外的其他六十二卦，都注释得比较可观。这是因为其他六十二卦各落于一个具体变化的概念，在思想上较容易掌握。程颐《易传》对乾、坤二卦之《文言传》，已比卦爻辞注得好，时有深入之思，例如："知至至之，可与几也；知终终之，可与存义也。"传注云：

> 知至至之，致知也，求知所至，而后至之，知之在先，故可与几，所谓始条理者，知之事也。知终终之，力行也，既知所终，则力进而终之，守之在后，故可与存义，所谓终条理者，圣之事也。此学之始终也。

"致知"与"力行"正是程颐倾力以赴的儒家精神，合于他天性之所长，故能注释得好。

对于小程子的《易传》，尽管他有些地方注得不理想，但不能不肯定他确实下了相当的功夫，尤其是在数百年来佛教思想笼罩学术人心之后，他无疑下了功夫想把这本《易传》写好。下面我随便摘举若干处，以见他用心之笃：

《坤卦·彖传》中三个"无疆"，传注云：

> 彖有三无疆，盖不同也：德合无疆，天之不已

也；应地无疆，地之无穷也；行地无疆，马之健行也。

履卦初九“素履，往，无咎”，传注云：

夫人不能自安于贫贱之素，则其进也乃贪躁而动，求去乎贫贱耳，非欲有为也，既得其进，骄溢必矣，故往则有咎。贤者则安履其素，其处也乐，其进也将有为也，故得进则有为而无不善，乃守其素履者也。

又九五“夬履，贞厉”，传注云：

古之圣人，居天下之尊，明足以照，刚足以决，势足以专，然而未尝不尽天下之议，虽刍荛之微必取，乃其所以为圣也，履重位而光明者也。若自任刚明，夬行不顾，虽使得正，亦危道也，可固受乎？有刚明之才，苟专自任，犹为危道，况刚明不足者乎？

豫卦六二“不终日”，传注云：

处豫，不可安且久也，久则溺矣。如二，可谓见几而作者也。

晋卦初六“罔孚，裕，无咎”，传注云：

罔孚者，在下而始进，岂遽能深见信于上，苟上未见信，则当安中自守，雍容宽裕，无急于求上之信也。苟欲信之心切，非汲汲以失其守，则悻悻以伤于义矣，皆有咎也。故裕则无咎，君子处进退之道也。

如上者多多，不必尽举。总之，读小程子《易传》，给我们的深刻感受是他的深入见解多在道德修为方面，有其修为之功，乃有其深刻独到之文。

最后，笔者觉得仍有不已于言者，便是小程子在修养功夫中两个主要的操守——“诚”与“敬”。数其根源，也密切关联着易学。关于“敬”，在语录中曾多次见他有引《坤卦·文言》“敬以直内”之言以教生徒。而“诚”，《乾·文言》“闲邪存其诚”的话也极为他所重视，屡被引用，且六十四卦中有无妄之卦，他注“无妄”之义云：

无妄，言至诚也。至诚者，天之道也，天之化育万物，生生不穷，各正其性命，乃无妄也。

又注《象传》“无妄之往，何之矣？天命不祐，行矣哉？”云：

无妄者，理之正也，更有往，将何之矣？乃入于妄也。往则悖于天理，天道所不祐，可行乎？

这样的注文，都算是好注文。

第三章　邵雍的先天易学

易学的本质是哲学思想，其象、其术、其数与其文字均为表达其哲学思想的方式。大体来说，在先秦是以象为主，术、数与文字乃倚于象而立，是故《系辞传》有“易者象也”的话。至汉象数易，则是以术为主，象数易之“数”系指《汉书·艺文志》中“数术家”之“数”，非数理之学，乃倚于术之用数。易之数理学，直到邵雍才真正得到大发挥。邵雍的先天易，摆脱了传统的卦序排列，不靠解说经文而立义，以一套新的卦序排列结合于自然数理，从而易之卦象成了表达易数的符号，数成了易哲学思想的主要倚托。然而，邵雍的先天易并非别立于传统易门墙之外而立义，传统易学的理论他全部继承了，只是又开创了一条新的路子。经由这一条路，易学在先秦、两汉之外，扩展出一片好天地。数理是他这一套新易学的主流精神。所以，对于邵雍，我们至少应该有两种认识：一是他真正发扬了易数理之学，二是他为易学开创了新局面。

今述邵雍的易学。

第一节　邵雍其人及其《皇极经世书》

一、事　略

《宋史·道学传·邵雍传》:

邵雍，字尧夫，其先范阳人……雍年三十，游河南，葬其亲伊水上，遂为河南人。……始为学，即坚苦刻厉，寒不炉，暑不扇，夜不就席者数年。已而叹曰：昔人尚友于古，而吾独未及四方。于是逾河汾，涉淮济，周流齐、鲁、宋、郑之墟，久之，幡然来归，曰：道在是矣。遂不复出。北海李之才摄共城令，闻雍好学，尝造其庐，谓曰：子亦闻物理性命之学乎？雍对曰：幸受教。乃事之才，受河图、洛书、宓羲八卦六十四卦图象。之才之传，远有端绪，而雍探赜索隐妙悟神契，洞彻蕴奥，汪洋浩博，多其所自得者。及其学益老，德益邵，玩心高明，以观夫天地之运化，阴阳之消长，远而古今事变，微而走飞草木之性情，深造曲畅，庶几所谓不惑而非依仿象类、亿则屡中者。遂衍宓羲先天之旨，著书十余万言行于世，然世之知其道者鲜矣。……富弼、司马光、吕公著诸贤退居洛中，雅敬雍，恒相从游，为市园宅。雍岁时耕稼，仅给衣食，名其居曰安乐窝，自号安乐先生，旦则焚香燕坐，晡时酌酒三四瓯，微醺而止，常不及醉也。兴至辄哦诗自咏，春秋时出游城中，风雨常不出，出则乘小车，一人挽之，惟意所适，士大夫家识其车者，争相迎候，童孺厮隶皆欢相谓曰：吾家先生至也。不复称其姓字，或留信宿乃去。……雍德气粹然，望之知其贤，然不事表襮，不设防畛，群居燕笑终日，不为甚异，与人言，乐道其善而隐其恶，有就问学则答之，未尝强以语人，人无贵贱少长，一接以诚，故贤者悦其德，不贤者服其化。……熙宁十年卒，年六十七。……元祐中，赐谥康节。……著书曰《皇极经世》《观物内外篇》《渔樵问对》，诗曰《伊川击壤集》。

《宋元学案·百源学案》本传：

……居苏门山百源之上，布裘蔬食，躬爨养父之余，刻苦自励者有年。……先是，于天津桥上闻杜鹃声，先生惨然不乐曰：不二年，南士当入相，天下自此多事矣。或问其故，曰：天下将治，地气自北而南，将乱，自南而北，今南方地气至矣，禽鸟得气之先者也。至是，其言乃验。……（疾革）伊川问从此永诀，更有见告乎？先生举两手示之。伊川曰：何谓也？曰：面前路径须令宽，路窄则自无着身处，况能使人行也。……咸淳初，从祀孔子庙庭……

邵雍生于宋真宗大中祥符四年（公元1011年），卒于神宗熙宁十年（公元1077年），世称康节先生。他称得上是一个名副其实的安贫乐道之人，不希求富贵，不措意权势，一生恬淡清静，怡然自足。尤可贵的是他不失天性之真，这使他在与之相交往的所有人心中留下了一个质朴、自然、豁达、光明的人格典范的印象。大程子称赞他："尧夫襟怀放旷，如空中楼阁，四通八达也。"这话确是不错。

邵雍以"尧夫"为字，诗集名"击壤"，显然是以唐尧时的击壤老人自况。这种乐天知命又安于现实的人生态度，无疑是道家性格。然而他又自负为儒者，鄙智术而尚直道，出入于仁义礼法、孝悌忠信之间而不失节度，待人接物一团和顺而毫无超然高举、离群自清的表态。对于平常人，这两种性格会呈现出某些不相协调的偏颇，但邵子却表现得水乳交融，一无滞碍。笔者认为这应该归功于他对易学的深识，体会到易道不二之故。由于体会到易道之不二，乃能得儒、道二家源出于一本之真，是以在他而言，生活言行发于自然，言儒言道，两不相伤。易所谓“保合太和”，邵子庶乎近之。

二、关于《皇极经世书》

邵子的易学著作，名“皇极经世”，但似乎很早已失其原著本。程颢作《邵雍墓志铭》，言“先生有书六十二卷，命曰皇极经世”，显然非今所见十余卷之书。故后世学术界一般的见解是原书已不存，其图文散见于南宋蔡元定之《皇极经世指要》、明胡广之《性理大全》及黄宗羲之《宋元学案》诸书中。

邵子之卒，在司马光为相之前，距金人陷汴京尚有五十年，故其原书之遗失，当非由于战乱。从文献上看，应是其学不得弟子之传之故。邵子门人，首列王豫、张岷。二人虽喜易，均才力不足以究数理，而邵伯温在其父卒之年尚不及二十岁。由此以观，则黄宗羲在《宋元学案》中所言未尝不可能，他说：“天悦（即王豫字）无所授，以先生之书殉葬枕中。”是邪？非邪。莫知其真伪，而邵子易学也由此更增添了神秘的色彩。

至于今所见之《皇极经世书》，虽然版本不一，大体说来，都以观物内、外篇为序。内篇据《宋元学案》为邵子自著，外篇则为门人弟子张岷所记述。其内容：内篇首言元会运世之数，以天地自然之数应人世治乱之迹，以见自唐尧以下人事之变革，冥冥中与天地之数相合；次列声音律吕之数，借声音之数以况天地万物交互错综之繁复，而卒归于道德仁义，古今治乱之不越于皇极之至道。内篇有邵伯温解（见《性理大全》与《宋元学案》）。外篇则为讲述语录之记载，除数理外，也及于心性存养。然各版本之分卷及内容，多少总有差别，如道藏本《皇极经世书》十二卷，前十一卷为《观物内篇》，第十二卷为《观物外篇》。今中华书局据《四部备要·子部》通行本所刊印之《皇极经世书》，则共为九卷，卷一至卷六为《观物内篇》，卷七至卷八为《观物外篇》，卷首上下与卷九则为编辑者所增补。总之，此书后人述论不一，而其根本原因是由于邵子原著亡佚之故。

对于“皇极经世”之义，《性理大全》引有邵伯温的解释如下：

> 至大之谓皇，至中之谓极，至正之谓经，至变之谓世，大中至正应变无方之谓道。

这解释自然为后世所肯定。至于“观物”之义，邵子在《观物内篇》中云：

> 夫所以谓之观物者，非以目观之也，非观之以目而观之以心也，非观之以心而观之以理也。天下之物莫不有理，莫不有性，莫不有命焉。所以谓之理者，穷之而后可知也；所以谓之性者，尽之而后可知也；所以谓之命者，至之而后可知也。此三者天下之真知也，虽圣人无以过之，而过之者非所以谓之圣人也。
>
> 夫鉴之所以能为明者，谓其不隐万物之形也。虽然鉴之能不隐万物之形，又未若圣人能一万物之情也。圣人之能一万物之情者，谓其能反观也，所以谓之反观者，不以我观物也，不以我观物者，以物观物之谓也，既能以物观物，又安有于其间哉！

言来思想层次分明，句句合理，句句功夫。唯其能“观之以理”，乃能“以物观物”；唯其能“以物观物”，乃能成其周普广大之“观”。

易之书，括天、地、人之道，然其在先秦发展之序，乃起于天地之道，浸假而落降于人道。伏羲氏之易思想，以天地之道为主，然彼时文字未兴，只好寄奥义于八卦之象。周文王之易思想，致力于天地与人道之合一，彼时文字虽兴而未畅，故增象为六十四卦，系简约之辞以明人事。至孔子之时，哲思欲开，文字广用，故孔子以传解易，主于文字叙述以明易道，而所明者多于人道之事。是以先秦伏、文、孔三圣之易学，虽括有天、地、人之道，天地之道实未尽表达而多见人道之开发，这是时代使然。降至两汉，孟、焦、京辈虽然广涉天文、历谱以言易，但象数易的主要用途在于占验之“术”，为人道中用世方法之一偏。今邵子《皇极经世》所揭之先天易则不然，直指宇宙自然之变化，以数发日月星辰、寒暑昼夜、动植飞走、石土火水等天地之道之理，合历史人事、圣贤事业于一体，成就一个波澜壮阔的大思想体系。就易学之整体看，他补充了当初伏羲氏“未尽表达”之天道思想部分，虽然因时代不同而表达形式有别，就学术性质上讲是如此。明乎此，也就无怪乎蔡西山对他称赞“秦汉以来，一人而已”了。

第二节　邵雍先天易的经世演用

一、先天易的图与数

邵子先天易学与传统易学大不同之处，即在于它不依从文王的经文与卦序以讲易义，而是依从许多易图与数的推演。这些号称“先天”的易图与数，有人说是传自陈抟，有人说是邵子自创，当然也有人说是后来研究邵子易学的人（如蔡元定）师邵子之意而作。现在我们已无法确切辨别，只可以大约地推断，那就是：邵子或前有所受，但主要还是来自他的研究心得。尤其是几个基本的图与数，如八卦的次序与方位图、六十四卦的次序与方位图、经世天地之象图、经世声音图及元、会、运、世之数，这些都是今存《皇极经世书》观物内外篇中时刻不离的思想内容。我们把这些易图与数视为邵子的创见，绝不为过。

以下先举其易图部分。依据《宋元学案·百源学案》中所载，有以下诸图（括号内为《纂图指要》之名称）：

（1）（伏羲始画八卦图）　　（2）（八卦正位图）

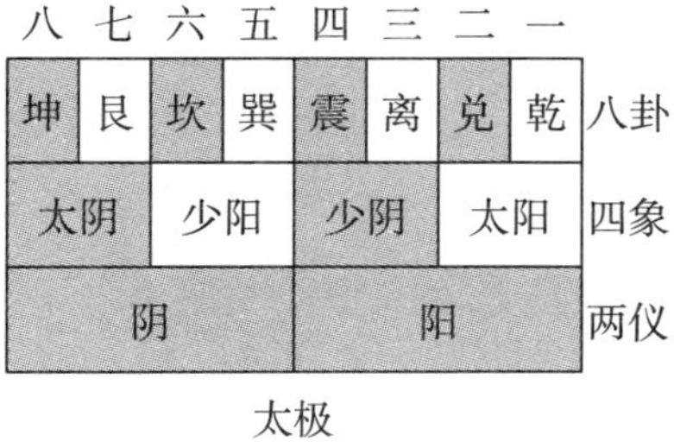

图 3-1　八卦次序之图

图 3-2　八卦方位之图

（3）（八卦重为六十四卦图）

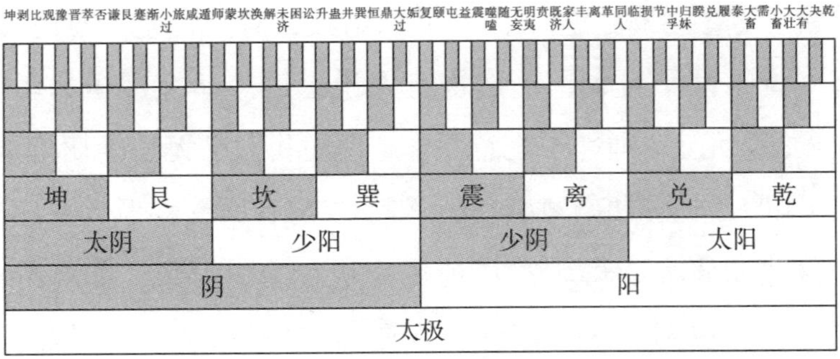

图 3-3　六十四卦次序之图

（4）（六十四卦方圆图）

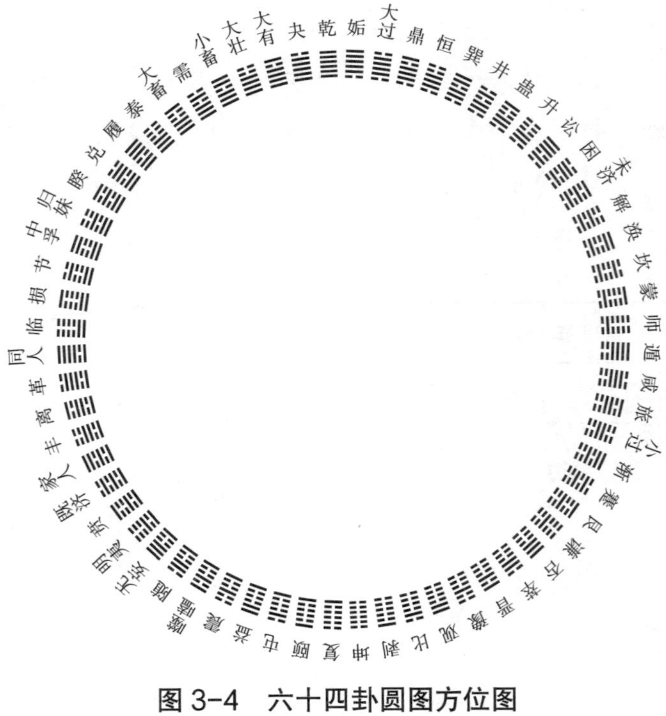

图 3-4　六十四卦圆图方位图

（5）（六十四卦方圆图）

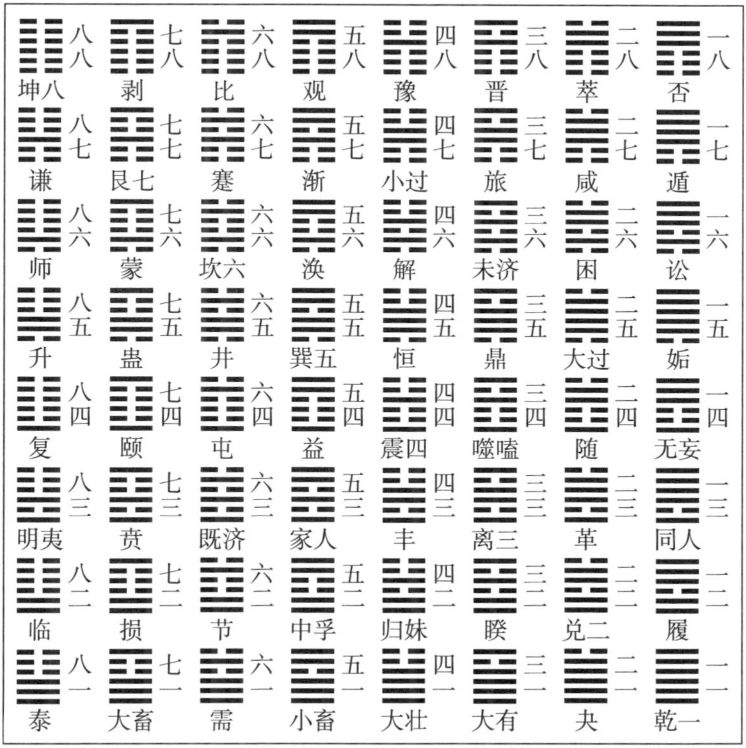

图 3-5　方图四分四层图

（6）卦气图

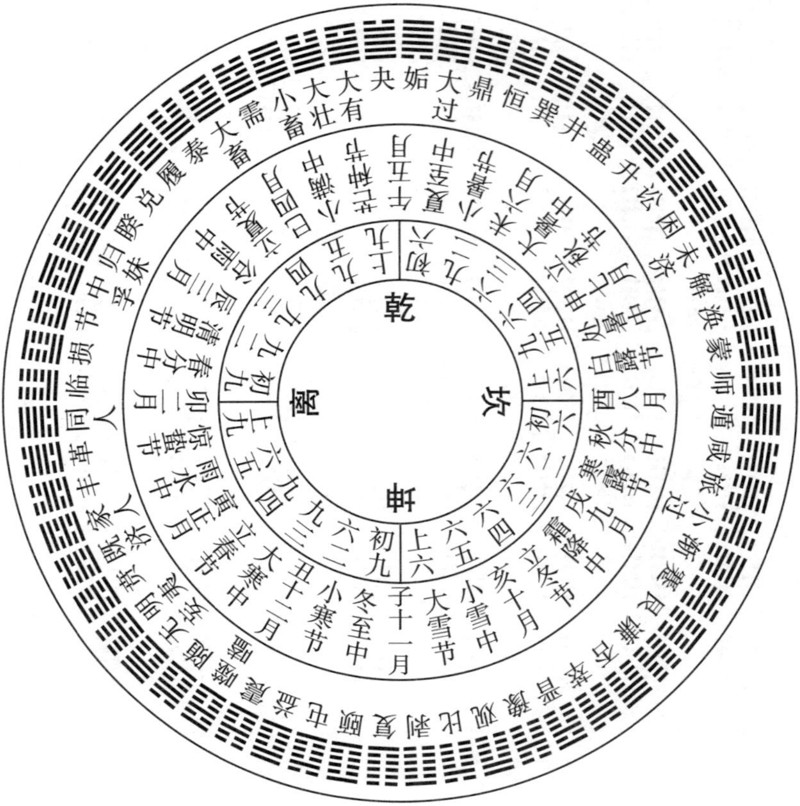

图 3-6　卦气图

以上六图,《宋元学案》称之为“先天卦位图”，为邵子先天易学的基本卦图。下面的图，在名称上统统冠以“经世”二字，可知为以上诸卦图之经世演用。

（7）经世衍易图

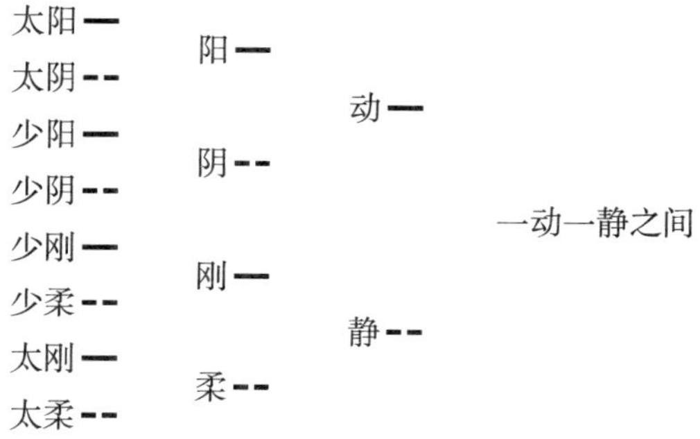

图 3-7　经世衍易图

（8）经世天地四象图（见后文引）。

（9）经世挂一图（《纂图指要》无）。

（10）经世既济阳图（《纂图指要》无）。

（11）经世既济阴图（《纂图指要》无）。

（12）经世声音图（经世四象体用之数图正声正音表，见后文引）。

除上述外，《宋元学案》不载而《纂图指要》载仍有以下三图：

（1）经世天地始终之数图（见后文引）。

（2）经世一元消长之数图（见后文引）。

（3）经世四象体用之数图（省引录，请参阅《纂图指要》）。

再说到易数部分，这部分也充满了新创意。邵子一方面接受了自先秦、两汉以来的易数思想而融通其用，包括天地奇偶之数、筮占之数、河洛五行之数、历法之数等；一方面提出了他自己的先天数原理。他的数最基本的是以下三项。

一是八卦之数。即依照前面“八卦次序图”所成排列之序数：乾一、兑二、离三、震四、巽五、坎六、艮七、坤八。

二是元、会、运、世之数。他以为一年十二月，一月三十日，一日十二时，为宇宙自然之法则，故古人自然体此意而以三十年为一世，于是立“元、会、运、世”之名于“年、月、日、时”之上，即以“十二——三十——十二——三十”之数，辗转增减以计数万物之变化，其数如下：

一元——十二会

一会——三十运

一运——十二世

一世——三十年

（以下年月日时相推）

但所谓“元”，并非宇宙之终极数，宇宙之大无终极，“元”之上更有上层概念之“元”，推至无尽。故“元”之义相当于太极之“一”，物物一太极，“元”对于会、运、世而言固然称“元”；“会”对于运、世而言，也有“元”

义；“运”对于世而言，也有“元”义。明乎此，则知他的“元、会、运、世”只是时间久暂的活用概念，非确定不移的指称。

三是天地体用之数。这也是邵子“观物”所得的先天数，他以四象经世天地即由此来，在《观物外篇》中说：

> 天有四时，一时四月，一月四十日，四四十六而各去其一，是以一时三月，一月三十日也。四时体数也，三月、三十日用数也，体数具四而其一常不用也。

以上的“易图”与“易数”，在后文中我们都会提到它们的经世之用。

二、历史哲学

《皇极经世书》中所见的邵雍思想，大致可分为以下三部分：

一为“历史哲学”部分。

一为“天地之数”部分。

一为“万物之变”部分。

后文即依此次序，本节先述前者。

（一）经世一元之数

邵子应用其“元、会、运、世”之数以考验历史，将此部分置于书之前面，当是由于这一部分在思想上比较落实，远有传说，近有文籍，事迹斑斑可考，易于为人所了解之故。当然，邵子所据之历史为中国之历史。或有人提出中外历史有别的问题，但这不会对邵子造成困难，因为他曾说过：“一物为一太极。”中国历史或他国历史都是各为一“元”，今邵子之“以元经会”“以会经运”“以运经世”，即以中国历史为一“元”之经略。

在《皇极经世书》中，邵子是以许多图表分别说明“以元经会”“以会经运”与“以运经世”的。《宋元学案·百源学案》载有“经世挂一图”，这些图都需要大篇幅引录，故且省略。蔡元定研究邵子易学，在《纂图指要》中列“经世一元消长之数图”见（图3–8）。此图可视为邵子一元之数的简要基础说明。图中“日、月、星、辰”即先天数法则“元、会、运、世”之用，邵子在《观物内篇》中云：

> 日经天之元，月经天之会，星经天之运，辰经天之世。以日经日则元之元可知之矣，以日经月则元之会可知之矣，以日经星则元之运可知之

矣，以日经辰则元之世可知之矣。以月经日则会之元可知之矣，以月经月则会之会可知之矣，以月经星则会之运可知之矣，以月经辰则会之世可知之矣。以星经日则运之元可知之矣，以星经月则运之会可知之矣，以星经星则运之运可知之矣，以星经辰则运之世可知之矣。以辰经日则世之元可知之矣，以辰经月则世之会可知之矣，以辰经星则世之运可知之矣，以辰经辰则世之世可知之矣。

元之元一，元之会十二，元之运三百六十，元之世四千三百二十。会之元十二，会之会一百四十四，会之运四千三百二十，会之世五万一千八百四十。运之元三百六十，运之会四千三百二十，运之运一十二万九千六百，运之世一百五十五万五千二百。世之元四千三百二十，世之会五万一千八百四十，世之运一百五十五万五千二百，世之世一千八百六十六万二千四百。

元	日甲											
会	月子 一	月丑 二	月寅 三	月卯 四	月辰 五	月巳 六	月午 七	月未 八	月申 九	月酉 十	月戌 十一	月亥 十二
运	星 三十	星 六十	星 九十	星 一百二十	星 一百五十	星 一百八十	星 二百一十	星 二百四十	星 二百七十	星 三百	星 三干三十	星 三百六十
世	辰 三百六十	辰 七百二十	辰 一千八百	辰 一千四百四十	辰 一千八百	辰 二千一百六十	辰 二千五百二十	辰 二千八百八十	辰 三千二百四十	辰 三千六百	辰 三千九百六十	辰 四千三百二十
	年 一万八百	年 二万一千六百	年 三万二千四百	年 四万二千二百	年 五万四千	年 六万四千八百	年 七万五千六百	年 八万六千四百	年 九万七千二百	年 一十万八千	年 一十一万八千八百	年 一十二万九千六百
	复 ䷗	临 ䷒	泰 ䷊	大壮 ䷡	夬 ䷪	乾 ䷀	姤 ䷫	遁 ䷠	否 ䷋	观 ䷓	剥 ䷖	坤 ䷁
			开物 星之己七十六			唐尧始星之癸一百八十辰二千一百五十七	夏殷周秦两汉两晋十六国南北朝隋唐五代宋				闭物 星之戊三百一十五	

图 3-8 经世一元消长之数图

《性理大全·皇极经世书》引有邵伯温的解文：

皇极经世，则日月星辰、元会运世以相经，而皆有数存焉。以日经日为元之元，其数一，日之数为一故也。以日经月为元之会，其数十二，月之数十二故也。以日经星为元之运，其数三百六十，星之数三百六十故也。以日经辰为元之世，其数四千三百二十，辰之数四千三百二十故也。则是日为元，月为会，星为运，辰为世，此皇极经世一元之数也。一元象一年，十二会象十二月，三百六十运象三百六十日，四千三百二十世象四千三百二十时也，盖一年有十二月、三百六十日、四千三百二十时故也。经世一元十二会三百六十运四千三百二十世，一世三十年，是为一十二万九千六百年，是为皇极经世一元之数，一元在大化之间，犹一年也。自元之元更相变，而至于辰之元，自辰之元更相变，而至于辰之辰，而后数穷矣，穷则变，变则生，生而不穷也。皇极经世但著一元之数，使人引而伸之，可至于终而复始也。其法皆以十二、三十相乘，十二、三十日月之数也，其数见乎前，此不复详，其消息盈亏之说，不著于书，使人求可得之，盖藏诸用也，此易所谓天地之数也。

读上面邵伯温之解说，再对照看前面的图，便容易明白了。最上格言“日甲”，乃日之甲元之意，三十元为一大元，邵子以天干三次循环表示，代表元之上仍有元。第二格“月子”“月丑”……乃以十二支表十二会。第三格“星三十”“星六十”……乃一会三十运之依次相累积数。第四格“辰三百六十”“辰七百二十”……乃以星三十之数乘辰之数十二而得，辰十二之数仍以地支表示，图上省略。以下第五格则为年数，“年一万八百”为辰数三百六十乘三十之年数。由此表可以看出总日甲之一元，统十二会，三百六十运，四千三百二十世，十二万九千六百年。其计算方法非常清楚，年以下之月、日、时、分，当然也依此例，连相乘而得。

但图之第六格十二月之卦，系采用西汉孟喜卦气之十二辟卦，则与邵子之先天卦气之法不合。按邵子之以元、会、运、世合卦，乃根据于先天六十四卦圆图，月子会自复卦始，每五卦为一组，除乾、坤、坎、离四正卦不计外，其余六十卦，共为十二组，表十二会之数。然后以每组之五卦共三十爻，每爻变一卦共三十卦，为一会三十运之卦。兹列表如下：

一元十二会所统之卦：

月子会五卦：䷗复 ䷚颐 ䷂屯 ䷩益 ䷲震

月丑会五卦：䷔噬嗑 ䷐随 ䷘无妄 ䷣明夷 ䷕贲

月寅会五卦：䷾既济 ䷤家人 ䷶丰 ䷰革 ䷌同人

（以下依次排列，不赘）

一会三十运所统之卦：

月子会䷗复所统：䷁坤 ䷒临 ䷣明夷 ䷲震 ䷂屯 ䷚颐

䷚颐所统：䷖剥 ䷨损 ䷕贲 ䷔噬嗑 ䷩益 ䷗复

䷂屯所统：䷇比 ䷻节 ䷾既济 ䷐随 ䷗复 ䷩益

䷩益所统：䷓观 ䷼中孚 ䷤家人 ䷘无妄 ䷚颐 ䷂屯

䷲震所统：䷏豫 ䷵归妹 ䷶丰 ䷗复 ䷐随 ䷔噬嗑

（以下各会三十运之卦，准此排列，不赘）

邵子主张“开物于寅中”“闭物于戌中”，故“开物”之卦依先天图应为丰卦，“闭物”之卦应为谦卦。今上一元消长之数图“开物”虽在寅会、“闭物”虽在戌会，但在泰、剥两卦，此显然是根据孟喜卦气的十二辟卦，而非根据先天六十四卦圆图。如以此对照先天图，则月寅会五卦中无泰卦，而月戌会五卦中无剥卦。泰卦的位置在月辰会，此时人文已际于盛，以此时为“开物”，显然过迟。而剥卦的位置紧邻于坤卦，为月亥会之末，以此时为“闭物”，显然更迟。所以蔡西山上图之采用十二辟卦，只是就十二月之数目作考量，实际上并不合于邵子之先天易法则。除此之外，上图中最下面一格，蔡西山书“唐尧始星之癸一百八十辰二千一百五十七”于“乾䷀”下，书“夏殷周秦两汉两晋十六国南北朝隋唐五代宋”于“姤䷫”下，都合于邵子之说。只是邵子之法，“乾䷀”乃巳会夬运所变之乾卦，“姤䷫”乃午会之始运，二卦不相平列，非十二辟卦中之乾卦与姤卦。我想蔡西山正是因为看到了乾、姤二卦之名，才使他想到采用孟喜的十二辟卦以比附，却疏忽了先天易二卦的来历不同于十二辟卦。蔡西山在此确是犯了一项不算小的错误，当然也证明了此一比附决非出于邵子之意。（按邵子也讲卦气，但与孟喜的卦气不同，二者是两个学说，后文将述及。）

近世以来，研究邵子易学的人多指出“一元一十二万九千六百年”的问题，认为此年数太少，与今日科学所得之实际年数相差过巨。就年数之实情论，当然是如此，但我们应知邵子是以中国历史之演进为一元。“十二万九千六百年”之“年”，是“元、会、运、世、年、月、日、时”排比下来的中间的一个数值，与实际我们生活中的“年”是两件事，用在历史治乱的演进中，二者可以相比合，但不尽相合，后文即将述及。明白了这一点，便知道了邵子所重视的不是“某年某月人有某种变动”，而是“人变动发展的历程大体”；他的“易数”不是数目字的“数”，而是中国哲学传统中运数或命数之“数”，可称为“理数”。这一认识极重要，否则，举例来说：北京人已生存在五十万年以前，这如何解释呢？恐龙更生存在一亿年以前，远早于“天开于子”“地辟于丑”，这些事都将无法解说了。

（二）开物与闭物

一元十二会三百六十运四千三百二十世一十二万九千六百年，是人类历史活动之数，现在我们来看邵雍“开物寅中”与“闭物戌中”之说。寅与戌是十二地支中的名称，原代表一日之十二辰，就一日之十二辰而言，寅与戌是昼夜交替之时。寅时之中为今时计之凌晨四点钟，黑夜将逝，白昼将来；而戌之中为晚上八点钟，此时白昼已尽，黑夜已临。古人扩大以一年为一日，则寅为二十四气之雨水、惊蛰，此时阳气正旺升于地面，农事及一切社会人事活动展开；而戌之时为霜降、立冬，此时阴气已盛，农事及一切社会人事活动趋于收敛。此处邵子则更扩大，以十二地支表人类文明兴废的一元周期，“开物寅中”意谓人类文明开始于寅会之中，而“闭物戌中”则谓人类文明隐退于戌会之中。

依据先天卦图，寅会之五卦为既济、家人、丰、革、同人，“寅中”则当丰卦之九四爻。戌会之五卦为蹇、艮、谦、否、萃，“戌中”则当谦卦之九三爻。今就丰卦而言，《彖传》言“丰，大也”，其卦象为䷶，内离明而外震动，隐合人类内在之文明蓄养已臻成熟，欲动于外之义；丰之九四为震爻，震为动，变而成明夷䷣之卦。明夷之义据邵子解释乃文明化于芰夷，也与人类文明始兴之义相合。再就谦卦看，谦义为逊退，谓人类文明将趋隐退，谦之卦象为䷎，内艮止而外坤地，一切活动均将静止于地下；谦之九三为艮爻，变而成为坤卦䷁，阳气已尽，至阴肃肃，正应人类文明闭塞归藏之兆。

自开物寅中到闭物戌中，人类的历史活动时期，历卯、辰、巳、午、未、申、酉七个会与寅、戌两个半会，共八会，统二百四十运，二千八百八十世，八万六千四百年，此为开物之数。但这是就常运之数而言，因为此外尚有乾、坤、坎、离四正卦二十四爻值闰之数加入。而自闭物戌中到开物寅中，共历亥、子、丑三个会与戌、寅两个半会，共四会，统一百二十运，一千四百四十世，四万三千二百年，此为闭物之数；当然也同样是就常运之数而言。闭物时期即为人类历史活动已尽或未启的洪荒时期。

“开物寅中”是说人类文明由此始生，而在“寅中”之前，自子会之复卦起，天根渐萌动，由复而颐、而屯、而益、而震，子会五卦，是谓“天开于子”。以下丑会由噬嗑而随、而无妄、而明夷、而贲，水火成象，土石结聚，大地安立，是谓“地辟于丑”。寅会既济、家人至丰之“开物”，乃承“天开”“地辟”而为“人生于寅”之自然之数。由此以往，历卯会之临、损、节、中孚、归妹，辰会之睽、兑、履、泰、大畜，巳会之需、小畜、大壮、大有、夬，至乾而臻于人文之极盛。于是，自乾以后，姤之一阴交阳，则人文之盛日落，历午会之姤、大过、鼎、恒、巽，未会之井、蛊、升、讼、困，申会之未济、解、涣、蒙、师，酉会之遁、咸、旅、小过、渐，至戌会之蹇、艮而交谦之“闭物”，人文之运终。以下否、萃、晋、豫、观、比、剥而至坤之八卦，为内卦均为坤地之八卦，象征已经发展之一切人文景象，至此则落降，归于大地鸿濛混沌之状态，坤为静之极，而坤、复之间之静极而动之交，为“无”，数之所不计。

由此看来，卦自复起，历“开物”而上，为阳长阴消之阶段，在八卦次序上即是起震，历离、兑而至乾，邵子以此解释《说卦传》之“数往者顺”。何以如此？乃“天道左旋”之故。自姤之一阴生，历“闭物”而下，为阳消阴长之阶段，在八卦次序上为起巽，历坎、艮而至坤，邵子以此解释《说卦传》之“知来者逆”。何以如此？乃“地道右转”之故。邵子有许多话论及这一部分，随引如下：

> 天地定位一节，明伏羲八卦也。八卦者，明交相错而成六十四卦也。数往者顺，若顺天而行，是左旋也，皆已生之卦也，故云数往也。知来者逆，若逆天而行，是右行也，皆未生之卦也，故曰知来也。夫易之数，由逆而成矣。此一节直解图意，若逆知四时之谓也。
>
> 乾、坤定位也，震、巽一交也，兑、离、坎、艮再交也，故震阳少而阴尚多也，巽阴少而阳尚多也，兑、离阳浸多也，坎、艮阴浸多也，是以辰与火不见也。(《观物外篇》先天象数)
>
> 先天图者，环中也，自下而上谓之升，自上而下谓之降。升者生也，降者消也，故阳生于下，阴生于上，是以万物皆反生。阴生阳，阳生阴，阴复生阳，阳复生阴，是以循环而无穷。(《观物外篇》先天圆图卦数)

为了明白起见，且以简图表示“开物”与“闭物”之数如图 3–9。

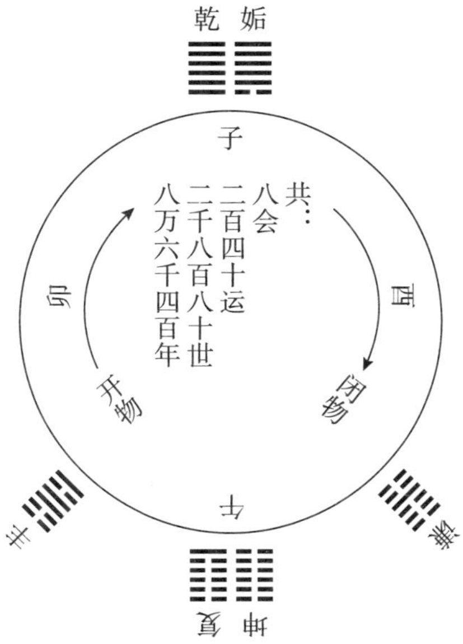

图 3-9 “开物”与“闭物”之数图

（三）人文之鼎盛期

依《皇极经世书》，唐尧即帝位之甲辰年，在巳会之末运，即第三十运（今《辞海》历代大事年表为公元前 2357 年）。从前节所引“经世一元消长之数图”中，知巳会之第三十运为自星一百五十一至一百八十，而自星一百七十五至一百八十之最后六运，为夬卦所统。夬一变为大过，二变革，三变兑，四变需，五变大壮，六变乾。此六卦分别统夬之六运，最后“夬之乾”运所统之十二世，为自辰之二千一百四十九至二千一百六十，共三百六十年，为“日甲之元”自“开物”到“闭物”八万六千四百年中人文最盛的时期。唐尧即帝位的甲辰年在辰第二千一百五十六世三十年中的第十一年。以表 3–1、表 3–2 说明。

表 3–1　巳会所统五卦及三十运之卦（阿拉伯数字为运数）

需 ䷄	1 井	2 既济	3 节	4 夬	5 泰	6 小畜
小畜 ䷈	7 巽	8 家人	9 中孚	10 乾	11 大畜	12 需
大壮 ䷡	13 恒	14 丰	15 归妹	16 泰	17 夬	18 大有
大有 ䷍	19 观	20 离	21 睽	22 大畜	23 乾	24 大壮
夬 ䷪	25 大过	26 革	27 兑	28 需	29 大壮	30 乾

表 3–2　巳会第三十运“夬之乾”所统十二世之卦
（阿拉伯数字为运数）

姤 ䷫	1 乾 遁 讼	2 巽 鼎 大过
同人 ䷌	3 遁 乾 无妄	4 家人 离 革
履 ䷉	5 讼 无妄 乾	6 中孚 睽 兑
小畜 ䷈	7 巽 家人 中孚	8 乾 大畜 需
大有 ䷍	9 鼎 离 睽	10 大畜 乾 大壮
夬 ䷪	11 大过 革 兑	12 需 大壮 乾

在“夬之乾”运中，姤、同人、履、小畜、大有、夬六卦。每卦统二世六十年，也就是每卦所变的六卦，各统十年，共为一甲子。但这种一卦统十年的方法，不够精确。因为一卦六爻，无法用爻分配，于是邵子将各统十年的六卦，依先天六十四卦圆图的次序，每卦分统十个卦，卦值一年。例如姤卦所统之乾，为起于姤之姤、大过、鼎、恒、巽、井、蛊、升、讼、困十卦，姤之遁为继续下去的未济、解、涣、蒙、师、遁、咸、旅、小过、渐十卦，依此类推。六十四卦除乾、坤、坎、离四正卦外，其余六十卦，刚好合六十年一甲子之数，非常清楚。唐尧即帝位之甲辰年，在小畜卦下第八世，即乾卦所统十年之首，值随卦之年。下面即依《皇极经世书》之表列方式，表列唐尧即帝位之年如表 3–3、表 3–4：

经日之甲一（元）

经月之巳六（会）

经星之癸一百八十（运）

经辰之午二千一百五十五（世）

表 3–3　唐尧即帝位之年表（前半）

甲子 小畜									癸酉 井
甲戌 蛊									癸未 遁
甲申 咸									癸巳 晋

经辰之未二千一百五十六（世）

表 3-4　唐尧即帝位之年表（后半）

甲午 豫	乙未 观	丙申 比	丁酉 剥	戊戌 复	己亥 颐	庚子 屯	辛丑 益	壬寅 震	癸卯 噬嗑
甲辰 随 唐尧 即位	乙巳 无妄	丙午 明夷	丁未 贲	戊申 既济	己酉 家人	庚戌 丰	辛亥 革	壬子 同人	癸丑 临
甲寅 损	乙卯 节	丙辰 中孚	丁巳 归妹	戊午 睽	己未 兑	庚申 履	辛酉 泰	壬戌 大畜	癸亥 需

邵子即以此法，将中国历史上一切史实的发生纳入，合以该年之卦。虞舜即帝位在“乾之夬”所统兑卦十年之第三年，即丙戌年，于卦为艮，而于三十九年甲子，运交午会。按中华书局《四部备要》之《皇极经世书》，误将帝舜三十九甲子，作为夏禹王八年甲子，此由将禹受命摄位之丁巳年误为即帝位之年所致。夏禹即帝位实际上是在午会第一运第一世的丙子年，卦值涣卦。此一错误曾被阮印长指出，但我相信这是张文饶当初一时不慎造成的，非计算方法之错误。

邵子皇极经世之论史何以始于唐尧即位之年？当然是因为在唐尧以前，远古历史文献不足，记载不清。自唐尧以后，治乱兴衰之迹可循。在邵子看来，《尚书》之始于尧、舜与易之始于乾、坤，都是自然法则影响人事下的必然现象。由先天图上看，小畜卦所统六十年的前半，在甲子、甲戌、甲申中，蛊卦值甲戌年；后半甲午、甲辰、甲寅中，随卦值甲辰年。蛊卦辞有“先甲三日，后甲三日”之言，《彖传》云：“先甲三日，后甲三日，终则有始，天行也。”隐含拨乱反治之意。且蛊与随为反对卦，《杂卦传》云：“随，无故也；蛊，则饬也。”由蛊之治乱到随之“动而说”（《随卦·彖传》），正兆示唐尧即帝位的作为。随卦象为䷐，卦辞云：“元、亨、利、贞，无咎。”四德俱全，故《彖传》又云“大亨贞”“天下随时”，宜乎击壤老人歌“帝力何有于我”于此时也。再者，甲辰年在小畜所统之未二千一百五十六，第二个十年之首，属大畜卦所统，而大畜为小畜五爻变之卦，卦象为䷙，天道下施，天子居静尚贤于位。《系辞传》言“黄帝、尧、舜垂衣裳而天下治”，正此象之义。大畜之卦辞云：“利贞，不家食吉，养贤也。利涉大川，应乎天也。”这些话都隐约合于历史上唐尧在帝位时的情况。进一步来看，唐尧即位二十年后，即进入大有卦所统之二世六十年。史册记载尧在位一百年，大有之六十年甲子正在其间，大有之卦象为䷍，日月丽乎天，文明大盛之兆。尧殂于辰之戌二千一百五十九甲子至癸巳中之癸未年，后三年丙戌，虞舜即帝位，第三十九年甲子，午会始启，十年癸酉殂。后二年丙子，禹即帝位，八年癸未殂。尧、舜、禹三帝是中国历史上的圣王，都具有高尚的情操，受到孔子的赞叹。在邵子看来，此事殊非偶然，因为从先天图上看，巳、午二会之交为人类文明极盛之时，巳会的一万八百年是人文的上升，午会的一万八百年是人文的下降。尧、舜、禹三帝的一百六十年正值交会点上，尧在交前，禹在交后，舜则处于危峰之巅。

日甲之元，入午会以后，照先天图所示，人类文明将趋衰，历史事实俱在，下节再述。现在且依《皇极经世书》，列午会各运始卦于下：

运甲之一　始于虞舜三十九年甲子，值姤卦。
运乙之二　始于夏孔甲十三年甲子，值同人卦。
运丙之三　始于商王祖辛十年甲子，值履卦。
运丁之四　始于殷受辛十八年甲子，值小畜卦。
运戊之五　始于西周幽王五年甲子，值大有卦。
运己之六　始于东周威烈王九年甲子，值夬卦。
运庚之七　始于汉宣帝五凤元年甲子，值大过卦。
运辛之八　始于晋惠帝永兴元年甲子，值革卦。
运壬之九　始于唐高宗麟德元年甲子，值兑卦。

按“运壬之九”讫于宋仁宗天圣元年（公元1023年），《皇极经世书》止于此。以下为笔者依历史年代补列：

运癸之十　始于宋仁宗天圣二年甲子，值需卦。

运甲之十一　始于明太祖洪武十七年甲子，值大壮卦。

运乙之十二　始于清高宗乾隆九年甲子，值大有卦。

运丙之十三（应始于公元2104年甲子，值鼎卦。）

（四）皇、帝、王、伯

在中国历史中，有“三皇”“五帝”“三王”“五伯”的名称，借此等人物以说明历史演进的阶段，尤重在道德精神的演变。其中“三王”及“五伯”是确定的，“三皇”及“五帝”则有多种说法。邵子接受了这种传统思想，而他所采取的“三皇”说是伏羲、神农、黄帝；“五帝”说是少昊、颛顼、帝喾、唐尧、虞舜。这从他的话中可以得知：

孔子赞易自羲、轩而下，序书自尧、舜而下，删诗自文、武而下，修春秋自桓、文而下。自羲、轩而下，祖三皇也；自尧、舜而下，宗五帝也；自文、武而下，子三王也；自桓、文而下，孙五伯也。祖三皇尚贤也，宗五帝亦尚贤也，三皇尚贤以道，五帝尚贤以德；子三王尚亲也，孙五伯亦尚亲也，

三王尚亲以功，五伯尚亲以力。(《观物内篇》之六)

同时，我们读《击壤集》，从诗中也可以清楚看出他的主张以及他对于皇、帝、王、伯四者的分野，引之如下：

观三皇吟

许大乾坤自我宣，乾坤之外复何言？初分大道非常道，才有先天未后天。作法极微难看迹，求功最久不知年。若教世上论勋业，料得更无人在前。

观五帝吟

进退肯将天下让，著何言语状雍容？衣裳垂处威仪盛，玉帛修时意思恭。物物尽能循至理，人人自愿立殊功。当时何故得如此？只被声名类日中。

观三王吟

一片中原万里余，殆非孱德所宜居。夏商正朔犹能布，汤武干戈未便驱。泽火有名方受革，水天无应不成需。详知仁义为心者，肯作人间浅丈夫。

观五伯吟

刻意尊名名愈亏，人人奔命不胜疲。生灵剑戟

林中活，公道货财心里归。虽则饩羊能爱礼，奈何鸣凤未来仪。东周五百余年内，叹息唯闻一仲尼。（《击壤集》卷之四）

在古代，站在道德的立场，视历史演变为退步过程的人物很多，老子便是最有名的一位，他曾说："失道而后德，失德而后仁，失仁而后义，失义而后礼。"（《老子》第三十八章）邵子的看法同于老子，只是更落实到历史事迹上说话。对于伏羲氏这位远古史中的大人物，今日学术界尚无一致的生存年代的共识。近代人著书较有依据者为张其昀的《中华五千年史》，定其为公元前4754年人（见该书远古史部分）。若此则是在帝尧即帝位前二千三百九十七年，这数字当然只能视为一个大约数。比较接近事实的看法是，伏羲氏当是新石器初期的人物。从邵雍先天图上看，彼时方在巳会夬六运初来之际，或为大壮运之末，即大有卦所统之年，正大圣命世之征。所以邵子"皇、帝、王、伯"的历史观，实际上是指巳会的末六运夬到午会的始六运姤中间的一段历史演变，也就是以帝舜在位的第三十九年甲子为中间点，上下各二千一百六十年，共四千三百二十年间之事。这段时期前始于伏羲氏之兴，后迄于西汉宣帝之世，中间包括了三皇、五帝、三王、五伯、战国七雄及秦皇、汉武之雄杰，正是中国历史中的最精彩部分。

这里有一个问题，照“皇、帝、王、伯”的说法，“三皇”之世是至善之时，何以上文又说尧、舜之世为人文最盛之时呢？要知道这正是易学的基本观点。“三皇”之世最切近于道，人文方自道中呈现，若日之方升，光耀虽不夺目，而和熙可亲，内在之质淳故。“五帝”之世则多于外在之发挥，明若丽日之在天，道之含藏已有亏，人于德之表露，然就人文呈现之象言则最盛。虽然，盛之至即衰之来，九五非至高乃成其至尊，上九位至高适招致“有悔”。邵子正以这种观点，比喻四者之世为春、夏、秋、冬，我们不妨再一读他另外的四首小吟：

三　皇

三皇之世正熙熙，鸟鹊之巢俯可窥，当日一般情味好，初春天气蚤晨时。

五　帝

五帝之时似日中，声名文物正融融，古今世盛无如此，过此其来便不同。

三　王

三王之世正如秋，权重权轻事有由，深谷为陵岸为谷，陵迁谷变不知休。

五　霸

> 五霸之时正似冬，虽然三代莫同风，当初管晏权轻重，父子君臣尚且宗。(《击壤集》卷之四）

“三皇”“五帝”“三王”“五伯”是邵雍论史的四个层次。世代再下降，便不足以排入此层次，只能说是流光余音，他说：

> 三皇春也，五帝夏也，三王秋也，五伯冬也。七国冬之余冽也，汉王而不足，晋伯而有余，三国伯之雄者也，十六国伯之从者也，南五代伯之借乘者也，北五代伯之传舍者也。隋，晋之子也；唐，汉之弟也。隋季诸郡之伯，江汉之余波也；唐季诸镇之伯，日月之余光也；后五代之伯，日未出之星也。(《观物内篇》之十）

《皇极经世书》中，邵子以经世四象方式从各不同角度解说“皇、帝、王、伯”的每况愈下。他以意、言、象、数之修论，以仁、礼、义、智之别论，以性、情、形、体之异论，以圣、贤、才、术之分论，以道、德、功、力为化、教、劝、率之不同论，以正命、受命、改命、摄命之义论来解说。这些言论都极精彩，显示出他独特的见地。原文繁多，不便于引录，读者请自参阅。但在这一切论史之言的烘托下，使人有一个总的领会，便是先天易理则之不虚。至少我们会感觉到邵子的《皇极经世书》并非只是将历史比附于易图，仅做组合排列的一套学问。他对历史的观察确有卓越的见地，对历史的认识确有深微的领悟。中国历史一般说来，富于厚古薄今的思想，许多学者将此思想归于中华民族的保守心态，邵子却在此提出了具体而充分的理由以说明此一思想之正确。程明道的《邵子墓志铭》谓："先生始学于百源，坚苦刻厉，冬不炉，夏不扇，夜不就席者数年。"朱熹后来也称赞他："康节，看这人须极会处置事，被他神闲气定，不动声气，须处置得精明。他神气本来清明，又养得来纯厚，又不曾枉用了心，他用那心时，都在紧要上用，被他静极了，看得天下之事理精明。"笔者认为邵子在学术上不落凡俗的成就，主要在于他一方面不失天性的纯厚，诚于己，诚于己之所为；一方面又肯下功夫。这正是《中庸》上所说的"自诚明"之道。实际上，他对"皇、帝、王、伯"之分，正可以此作为标准："三皇"为不自觉而诚于道者，"五帝"为自觉而诚于道者，"三王"为不自觉而不诚于道者，"五伯"为自觉而不诚于道者。或"三皇"为不自觉而天人合一，"五帝"为自觉而天人合一，"三王"为不自觉而天人相离，"五伯"为自觉而天人相离。时代愈下，道德愈晦，然而何以如此？在邵子看来，都是易道流行之自然，一个先天易图道尽了其中底蕴。

三、天地之数

（一）天地始终之数

天地有始有终吗？如有始终，又终于何时呢？这些问题是近代科学发达以后所研究的问题，然而在九百年前，邵子已经认真地在试图解答这些问题了。对于天地有无始终的问题，他的回答是肯定的，即“有”；而对于始终于何时的问题，他不是用近代的太空、气象、生物、地质等科学方法，而是用他的先天易数推演。我们先来看一看他所说的：

> 易之数穷天地终始。或曰：天地亦有始终乎？曰：既有消长，岂无始终？天地虽大，是亦形器，乃二物也。（《皇极经世书·观物外篇》）

他认为天地是“形器”、是“物”，既是形器是物，即有消长。那么就由观物而察其消长，即知其始终之数，他这话说得自是有理。然后再看他论天地之始生，他说：

元有二：有生天地之始者，太极也；有万物之中各有始者，生之本也。(《皇极经世书·观物外篇》)

道为天地之本，天地为万物之本。以天地观万物，则万物为万物；以道观天地，则天地亦为万物。(《皇极经世书·观物内篇》)

“天地”也不过是大类之“物”而已，天地之本为“道”，而就“道”之始生天地处言，称名为“太极”。那么这里就必须进一步追求：天地既是“物”，何以以“非物”的“道”为本？而“太极”又如何始生天地呢？问题便不得不上溯到先秦的《易经》哲学上。

《易经》哲学一开始便提出天地万物始生的问题，那就是乾、坤两卦的《彖传》，文曰：

大哉乾元，万物资始，乃统天。(《乾卦·彖传》)

至哉坤元，万物资生，乃顺承天。(《坤卦·彖传》)

“乾元”者，乾之元；“坤元”者，坤之元。“元”为生之始义，故“乾元”“坤元”乃指动生万物的阴阳二作用。“乾元”

非天，乃其作用与天合；“坤元”非地，乃其作用与“顺承天”之地合。由“乾元”落到“天”与由“坤元”落到“地”，是易哲学思想由抽象概念落降到“物”的一个关键。但所谓“天”者，又非在“乾元”以外别有一个“天”；所谓“地”者，又非在“坤元”以外别有一个“地”。它们只是着物象与不着物象的分别，“天”是着了物象的“乾元”，“地”是着了物象的“坤元”。由“乾元”到“天”，因为已着了物象，所以《乾·彖传》下文讲，“云行雨施，品物流形”；由“坤元”到“地”，因为已着了物象，所以《坤·彖传》下文讲“含弘光大，品物咸亨”。由此我们知道“天”“地”虽与“乾元”“坤元”有别，却可以说是“乾元”“坤元”的化身，“乾元”与“天”，“坤元”与“地”，二者性质相同。

然而由“乾元”“坤元”再向上说，便是“太极”，是自然流行的“道”，“道”因何故而生“乾元”与“坤元”呢？这问题没有答案，因为“道”是自然不落意志，不管是持什么“故”，都落于意志，落入“非自然”。如是，则“乾元”“坤元”之所以生，只有从它们的事实认定上说，那就是“动而生”，落在唯一的一个理由“动”字上。乾动而始，坤动而生，有动才有始生，无动则无始生。又因为坤之动与乾之动互为正反，乾之动既云“动”，坤之动乃云“静”，“动”与“静”遂成为“乾”与“坤”所以成立的必然条件，也就是“天”与“地”所以成立的必然条件。

站在这个思想基础上，现在我们来看邵子的一段话：

> 天生于动者也，地生于静者也，一动一静交而天地之道尽之矣。动之始则阳生焉，动之极则阴生焉，一阴一阳交而天之用尽之矣。静之始则柔生焉，静之极则刚生焉，一刚一柔交而地之用尽之矣。动之大者谓之太阳，动之小者谓之少阳；静之大者谓之太阴，静之小者谓之少阴；太阳为日，太阴为月，少阳为星，少阴为辰，日月星辰交而天之体尽之矣。静之大者谓之太柔，静之小者谓之少柔，动之大者谓之太刚，动之小者谓之少刚；太柔为水，太刚为火，少柔为土，少刚为石，水火土石交而地之体尽之矣。（《皇极经世书·观物内篇》）

这一段话在邵子先天易演天地之数中极为重要。以“动静”明天地之源，以“阴阳、刚柔”说天地之性，而以“日月星辰、水火土石”八物分别代表天之四象与地之四象。此即邵子所谓之“经世天地四象”。以此经世四象配合六十四卦先天易图与元会运世之说，遂而推演天地始终之数，乾为动而始生之阳卦，其数为一，周流交错，而底于坤阴之极。《性理大全》《皇极经世书》及蔡西山《纂图指要》诸图中有“经世天地始终之数图”，今于后引录之，再做解说：

一一	元之元　日之日　乾之乾 乾一	二一	会之元　月之日　兑之乾 履十二
一二	元之会　日之月　乾之兑 夬十二	二二	会之会　月之月　兑之兑 兑一百四十四
一三	元之运　日之星　乾之离 大有三十六	二三	会之运　月之星　兑之离 睽四千三百二十
一四	元之世　日之辰　乾之震 大壮四千三百二十	二四	会之运　月之星　兑之震 归妹五万一千八百四十
一五	元之岁　日之石　乾之巽 小畜一十二万九千六百	二五	会之岁　月之石　兑之巽 中孚一百五十五万五千二百
一八	元之日　日之火 乾之坎 需一百五十五万五千二百	二六	会之月　月之土　兑之坎 节一千八百六十六万二千四百
一七	元之日　日之火　乾之艮 大畜四千六百六十五万六千	二七	会之日　月之火　兑之艮 损五万五千九百八十七万二千
一八	元之月　日之土　乾之坤 泰五万五千九百八十七万二千	二八	会之日　月之水　兑之坤 临六十七万一千八百四十六万四千
三一	运之元 星之日　离之乾 同人三百六十	四一	世之元辰之日　震之乾 无妄四千三百二十
三二	运之会　星之月　离之兑 革四千三百二十	四二	世之会　辰之月　震之兑 随五万一千八百四十
三三	运之运　星之星　离之离 离一十二万九千六百	四三	世之运　辰之运　震之离 噬嗑一百五十五万五千二百
三四	世之世　辰之辰　离之震 丰一百五十五万五千二百	四四	世之世辰之辰　震之震 震一千八百六十六万二千四百

图 3-10　经世天地始终之数图

三五	运之岁 星之石 离之巽 家人四千六百六十五万六千	四五	世之岁 辰之石 震之巽 益五万五千九百八十七万二千
三六	运之月 星之土 离之坎 既济五万五千九百八十七万二千	四六	世之月 辰之土 震之坎 屯六十七万一千八百四十六万四千
三七	运之日 星之火 离之艮 贲一百六十七万九千六百一十六万	四七	世之日 辰之火 震之艮 颐二千一十五万三百九十二万
三八	运之辰 星之水 离之坤 明夷二千一十五万五千三百九十二万	四八	世之辰 辰之水 震之坤 复二万四千一百八十六万四千七百四万
五一	岁之元 石之日 巽之乾 姤一十二万九千六百	六一	月之元 土之日 坎之乾 讼一百五十五万五千二百
五二	岁之会 石之月 巽之兑 大过一百五十五万五千二百	六二	月之会 土之月 坎之兑 困一千八百六十六万二千四百
五三	岁之运 石之星 巽之离 鼎四千六百六十五万六千	六三	月之运 土之星 坎之离 未济五万五千九百八十七万四千
五四	岁之世 石之辰 巽之震 恒五万五千九百八十七万二千	六四	月之世 土之辰 坎之震 解六十七万一千八百四十六万四千
五五	岁之岁 石之石 巽之巽 巽一百六十七万九千六百一十六万	六五	月之岁 土之石 坎之巽 涣二千一十五万五千三百九十二万

图 3-10 经世天地始终之数图（续）

五六	岁之月 石之土 巽之坎 井二千一十五万五千三百九十二万	六六	月之月 土之土 坎之坎 坎二万四千一百八十六万四千七百四万
五七	岁之日 石之火 巽之艮 蛊六万四百六十六万一千七百六十万	六七	月之日 土之火 坎之艮 蒙七十二万五千五百九十四万一千一百二十万
五八	岁之辰 石之水 巽之坤 升七十二万五千五百九十四万一千一百二十万	六八	月之辰 土之水 坎之坤 师八百七十万七千一百二十九万三千四百四十万
七一	日之元 火之日 艮之乾 遁四千六百六十五万六千	八一	辰之元 水之日 坤之乾 否五万五千九百八十七万二千
七二	日之会 火之月 艮之兑 咸五万五千九百八十七万二千	八二	辰之会 水之月 坤之兑 华六十七万一千八百四十六万四千
七三	日之运 火之星 艮之离 旅一百六十七万九千六百一十六万	八三	辰之运 水之星 坤之离 晋二千一十五万五千三百九十二万
七四	日之世火之辰 艮之震 小过二千一十五万五千三百九十二万	八四	辰之世 水之辰 坤之震 豫二万四千一百八十六万四千七百四万
七五	日之岁 火之石 艮之巽 渐六万四百六十六万一千七百六十万	八五	辰之岁 水之石 坤之巽 观七十二万五千五百九十四万一千一百二十万
七六	日之月 火之土 艮之坎 蹇七十二万五千五百九十四万一千一百二十万	八六	辰之月 水之土 坤之坎 比八百七十万七千一百二十九万三千四百四十万

图 3-10 经世天地始终之数图（续）

七七	日之日 火之火 艮之艮 艮二千一百七十六万七十八百二十三万三千六百万	七八	辰之日 水之火 坤之艮 剥二万六千一百二十一万三千八百八十万三千二百万
七八	日之辰 火之水 艮之坤 谦二万六千一百二十一万三千八百八十万三千二百万	八八	辰之辰 水之水 坤之坤 坤三十一万三千四百五十六万六千五百六十三万八千四百万

图 3-10 经世天地始终之数图（续）

蔡西山云：

> 八卦之数，乾一，兑二，离三，震四，巽五，坎六，艮七，坤八，先天之序也。一一为乾，以至八八为坤，参伍错综，无不备也。圆者为天，方者为地，一二三四为阳，五六七八为阴，即先天图也。一一起于南，八八终于北者，以少为息，多为消也。（蔡氏此言乃合此图与先天圆方图共论）
>
> 天地之数，穷于八八，故元会运世、岁月日辰之数，极于六十四也。阳数以三十起者，一月有三十日，一世有三十年也，阴数以十二起者，一日有十二辰，一岁有十二月也。天地之数，至于八八而遂穷乎？曰：穷则变，变则生，盖生生而不穷者也。

上面蔡西山的这个“经世天地始终之数图”，不敢肯定承自邵子，但至少也是蔡西山师邵子之意而制作。将此图对照《皇极经世书》之文，并不见有对此图的特别解说。邵子对于天地之数另有演算，见后文。此图可视为演天地之数图之一。此图是一个紧密完备的结构，以先天易八卦及六十四卦卦序结合“元会运世、岁月日辰”的先天数法则而成。首以八卦之乾为下卦，依序变上卦之八卦；次以八卦之兑为下卦，依序变上卦之八卦。依此类推，而底于坤。乾为动生之始，乾元统天，故为天之始，至复卦后交姤而静生；坤为静之极，即地之终。始乾终坤，即天地之一大始终周流。此图有几点值得提出，如下：

第一，乾数为一，坤数为三十一兆有余，从数目字上看是一至多的发展，但不可视为天地生物多寡之数看，此乃天地始终流行之数，重在“时间”的流程。乾数之一只代表乾阳之动始，坤数之多则代表经过如是长久流行之后，坤阴至是入于静极。

第二，坤之数不可以“年”为单位计算，这里只是“数”，没有单位，数大数小所代表的只是思想中流程的久暂。

第三，在先天图中，乾阳生于复卦，那是生物之数，此则相反，由乾向复流行，可以解作乾之始动为阳之充盈饱和，有充盈饱和乃有始动而生。一路流行变化下去，则阳性渐减弱，复、姤之间为阴、阳（即动、静）交替之分野，过此则阴性渐盛。

第四，在乾之动生与坤之静极之间，即天地之间之变化，日、月、星、辰为天之体，石、土、火、水为地之体，元、会、运、世与岁、月、日、辰为人物所依之变化理则，故此中实包含天、地、人之道之相交错变化。

（二）天地体用之数

邵子又以“体数”与“用数”明天地之性，他说：

> 天数五，地数五，合而为十，数之全也。天以一而变四，地以一而变四，四者有体也，而其一者无体也，是谓有无之极也。天之体数四，而用者三，不用者一也；地之体数四，而用者三，不用者一也。是故无体之一以法自然也；不用之一以法道也，用之者三以法天地人也。（《观物外篇》）

这一节文字的思想来源有三：一是《易·系辞传》，以十为天地之全数，天地各得其五，传文云：“天数五，地数五，五位相得而各有合。”二是河图，这一节文字是《观物外篇》“河图天地全数”开始的一段，乃就河图而论天地，河图以十数排列，五阴五阳，故邵子合于《系辞传》立言。三是《老子》，第二十五章言：“人法地，地法天，天法道，道法自然。”邵子文中“无体之一以法自然”，“不用之一以法道”，显然是本于老子思想，且“有无”也是老子的主要思想概念。邵子之学不囿于一，兼采儒道，由此可见。天与地各为“以一而变四”，法自然无体之一，非数，可不计。四则为天与地有体之数，称为天与地之“体数”；体数四而用三，则为邵子之新说。

严格言之，天地之体数四，虽为邵子所倡，实乃师易学之古说。昔文王演易，自太极之开始落于乾坤，即于卦下系“元、亨、利、贞”四字。元义为始，亨义为通，利义为宜，贞义为正。此“元、亨、利、贞”四义，即可视为乾坤二卦之四象，视为乾坤卦之体数四。“元、亨、利、贞”虽寥寥四字，却赅尽乾坤之道，故后来孔子赞易，以此四字法人生之“仁、礼、义、智”四德（见《乾·文言》)，括人德之全；易学家们解易，又一致地将此四字比作“春、夏、秋、冬”四时，四时为一年之全。然而天地（即乾坤）体数四之义虽已为古圣揭发，“体数四”之文却为邵子所首倡。邵子承古圣之义，更审观万物之变化，终于肯定了天地自然之道是“体数四”。《性理大全》、蔡西山《纂图指要》与《宋元学案·百源学案》均载有经世四象图，录如下：

太阳	日	暑	性
	目	元	皇
太阴	月	寒	情
	耳	会	帝

少阳	星	昼	形
	鼻	运	王
少阴	辰	夜	体
	口	世	伯
少刚	石	雷	木
	气	岁	易
少柔	土	露	草
	味	月	书
太刚	火	风	飞
	色	日	诗
太柔	水	雨	走
	声	辰	春秋

图 3-11　经世天地四象图

关于四象之经世，我且举《观物内篇》中以圣人比昊天，谓二者均有“四府”的一段话来看：

天之能尽物则谓之昊天，人之能尽民则谓之圣人。谓昊天能异乎万物，则非所以谓之昊天也；谓圣人能异乎万民，则非所以谓之圣人也。万民与万物同，则圣人固不异乎昊天者矣，然则圣人与昊天为一道也。圣人与昊天为一道，则万民与万物亦可以为一道，一世之万民与一世之万物亦可以为一

> 道，则万世之万民与万世之万物亦可以为一道也明矣。夫昊天之尽万物与圣人之尽民，皆有四府焉。昊天之四府者，春夏秋冬之谓也，阴阳升降于其间矣；圣人之四府者，《易》《书》《诗》《春秋》之谓也，礼乐污隆于其间矣。春为生物之府，夏为长物之府，秋为收物之府，冬为藏物之府，号物之庶谓之万，虽曰万之又万，其庶能出此昊天之四府者乎？《易》为生民之府，《书》为长民之府，《诗》为收民之府，《春秋》为藏民之府，号民之庶谓之万，虽曰万之又万，其庶能出此圣人之四府者乎？昊天之四府者时也，圣人之四府者经也，昊天以时授人，圣人以经法天，天人之事当如何哉！

这段话的大意可以这样说：昊天之所以为昊天，以其有“春、夏、秋、冬”四时；圣人之所以为圣人，以其有“《易》《书》《诗》《春秋》”四经。如各舍弃四者，则昊天即不成其为昊天，圣人不成其为圣人。是故邵子名此四者为“四府”，即体之所处之意。这里只是举一例。读《皇极经世书》，我们可发现有各种不同性质的“四”，邵子认为都是“天地之体数四”的自然表现。

但在这里，我们切不要忘了一个前面说过的根本的认识，就是天地的本质原是“道”之流行，所以天地之体原是“道之流行之体”，也可以说是“道”之流行的四个阶段。“天地之体数四”，就是“道”之流行以四个阶段为其体。以最明显为人所知的自然时序而言，“春、夏、秋、冬－春、夏、秋、冬－春、夏……”千古不变，永远是“春、夏、秋、冬”四时的循环运转。人生与一切动植物也是如此，“生、长、老、死－生、长、老、死－生、长……”时间被人如此感受，空间也同样以“四”数被人应用，如大地有“东、南、西、北”，个人有“前、后、左、右”。邵子就这样在观察万物变化中，肯定了他的“天地之体数四”。然后进一步发现体数虽“四”，而用者常为“三”，如“春、夏、秋、冬”之四时中，“冬”不生物；“生、长、老、死”之四数中，“死”则非生；“东、南、西、北”之四数中，“北”则不生；“前、后、左、右”之四数中，“后”则不见。这便是他所提出的“体四用三”之说。对他来说，这一发现非常真实，揭发了宇宙自然的理则，以至于使他讲出下面的一段话：

> 天有四时，一时四月，一月四十日，四四十六而各去其一，是以一时三月，一月三十日也。四时体数也，三月、三十日用数也。体虽具四，而其一常不用也，故用止于三而止于九也。体数常偶，故有四有十二；用数常奇，故有三有九。（《观物外篇》）

四时是天道一岁的体数，每一时也有其体数，应该是四月；每一月也有其体数，应该是四十日。但以“体四用三”之故，四时应十六月者，去其一四，用十二个月；一月应四十日者，去其一十，用三十日。于是，就成了一月三十日，而一时九十日，所以他说“用止于三而止于九”。对月而言，时为体；对日而言，月为体。四时、十二月均为偶数；而日之三、九均为奇数，故言“体数常偶，故有四有十二；用数常奇，故有三有九”（详细解说见后文）。当然，邵子这里的论证并不精确，如果认真计较，问题重重。我们应知他只是“观物”所得的大体，万物种类繁杂，事态无计，天地之道之广大，也不能规范万事万物必无例外。更何况人智有限，有许许多多事物不能见知其底细呢？

然后，再从卦象上看，也隐约透露出此“体四用三”之义。八卦之中，乾、坤、坎、离四卦象为☰、☷、☵、☲，正反不易，震之象☳则反成艮☶，巽之象☴则反成兑☱，是八卦虽八，实只有六象，不用者二，占四分之一，而用者占四分之三。六十四卦乃根于八卦之重，故天地体用之本义在八卦。这就是邵子说的：

> 体者八变，用者六变，是以八卦之象，不易者四，反易者二，以六卦变而成八卦也。重卦之象，不易者八，反易者二十八，以三十六变而成六十四

> 也。(《观物外篇》)

至于从先天六十四卦图上看，则更为清楚，邵子谓："天自贲以上，地自艮以上，用数也。"(《观物外篇》大小运数）按六十四卦分作四分，则每分十六卦，用数四分之三，应为四十八卦。今天自贲 ䷕ 以上至地之艮 ䷳ 共四十六卦，似略少于四分之三。然邵子又言："天自明夷以下，地自否以下，交数也。"(《观物外篇》大小运数）所谓"交数"，指明昧之相交，在"日甲之元"中，明夷与贲二卦均在月丑会，贲统丑会之末三十运，明夷则在贲之前。此时在"开物于寅"之前，即人文尚未兴，大地由蒙昧转黎明之际；而"地自否以下"之否卦，却在艮卦以下隔谦一卦。谦在邵子为"闭物于戌"之卦，故"用数"应自艮退谦卦一位。如此则自贲至谦为四十七卦，加上闰数之用，大约而言，正是"体四用三"。

按此"体四用三"之思想，不只在邵子先天易中作为计数之用，也是他一生做人行事的准则，他说：

> 凡事为之极，几十之七则可止矣，盖夏至之日止于六十，兼以晨昏分可辨色矣，庶几乎十之七也。(《皇极经世书》卷八)

此意谓人生行事，以“体四用三”之比言，约为十之七。夏至日最长，虽然，以一日百刻言，白昼犹差七分未满六十刻，加上晨昏可辨色之各二刻半，也不过六十五刻，将近十分之七。天地之道，尚不越此，人岂能强求？由此我们可见邵雍“体四用三”信念之坚定。

然以上是就天与地分别体用而言，如果就宇宙之一整体言，则天统乎体而地分乎用，二者之数如下：

> 天统乎体，故八变而终于十六。地分乎用，故六变而终于十二。天起于一而终于七秭九千五百八十六万六千一百一十垓九千九百四十六万四千八京八千四百三十九万一千九百三十六兆。地起于十二而终于二百四垓六千九百八十万七千三百八十一京五千四百九十一万八千四百九十九兆七百二十万亿也。(《观物外篇》)

这段话在含义上可以有两种不同的解说：其一以“天统乎体”之“体”为地之“体数”，如此则为地之体数四而天统之，天之用数三而地分之；其二则以天地本于一，天合于一之全体，其八变十六变为数之全，地则分天数为用，故六变十二变。今坊间可见中华书局据通行本校刊之《皇极经世书》绪言，似即以前者为义，其述释云：

体数四属地而天统之，八变四其四，起乾，一变而夬，二大有，四小畜，八履，十六同人，至三十二而始终焉，七秭九千以下姤数也。用数三属天而地分之，六变三其四，起小畜，递变得二而需，四而泰，六而兑，十二而临，易[①]终于二十四震焉，二百四垓以下震数也，变皆生于倍而递因之也。

“体数四属地而天统之”一句，不可以说错，但如此说总觉不妥。要知邵子这个“统”字，应是来自《乾卦·彖传》之“乃统天”，作“合”解。“天统乎体”一语，所指应是“天”合乎它所从出之体，而不是合乎继承它而生的“地”之体。但这里我们知道“天”所从出之体何在？乃即“地”之静极所在，邵子所谓“天根”者是，而静极之“天根”为“地”之所生。所以在邵子先天易中，“地”之义有二：一为继乾天而生之“地”，乃与“天”相对；一为“地”之静极，已脱出了与乾天之相对而入于绝对之“天根”。站在后者的立场言，则为“天主用，地主体”，邵子说：

天主用，地主体，圣人主用，百姓主体，故日

① 易：有本无此字。

用而不知。(《观物外篇》)

“圣人”出于“百姓”，为用；犹“天”出于“天根”之为用。故知此处邵子之“地”，非与“天”相对之“地”。上面所引述释“体数四属地而天统之”之言，很容易使人误为与“天”相对之“地”，故我说此句不妥。虽然，从上面邵子所演天地之数中，可以明显看出天数远大于地数，天数之大于地数，非由于四分之一与四分之三之差，乃二者计算方式之不同。今仅就天之数言，邵子上言天起于一而终于“七秭九千五百八十六万六千一百一十垓九千九百四十六万四千八京八千四百三十九万一千九百三十六兆”之数。其算法之一为：“一生二为夬，当十二之数也；二生四为大壮，当四千三百二十之数也；四生八为泰，当五亿……十六生三十二为复，当二千六百五十二万八千八百七十垓三千六百六十四万八千八百京二千九百四十七万九千七百三十一兆二千万亿之数也。”(《观物外篇》下)此乃依“元、会、运、世”之序，即“12、30、12、30”之数序交替相乘所得之积数，将复卦所当之数再乘以三十，即得七秭以下之天之终数。其算法之二则为“天起于一”，一应于日。一年三百六十日，为乾天一变大有之数，然后以三百六十自乘得积十二万九千六百为二变小畜之数。再自乘得积一百六十七亿九千六百一十六万为四变履之数，再自乘得积二万八千二百一十一兆九百九十四万七千四百五十六亿为八变同人之数，再自乘所得之积即为七秭以下十变姤之数。这两种计算方式都出于《观物外篇》的记载，但就前面所引邵子“天统乎体，故八变而终于十六”之言，显然是指上述第二种计算方式。以今日言之，所谓天的“八变”即指三百六十的八次方的积数，天的“十六变”即指三百六十的十六次方的积数。邵子以此自乘方式代表天数，当然是因为数之自乘才能表示出天道流行变化之全，而“12、30、12、30”之数序，已落入地道生物现象之中。

至于地数的二百四垓六千九百八十万七千三百八十一京五千四百九十一万八千四百九十九兆七百二十万亿，乃地分乎天之用数，循“元、会、运、世”之数，递相乘而得，与天数之自乘积而得不同，此数将在天地生物之数中述明，此不赘。

（三）天地圆方之数

“天圆地方”是中国古代人对所生存的大环境的看法，这一看法我们无法追究其起于何时，依理推思，它可能更早于易学卦象的创制，该是中华民族最早期文化的一端。在最早的时候，也许古人只是单纯地对感受到的天地做形容，游目四观，天象盖笠，包地之外，故为“圆”，而地广难穷，故设有四向而为“方”。但随着文化思想的开展，“圆”“方”

之义渐跨越了形容物象的范限，而进入哲思的领域。天之圆代表天道运行的终而复始，地之方代表地道的顺承之性而化生万物。在卦爻辞中虽不见圆方之名，但乾卦“元、亨、利、贞”，隐然是“贞”下起“元”之“圆”，而六爻始“潜”终“亢”，也等于道出了天道运行之圆。坤卦之“牝马”“履霜坚冰”之义及“直方大”之德，也明显表示了地道之方。象数易家释易，常引天圆地方之说，在历代注易文字中可见。邵子的先天易，从其卦图的结构上，便一望而知与天圆地方思想有密切关系，它的八卦与六十四卦图，各有方图与圆图。特别是六十四卦方位图，将方图置于圆图之中，尤显示出天包含地的思想。《皇极经世书》中，多处道及天圆地方之数，兹举《观物外篇》的一节文字，并逐段解说之以见义如下：

> 圆数有一，方数有二，奇偶之义也。六即一也，十二即二也。天圆而地方，圆者之数，起一而积六，方者之数，起一而积八，变之则起四而积十二也。六者常以六变，八者常以八变，而十二者亦以八变，自然之道也。

圆数一方数二，即乾象“⚊”之数与坤象“⚋”之数，一奇一偶。乾之象由“⚊”到“☰”到“䷀”，六画同于一画，故言“六即一”。坤之象由“⚋”到“☷”到“䷁”，六偶共十二画同于一偶，故言“十二即二”。此就卦之象而言，如就圆与方上说，圆之数即乾象之数，起一而进三,二其三则积六。方之数即坤之数，起一而为二之偶，二进为四,二其四则积八。然这里需要知道成圆与成方之数，圆之成，径一而围三，方之成，径一而围四，故圆之数，大源虽起于一，而实以三为数之基；而方之数，大源虽也来自一，而实以四为数之基。圆以三为基数，圆中有方，圆不离方，故偶其三而为六；方以四为基数，方中有圆，方不离圆，故三其四而为十二，这就是“起四而积十二”之义。由此看来，乾卦由“⚊”而演为三画之“☰”，再重为六画卦“䷀”，乃是自然之道；坤则顺承乾功，当乾之画为“⚊”时，坤则为“⚋”之偶，当乾为“☰”时，坤则为“八卦”之成，当乾为“䷀”时，坤则为“六十四卦”之成。圆之数积六为用，故天数中常见六之倍数，如三十六为老阳之数，三百六十日为一年之日数，而三十日为一月之日数；方之数积八为用，故地数中常见八之倍数，如二十四为老阴之数，六十四为卦之数，而七十二候为四时变化之数。而言“十二者亦以八变”，乃言方数之十二，原为“起四而积”，自天之体四到地之体四，成于八之故，即太阳、少阳、太阴、少阴合太刚、少刚、太柔、少柔而成于八，从“经世天地四象图”可知。

八者天地之体也，六者天之用也，十二者地之用也。天变方为圆而常存其一，地分一为四而常执其方。天变其体而不变其用也，地变其用而不变其体也。六者并其一而为七，十二者并其四而为十六也。阳主进，故天并其一而为七；阴主退，故地去其四而止于十二也，是阳常存一而阴常晦一也。故天地之体止于八，而天之用极于七，地之用止于十二也。

天地之体数各四，合之故八。然体四而用三，天函地之体，八去其二，故六，是为“天之用”；地为天之偶，偶八为十六，偶六为十二，故地之体之全数应为十六，十二则也取四之三为用，是为“地之用”（关于“体四用三”之义，已见上节）。然而天与地之性不同，天为阳主进，地为阴主退，故天主于动进而发用，地主于静退而执体。也就是说，天以“用”为主，虽用三而常存其一不用，地以“体”为执，虽执四而仍顺承天之用三。这种情形表现在圆与方之形象上最为明显，那就是一而围三成圆，一而围四成方；圆虽围三而成，仍常存其一，圆中仍可成方，方虽围四成体，方中可以有圆。关于圆与方之相函关系，我们不妨取《周髀算经》中的两个图为例，如图 3–12。

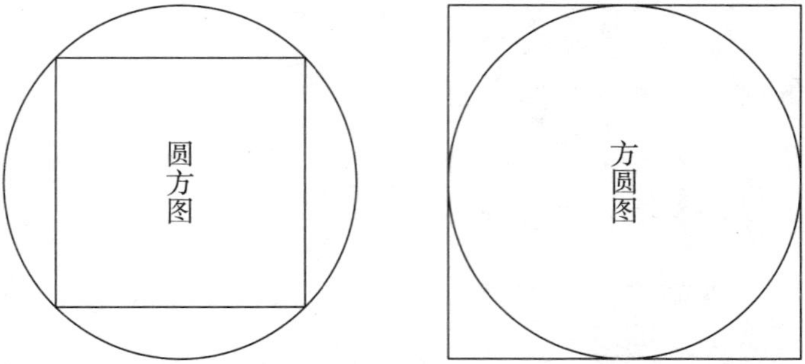

图 3-12 《周髀算经》中的圆方圆及方圆图

图 3-12 中的“圆方图”，正是邵子先天六十四卦方位图天圆地方的形象。二图均本于一，一分四为方，一用三为圆，圆用三而不失四之体，方执四而不变三之用。由这两个圆上运思，邵雍天地圆方之数，思过半矣。因为圆之数虽一不用而常存不失，故圆之用数六并一而为七，倾向于过六之用，此即阳性之进。方之数虽执于十六而倾向于顺承阳而晦其一，多至于晦四，即十二，此为阴性之退。故言：“天地之体止于八，而天之用极于七，地之用止于十二。”此中一进一退之伸缩空间，即为宇宙万物自然变化之道，如黄昏已降，天犹未合，夜幕未收，晨熹已兆；如幼弱稚子，不乏天纵之才，蹒跚衰翁，犹奋建侯之志，都是天地圆方之道的自然表现。

圆者裁方以为用，故一变四，四去其一则三也，三变九，九去其三则六也。方者展圆以为体，故一变三，并之四也，四变十二，并之十六也。故用数成于三而极于六，体数成于四而极于十六也。是以圆者径一而围三，起一而积六；方者分一而为四，分四而为十六，皆自然之道也。

由前述可知圆与方形象之不同，主要在于奇偶之数。然而奇偶之数中间，却借着“存一”与“晦一”而流通。圆可谓“裁方以为圆”，方可谓“展圆以为体”。二者同本于一，之所以有“存一”之圆与“晦一”之方之不同者，实乃天地变化之妙用，为人智之得察其迹而不得知其所以然者。圆裁方之四之三，成乾卦之三画，每画用三，故三三变九,九去三成六，即六爻之乾卦，虽六画之象三在其中。方展圆之三并其所裁之一而为四,四其四为十六，为体数之极，晦其一四而变为十二，为顺承圆之用，即坤卦六爻之十二画。故成于三而极于六为用数之变，成于四而极于十六为体数之变。故圆之形径一而围三，其数起一而积六，方之形分一而为四，其数分四而为十六。对于“圆者裁方以为用”“方者展圆以为体”和“圆者径一而围三”“方者分一而为四”，如将前面所引的“圆方”及“方圆”二图合一而观，则更易于会得其义，如下：

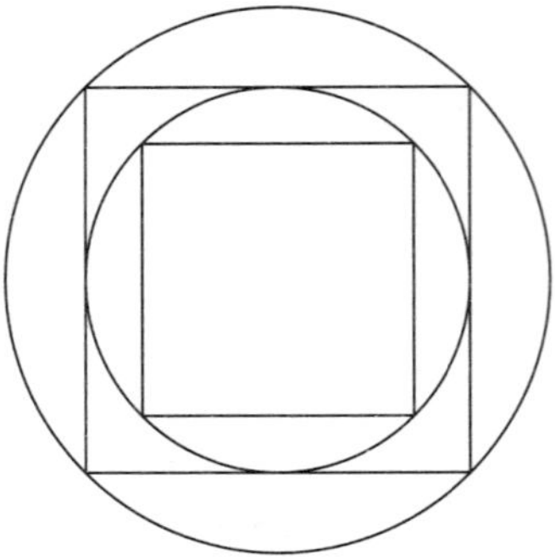

圆与方同起于一。
圆者裁方以为用。
方者展圆以为体。

图 3-13　圆方与方圆合一图

对于圆者“起一而积六”与方者“分四而为十六”，最好从先天图上看。圆者天道之流行，六十四卦圆图除乾、坤、坎、离四正外，余六十卦三百六十爻，为“积六”之数。六十四卦方圆分四方四偶为纵横、斜交各十六卦，具地之体数之全。

> 圆者六变，六六而进之，故六十变而三百六十矣。方者八变，故八八而成六十四矣。阳主进，是以进之为六十也。圆者径一围三，重之则六也；方者径一围四，重之则八也。裁方而为圆，天所以运行；分大而为小，地所以生化。故天用六变，地用四变也。

圆积六而变，六十变则积为三百六十之数，此一年三百六十日及周天三百六十度之用。方积八而变，八八成六十四卦之体。而圆以六十变言，方则以八变言，邵子说是“阳主进”之故。“六”与“八”二数之不同，主要来自一圆一方之不同，“六”来自“径一围三”之重，“八”来自“径一围四”之重。也就是说，一切数之源为一，由一而生奇偶，由一变三至六为圆为用；由一变四至八为方为体。所以“重三”“重四”者，除圆中有方，方中有圆之义外，我想也含有宇宙自然之变化永恒不息之义。由此，邵子乃言，圆之数代表“天所以运行”，方之数代表“地所以生化”。换句话说，圆之数近于“时”，方之数近于“位”（今言“空间”），时邪位邪，毕竟为“道”。

以上对邵子天圆地方一段文字的解说，当然不够周详，但从上面的解说中，我们已经可以充分感受到邵子的言数，大不同于先秦易的倚托于筮术，也大不同于两汉易的倚托于数术。邵子的言数乃直接倚托于“理”，他以哲学思考所得的理为根据而论数，勿怪乎程颐称许他：“数至尧夫方及理。”

（四）天地生物之数

前文“天地始终之数”，可视为天地生生之作用表现在时间方面之数，而此节“天地生物之数”则可视为天地生生之作用表现在空间方面之数。但如此说并不很妥当，因为天地者何？并非谓“生生”之作用外另有“天地”，而是即“生生”之作用而言“天地”。是故言“天地始终之数”，乃指“生生”之作用之生。此际尚无“万物”，时间之势胜，我故言“表现在时间方面之数”。至于“天地生物之数”，乃指“天地”已有其“生生”之体。天表现其“生生”之性命于物，而地表现其“生生”之形体于物，从物体上见天地之“生生”，此时已有物体，空间之势胜，我故言“表现在空间方面之数”。这地方的思考，前者是乾元与坤元的动生于太极，后者是乾元与坤元的动生万物，二者不同，而这也正是邵子对生之“元”的思考。邵子的话是这样说的：

> 元有二：有生天地之始者，太极也；有万物之中各有始者，生之本也。(《观物外篇》)

“太极”之生天地之始，乃“生”之大源，乃“无生之生”“自然之生”“形而上之生”，在此我们已不必再去探幽索玄。现在要说的是第二种“生”，即“万物之中各有始”之“生”，也就是邵子依据其先天图所论之天地生物之数。以下所引之文即承接在上面一段话的下面，我分段引录，且做解释：

> 天自临以上，地自师以上，运数也。天自同人以下，地自遁以下，年数也。运数则在天者也，年数则在地者也。
>
> 天自贲以上，地自艮以上，用数也。天自明夷以下，地自否以下，交数也。

天自震以上，地自晋以上，有数也。天自益以下，地自豫以下，无数也。

天地之交十之三。

此就先天六十四卦圆图而言，各类数之名目在图上看如图 3–14。

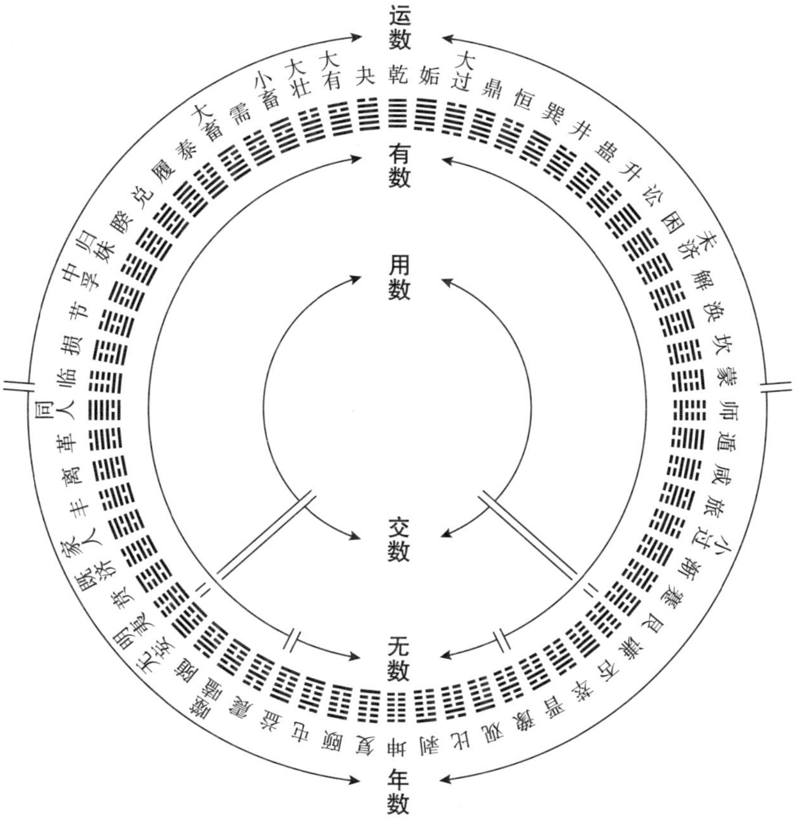

图 3–14　先天六十四卦圆图各类数之名目图

首先，要明白图中“天”“地”之分。天道左旋，阳自复起，由下左旋而上；地道右行，阴自姤起，由上右旋而下。故就左右言，左为天，右为地。再就上下言，乾卦在上，坤卦在下，故又上半为天，下半为地。“天自临以上，地自师以上”为“运数”，即是圆图的上半，“运”之义谓天道之运行，此三十二卦以乾卦居上中，左右翼张，故为天道运行之数。而“天自同人以下，地自遁以下”为“年数”，即是圆图的下半，此三十二卦以坤卦居下中，左右分列，“年”之义在经世四象表上，“元、会、运、世”为天道之法则，在天；“岁、月、日、时”为地道之法则，在地；此言“年”当是“岁”义。由乾至临，天运之力强，地生未现；由姤至师，地生之形已成，天用发挥，故言“运数在天”。由同人至复，地生物形，坤势光大；由遁至坤，乾力消退，故言“年数在地”。其数值之大小与计算，则见下文。

“天自贲以上，地自艮以上”为“用数”，贲卦位置为自复起第十卦，于天地变化上说，“地辟于丑”方终而“人生于寅”将始；于一年二十四气言，此时值立春入雨水，寅月之来，贲之卦象 ䷕ 为明生于止下，文明将发用之意。艮卦虽在“闭物”之前，然其卦象 ䷳，对应于贲卦则下之文明已止，且有“止”而后乃“闭物”，也合理；艮在一年二十四气为霜降之终，后即入于立冬之候，是以此二卦之上称“用数”。“天自明夷以下，地自否以下”为“交数”，交数共十七卦，右面自否至坤之八卦，下卦均为坤；而左面由复至无妄之八卦，下卦均为震，后加明夷一卦。明夷卦象为䷣，由动生明，而明夷于地下，故用数退一位自贲卦始，不自明夷始。右面之交数如依此例，也应前推一位之谦卦，但退一位起于否，乃因谦卦中爻为“闭物”之数。乾之余用尚未全消，而否之象为䷋，天地不交，万物不生之势成，故自否起。“用数”之义指阴阳相通而起用，“交数”之义指阴入闭塞晦暗，而即于闭塞晦暗之中交阳而复起生机，天地之实相如此，非邵子之故为设思。

然后，“天自震以上，地自晋以上”称“有数”。“有”乃对“无”而言，后文邵子言坤阴之长数，有“坤当无极之数”之言，入于无极，即无数可计，如此则“有数”即为“有数可计”或“可计数”之意。今观“无数”之卦共九，即“天自益以下，地自豫以下”，在坤之两侧，“交数”之最暗最深藏处，是为至静之奥府，以其至静，故称“无数”。虽然，“道”之流行，有不息而无不变，即在“无数”之中，“道”仍在流行变化，不然岂能有复卦之生？

最后，“天地之交十之三”一句，依笔者看来是指上三者而言，故放在结尾，其意谓天之运数与地之年数、天之用数与地之交数、天之有数与地之无数，总其数约为十与三之比，也就是前文所言“体四用三”之意。但后人看法不一，如黄梨洲注此句，便是将此句之“交”字作“交数”解，而谓“天地用数占十之七，故其交数惟十之三”，不拟多辩，请读者自参阅。

乾为一，乾之五爻分而为大有，以当三百六十之数也。乾之四爻分而为小畜，以当十二万九千六百之数也。乾之三爻分而为履，以当一百六十七亿九千六百一十六万之数也。乾之二爻分而为同人，以当二万八千二百一十一兆九百九十万七千四百五十六亿之数也。乾之初爻分而为始，以当七秭九千五百八十六万六千一百一十垓九千九百四十六万四千八京八千四百三十九万一千九百三十六兆之数也。是谓分数也，分大为小，皆自上而下，故以阳数当之也。一生二为夬，当十二之数也。二生四为大壮，当四千三百二十之数也。四生八为泰，当五亿五千九百八十七万二千之数也。八生十六为临，当九百四十兆三千六百九十九万六千九百一十五亿二千万之数也。十六生三十二为复，当二千六百五十二万八千八百七十垓三千六百六十四万八千八百京二千九百四十七万九千七百三十一兆二千万亿之数也。三十二生六十四为坤，当无极之数也。是谓长数也，长小为大，皆自下而上，故以坤数当之。

上面这两段文字，一言“乾之分数”，一言“坤之长数”，放在一起解说是为了可以对照。先说前一段乾之“分大为小，皆自上而下”。乾自五爻分为大有卦算起，起算数为三百六十。然后四爻分为小畜卦，其数为大有数之自乘积。然后三爻分为履卦，其数为小畜数之自乘积。然后二爻分为同人卦，其数为履数之自乘积。然后初爻分而为姤卦，其数为同人数之自乘积，此数甚大，用今日阿拉伯数字写则如下：

7 9 5 8 6 6 1 1 0 9 9 4 6 4 0 0 8 8 4 3 9 1 9 3 6 0 0 0 0 0 0 0 0 0 0 0 0 0 0 0 0
秭千百十万千百十垓千百十万千百十京千百十万千百十兆

对于这一段文字，我分作以下几点说明其中的问题：

第一，乾之“分大为小，皆自上而下”，乃乾之分性命于物，即《乾卦 · 彖传》“乾道变化，各正性命”之事。乾之数全，故自“一”起，越分越小，至交姤之七秭有余之数，乃万物各得性命之数。此时坤尚未起，故用“分”不用“生”。

第二，乾之自上而下之分，不自夬卦始而自大有卦始，其可能原因有以下诸项：一是五爻乃阳之尊位，以中正至尊之位，依次下分，且与“大有”之名称合；二是夬卦之上卦为兑，乃阴数之位，大有卦之上卦为离，乃阳数位；三是依先天图次序，由乾为第一位数起，大有为第三位，而算至姤为第三十三位，均为奇数位。察此数卦之位，同人卦居乾与姤之中位，履卦居乾与同人之中位，小畜卦居乾至履之中位，大有卦居乾至小畜之中位，邵子言：

> 先天之学，心法也，故皆从中起，万化万物生于心也。
>
> 天地之心，生万物之本也。

其意或即在于此。

第三，乾数一，自大有三百六十之数起算，当是由于一年三百六十日之故，日为阳，月为阴，故坤数起于十二。同时，三百六十之数，在时间上是一年之日数，在空间上是三百六十度一周圆，均为“一”之全。

第四，乾数分大为小之方式，为自乘之累积，以此时之分化为乾之独化，无坤阴形体之滞碍故。坤数则不采此自乘方式。

再说第二段引文，乃坤之“长小为大，皆自下而上”之“长数”。相当于乾之取奇数位，坤则取偶数位之卦，乾一生兑二为夬，当月数之十二，故坤数由十二起，二生四为大壮卦，四生八为泰卦，八生十六为临卦，十六生三十二为复卦，复卦之数用今日阿拉伯数字写则如下：

2 6 5 2 8 8 7 0 3 6 6 4 8 8 0 0 2 9 4 7 9 7 3 1 2 0 0 0 0 0 0 0 0 0 0 0 0 0 0 0
千百十万千百十垓千百十万千百十京千百十万千百九兆

坤数之计算方式乃以“12、30、12、30”交互相乘，与前面乾之“分数”不同者，为前者直取五爻变之自乘积，此则逐卦变而取其“二生四”“四生八”“八生十六”“十六生三十二”之数。复卦之数当天元之“世”，姤则为坤元之“岁”，故上面复之数乘岁三十之数，即得上段所述姤卦“七秭九千……”之数。而由此数一路计算下去，至“三十二生六十四为坤”，则数目太大，无法计算，故邵子云：“当无极之数也。”以下我也分数点对这一段文字作说明：

第一，坤之“长小为大，皆自下而上”，乃坤“成物”之功能，物由下生故。然而乾数虽大而有极，坤数则为“无极”，此义可从两方面意会：一是坤为“无数”，入于坤则无数可计；二是从哲思上推，坤之生物形体，乃个别象之生，理当有极，然以物既生后，物物自繁衍，以多衍多，故至于无极。由此也可知何以乾之数不言“三十二生六十四”，因为乾之生物性命至姤而毕其功，以下则为物物之派生，虽多至无极，非关性命之本源故。

第二，乾数由一生三，始大有之数三百六十；坤数则由乾一生二，始夬之数十二。此中实含有哲思在，因为

"一"非纯奇数，乃兼奇、偶，二为偶，三方为奇数，故乾之"一"乃生奇生偶之源，而"二"为偶即阴数之正，"三"为奇即阳数之纯。邵子曰：

> 易以二生，数以十二起，而一非数也，非数而数以之成也。(《观物外篇》)

这是经过甚深思考而方能说得出的话。

第三，乾之"分数"，交姤而止，有数在；坤之"长数"，至坤而言"无极"。是乾为有限，坤为无限，此正合于大易乾阳得坤阴而成全之本义。又乾数言"分"，坤数言"长"，隐合《彖传》乾"始"坤"生"与乾"下施"坤"成物"之义。邵子之学虽然异于先秦，但在用字遣词之间，紧扣易本义而不失，令人赞叹。

四、万物之变

（一）经世声音图

借声音的多变以况万物之繁，不自邵子始，战国时代的庄子已开其先例。庄子在《齐物论》中以寥寥百十一字，艺术性地勾绘出声音千变万化之状，读之令人感觉事物之纷杂多端。虽然，庄子只不过是大体比况而言，分为"天籁”“地籁”“人籁”，尽其意而不能况其详。邵子则借助后世声韵之学发展出来一套系统知识，再配合他的经世四象之说，当然就能较庄子更进一步地道出万物的变化，主要是表明了万物在变化中有其法则。

邵子的方法，即是本其四象之分，太极分阴分阳而阴阳分太少，阳数起十天干，阴数起十二地支，由是得四象之体数、四象之全数与四象之用数。然后以阴阳之用数互相唱和，天声唱地音，地音和天声，别以平上去入，开发收闭、律吕、清浊、辟翕，再纳入他的元会运世、日月星辰、水火土石和六十四卦的系统中，终于编织成一大纵横交错的天罗地网。观其图表之交织排比，井然有序，若闻唱和声音之此起彼落，委实是煞费心思之制作。此一大织排起于“日日声平辟，水水音开清”，迄于“辰辰声入翕，石石音闭浊”，共有图三千八百四十，各十六声十六音，总三万四千四十八声音，以象万物之数。图如是繁多，自无法引录，下面仅引录《宋元学案·百源学案》之“经世声音表”，在《性理大全》中此为“经世四象体用之数图”后面之“正声正音表”，且一并引录蔡元定及祝泌二氏解说之文，以便读者参看：

表 3-4 经世声音表

正声					正音				
	㊣平	㊤上	㊦去	㊁入		㊉开	㊊发	㊋收	㊌闭
	日	月	星	辰		水	火	土	石
一声	多	可	个	舌	音一	古	甲	九	癸
	禾	火	化	八		□	□	近	揆
	开	宰	爱	○		坤	巧	丘	弃
	回	每	退	○		□	□	乾	蚪
二声	良	两	向	○	音二	黑	花	香	血
	光	广	况	○		黄	华	雄	贤
	丁	井	亘	○		五	瓦	仰	□
	兄	永	莹	○		吾	牙	月	尧
三声	千	典	旦	○		安	亚	乙	一
	元	犬	半	○		□	爻	王	寅
	臣	引	艮	○		母	马	美	米
	君	允	巽	○		目	儿	眉	民
四声	刀	早	孝	岳	音四	夫	法	□	飞
	毛	宝	报	霍		父	凡	□	吠
	牛	斗	奏	六		武	晚	□	尾
	○	○	○	玉		文	万	□	未
五声	妻	子	四	日	音五	卜	百	丙	必
	衰	○	帅	骨		步	白	葡	鼻
	○	○	○	德		普	扑	品	匹
	龟	水	贵	北		旁	排	平	瓶

续表

六声	宫	孔	众	○	音六	东	丹	帝	■
	龙	甬	用	○		兑	大	弟	■
	鱼	鼠	去	○		土	贪	天	■
	乌	虎	兔	○		同	覃	田	■
七声	心	审	禁	○	音七	乃	你	女	■
	○	○	○	十		内	南	年	■
	男	坎	欠	○		老	冷	吕	■
	○	○	○	妾		鹿	荦	离	■
八声	●	●	●	●	音八	走	哉	足	■
	●	●	●	●		自	在	匠	■
	●	●	●	●		草	采	七	■
	●	●	●	●		曹	才	全	■
九声	●	●	●	●	音九	思	三	星	■
	●	●	●	●		寺	□	象	■
	●	●	●	●		□	□	□	■
	●	●	●	●		□	□	□	■
	●	●	●	●	音十	■	山	手	■
	●	●	●	●		■	士	石	■
	●	●	●	●		■	□	耳	■
	●	●	●	●		■	□	二	■
					音十一	■	庄	震	■
						■	乍	口	■
						■	叉	赤	■
						■	崇	辰	■

续表

音十二	■	卓	中	■
	■	宅	直	■
	■	拆	丑	■
	■	茶	呈	■

蔡元定曰："凡太阳太刚少阳少刚之体数皆十，又日月星辰四象相因而为十六，以十因十六，为一百六十。凡太阴太柔少阴少柔之体数皆十二，又水火土石四象相因亦为十六，以十二因十六，为一百九十二，为日月星辰、水火土石之体。以一百九十二，得三万七百二十为动；以一百九十二因一百六十，亦得三万七百二十为植，是为动植之全数。于一百六十中，去太阴少阴太柔少柔之体数四十八，得一百一十二，为日月星辰之用数。于一百九十二中，去太阳少阳太刚少刚之体数四十，得一百五十二，为水火土石之用数。以一百一十二因一百五十二，得一万七千二十四，为动物之用数；一百五十二因一百一十二，亦得一万七千二十四，为植物之用数。又以一万七千二十四乘一万七千二十四，得二万八千九百八十一万六千五百七十六，为动植通数。凡日月星辰、暑寒昼夜、性情形体、耳目口鼻、

元会运世、皇帝王伯之数，皆一百六十；水火土石、雨风露雷、走飞草木、色声气味、岁月日辰、易书诗春秋之数，皆一百九十二；其去体得用，宛转相因，同一法也。物有色声气味，唯声为盛，且可以书别，故以正声之平上去入，正音之开发收闭，列而为图，以见声音之全数。其○有其声而无其字者也，其口有其音而无其字者也，但以上下声音调之，则自可通。其●即所去之四十八，其■即所去之四十也。阳数用十，阴数用十二者，即易之阳数用九，阴数用六也。”（《纂图指要》）

祝泌曰：“宫商角徵羽分太少，为十声，管以十干。六律六吕合为十二音，管以十二支。摄之以声音之字母二百六十四，声分平上去入，音分开发收闭，铺布悉备，为图三千八百四十，图各十六声，十六音，总三万四千四十八音声。盖取天声有字无字与无声字一百六十位，地音有字无字与无音字一百九十二位，衍忒而成之声之位，去不用之四十八，止百十二，所以括唐韵之内外八转，而分平上去入也；音之位，去不用之四十，止百五十二，所以括切字母唇舌牙齿喉，而分开发收闭也。何谓无声百六十位？中有位而调不出者。何谓无音百九十二位？中有位而切不出者。以声音统摄万物之变，及于无声无音则备矣，其间有声有音虽无字，皆洪纤高下，遂其生育者也。若有声而无音，有音而无声，则天地不相唱和，独阳不生，独阴不成，徒有其位，实无其物也。声音字母二百六十四，相交而互变，始于一万七千二十四，极于二万八千九百八十一万六千五百七十六，以取挂一之二百五十六卦，以观天地万物之进退盈虚消长也。”（《百源学案》）

按中国声韵之学，或受佛教之影响启发，自中古以后，逐渐盛行，至于北宋邵子之时，已成为学术研究方面之热门学问。司马光是邵子的好友，曾作《切韵指掌图》，二人交往甚笃，常相往还酬答。邵子免不掉也受时代风气的感染，以声韵变化以况万物之变，不足为奇。后人或以声韵学专科批评邵子经世声音之论不够精审，是不知邵子之思想重心不在阐明声韵，而在借声韵以比况万物之变化，学有轻重之分，明乎此，也就明乎邵子之意了。

（二）广演四象，旁通物情

易贵旁通，会通之义，是故《乾·文言》云：

六爻发挥，旁通情也。

《系辞传》也一再说：

> 圣人有以见天下之赜，而观其会通，以行其典礼。
>
> 引而伸之，触类而长之，天下之能事毕矣。
>
> 化而裁之存乎变，推而行之存乎通。

昔虞翻说易，贵旁通义，乃就旁通卦象以解经言，今邵子之贵旁通与会通，乃观物理通物情，直接就物以论物。对于旁通与会通的精神，真可以说是发挥得淋漓尽致。当然，邵子表现他的旁通与会通的方法，仍然是应用他的先天易图与经世四象等说。站在哲思的立场言，这些方法即使推演得再广泛再细密，也仍然是“有限”的形式，不能形容尽万物的“无限”。但我们不要忘了，易本是“以有限说无限”之学，昔伏羲氏以八卦说宇宙万象的发生，周文王以六十四卦断人事吉凶，都是以有限说无限。正因为人类生存于有限之中，而内心又怀着追求无限的向往，所以才有易学。八卦与六十四卦虽然是有限可数的卦象，但凭借其卦爻之变化、卦图之排比与互体、取象诸方式，可产生无限的含义，用以说明人间物界的无穷变化。举例言之，以互体之用，一卦中所含三画、四画、五画所成之互体卦有许多个，而每一个互体卦中又含有许多个其他的卦，如此卦中有卦，可推之无穷无尽。邵子的以四象经世，也应该作如是观。所谓的“四象”，是他“观物”所得的万物变化的法则。他应用所得，推演之以说明万物之变化，正是尽其作为哲学家的责任。我们当然可以批评他，说他这个法则不正确，而我们也可以提出其他的法则，那是另外的问题，并无损于他提出他的“经世四象”。因为就他而言，他如是主张。学术思想的研究，本就表现在主观成就上，至于他的所见正确与否，取决于人，那与他无关了。

就整个邵子的先天易学而论，“先天易图”与“经世四象”可以说是两大法宝；而对于“经世四象”，不止在于“四象”的提出，尤在于其运用。他把从天象、地物、人文中所归纳出来的种种四象，彼此一一相应结合，构成一张涵天盖地的天罗地网。这张罗网像是一张图案画或人工织锦上面的花纹，整齐一致。所以读他有关经世四象的铺陈应用时，会觉得他的文字已不像是文学述说，倒像是科学排比。然而在这些科学排比的文字中，却隐约透露出大道流行变化之迹。将文字作此运用，作此科学排比的运用，在学术史中，邵子是独一无二的，这也算是他的创格。若问：他何故如此的舞弄文字？我想他的主要目的便是要示明宇宙自然是一大条理井然的整体结构，万物虽众，得其类属纲要便简；事态虽杂，握其理则脉络便顺。他名自己居处为“安乐窝”，常认自己是安乐窝中的“闲人”，其实他何尝“闲”？却是像一只蜘蛛般在那里编织他涵天盖地的大网，经营他“日月星辰高照耀，皇王帝伯大铺舒”的工作（见《击壤集》“安乐窝中一部书”诗）。余言且置，我们还是来欣赏一下他的宏文，如：

日为暑，月为寒，星为昼，辰为夜，暑寒昼夜交而天之变尽之矣。水为雨，火为风，土为露，石为雷，雨风露雷交而地之化尽之矣。暑变物之性，寒变物之情，昼变物之形，夜变物之体，性情形体交而动植之感尽之矣。雨化物之走，风化物之飞，露化物之草，雷化物之木，走飞草木交而动植之应尽之矣。

走感暑而变者性之走也，感寒而变者情之走也，感昼而变者形之走也，感夜而变者体之走也，飞感暑而变者性之飞也，感寒者情之飞也，感昼而变者形之飞也，感夜而变者体之飞也。草感暑而变者性之草也，感寒而变者情之草也，感昼而变者形之草也，感夜而变者体之草也。木感暑而变者性之木也，感寒而变考情之木也，感昼而变考形之木也，感夜而变者体之木也。

性应雨而化者走之性也，应风而化者飞之性也，应露而化者草之性也，应雷而化者木之性也。

情应雨而化者走之情也，应风而化者飞之情也，应露而化者草之情也，应雷而化者木之情也。形应雨而化者走之形也，应风而化者飞之形也，应露而化者草之形也，应雷而化者木之形也。体应雨而化者走之体也，应风而化者飞之体也，应露而化者草之体也，应雷而化者木之体也。

性之走善色，情之走善声，形之走善气，体之走善味。性之飞善色，情之飞善声，形之飞善气，体之飞善味。性之草善色，情之草善声，形之草善气，体之草善味。性之木善色，情之木善声，形之木善气，体之木善味。走之情善耳，飞之情善目，草之情善口，木之情善鼻。走之形善耳，飞之形善目，草之形善口，木之形善鼻。走之体善耳，飞之体善目，草之体善口，木之体善鼻，夫人也者，暑寒昼夜无不变，雨风露雷无不化，性情形体无不感，走飞草木无不应。所以目善万物之色，耳善万物之声，鼻善万物之气，口善万物之味，灵于万物不亦宜乎！

上面所引录的只不过是《观物内篇》开始一节中的部分，即可见其巧妙的思考，后来人将他这一节中所涉及的“四象”归纳成下面一个图，如图 3–15。

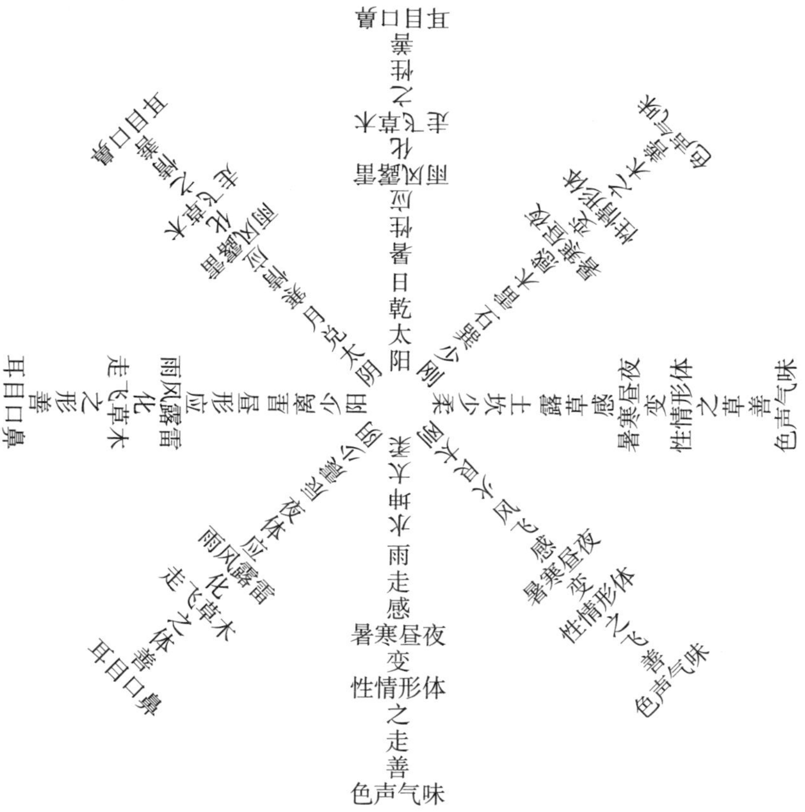

图 3-15 《观物内篇》涉及的四象图

然而邵子的文字编织，并不止于此，再看下面：

> 有日日之物者也，有日月之物者也，有日星之物者也，有日辰之物者也；有月日之物者也……日日物者飞飞也，日月物者飞走也，日星物者飞木也，日辰物者飞草也；月日物者走飞也……有皇皇

之民者也，有皇帝之民者也，有皇王之民者也，有皇伯之民者也；有帝皇之民者也……皇皇民者士士也，皇帝民者士农也，皇王民者士工也，皇伯民者士商也；帝皇民者农士也……飞飞物者性性也，飞走物者性情也，飞木物者性形也，飞草物者性体也；走飞物者情性也……士士民者仁仁也，士农民者仁礼也，士工民者仁义也，士商民者仁智也；农士民者礼仁也……飞飞之物一之一，飞走之物一之十，飞木之物一之百，飞草之物一之千；走飞之物十之一……士士之民一之一，士农之民一之十，士工之民一之百，士商之民一之千；农士之民十之一……一一之飞当兆物，一十之飞当亿物，一百之飞当万物，一千之飞当千物；十一之走当亿物……一一之士当兆民，一十之士当亿民，一百之士当万民，一千之士当千民；一千之农当亿民……为一一之物能当兆物者，非巨物而何？为一一之民能当兆民者，非巨民而何？为千千之物能分一物者，非细物而何？为千千之民能分一民者，非细民而何？

以上省略号部分，都是依次作推换排比的文字，为节省篇幅，故省，读者可想而知。邵子这种文章，也许会被人视作文字游戏，但知其用心的人便会知道，他是依其哲学思想而立言的。因为在他看来，“道”的变化法则就是这样单纯而有秩序。也因此，读他这种文章，虽觉反复重叠，却无枯燥空洞的感受。上文中，就日月星辰、飞走木草等辗转相组合而言，基本上仍是先天八卦“乾兑离震、巽坎艮坤”的应用，四四相组合成十六卦，分阴分阳。邵子更从“天”“地”之中，独显示“人”的不同于万物，借一一、一十、一百、一千及十一、十十……之数，说明人之中有“巨民”“细民”之别，与“物”之差别同，此均为自然之数。有心于邵子易学者，当从这些文字的构思与安排处，去窥察邵子的思想。

（三）万化生于心

谈到万物生化之情，我们不能略过邵子一再提到的一个主见，就是万化都由心生。他说：

> 先天之学心法也，故图皆从中起，万化万事生乎心也。图虽无文，吾终日言而未尝离乎是，盖天地万物之理尽在其中矣。
>
> 天地之本，其起于中乎，是以乾坤屡变而不离乎中。人居天地之中，心居人之中，日中则盛，月中则盈，故君子贵中也。
>
> 先天之学心也，后天之学迹也，出入有无死生者道也。

天地之心者，生万物之本也。(《观物外篇》)

看上面这些话，“心”字与“中”字互用，似乎先需厘清二者有何不同。实则二者同义。不同的只是“心”是名词，指生化之本的所在。“中”为宾词，指“心”之位之所居，二者可以互用，所以邵子并未严格分判，他一边说“万化万事生乎心”，一边又说“天地之本其起于中乎”！

然而，我们现在要问的是这个“心”或“中”究竟何所指？是指有限的某一处的存在呢，还是指无限的任一处的存在呢？观上面邵子的话，“人居天地之中，心居人之中，日中则盛，月中则盈”似乎是前者；然而观其“乾坤屡变而不离乎中”，又似乎是后者。究竟应该作何理解呢？

对此问题，我们须观看邵子其他的一些话，在《观物外篇》中，他有明确的一处诠释云：

心为太极，人心当如止水则定，定则静，静则明。

与此义相近，他又言“中”云：

寂然不动，反本复静之时也；感而遂通天下之故，阳动于中，间不容发，复之义也。

此“阳动于中”，即是动于“静”之中，动于“太极”之中，动于“心”中。“太极”是形而上的无限的存在，自然“心”也是无限的存在。也正因如此，邵子以人的性命受之天者由此而得，他说：

资性得之天也，学问得之人也。资性由内出者也，学问由外入者也。

中庸之法自中者天也，自外者人也。

以内外分天人，天者由内出，即由“中”出；人者由外人，即不由“中”出，由此，“心”“中”之义已很明白。不过，“中”也用作位置的居中，例如：

天之昏晓不生物而日中生物，地之南北不生物而中央生物也。(《观物外篇》)

此与上文“人居天地之中，心居人之中”同指中央位置，对此我们可以解作这是就形而下现象界言。形而上“太极”原是无所不在，表现在形而下的现象界则取“适中”的位置，如人心之居人体之中位。于是，在这里我们了解到形而下现象界之“中”位，实通于形而上无所不在之“太极”义，将天地视为一大体，人有“心”则天地有“心”，人心在人之“中”则天地心在天地之“中”，此“心”“中”二义之同。

我们尚未说出“心”“中”义何所指。何所指？一言以蔽之，乃指向“生”。人心“生”万事，天地心“生”万化，“心”“中”之义无非存在“生”之一义上。所以如实而言邵子“先天之学心也”之言，并非创见，实为先秦易学之继承。《系辞传》“天地之大德曰生”“生生之谓易”，《复卦·彖传》“复，其见天地之心乎”，等等，即邵子先天易之源。这些道理，自然不需在此多赘言了。

那么，我们来看邵子如何在先天图上诠释他的“心”或“中”，先说圆图。《观物外篇》云：

> 先天图，环中也，自下而上谓之升，自上而下谓之降，升者生也，降者消也，故阳生于下，阴生于上，是以万物皆反生。阴生阳，阳生阴，阴复生阳，阳复生阴，是以循环而无穷。辰至日为生，日至辰为用，逆为用也。

“自下而上”在图上即自复至夬之三十卦，“自上而下”即自姤至剥之三十卦。二者相生而对，故有“生”有“消”，实则“消”也是“生”。值得注意的则是“万物皆反生”的“反”字。何以谓之“反”？阴为阳反，阳为阴反；上为下反，下为上反；升为降反，降为升反。先天圆图“循环而无穷”，无非一“反”字，由万物之皆生于“反”而言，则“反”之义同于“中”同于“心”。“反”又为“逆”，万物之以“反”“逆”为用，故永远周流而不息，此先天图之所以为“环中”。“环中”原为庄子论是非之言，邵子用之于先天图，十分妥切。

“心”“中”与“反”或“逆”等字，落于形而下之“用”方有别，如在形而上之“道”则毋须有这等字作分别，因为“道”只是一个“流行”。邵子以此“流行”为“气”，“气”动出“神”，存于“用”，于是一生二,二生三，神用无穷而万化之数变也就无穷了。引邵子之文如下：

> 气，一而已，主之者乾也。神，亦一而已，乘气而变化，出入于有无生死之间，无方而不测也。有地然后有二，有二然后有昼夜，二三以变，错综而成，故易以二生，数以十二起，而一非数也，非数而数以之成也。天行不息，未尝有昼夜，人居地上以为昼夜，故以地上之数为人之用也。天之有数，起乾而止震，余入于无者，天辰不见也。地去一而起十二者，地火常潜也。故天以体为基而常隐其基，地以用为本而常藏其用也。天以气为主，体为次；地以体为主，气为次，在天在地者亦如之。

文中有关数的部分，前天地之数的叙述中已说过，此处毋须再说。至于“天以体为基而常隐其基”的“基”，所指即为流行的“气”；“地以用为本而常藏其用”的“用”，所指乃为“神”。邵子此言“神”，与同时期的周濂溪、张横渠的见解一致（有关先天圆图，因前文已引录，故不再引）。

再说到先天方图。从方图中看“万化生于心”更为了然，今引录《宋元学案·百源学案》中所载之图文如图 3–16。

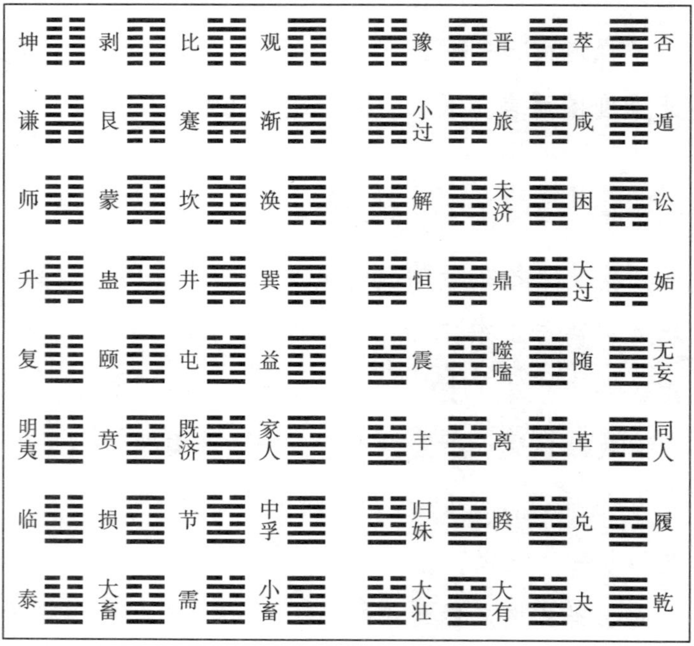

图 3–16　方图四分四层图

方图中起震巽之一阴一阳，然后有坎离艮兑之二阴二阳，后成乾坤之三阳三阴，其序皆自内而外。内四卦四震四巽相配而近，有雷风相薄之象。震巽之外十二卦纵横，坎离有水火不相射之象。坎离之外二十卦纵横，艮兑有山泽通气之象。艮兑之外二十八卦纵横，乾坤有天地定位之象。四而十二，而二十，而二十八，皆有隔八相生之妙。以交股言，则乾坤否泰也，兑艮咸损也，坎离既未济也，震巽恒益也，为四层之四隅。

程道大曰：邵子谓“图皆从中起”此“皆”字兼方圆图而言。天地定位，圆图之从中起也；雷以动之，风以散之，方图之从中起也。圆图乾坤当南北之中；艮居坤之右，兑居乾之左，为山泽通气；震居坤之左，巽居乾之右，为雷风相薄；坎居正西，离居正东，为水火不相射。是圆图起南北之中，而分于东西也。方图震巽当图之中，故曰雷以动之，风以散之；坎次巽，离次震，故曰雨以润之，日以晅之；艮次坎，兑次离，故曰艮以止之，兑以说之；乾次兑，坤次艮，故曰乾以君之，坤以藏之。是方图起图之中，而达乎西北东南也。故曰“皆从中起”。

此六十四卦之排列图，乃依于阴阳二爻六画之自然顺序，不假人智而成。正因为其自然不假人智，才足以证明“万化生于心”之为宇宙本然之法则。

（四）先天易卦气

“卦气”原指两汉象数易首倡者孟喜的易说，系以卦象配合历时，用以占断天地灾异之变与人事吉凶。其说之详已亡，世传其“十二辟卦”及“六十四卦用事配七十二候图”，笔者在《两汉易学史》中曾述其内容大要。今邵子之先天易，其主旨不同于孟氏易，且《皇极经世书》中也不见用“卦气”之名。然而先天易之易图及易数系以宇宙自然之法则为依据，当然必关系到历法之年月日时、气候、节令等，后人也就因此称呼先天易中的这一部分为“卦气”。这原是无可厚非的事，但笔者认为前贤后贤，其学说既不同，便不宜于采用同一名称，以免招致认识上的混淆不清，所以本文用“先天易卦气”，明其为邵子易之说，以别于孟氏易之“卦气”。

邵子先天易卦气不同于孟喜卦气的主要部分，举言之，有以下几大端：

（1）孟氏卦气以“坎、离、震、兑”为四正卦；邵子先天易则以“乾、坤、坎、离”为四正卦。

（2）孟氏卦气之冬至中气起于中孚卦；邵子先天易则起于复卦。

（3）孟喜卦气用“六日七分法”以解决一年气盈五又四分日之一的问题；邵子先天易则将此五又四分日之一的气盈与一年内朔虚之数，并纳入四正卦，故四正卦又名闰卦。

（4）孟氏卦气是“术”之用，目的在于占断灾异吉凶，故其用限于年、月、日、时之小数；邵子先天易则是依于理，目的在于说明宇宙万物之变化，故其论多向大于年、月、日、时的“元、会、运、世”上讲。

今述邵子先天易卦气如下：

关于先天易以乾、坤、坎、离为四正卦，其理由可以从两方面说：一是承袭东汉魏伯阳以来的旧说，二是邵子的独见。

先说前者。昔魏伯阳著《参同契》，最重视乾、坤、坎、离，称之为“牝牡四卦”，在该书《乾坤门户章第一》中云：

> 乾坤者，易之门户，众卦之父母。坎离匡廓，运毂正轴。牝牡四卦，以为橐籥，冒覆阴阳之道；犹工御者，准绳墨，执衔辔，正规矩，随轨辙，处中以制外，数在律历纪。

又，《坎离二用章第二》云：

> 天地设位，而易行乎其中矣。天地者，乾坤之象；设位者，列阴阳配合之位。易谓坎离，坎离者，乾坤二用。

魏氏之意，乾坤二卦乃天地父母，坎离二卦则为万物化生之理，故以“牝牡四卦”称名之，此自是先秦易学的本义。邵子以乾、坤、坎、离为四正卦，虽是从先天图上讲，当然也少不掉受有魏氏思想的影响，在《观物外篇》先天象数中，他说：

> 乾坤定上下之位，离坎列左右之门，天地之所阖辟，日月之所出入。是以春夏秋冬，晦朔弦望，昼夜长短，行度盈缩，莫不由乎此矣。

邵子的话与魏氏约略相同，读者一看即知，已不必多说。但这里要特别提出，邵子以乾、坤、坎、离为四正卦，更有他的独特的理由，那就是这四个卦在八卦的卦象中反复不易，他说：

> 四正者，乾、坤、坎、离也，观其象无反复之变，所以为正也。
>
> 天有二正，地有二正，而共用二变以成八卦也。

体者八变，用者六变，是以八卦之象，不易者四，反易者二，以六卦变而成八也。(《观物外篇》)

八卦之象，乾、坤、坎、离四卦正反以观，原象不易，其他四卦则兑反为巽，艮反为震，故在天之四象乾、兑、离、震中，乾与离为正；在地之四象巽、坎、艮、坤中，坤与坎二卦为正。再就此反复易与不易之象看六十四卦，邵子说：

重卦之象，不易者八，反易者二十八，以三十六变而成六十四也。

天有四正，地有四正，而共用二十八变以成六十四卦也。是以小成之卦，正者八，变者二十八，共三十六卦也。乾、坤、坎、离为三十六卦之祖也；兑、震、巽、艮为二十八卦之祖也。

离肖乾，坎肖坤，中孚肖乾，颐肖离，小过肖坤，大过肖坎，是以乾、坤、坎、离、中孚、颐、大小过不可易也。(《观物外篇》)

六十四卦中不易之卦有八个：乾、坤、坎、离、中孚、颐、大过与小过。就其象以观，离上下为阳，唯是阳中有阴，故肖乾之体；坎上下为阴，唯是阴中有阳，故肖坤之体。中乎上下二阳，中二阴，故为离之肖乾；小过上下二阴，中二阳，故为坎之肖坤。颐则上下各一阳，中四爻为虚阴，故肖离；大过则上下各一阴，中四爻为实阳，故肖坎。如此观察，可证乾、坤、坎、离四卦仍为不易之正卦。

当然，这种以反复不易作为四正卦的理由，只可以说是着眼于卦象的结构，寻找出乾、坤、坎、离四卦之不同于其他卦象，并不能即以此作为四卦之为“正”的充足理由。但从先天易图上看，不管是圆图或方图，乾、坤、坎、离四卦在许多方面都居于某种特殊地位，却是事实。邵子在《皇极经世书》中提到了很多，读者可自参阅。笔者则以为即令不以先天图为依据，乾、坤、坎、离四卦也应该居于“四正”的地位。因为就哲学意义上说，乾与坤是天地父母之卦，而坎与离之阴中阳与阳中阴则代表乾坤之相交，若无乾坤固无由发生宇宙万物，有乾坤而不相交也同样不能发生宇宙万物。所以宇宙万物世界之所以存在，如实说来，主要是两个大因素：一是有乾与坤；二是乾与坤之相交。故以乾、坤、坎、离为四正卦，自是有深远的意义，非孟喜之以坎、离、震、兑为四正卦所能相比（按孟喜的四正卦，乃根据于《说卦传》“帝出乎震”一章，其思想来源系五行相生之说，见《两汉易学史》孟喜易一章）。

乾、坤、坎、离四正卦分居于上下左右之位，统领其余的六十卦。依照圆图次序，离卦在图之左下方，统领阳长之十五卦：复、颐、屯、益、震、噬嗑、随、无妄、明夷、贲、既济、家人、丰、革、同人；乾卦在图之左上方，统领阳长至极的十五卦：临、损、节、中孚、归妹、睽、兑、履、泰、大畜、需、小畜、大壮、大有、夬；坎卦在图之右上方，统领阴消的十五卦：姤、大过、鼎、恒、巽、井、蛊、升、讼、困、未济、解、涣、蒙、师；坤卦在图之右下方，统领阴消至极的十五卦：遁、咸、旅、小过、渐、蹇、艮、谦、否、萃、晋、豫、观、比、剥。而此四卦之二十四爻，则分主一年之二十四气：离卦一变旅应冬至，二变大有应小寒，三变噬嗑应大寒，四变贲应立春，五变同人应雨水，六变丰应惊蛰；其他乾、坎、坤各六变，与全年二十四气相应，也就是说，四正卦每卦统六气。为以四正卦每卦六变之卦与所统之十五卦相应，则每变卦统两卦半，为离卦一变之旅，统复、颐及屯之下卦；二变之大有，统屯之上卦及益、震二卦；三变之噬嗑，统噬嗑、随及无妄之下卦；四变之贲，统无妄之上卦及明夷、贲二卦；五变之同人，统既济、家人及丰之下卦；六变之丰，统丰之上卦及革、同人二卦；如此类推其他乾、坎、坤三卦，则周圆图六十卦，分别与二十四气相应。《宋元学案·百源学案》之卦气图前文已引录，今为了便于参考再引录如图 3-17。

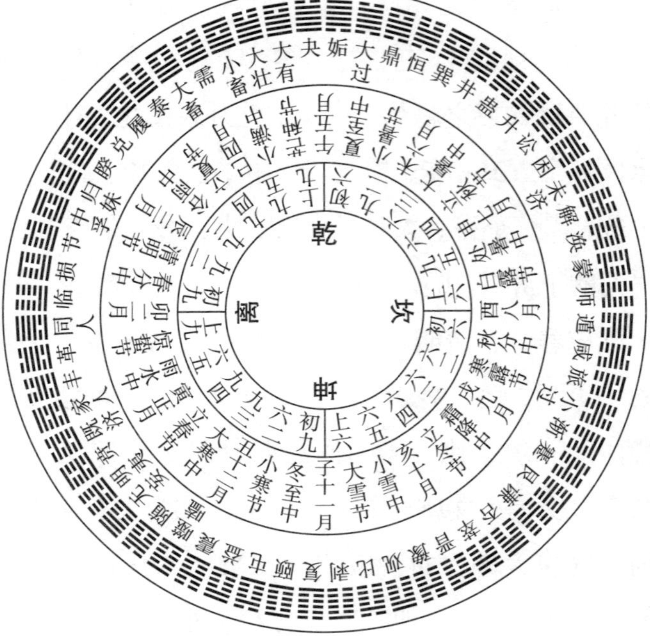

图 3-17　卦气图

以上为四正卦二十四爻与一年之二十四气及其他六十卦相配合的情形，然后以此结构再与“元、会、运、世”的数系统相结合。一元统十二会，即四正卦每卦统三会，四正卦之二十四爻每两爻统一会，也就是二十四气之每二气五卦为一会。自复卦起于冬至子之半，复、颐、屯、益、震为子会，气应冬至、小寒。此时之宇宙，混沌始开，相当于夜半之后，阴极阳始生，轻清之元气方自重阴之中上腾，日月星辰之象初显，是为“天开于子”。继而相对于轻清天气之升腾，重阳之气下凝聚为地，水火土石四象渐具，于卦为噬嗑、随、无妄、明夷、贲，丑会来临，气应大寒、立春，是为“地辟于丑”。天地既立，遂而相交变化，人物发生，此时犹如夜之将尽，明之始旦，冬去之入于春来，走飞草木之四象现，由动植鸟兽进而至于人文活动兴起，寅会开启，于卦为既济、家人、丰、革、同人，气应雨水、惊蛰，是为“人生于寅”。由此发展下去，卯会为临、损、节、中孚、归妹，气应春分、清明，辰会为睽、兑、履、泰、大畜，气应谷雨、立夏，巳会为需、小畜、大壮、大有、夬，气应小满、芒种，午会为姤、大过、鼎、恒、巽，气应夏至、小暑，巳午二会之交为人文盛极而转衰的关键。未会为井、蛊、升、讼、困，气应大暑、立秋，申会为未济、解、涣、蒙、师，气应处暑、白露，酉会为遁、咸、旅、小过、渐，气应秋分、寒露，戌会为蹇、艮、谦、否、萃，气应霜降、立冬，亥会为晋、豫、观、比、剥，气应小雪、大雪，自戌入亥归于天地闭塞而成混沌。以上总十二会，由复至剥，历阴阳消长，万物出有入无之一大周流，称为“一元”。故知“元”之含义，实即一往一复或一消一长之圆道。宇宙间或大或小，圆道无数，故“元”之数也无穷之多。卦气之配合一年气候，也不过是因为人生活于此自然气候之中，习惯于如此认知罢了。

写到这里，牵涉到一个问题，那便是《说卦传》“天地定位”一节中的话：“数往者顺，知来者逆，是故易，逆数也。”历来易学家对此话的解说不一，也多含糊不明，邵子根据他的先天图合天道运行之方，倒是提出了比较清楚明确的解说，他说：

天地定位一节，明伏羲八卦也。八卦者，明交相错而成六十四卦也。数往者顺，若顺天而行，是左旋也，皆已生之卦也，故曰数往也。知来者逆，若逆天而行，是右行也，皆未生之卦也，故曰知来也。夫易之数，由逆而成矣。此一节直解图意，若逆知四时之谓也。(《观物外篇》)

首先应知“顺天而行”与“逆天而行”之卦序：顺天而行谓顺天道运行之轨，即依于“春→夏→秋→冬”之方向；逆天而行谓逆天道运行之轨，即“夏→春→冬→秋”之方向。从先天八卦图上说：由震之一阳生，次离、兑之二阳，次乾之三阳，次巽之一阴生，次坎、艮之二阴，次坤之三阴，是为顺行；而由乾之三阳，次兑、离之二阳，次震之一阳，次坤之三阴，次艮、坎之二阴，次巽之一阴，是谓逆行。此“顺行”与“逆行”之区别，邵子有另一节文字特别指明：

阳在阴中阳逆行，阴在阳中阴逆行。阳在阳中，阴在阴中，则皆顺行。此真至之理，按图可以见之矣。(《观物外篇》)

“顺行”指“阳在阳中，阴在阴中”，即由震至乾，交由巽至坤；“逆行”指“阳在阴中，阴在阳中”，即由巽至坤，交由震至乾。此“顺”“逆”之方向甚为明白，六十四卦图则与此相同，起复，历临、泰、大壮、夬至乾，交姤，历遁、否、观、剥至坤，为顺行；始剥，历观、否、遁至姤，交乾，历夬、大壮、泰、临至复，交坤，为逆行。以气候言，自复卦之冬至起，而春分，而夏至，而秋分，而又冬至，为顺行；自冬至而秋分，而夏至，而春分，而又冬至，则为逆行。易经哲学是以顺行之理告人，而使人逆知来者，故言：“易，逆数也。”邵子此说，主要是据天道运行作解，与其卦气相关，故于此提出。至于“已生之卦”与“未生之卦”，视先天八卦及六十四卦次序图可知其意，读者可自参会。

然后，说到置闰的问题。乾、坤、坎、离四正卦又称闰卦，以其二十四爻分受每岁之闰差。按我国历法，很早便测定每岁日数为三百六十五日又四分日之一（稍不足，而以四分日之一计算），此为岁实数。而古人计年，则以三百六十日之整数计，所余之五又四分日之一称为气盈，意即二十四气之盈余。月行一周与日合朔为约二十九日半，古人以三十日计，则每年十二个月不足约为六日，称为朔虚。积气盈与朔虚，则年余约十二日，是以置闰以解决此每年之差余，此即邵子所说的：

日以迟为进，月以疾为退，日月一会而加半日减半日，是以为闰余也。日一大运而进六日，月一大运而退六日，是以为闰差也……一岁之闰，六阴六阳，三年三十六日，故三年一闰，五年六十日，故五年再闰。(《观物外篇》)

而事实上，一闰再闰之后，仍有小数之余，故三年一闰，五年再闰，八年三闰，十年四闰，十三年五闰，十六年六闰，十九年七闰，是为一章。仍不精确，故四章为蔀，二十蔀为纪，三纪为元，此为历法计算之学，今且不论。对于每年五日又四分日之一的气盈数，昔在汉易中，是一大问题：其一，孟喜是以除坎、离、震、兑四正卦外，其余六十卦分配，即所谓的“六日七分法”解决此一问题；其二，焦延寿是以坎、离、震、兑四正卦各分气盈中的一日，余则未见着落；其三，京房的分配方法，又异于孟、焦，请参阅《两汉易学史》，此不赘。今邵子不同于孟、焦、京者，是其学非以占验灾异为主旨，故不必斤斤计较于必分配此五又四分日之一的差数，将此差数归于乾、坤、坎、离四正卦二十四爻即可；而孟、焦、京之易学以其为占验灾异故，必决定日期以便应用，遂不得不斤斤计较于详细分配，由此也可以看到学术旨趣的不同对学术思想轻重疏密的影响。

第四章　朱熹及蔡门诸子的易学

第一节　朱熹的易学

一、事　略

朱熹字元晦，一字仲晦，号晦庵，又号晦翁。父松，韦斋先生，原籍徽州婺源，以仕宦而生熹于福建尤溪。松尝与李侗（延平）同师事罗从彦（豫章）；罗为二程得意门生杨时（龟山）的弟子。松与当时名儒学家胡宪（藉溪）、刘勉之（白水）、刘子翚（屏山）为友，故于临终时遗命朱熹从三人受学。刘、胡等均致力于伊洛程门之学，朱熹后来复正式拜师于李侗。所以从学统上说，无疑朱熹一开始便接受了程门学术的陶冶。

朱熹的一生，十足是一个儒学者的一生。宋儒自北宋周、张、二程诸人起，便志于“做圣人”。然而朱熹表现得似乎最为切实，这当然与他的训注四书有关。他把四书拿来一字一句地考究揣摩，寻思当初孔孟的榜样，于是也就不自觉地学孔孟学得更像。他终生以服膺儒学、教化生徒为主要从事，在“学而优”之后，也曾仕宦。仕宦的时间虽不多，却能仕而勤政爱民，仕而敢抗斥权奸。仕途不得志之后，他遭遇到无情的迫害打击，也能固穷不易其节，隐忍以安于道。他终其生与门生弟子在一起，孜孜矻矻，奋勉不懈，说他是孔孟真精神的继承者，不为过言。

朱熹的志于儒学，可以从他喜爱修建书院一事上看出来。他先后建立了寒泉精舍、武夷精舍、竹林精舍，重建了白鹿洞书院与岳麓书院。“精舍”与“书院”名异而实同，都是他随着行迹所至而设立的研究学术与教学的场所。他留给后人的许多事迹，也大多离不开这些精舍与书院。例如他和吕祖谦（东莱）合辑的《退思录》一书，便成于寒泉精舍；竹林精舍之时弟子最盛，大部分语录出于此时；武夷精舍建立后，在当时俨然被视为南宋学术的重心，张栻（南轩）有“当今学在武夷”的话；白鹿洞书院的学规更垂为后来数百年间中国学界的教学典范，至今为教育界所重视。我们如果对这些精舍与书院有了清楚的认识，对朱熹一生的学术事业也就了解过半了。

在思想方面，由于时化的关系，朱熹与北宋周、张、二程诸理学家相较有其不同之处。昔周、张、二程等虽立说各异，却有一个共通的思想基础，那便是易学。周濂溪基于易而作《太极图说》，张载基于易而作《正蒙》，二程则设教授易，有《易传》之作（小程子）。基本上，他们几个人都是肯定易的哲学思想的，在易学启发下会通《论语》《孟子》《大学》《中庸》而成理学。朱熹则不然，他基本上不认为《易》是一本思想的书，而认为是卜筮之书。至孔子，为了说明吉凶所以然之义，才“逐爻解之”，《易》才成为有思想的书。所以对于朱熹而言，易之有思想，也只是说明卜筮吉凶之义，并非动机上出于思求宇宙自然及人生之道的哲学思想。由于此一立基点的不同，所以朱熹所表现的学术事业，便使人觉得和上述几位北宋理学大师有了差别。北宋几位理学大师的学术中有易学思想的活水流动，朱熹则纯是儒学。朱熹治学，一方面继承了程门已成的理论，而在《大学》《中庸》的思想中下深切思辨的功夫；另一方面得力于四书，精思其文句而探其义涵，由是而成其思想。所以北宋的诸理学大师是理学家，也不背其为易学家，而朱熹则是儒学家或理学家，难言其为易学家。或者我们可以这样说：北宋诸子视易学为思想的大范畴，儒学在其中开展；朱熹则视儒学为思想大范畴，易学是儒学的一隅。

然而，朱熹站在他的观点上，像注解四书一样，秉其训注之笔，也推出了《周易本义》之书。就学术之为天下人所共之场地而言，朱熹的易学自也成为一家之说。但如果就《易》为哲学思想之书来看，他的易学实乏深义，因为他的基本信念是《易》本为卜筮而设。可是说来有趣，朱熹由于训注四书之精湛，在后世被定为开科取士的范本。朱熹在后世的学术界成了大名，连带他的易注也被人奉为正见而接受。至于现在虽然大多数人已经意会到易学卦爻象的一套学问应该是起于哲学思想，却仍有不少学界人士执守朱熹"《易》为卜筮之书"之说。但就本书之为易学史而言，某一家学说提出之为是或非是另一回事，百川竞逐，只要是一家之言，都应该有其"史的地位"。朱熹的易学思想自应有其一席之地。其门下蔡元定父子，致力于易学研究之功甚多，朱子与蔡氏父子私谊笃厚，故合为一章论述。

二、易 说

朱熹的易学著作有两种:《周易本义》与《易学启蒙》。

《周易本义》是依经传之文训注，但《四库全书》中所刊此书版本有两种：一为乾隆四十六年十二月之校本；一为同年十一月之校本。前者在注文之前有九图，无原序而有九江吴华之序，无八卦及六十四卦等歌，书后并附有"原本《周易本义》卷末上下"二篇：上篇为《周易》五赞（原象、述旨、明筮、稽类、警学）；下篇为筮仪。题名为"朱熹撰”。后者在注文之前有原序，有九图，有八卦及六十四卦等歌，筮仪一篇也列于前页，而书后无“卷末之篇”，题名则为“朱子撰”。二书注文全同，只是安排不同，前者采用经传分离形式，后者则为经传混合，今日书市所流行的是后者十一月之校本。

《易学启蒙》共为四篇：第一篇本图书言河图与洛书；第二篇原卦画采录邵子之伏羲氏先天易图及文王后天易图，并浅显说明；第三篇明蓍策言筮占变化；第四篇考变占，乃言变占之法则，并附有三十二个卦爻变动之图。据《宋史·蔡元定传》，此书为朱熹属蔡氏起稿，此言大约可信，因为蔡元定性好易象与数，对邵子先天易学尤下过大功夫研究，而在朱子语录中也多次看到有关朱、蔡二人共同讨论易学问题的话，所以这本书可视为是二人合作的书。但在本章论述朱、蔡思想时，此书将不论及。因为关于河图、洛书与邵子易学部分，本书都有专章论述。至于筮占方面，笔者在《先秦易学史》一书中也曾详细讨论过了。此书称名为“启蒙”，实不妥当。河图、洛书、先后天易图、筮占之道等，若探究其理，乃极深研之学，其中之疑难玄惑问题，绝非略作述说可明，尤非“启蒙”二字所能承当。笔者认为此书如此之提法，多少表示了朱子对易学的不够深识。

但我不得不再做说明的便是，朱子的易学思想虽然称不上是经由渊求深索得来的远识卓见，却很明显地表现了他的观点不同于其他易家。所依据的一方面是他的《周易本义》之书；另一方面是语录中他和弟子们的答问。我把他的易说分作三项叙述，最后加上一节讨论如下。

（一）《易》为卜筮之书

朱子对易学最重要也是最基本的观点，便是一再提到的“《易》为卜筮之书”。

本来，“《易》为卜筮之书”一语，早出于史家笔下。昔在秦火劫后，《汉书·儒林传》便记述“《易》为卜筮之书，独不禁”。但朱子所言“《易》为卜筮之书”，其含意与班史稍有不同。秦火中，“《易》为卜筮之书，独不禁”乃指当时《易》之经文做卜筮之用，并非指《易经》源起于卜筮而非哲学思想，不然，班固何故在《艺文志》中又写道：“五者（指《乐》《诗》《礼》《书》《春秋》五艺，即五经）盖五常之道，相须而备，而《易》为之原。”而朱子之言“《易》为卜筮之书”，则是站在学术立场，断言易学源起于卜筮，本无哲学思想的性质，其哲学思想乃是后来附加上去的，加的人当然是孔子。关于这方面的言语，语录中非常多，以下且摘引其部分：

《易》本为卜筮而作，古人淳质，初无文义，故卦爻以开物成务。

上古民淳，未有如今士人识理义峣崎，蠢然而已，事事都晓不得。圣人因做《易》教他占，吉则为，凶则否，所谓通天下之志，定天下之业，断天下之疑者，即此也。

八卦之画，本为占筮，方伏羲画卦时，止有奇偶之画，何尝有许多话说？文王重卦作繇辞，周公作爻辞，亦只是为占筮设，到孔子方始说从义理去。

《易》只是个卜筮之书，孔子却就上依傍说此道理教人。虽孔子也只得随他那物事说，不敢别生说。

盖《易》只是个卜筮书，藏于大史太卜以占吉凶，亦未有许多话说。及孔子，始取而教，绎为十翼:《彖》《象》《系辞》《文言》《杂卦》之类，方说出道理来。

上古之时，民心昧然不知吉凶之所在，故圣人作《易》教之卜筮，使吉则行之，凶则避之，此是开物成务之道。故《系辞》云：以通天下之志，以定天下之业，以断天下之疑，正谓此也。初但有占而无文，往往如今之杯珓相似耳。但如今人因《火珠林》起课者，但用其爻而不用其辞，则知古者之占，往往不待解而后有吉凶。至文王周公才作彖爻

> 之辞，使人得此爻者，便观此爻之吉凶。至孔子，又恐人不知其所以然，故又复逐爻解之，谓此爻所以吉者，谓以，中正也；此爻所以凶者，谓不当位也，明明言之，使人易晓耳。至如《文言》之类，却是就上面发明道理，非是圣人作《易》，专为说道理以教人也。

由上面这些话，可以清楚地看出朱子之意，他认为伏羲氏画八卦从根源起便只是卜筮之用。“阳为吉，阴为凶”，奇偶之画如“杯珓”相似。“杯珓”或写作“杯茭”，是至今民间庙宇中尚沿用的求神问卜的工具，以竹木制成，弯如新月状，分作两片，合而为一，问占时举而掷之于地，视两片之俯仰以示吉凶。朱子认为易学大源的奇“⚊”偶“⚋”二象“初无文义”，只是如杯珓般示吉凶之用。至文王、周公作卦爻辞，也只是为卜筮设。到了孔子，才“依傍”于卦爻象及卦爻辞说出道理以教人，易学的哲学思想实起于孔子的“依傍”筮占而说理。

朱子的这种思想，一口否定了卦爻辞经文的哲学价值。我们固然不能断然地说是错见，但证诸孔子之言，证诸古籍中对《易经》评价之高，证诸中国历代学术知识界对《易经》的推崇，总觉得过于主观轻率。朱子的门生弟子也有对其师的见解持异见的，例如语录中有一则很有趣的师生间的问答：

问：伏羲画卦，恐未是教人卜筮？曰：这都不可知，但他不教人卜筮，画作甚？（《语类》卷六十五）

这真是难以使人相信的妙答，由此可见朱子对伏羲氏画卦这件事根本不向着哲学思想一途上去着想，也由此证明了朱子对他自己的主观判断到了如何坚信不移的程度。由此坚信“《易》为卜筮之书”出发，遂而产生了他《周易本义》的训注，把古人传统上认为是哲学思想的卦爻辞义都予以抹杀，而归于“只是为占筮设”。下面且举他对乾、坤二卦卦辞的训注来看：

经文：

䷀乾　元亨利贞。

朱注：元亨利贞，文王所系之辞，以断一卦之吉凶，所谓彖辞者也。元，大也；亨，通也；利，宜也；贞，正而固也。文王以为乾道大通而至正，故于筮得此卦而六爻皆不变者，言其占当得大通，而必利在正固，然后可以保其终也。此圣人所以作《易》教人卜筮，而可以开物成务之精意。

语录中，他多次提到“元亨利贞”的解释，如《语类》卷一答弟子问“元亨利贞”云：

若论文王易，本是作大亨、利贞，只作两字说，孔子见此四字好，便挑开说了。

又如：

如乾元亨利贞，坤元亨利牝马之贞，与后面元亨利贞只一般。元亨，谓大亨也；利贞，谓利于正也。占得此卦者，则大亨而利于正耳。至孔子，乃将乾坤分作四德说，此亦自是孔意思。

传统对“元亨利贞”字各一义的解释，朱子认为是自孔子始，而文王只是作“元亨，利贞”读，作“大通而利于正”解。站在“《易》为卜筮之书”的立场，将“元亨利贞”如此解注，朱子自以为是说得通的。但这样一来，却是把一部传承数千年被视为哲学思想的《易经》经文，真的变成“亦未有许多话说”“只是为占筮设”了。现在再来看坤卦的注文：

经文：

☷坤　元亨利牝马之贞，君子有攸往。先迷后得主利，西南得朋，东北丧朋，安贞吉。

朱注：此卦三画皆偶，故名坤而象地。重之又得坤焉，则是阴之纯、顺之至，故其名与象皆不易也。牝马，顺而健行者。阳先阴后，阳主义，阴主利。西南，阴方；东北，阳方。安，顺之为也；贞，健之守也。遇此卦者，其占为大亨而利以顺健为正，如有所往，则先迷后得而主于利。往西南则得朋，往东北则丧朋，大抵能安于正则吉也。

注文同样是一味向卜筮归趋，完全不近哲思。“先迷后得主利”几个字，如依孔子的《象传》“先迷失道，后顺得常”，则应该断句为“先迷，后得主，利”。“得常”即“得主”，朱熹为了符合“《易》为卜筮之书”，将“主利”断为一词，而解作“则先迷后得而主于利”，弃孔子的《象传》之言于不顾，且翻遍全经六十四卦之“利”字之用，也没有第二处“主利”之言，“主利”完全落入了社会上术家算命的用语。然后再来看他注乾卦九二、九五两爻之文，这两爻辞中同有“利见大人”之句，我们来看，其注如下：

乾九二：见龙在田，利见大人。

朱注：九二刚健中正，出潜离隐泽及于物，物所利见，故其象为见龙在田，其占为利见大人。九二虽未得位，而大人之德已普，常人不足以当之，故值此爻之变者，但为利见此人而已，盖亦谓在下之大人也。此以爻与占者相为主宾，自为一例，若有见龙之德，则为利见九五在上之大人矣。

又九五：飞龙在天，利见大人。

朱注：刚健中正，以居尊位，如以圣人之德居圣人之位，固其象如此。而占法与九二同，特所利见者在上之大人尔，若有其位，则为利见九二在下之大人也。

乾卦九二、九五之“利见大人”，正是古圣人勉励初入社会之士、君子与在上位治天下之君主应各识己位之重要，在思想上有不容忽视的价值。朱子竟只是向占法上讲，不着思想之边际。再来看乾、坤二卦用九、用六注：

乾用九：见群龙无首，吉。

朱注：言凡筮得阳爻者，皆用九而不用七，盖诸卦百九十二阳爻之通例也。以此卦纯阳而居首，故于此发之，而圣人因系之辞，使遇此卦而六爻皆变者，即此占之。盖六阳皆变、刚而能柔，吉之道也，故为群龙无首之象，而其占为如是则吉也。《春秋传》曰：乾之坤，曰见群龙无首吉。盖即纯坤卦辞牝马之贞，先迷后得，东北丧朋之意。

坤用六：利永贞。

朱注：言凡筮得阴爻者，皆用六而不用八，亦通例也。以此卦纯阴而居首，故发之。遇此卦而六爻俱变者，其占如此辞。盖阴柔而不能固守，变而为阳，则能永贞矣。故戒占者以利永贞即乾之利贞也。自坤而变，故不足于元亨云。

上面仅摘引朱注乾、坤二卦之部分经文，六十四卦注文俱在，读者可自参阅。实际上，不仅《周易本义》注文如此，我读《朱子语类》，发现他和弟子们的问答中，引《易传》的话也是尽量避开一些含有哲学思想的话不讲或是将一些有哲学思想的话讲作占筮的话，例如：

古者包牺氏之王天下也，仰则观象于天，俯则观法于地，观鸟兽之文与地之宜，近取诸身，远取诸物，于是始作八卦，以通神明之德，以类万物之情。

这一段有名的言八卦起于哲思的话，却罕见朱子提及。其他如：

圣人立象以尽意。

是故易者象也；象也者，像也。

圣人有以见天下之赜，而拟诸其形容，象其物宜，是故谓之象。

说明易象在于表达哲思的话，《朱子语类》中或未见道及，或偶见一次，却将“象”视作吉凶之象解释。

总之，朱子对《易经》“为卜筮之书”的看法，其坚信的情形使人感到意外。古代易学家如汉象数易家，十九精于筮占，但并不否认《易经》之哲思。朱子则全然不承认其有哲学思想，令人不能不疑心于朱子实为欠缺哲理思考之人。然而朱熹竟以此为《周易》之“本义”，书行八百余年，被一般知识分子奉若与其《四书集注》等值齐观，亦足怪已！

（二）理学的易学

朱熹易学的另一特色，是将易学纳入他的“理气”的思想结构中，以他的理气说论易，而非以易本身的思想论易，我且名之为“理学的易学”。实际上，这是想当然的事，因为他既然不承认易有其独立的哲学思想。孔子当初既曾“依傍”代表吉凶的阴阳符号也被其向人生德目上讲了，他当然也可以将太极、阴阳等名称向他的理气思想中讲。这样一来，便使人觉得看朱子易注不是在看易学本身的思想，而是取道于了解他的理气论。

但是就这一方面尚不能直截了当地说，首先我们必须先认识一下朱熹理气论的大概。朱子对“理气”的话说得最多，《语类》中举不胜举，我这里且转引《性理大全》卷二十六《理气一·总论》中的话：

> 朱子曰：天地之间，有理有气。理也者，形而上之道也，生物之本也；气也者，形而下之器也，生物之具也。是以人物之生，必禀此理，然后有性，必禀此气，然后有形。

这是说理与气，一为形而上，二为形而下，理出性而气出形。又：

> 理气本无先后之可言，然必欲推其所从来，则须说先有是理。然理又非别为一物，即存在是气之中，无是气则是理亦无挂搭处。气则为金、木、水、火，理则为仁、义、礼、智。
>
> 天下未有无理之气，亦未有无气之理。

又《语类》：

> 或问先有理后有气之说。曰：不消如此说，而今知得他合下是先有理后有气邪？后有理先有气邪？皆不得而推究。然以意度之，则凝此气是依傍这理行，及此气之聚，则理在焉。盖气则能凝结造作，理却无情意、无计较、无造作，只此气凝聚处，理便在其中。

这是说理与气的关系，气由理而凝，理由气而显，二者究其本难言孰先孰后。

上面的几段话，我们只是借以知道朱子理气论的大概，那么朱子如何把易学牵入他的理气论中，下面引他的话来看：

> 曰：太极只是天地万物之理，在天地言则天地中有太极，在万物言则万物之中各有太极，未有天地之先，毕竟是先有此理，动而生阳亦只是此理，静而生阴亦只是此理。
>
> 问：太极解何以先动而后静？先用而后体？先感而后寂？曰：在阴阳言则用在阳而体在阴，然动静无端，阴阳无始，不可分先后。今只就此处言之，毕竟动前又是静，用前又是体，感前又是寂，阳前又是阴；而寂前又是感，静前又是动，将何者

为先后？不可只道今日动便为始，而昨日静便不说也。如鼻息，言呼吸则辞顺，不可道吸呼，毕竟呼前又是吸，吸前又是呼。(《性理大全》卷二十六《理气一·太极》)

朱子曰：惟心无对，心者气之精爽，心之理是太极，心之动静是阴阳。赵致道谓心为太极，林正卿谓心具太极，致道举以为问，曰：这般处极细难说，看来心有动静，其体则谓之易，其理则谓之道，其用则谓之神。叶贺问：其体则谓之易，体是如何？曰：体不是体用之体，恰似说体质之体，犹云其质则谓之易，理即是性，这般所在当活看。(《性理大全》卷三十二《性理四》)

阴阳是气，五行是质，有是质，所以做得物事出来。五行虽是质，他又有五行之气做这物事方得。然却是阴阳之气截取这五个，不是阴阳外别有五行，如十干甲乙，甲便是阳，乙便是阴。(《语类·理气上》)

在这里，我们看到朱子是将易学的太极、阴阳、动静合入他的理气论中。太极是理，是动而生阳与静而生阴之理，而动生之阳与静生之阴是气，气之中又有五行之质与气。关于这些，我们当然没有理由不赞成朱子之说，因为他是牵引易学来填充他的理气论，而不是用易学思想来讲易学。易学中的这些“太极”“阴阳”“动静”都成了理气论中的要角，再也看不到先秦易学中乾之“资始”、坤之“资生”、“易简”之义、“变易”之道与夫易道周流、对待之象状，因为朱子是挟易学以讲理气。

正由于朱子的这一用心，自然也就影响到他的易注，有些地方的注解遂不得不违反传统。例如“元亨利贞”的“元”，自汉代孔安国、董仲舒、马融、郑玄以来都训为“始”，乃“生之始”之义。这一义乃承孔子《彖传》而来，且孔子作《春秋》以鲁隐公“元”年开篇，也是“始”义。这是“元”的第一要义，与“道”之为流行义相合，“道”为流行故有“始”。然而朱子训注“元”，则以“大”为第一义，“元亨”即“大亨”。前文已引录过他注解乾坤二卦卦辞之文，其他卦辞中有“元”、“元亨”的如屯、比、大有、随、临、无妄、损、升、革、鼎等都作“大”解。蛊卦的卦辞为：

> 蛊，元亨，利涉大川，先甲三日，后甲三日。

此卦辞中“元”之义为“始”，实在太明显了，但朱子仍然要作“大”解，竟言“治蛊至于元亨，则乱而复治之象”。今问：朱子何故要作如此的改变呢？正是因为他以“太极为理”。在易学思想中，“太极”为两仪、四象、八卦动生之所自，为“生”之“始”。但在朱子，“理”是永恒普遍的形而上的存在，故训为“大”。朱子的训注，对他的理气论自有道理，但对易学而言，却失去了“动生之所自”的含义，而纯然成了“形而上的存在”之义。

再如《系辞传》“乾知大始，坤作成物”句，朱子的解释有两个。一见于《周易本义》注：

> 知，犹主也，乾主始物。

二见于《朱子语类》卷七十四：

> 乾知大始，坤作成物。知者管也，乾管却大始。大始即物生之始，乾始物而坤成之也。
>
> 或问乾知大始……曰：此知字训管字，不当解作知见之知，大始是万物资始，乾以易，故管之。

不论是训“主”或“管”，都意味着在乾背后有一个“理”，而“理”乏“动”义，故训“主”训“管”。然就易学思想上论，《易传》之“乾知大始，坤作成物”，何谓乾？即其“知大始”而为乾；何谓坤？即其“作成物”而为坤，并非在“知”与“作成”以外另有一乾坤之“理”。朱子如是训注，也是受了他已定型的理气论的影响。

再如朱子对“数”的看法。“数”在秦汉而后，已逐渐进升到形而上思想中。易学家们着眼于它的理路、秩序之性。邵雍的言“数”，便持此立场，说：

象起于形，数起于质，名起于言，意起于用，天下之数出于理。

此中“数起于质”的“质”，是指形而上的发之于“道”的本质，应是朱子的“理”，故又说“天下之数出于理”。但朱子不做如此思考，因为在他的思想中贴近“理”的是“气”，“数”的思想地位则在“气”之下。《语类》卷六十五“数”一节载：

问理与数。曰：有是理，便有是气；有是气，便有是数。盖数乃是分界限处。

“数是分界限处”是就物多上来看“数”，已落入形而下的观察，此与邵子哲思中的“数”已是不同的两个观点。然后又如何解释邵子“数起于质”呢？他同时也降低了“质”的哲学义，而说“阴阳是气，五行是质”（见前文所引），把“质”也作为形而下的物质材料讲。这种改前人文义以适合自己主观思想的做法，我们当然可以解释为他已有成熟的“理气”论在胸，故如此。但是多少也给人一点感觉，就是他的形而上思考不逮邵子，才有如此降低品质的思想。

“理气”之论是朱子的形而上思想，但由易学以观，他的形而上思想实在很贫乏，幸而有易学的太极、阴阳、动静、数等填充其说，不然，其理与气之论实在没有许多话说了。

（三）卦变

易学中对“卦变”的解释有二义：一是广义的，凡涉及一卦中爻位上下及阴阳爻之变、互体卦之变及相反相错之变，均可称为卦变；二是狭义的，仅指一卦中爻位上下移动之变而言。通常言“卦变”，乃指后者。然而仍有应用目的之不同，例如西汉京房的“八宫”，是卦变的一种，目的一方面在于为六十四卦设计一个新颖的排列方式；另一方面在于占验吉凶灾异之用。又如东汉虞翻的卦变（史称虞氏卦变），除了是为六十四卦设计出另一个排列方式外，目的在于解经。北宋邵子的先天易图也算是卦变的一种，目的却在于借以阐述天地自然之道的运行消长。朱子的卦变，乃属于解经之用。谈朱子的易说，他的卦变倒算得上是花了心思的制作，虽然适用于解经的范围甚为狭窄（仅用于解说部分卦《彖传》中之部分文句）。兹引录他的卦变图，此图即排列在《周易本义》书之前页，如下：

卦变图（《象传》或以卦变为说，今作此图以明之，盖易中之一义，非画卦作易之本指也。）

凡一阴一阳之卦各六。皆自复姤而来。（五阴五阳　卦同图异）

䷖剥　䷇比　䷏豫　䷎谦　䷆师

䷗复

䷪夬　䷍大有　䷈小畜　䷉履　䷌同人

䷫姤

凡二阴二阳之卦各十有五。皆自临遁而来。（四阴四阳　卦同图异）

䷚颐　䷂屯　䷲震　䷣明夷　䷒临

䷃蒙　䷜坎　䷧解　䷭升

䷳艮　䷦蹇　䷽小过

䷢晋　䷬萃

䷓观

䷛大过　䷱鼎　䷸巽　䷅讼　䷠遁

䷰革　䷝离　䷤家人　䷘无妄

䷹兑　䷥睽　䷼中孚

䷄需　䷙大畜

䷡大壮

凡三阴三阳之卦各二十。皆自泰否而来。

䷨损　䷻节　䷵归妹　䷊泰

䷕贲　䷾既济　䷶丰

䷔噬嗑　䷐随

䷩益

䷑蛊　䷯井　䷟恒

䷿未济　䷮困

䷺涣

䷷旅　䷞咸

䷴渐

䷋否

䷞咸　䷷旅　䷴渐　䷋否

䷮困　䷿未济　䷺涣

䷯井　䷑蛊

䷟恒

䷐随　䷔噬嗑　䷩益

䷾既济　䷕贲

䷶丰

䷻节　䷨损

䷵归妹

䷊泰

凡四阴四阳之卦各十有五。皆自大壮观而来。

（二阴二阳　图已见前）

䷙大畜　䷄需　䷡大壮

䷥睽　䷹兑

䷼中孚

䷝离　䷰革

䷤家人

䷘无妄

䷱鼎　䷛大过

䷸巽

䷅讼

䷠遁

䷬萃　䷢晋　䷓观

䷦蹇　䷳艮

䷽小过

䷜坎　䷃蒙

䷧解

䷭升

䷂屯　䷚颐

䷲震

䷣明夷

䷒临

凡五阴五阳之卦各六。皆自夬剥而来。(一阴一阳　图已见前)

䷍大有　䷪夬

䷈ 小畜

䷉ 覆

䷌ 同人

䷫ 姤

䷇ 比　　䷖ 剥

䷏ 豫

䷎ 谦

䷆ 师

䷗ 复

上面朱子的卦变图，旨在解说某些卦《彖传》中刚柔变动的文句。这些文句自汉代以来便为易学家所注意，然后思所以解说之道，虞翻的卦变主要就是由此而作。朱熹相信当初孔子作《彖传》之文，自然合乎卦变的发展，所以他步虞翻之后，作此卦变图，以卦中阴阳爻位之上下变动说明“某卦从某卦来”。我们先看一看他在《语类》中说的：

> 伊川不取卦变之说，至“柔来而文刚”“刚自外来而为主于内”诸处，皆牵强说了。王辅嗣卦变又变得不自然，某之说却觉得有自然气象，只是换了一爻，非是圣人合下作卦如此，自是卦成了，自

然有此象。

《汉上易》卦变，以变到三爻为止，于卦辞多有不通之处。某更推尽去，方通。如无妄“刚自外来而为主于内”，只是初刚自讼二移下来；晋“柔进而上行”，只是五柔自观四挨上去。此等类，按《汉上》卦变则通不得。

由此可见他对自己的卦变很自负。他把他的卦变所能解说的卦，编成一首“上下经卦变歌”，共十八个卦。下面我且一方面引他的歌词之文，另一方面表明他所解释的文句，并引他在本义中对该句的注文，互相对照。真正算得上是朱熹的易学制作的，这些才是。我们来看：

讼自遁变泰归妹（歌词，以下依次引录）

释《䷅讼·彖传》“刚来而得中”句。

朱注：于卦变自遁而来，为刚来居二，而当下卦之中。

释䷊泰卦辞“大往小来”句。

朱注：小谓阴，大谓阳，言乾往居外，坤来居内。又自归妹来，则六往居四,九来居三也。

否从渐来随三位，首困噬嗑未济兼

释䷋否卦辞“大往小来”句。

朱注：乾位居外，坤来居内。又自渐卦而来，则九往居四，六来居三也。

释《䷐随·彖传》“刚来而下柔”句。

朱注：本自困卦九来居初，又自噬嗑九来居五。而自未济来者，兼此二变，皆刚来随柔之义。

蛊三变贲井既济

释《䷑蛊·彖传》“刚上而柔下”句。

朱注：谓卦变自贲来者，初二上下；自井来者，五上上下；自既济、未济来者兼之，亦刚上而柔下，皆所以为蛊也。

噬嗑六五本益生

释《䷔噬嗑·彖传》“柔得中而上行”句。

朱注：本自益卦，六四之柔，上行以至于五而得其中。

贲原于损既济会

释《䷕贲·彖传》“柔来而文刚”“分刚上而文柔”句。

朱注：卦自损来者，柔自三来而文二，刚自二上而文三。自既济而来者，柔自上来而文五，刚自五上而文上。

无妄讼来大畜需

释䷘无妄“刚自外来而为主于内”句。

朱注：为卦自讼而变，九自二来而居于初，又为震主，动而不妄者也。

释《䷙大畜·彖传》“刚上而尚贤”句。

朱注：此卦自需而来，九自五而上。

咸旅恒丰皆疑似

释《䷞咸·彖传》“柔上而刚下”句。

朱注：咸自旅来，柔上居六，刚六居五也。

释《䷟恒·彖传》“刚上而柔下”句。

朱注：恒自丰来，刚上居二，柔下居初也。

晋从观更睽有三，离与中孚家人系

释《䷢晋·彖传》“柔进而上行”句。

朱注：其变自观而来，为六四之柔，进而上行以至于五。

释䷥睽“柔进而上行，得中而应乎刚”句。

朱注：刚自离来者，柔进居二。自中孚来者，柔进居五。自家人来者，兼之。

蹇利西南小过来

释《䷦蹇·彖传》“利西南，往得中”句。

朱注：卦自小过而来，阳进则阴居五而得中。

解升二卦相为赘

释《䷧解·彖传》“利西南，往得众也；其来复吉，乃得中也”句。

朱注：其卦自升来，三往居四，入于坤体，二居其所而又得中。

鼎由巽变渐涣旅

释《䷱鼎·彖传》“柔进而上行，得中而应乎刚”句。

朱注：卦自巽来，阴进居五而下应九二之阳。

释《䷴渐·彖传》“进得位”“进以正”“刚得中”句。

朱注：此卦之变，自涣而来，九进居三；自旅而来，九进居五。皆为得位之正。（自旅来，乃合“刚得中”义）

涣自渐来终于是

释《䷺涣·象传》“刚来而不穷，柔得位乎外而上同”句。

朱注：本自渐来，九来居二而得中，六往居三得九之位而上同于四。

以上朱子卦变，解释的共十八个卦。其中只有泰、否二卦的“大往小来”与“小往大来”是同时在卦辞与《象传》中都有的，所以如实说来，他的卦变可以说是为了解释上述十八卦《象传》中刚柔变动的一句话而设。其他的四十八个卦，因为《象传》中没有明言刚柔变动之文，故不及。即使是此十八卦之变，也仍然有牵强及疑难之处。例如最后的“涣自渐来”，依朱注便觉得不很妥当。因为“六往居三得九之位”依易例当叫作“失位”，岂能是“得位”？以“九来居二而得中”释“刚来”固可，然“不穷”之义却不甚明。但主要的乃是以如此方式解释《象传》中的一句话，对于易学的大义有何价值呢？直使人觉得易学是一门玩弄卦象游戏的学问。朱熹也知道这点，所以他在“卦变图”题名下，用小字注云：“《象传》或以卦变为说，今作此图以明之，盖易中之一义，非画卦作易之本指也。”虽然卦变图对于易学谈不上什么贡献，但我们可以想象朱子必然花费了相当多的心力而作成。

第二节　蔡门诸子的易学

一、事　略

《宋元学案·蔡西山先生元定传》:

蔡元定字季通，建之建阳人。父发，博览群书，号牧堂老人，以程氏《语录》、邵氏《经世》、张氏《正蒙》授先生曰：此孔孟正脉也。先生深涵其义，既长，辨晰益精。闻朱文公名，往师之，文公叩其学，大惊曰：此吾老友也，不当在弟子列。四方来学者，必俾先从先生质正焉。……庆元初年，韩侂胄禁伪学，御史沈继祖奏朱熹剽窃张载、程颐之余论……其徒蔡元定佐之为妖，乞送别州编管，先生曰：化性起伪，恶得无罪？遂谪道州。郡县捕甚急，先生毅然上道，文公与诸所从游百余人送别萧寺，坐客感叹，有泣下者，文公视先生不异平时，因曰：友朋相爱之情，季通不挫之志，可谓两得之矣。杖屦同其子沈行三千里，脚为流血。至春陵，远近从者日众，或谓宜谢生徒。先生曰：彼以学来，何忍拒之？若有祸患，亦非闭门塞窦所能避也。贻书训诸子曰：独行不愧影，独寝不愧衾，勿以吾得罪故，遂懈。一日，谓沈曰：可谢客，吾欲安静以还造化旧物。阅三日，卒于贬所。嘉定三年，赠迪功郎，谥文节。……所著有《大衍详说》《律吕新书》《燕乐原辩》《皇极经世·太玄潜虚指要》《洪范解》《八阵图说》。

蔡元定生于宋高宗绍兴五年（公元 1135 年），卒于宁宗庆元四年（公元 1198 年），享年六十四岁。“西山”之号，因其早年曾结舍读书于西山之巅，卒后又葬于西山之下，故名。蔡氏虽执弟子礼于朱熹门下，然朱子实以朋友之谊待之。对于易学一道，朱子是以儒家义理训诂经传为方（《朱子语类》载朱子答弟子言：“某寻常解经，只要依训诂说字。”），蔡氏则不然，他长于理推思考，入于易学之里做研究，所以蔡氏可列名为易家，朱子则应为儒者。从朱子语录中看，朱、蔡二人非一般友情之交，乃真正学术道义之交。朱子曾多次言其易学见解出于和蔡氏相互商讨而得，《宋史·儒林传》且谓《易学启蒙》一书为蔡元定属稿。

蔡元定性好易象数之学，尤对邵雍的先天易学有兴趣。明胡广等所撰《性理大全》中有蔡氏著《皇极经世书·纂图指要》上下篇，那便是他研究邵子先天易的代表作。邵子易学之传留后世，赖他之力甚多。

蔡元定有三子，长子渊，字伯静，号节斋，《宋元学案》称之为“隐君”，传云：

> 先生于《易》一书，沉潜反复，积之有年，精神之极，神明通之，著为训解、意言、辞象，分为四卷。董氏真卿曰：其书经二篇，以孔子《大象》置诸卦辞之下，《彖传》又置《大象》之后，《小象》置各爻辞之后，皆低一字以别卦爻辞。《系辞》《文言》《说卦》《序卦》《杂卦》亦低一字书。又有卦爻辞旨论六十四卦大义，易象意言杂论卦爻十翼，象数余论杂论易大义。

可见蔡渊也是一位远名利而潜心研究易学有得的学者。蔡渊之子名格，学者称素轩先生，《学案》称其行高而德厚，学足而丰隆，性质冲澹，持身谨格。

蔡元定之次子名沆，字复之，号复斋，也从学于朱子之门，主治《春秋》，兼治易学，其易学著述有“敬义大旨、复卦大要”，《宋元学案》称其“允有助于世教”。

蔡元定之季子名沈，字冲默（《宋史》作沉，此依《宋元学案》），学者称九峰先生，《宋元学案》有《九峰学案》，云：

先生自胜衣趋拜，入则服膺父教，出则师事文公。文公晚年，训传诸经略备，独书未及为，环视门下生，求可付者，遂以属先生。《洪范》之数，学者久失其传，西山独心得之，未及论著，亦曰：成吾书者沈也。先生沉潜反覆者数十年，然后克就其于书也。……庆元初，伪学之论兴，西山远谪舂陵，先生徒步数千里以从。九疑之麓最，楚粤穷僻处，山川风物悲凉凄怆，居者率不能堪，先生父子相对，独以理义自怡悦，浩然无湘累之思、楚囚之泣也。西山不幸歿贬所，复徒步护柩以归，有遗以金而义不可受者，辄谢却之，曰：吾宁随所止而殡，不忍累先人也。先生年仅三十，即屏去举子业，一以圣贤为师。

蔡沈以《尚书·洪范》之研究，享誉于世，著有《洪范皇极内篇数》，《宋元学案》引录其说。蔡沈有子三人，长子模，字仲觉，学者称觉轩先生，也明于易，著有《易传集解》及《河洛探赜》等书。次子杭，字仲节，学者称久轩先生，绍定进士，累官端明殿学士，同知枢密院事，拜参知政事，卒谥文简，以犯祖讳，更谥文肃。史传中虽未言其著作，然《万历金华志》云："仲节，元定孙，博通经史，邃于理学。"三子权，字仲平，学者称静轩先生，与其兄共著《续退思录》《易传集解》等书，《学案》称他：“独处静室幽轩，终日怡怡。”

蔡氏一门，自元定之父牧堂先生起，即见称于学术思想界。历子元定一代，孙渊、沆、沈兄弟一代，曾孙格、模、杭、权又一代，祖孙四代，一门九儒，均长于易学儒教，为历史上罕见的易学门弟。故本书特立此节以论述之，用心也在于表扬此一学术史上之盛事。

二、易　学

蔡门诸子虽然每人都明于易，然并非为每人之专精。专于易而深有所得的为蔡元定与其二子蔡渊、蔡沈，今述三人之易学于下。

（一）蔡元定

蔡元定性近数理之易，故一生深研邵子先天易学。邵雍当初去世时，其子邵伯温未及二十岁，其弟子等也未能得其易学之继承，故先天易随邵子之卒而衰。蔡元定生于邵子卒后五十余年，虽洛都失陷，宋室南渡，但在时代上终不算远隔。由今日看来，幸而彼时有蔡元定研究邵子易学，否则邵子易学将更难为人所知了。关于蔡元定的性爱数理易学，《宋元学案·蔡西山学案》附录中曾引有一段唐

□□的话，云（原书缺名字）：

濂溪、明道、伊川讲道盛矣，因数明理，复有一邵康节出焉。晦翁、南轩、东莱讲道盛矣，因数明理，复有一蔡西山出焉。孔孟教人，言理不言数，邵蔡二子欲发诸子之所未发，而使理与数灿然于天地之间，其功亦不细矣。

蔡元定在“因数明理”上固不及邵雍，但在当时有人将他与邵子并提，也可证他在这方面的成就。

蔡氏对邵子先天易的研究固有心得，同时据笔者推断，黑白回互之太极图应为蔡氏制作，今且看蔡氏在《纂图指要》中的话：

西山蔡氏曰：龙马负图，伏羲因之以画八卦，重之为六十四卦，初未有文字，但阳奇阴偶，卦爻画次序而已。今世所传伏羲八卦图以圆函方者是也。康节曰：上古圣人皆有易，但作用不同，今之易文王之易也，故谓之“周易”。若然，则所谓三易者，皆本于伏羲之图，而取象系辞以定吉凶者，名不同耳。《连山》首艮，《归藏》首坤，《周易》首乾。《连山》《归藏》虽不传，意其作用必与《周易》大异；然作用虽异，其为道则同一太极也。《皇极经世》之书，命数定象自为一家，古所未有，学者所未见，然亦皆出于伏羲画卦奇偶之序，其为道亦同一太极也。今以伏羲卦图列之于前，而以《皇极经世》疏之于后，则大略可见矣。

这是他在开始疏解邵子易学之前的一段声明文字，蛛丝马迹，见其已将易学之道视为一大太极。故笔者以为太极图为他制作，应是比较应理的推断。此问题将在后文图象一章中讨论。

现在来看他对邵子《皇极经世书》的研究，先引录他的一段话：

西山蔡氏曰:《皇极经世》之书，康节先生以为先天之学，其道一本于伏羲卦图，但其用字立文，自为一家，引经引义，别为一说，故学者多所惑疑。要当且以康节之书，反复涵咏，使伦类精熟，脉络通贯，然后有得。……康节之学，虽作用不同，而其实则伏羲所画之卦也，故其书以日月星辰、水火土石尽天地之体用；以暑寒昼夜、雨风露雷尽天地之变化；以性情形体、走飞草木尽万物之感应；以元会运世、岁月日辰尽天地之终始；以皇帝王霸、

《易》《书》《诗》《春秋》尽圣贤之事业。自秦汉以来，一人而已耳。

后世论述邵子《皇极经世书》的人很多，比较起来，这段话讲得最为简约扼要。《纂图指要》中所列邵子易学之图共有十，如下：

《纂图指要》上：	《百源学案》：
（一）伏羲始画八卦图……（有蔡西山解）	八卦次序之图
（二）八卦正位图……（有邵伯温、蔡西山解）	八卦方位之图
（三）八卦重为六十四卦图……（有蔡西山解）	六十四卦次序之图
（四）六十四卦方圆图……（有邵伯温、蔡西山解）	六十四卦圆图方位图及方图四分四层图
《纂图指要》下：	
（五）经世衍易图……（有蔡西山解）	经世衍易图
（六）经世天地四象图……（有蔡西山解）	经世天地四象图
（七）经世天地始终之数图	

（有邵伯温、蔡西山解）

（八）经世六十四卦数图

（有邵伯温、蔡西山解）

（九）经世一元消长之数图

（有邵伯温、蔡西山解）

（十）经世四象体用之数图

（有邵伯温、蔡西山解）

以上这些图有些附有邵伯温、蔡西山二人之解说，有些仅有蔡西山一人之解说，不能据此以言何者为蔡氏所作、何者非蔡氏所作，《性理大全》之编者云：

> 邵伯温氏尝著一元消长等图以括其要约，后西山蔡氏因其图而推衍之，著为《经世指要》一书。

可见这些图可能都是蔡西山因已有之图而研究解说的，也可能其中有一二为西山所制作，但我们相信西山对这些图都深下过功夫。（这些图大部分在邵子易学一章中已引录，故在此省录。）

有关蔡西山研究邵子易学的诸多言论，因有《纂图指要》之专书，于此不再多引，读者可自参阅其书。

（二）蔡渊

蔡西山的易学并不局限于儒家义理，他相信河图、洛书，制作太极图，推崇邵子先天易，都足以证明他不拘于一家之学，透过“数”与“象”以表达易“理”是他的主要思想指向。他的长子节斋先生蔡渊则是坚守儒家义理的易学家，执着于传统儒家易学思想而下功夫。以下根据《宋元学案》摘录其“易象意旨”部分文字，以见其易学大要：

> 六位之卦，三与五为阳，二与四为阴。阳以升为用，故进成乎五；阴以降为用，故退而成乎二。五者阳成而得中也，二者阴成而得中也，故皆吉。三阳刚，未成而不中，故危；四阴柔，未成而不中，故惧。（言三多危与四多惧之故）
>
> 易之道，有己正而他爻取之以为邪者，有己凶而他爻得之以为吉者。屯之初非不正也，而二近之则以为寇；旅之上非不凶也，而五承之以得誉命。（言吉凶以情迁之义）
>
> 易有太极之易，未生两仪之易也。天地设位而易行乎其中，生两仪后之易也。故易在两仪之先，其易无体；在两仪之后，其易有体。（言易无体与有体之辨）

易中言变化者，刚柔之穷皆变，变则化也。变者化之渐，化者变之成。变在化之先，故为阳；化在变之后，故为阴。盖以先后为阴阳，非谓阳动为变、阴动为化也。（言阴阳变化之义决于先后，甚精。）

气化者，有生之始而初生也，故上经始乾坤；形化者，运行之终而复生也，故下经始咸恒。然皆终于坎离者，运行当止乎对待，乃能复生也。既济、未济虽非坎离，坎离之交也。（言上下经终坎离之故）

贞固也，以贞固足以干事取之也；贞正也，以君子正也取之也。盖贞者随在各有也，立乎事物之中各得其正之谓。贞固在刚则曰大贞，在柔则曰小贞，在君子则曰君子贞，在女子则曰女子贞，以至在武人、在童仆、在牝马，莫不皆曰贞焉。又以其永久者言之，则曰永贞；以其不息者言之，则曰不息之贞。又自夫用贞者言之，当安则曰安贞，当居则曰居贞，当其可则曰可贞，当其不可则曰不可贞，当艰则曰艰贞，其利则曰利贞，其不利则曰不利贞，不可疾也则曰不可疾贞。又至于贞之为用，则有吉焉、有厉焉、有吝焉、有凶焉、有疾焉、有亨焉、有胜焉、有观焉、有明焉，其端不可得而穷也，惟善易者随在玩之，则其义莫不皆得其当，学者不可以正固两义而拘之也。（言易之道唯变所适，举“贞”义以明之。）

（三）蔡沈

西山先生的季子蔡沈，即九峰先生，继承其父数理之志趣，以研究《尚书·洪范》开创新局而成一家之言。他的基本观念是认为易之卦乃“象”之学，而《洪范》之教为“数”之学。二者同本于宇宙自然之“理”，只是易象之学已经由三圣而发扬，范数之学则自禹以后未得其传，故他著《洪范皇极》以阐明此“数”学。所以他的“数”学，也即易学，汇合其父西山先生研究邵子易学之心得与洛书用九数的观念，由是推思，仿效邵子《皇极经世》之变化卦象形式，演成若干“数图”。《宋元学案》载有其图五，除洛书一图外，其他四图为：九九圆数图、九九方数图、九九行数图、九九积数图。这些图一由于仿效邵易，二由于数字排列之性质多，本身在哲学思想上并无太深入之论理，故影响后世不大。九峰书《洪范皇极》之序文，概述其学之要略。本书将于下章“洛书”一节中引录，兹不赘。今且摘引其“九九积数图”及说明如图 4-1。

一	九	八十一	七百二十九
二	十八	百六十二	一千四百五十八
三	二十七	二百四十三	二千一百八十七
四	三十六	三百二十四	二千九百一十六
五	四十五	四百有五	三千六百四十五
六	五十四	四百八十六	四千三百七十四
七	六十三	五百六十七	五千一百有三
八	七十二	六百四十八	五千八百三十二
九	八十一	七百二十九	六千五百六十一

图 4-1　九九积数图

九峰曰：一者数之始也，九者数之终也，一者不变而九者尽变也。三五七者变而少者也，二四六八者变而偶者也，变之偶者不能以及乎奇，变之少者不能以赅乎物，奇偶相参，多寡相逐，其惟九数乎。

又：数始于一，参于三，究于九，成于八十一，备于六千五百六十一。八十一者数之小成也，六千五百六十一者数之大成也。天地之变化，人事之始终，古人之因革，莫不于是著焉。是故一九而九，九九而八十一，八十一而七百二十九。二九十八，十八而百六十二……（以下见上图之数列）列而次之，自一而九，自九而一，一逆一顺，一九、二八、三七、四六互相变通，五则常中，有吉无凶，祸亡而福隆，君子之所为宫。是故一变始之始，二变始之中，三变始之终；四变中之始，五变中之中，六变中之终；七变终之始，八变终之中，九变终之终。数以事立，亦以事终，酬酢无常，与事偕通。

其他见于《洪范皇极内篇》之文，引录部分：

冲漠无朕，万象具矣。动静无端，后则先矣。器根于道，道著器矣。一实万分，万复一矣。混兮辟兮，其无穷矣。是故数者计乎此者也，畴者等乎此者也，行者运乎此者也。微而显，费而幽，神应不测，所以妙乎此者也。（言道之运行，终始无端。）

有理斯有气，气著而理隐。有气斯有形，形著而气隐。人知形之数，而不知气之数；人知气之数，而不知理之数，知理之数则几矣。动静可求其端，阴阳可求其始，天地可求其初，万物可求其纪，鬼神知其所幽，礼乐知其所著，生知所来，死知所去。《易》曰：穷神知化，德之盛也。（言数通乎理、气、形。）

数运无形而著有形，智者一之，愚者二焉。数之方生，化育流行，数之已定，物正性命，圆行方止，为物终始，随之而无其端也，迎之而无其原也，浑之唯一，析之无极，惟其无极，是以无一。（言数通万变而为一）

数者动而之乎静者也，象者静而之乎动者也。动者用之所以行，静者体之所以立。清浊未判，用实先焉；天地已位，体斯立焉。用既为体，体复为用，体用相仍，此天地万物所以化生而无穷也。（以体用、动静别象、数）

流行者其阳乎，成性者其阴乎，阳者数之生也，阴者数之成也。阳以三至，阴以倍乘，生生不穷，各以序升，自然而然，有不容已，非智与仁，曷克终始。（阴阳之数，各以其自然之序）

顺数则知物之所始，逆数则知物之所终，数与物非二体也，始与终非二致也。大而天地，小而毫末，明而礼乐，幽而鬼神，知数即知物也，知始即知终也。数与物无穷，其谁始而谁终？（言数与物异竟为一，无始而无终。）

九峰虽以“范数”之学与“卦象”对举，实为易学变换形式之表现。质言之，二而一，仍是易学，故九峰先生实为易学家。

第五章　易图象之学

昔两汉孟、焦、京、虞一脉易学，史称“象数易”。溯易根本，“象”与“数”为易在先秦时本已具有条件，何以两汉易学又特称为象数易呢？应知此“数”字非指一二三的奇偶之数，乃指“天文、历谱、五行、蓍龟、杂占、形法”六家之数术而言（见《汉书·艺文志》）。两汉时代此等数术之学最盛，以此数术之学合易卦之象，故称“象数易”，此一名称代表着汉易的特色。宋元明时代的易学，也有其特色，那就是特别着心力于易图象的制作，借各种图象以说明易道，仿之两汉，称之为“图象易”亦宜。宋元明易学家多喜欢制作易图，上章宋邵雍的先天图已经介绍过，此后朱熹、蔡元定、俞琰、来知德至于王船山，都有他们别出心裁的易图。然而本书的撰写原则是分别各家以述明其易学思想，故各家所制作之易图均分列于各家之易学介绍中。至于本章所述之河图、洛书与太极图，则非为某一家所专有，而为各易家所共同论及者。此三种图俱出现在北宋年间（指图象的出现，非图义的源起），然后历南宋、元、明至清代，易学家们像发了疯一样去讨论它们。相信的人，称其学术价值高逾卦象，说它们远存在于八卦之前，伏羲氏乃则图以画卦；不相信的人，则把它们贬损得一文不值，认为它们全然是附会易义而妄作。但是，有一点不可否认，便是这三种图象确实助长了易学的神秘感与人们追求易学之心，许多人在它们的引诱下致力于精研易学。写宋元明易学史对于这三种图象是无法避开不谈的，这就是笔者将之特别作为一章的理由。另于本章中，也将附带述及李挺之与俞琰的卦变图。

第一节　绪　言

本来，笔者想就从这第一节开始，即分别叙述河图、洛书与太极图的，但是多次改写，总觉繁杂重复难理。原因是这三种图彼此间有许多关联，尤其是河图、洛书二者，如不分开写，有许多地方牵此挂彼，纠缠不清；如分开来写又觉语有重复。因而最后决定增加此“绪言”一节，无他意，只是借此篇幅，将共通于三种图的一些话先说出来，然后再分别叙述。如此较便于读者了解，也较便于笔者下笔叙述。

我首先要说的是，河图、洛书与太极图这三种图象均无法确定其作者为谁，三者同源出于一团迷雾，但是这团迷雾却又和易学中其他难解的谜不同。在易学中，难解的谜很多，例如画卦的问题、重卦的问题、《系辞传》作者的问题等，也都是聚讼千载，不能确定。然而在心理感受上，这些问题的解决尚都可以期待于未来的研究。例如一旦古史考证上发现了确切的史料，这些问题便可以迎刃而解。而河图、洛书与太极图的问题，既无可期待于未来发现的史料，又无法说明其究竟，它们似乎在本质上就是无法解答的谜——任大家去随意猜想，却永远无法得到解答。

然而，它们毕竟是彰然在目的三种图象：一是黑白点共五十五数的图；二是黑白点共四十五数的图；三是多个圆圈相结合或一大黑白相卷舒的图（俱见后文）。我想，对于它们的种种来源方面的不同说法，且留在后面个别叙述时再说，现在仅就其图形出现以后而言。大体上在北宋时期，河图与洛书的名称所指，曾有过两派不同的主张。

一以黑白点五十五数的图为洛书，以黑白点四十五数的图为河图。此一派的主张者为范谔昌、刘牧（刘牧《易数钩隐图》），至南宋时为朱震所继承。《宋史·儒林传·朱震传》述此一派主张之来源云：

震经学深醇，有《汉上易解》云：陈抟以先天图传种放，放传穆修，穆修传李之才，之才传邵雍。放以河图洛书传李溉，溉传许坚，许坚传范谔昌，谔昌传刘牧。穆修以太极图传周敦颐，敦颐传程颢程颐。是时张载讲学于二程邵雍之间，故雍著《皇极经世书》，牧陈天地五十有五之数，敦颐作《通书》，程颐著《易传》，载造《太和》《参两》篇。……其论图书授受源委如此，盖莫知其所自云。

依朱震此说，河图、洛书的一支由种放传至刘牧。刘牧为北宋仁宗时人，晁公武《读书志》有云："《易解》十五卷，刘牧长民撰，仁宗时言数者皆宗之，庆历初，吴秘献其书于朝，优诏奖之，田况为序。又有《钩隐图》三卷，皆易之数也。"可见此一派说法在北宋时曾经很盛。

另一不同的主张则以五十五数的图为河图，以四十五数的图为洛书。此说为西山蔡元定所力主，其驳斥前说之言曰：

古今传记，自孔安国、刘向父子、班固皆以为河图授羲，洛书锡禹，关子明、邵康节皆以十为河图，九为洛书。盖《大传》既陈天地五十有五之数，《洪范》又明言天乃锡禹洪范九畴，而九宫之数戴九履一，左三右七，二四为肩，六八为足，正龟背之象也。惟刘牧意见以九为河图，十为洛书，托言出于希夷，既与诸儒旧说不合，又引《大传》以为二者皆出于伏羲之世，其易置图书并无明验。(《易学启蒙·本图书第一》)

蔡西山此言相当有力，朱子同于蔡氏力倡此说，所以此后一直到今日，此说为易学界所共信。至于所提到的关子明与邵康节，其说均见于后文，此不多述。

其次再说河图、洛书与太极图三者在传承上的搅混不清，甚而牵连到老子和孔子的问题。据上引《朱震传》之言，则先天图、河图、洛书、太极图四者同出于华山道士陈抟，系统如下：

李溉—许坚—范谔昌—刘牧（河图、洛书一支）
陈抟—种放—穆修—李之才—邵雍（先天易图一支）
周敦颐—程颢、程颐（太极图一支）

图 4-2 先天国、河图、洛书、太极图传承系统图

这个传承系统中间有许多问题。例如河图、洛书一支，晁公武《读书志》曾言范谔昌在其所著《易证坠简》中“自谓其学出于溢浦李处约、庐陵许坚”。图系中李溉是否就是李处约，不能确定。又如太极图一支，虽在《宋史》中有二程受教于濂溪之言，但终二程一生之学，迄未见对太极图有何发挥，不像是承受此一门学术的模样。至于濂溪的《太极图说》，也有人相信为濂溪自作，非有受于人，如胡五峰、朱熹即是。总之，这问题很复杂，其中尽是无根之言在憧憧往来，难以窥知究竟。不过，我们可以肯定，陈抟应是此中一重要人物，几种图象都归源于他。关于陈抟，在本书开始即已介绍过，他曾经在武当山与华山修道，史称“华山道人”。因为他是道家人物，遂由此而牵扯到道家之祖老子。胡渭《易图明辨》曾引范谔昌《大易源流》之论谓：“故老子自西周传授孔子造易之原，天一正北，地二正南，天三正东，地四正西，天五正中央。地六配子，天七配午，地八配卯，天九配酉，地十配中，寄于未，乃天地之数五十有五矣。”这种东牵西挂，原也无可厚非，因为道家人物一向不注重学术上有根有据的论说，只求应时通变的功效。昔东汉佛教来中国时，“化胡经”的出现不也是托言老子西渡流沙吗？但自范谔昌此说一开，后来却真的有人将其继承发扬起来。民初易学家杭辛斋在《学易笔谈》中便视此为学术中实有之事，“河洛平议”一节中说：

盖自老子西行，为关尹所要，仅留道德五千言，传于中土，其余秘书法象，为三代所传而藏于柱下者，皆随而西去，故道藏诸图皆出陕蜀，而蔡季通之三图（古太极图其一也），亦入陕始得。

杭辛斋在文中特指出周濂溪之太极图，为道藏《唐真元妙品经》中已有，故想像河图、洛书、太极图等为三代所传的“秘书法象”。老子为周之柱下史，当然知此，遂思及这些“秘书法象”随老子西出关而去，是以陕蜀一带的易学特盛。杭辛斋之言，颇令人兴“化胡经”再现之感。

以上所写，旨在表明河图、洛书、太极图三者间一方面有相互共通的关系，一方面又混淆复杂，可以说是古来一切杂学之所汇集。站在撰写易学史的立场，对于一些附会穿凿的说法，虽然明知其为捕风捉影之谈，然而在彼一时代彼一学术风尚之下，这些说法确实曾经动摇人心，成为学术界心神关注的重心问题，是以不得不提出。站在历史迁流之后的今日，我们回过头来再检视此等问题，笔者深以为当时人之所以扰扰嚷嚷争议不休，实由于根本认识的不清，大家都务于追寻图象的源流及在图象上比附易之玄理，未悟及河图与洛图二者乃为数学之产物。借是之故，笔者不忖冒昧，将在后文分别讨论河图与洛书之时，也提出拙见，尚请深识君子指教。

第二节　河　图

一、溯　源

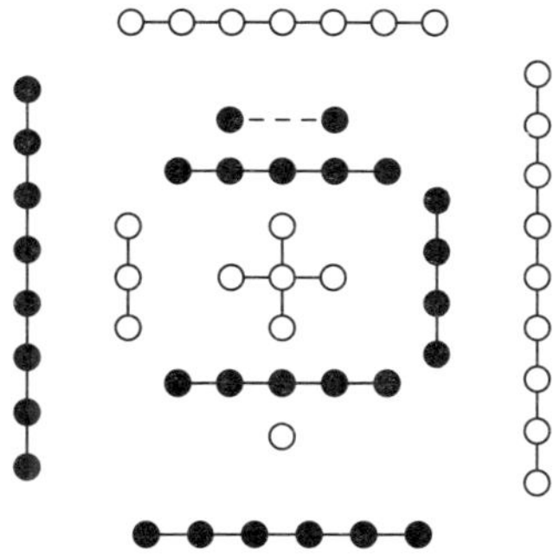
图 5-1　河　图

右图便是宋人所推出的含义无穷奥秘的“河图”。但这乃是就图象而言，隐伏在图象背后的含义，却可追溯到上古时代。以下且从先秦说起，降及两汉。

学者们相信河图产生于先秦时代的主要依据是三本有力的古籍，即《尚书》《论语》《易・系辞传》，它们都分别提到“河图”之名，其文如下：

1.《尚书・顾命》：越玉五重：陈宝、赤刀，大训、弘璧，琬、琰，在西序；大玉、夷玉，天球、河图，在东序。（根据屈万里《尚书集释》标点）

2.《论语・子罕》：子曰：凤鸟不至，河不出图，吾已矣夫！

3.《易・系辞传》：是故天生神物，圣人则之；

> 天地变化，圣人效之；天垂象，见吉凶，圣人象之；河出图，洛出书，圣人则之。易有四象，所以示也。

以上三书之记载，由今日看来，客观之解释，则《尚书·顾命》中的“河图”，应是玉器的一种。屈万里《尚书集释》采王国维等人之说，言之甚详，最后断为：“河图，盖其自然纹之玉名，而获之于黄河者也。”屈氏之解“河图”为黄河之玉，乃会通《论语》之“河不出图”与《系辞传》之“河出图”而言。这样固然可说是思虑周全，但并非必要在思想上做如此的会通。笔者以为或可解释为“中有状如黄河之纹之玉”。因为如果是出于黄河之玉，则应如“夷玉”之名，称为“河玉”；今不名“河玉”而名“河图”，则是言玉中之图如河，非言玉出于河，其意甚明。从《尚书·顾命》到孔子时代，中间已历约六百年，河图由当初的“中有状如黄河之纹之玉”转变为“出于黄河之瑞玉”，应是时代人心的转变，不可为了通释古书周全而暧昧了学术之求真。不过，不论作何解释，《尚书·顾命》中的“河图”绝非前面宋人黑白点的河图，是可以断言的。

再说《论语》中孔子之言。何晏《集解》引孔安国注此章云：“圣人受命则凤鸟至、河出图，今天无此瑞。吾已矣夫者，伤不得见也。河图，八卦是也。”把“凤鸟至、河出图”视作圣人受命之瑞象，孔安国此注应是符合当日孔子思想的。由孔子之言，也可以意会到此时之“河图”已非《尚书》中“河图”为玉名之义，而是说黄河中出现的“图”。其“图”为何？不可知，但孔安国说“八卦是也”。说“河图”是八卦，不一定对，但也绝非如宋人那样的黑白点的图象。

最后再说《易·系辞传》之文，分析文中的“四象”：第一“天生神物”是指龟甲与蓍策，一为动物一为植物，均为自然界所生而用于卜与筮的神圣之物，故“圣人则之”；第二“天地变化”是指四时寒暑的自然现象，故“圣人效之”；第三“天垂象”是指日月星辰所表现的昼夜阴阳，也是自然现象，故“圣人象之”；由是，我们可以推知第四的“河出图，洛出书”，也应该指自然现象才是。今宋人的河图与洛书，均非自然现象的原貌，乃透过人智的设计安排。虽然宋人说它们中间包含着许多自然之理，但要费心力经过索奇弄巧之后，才能发现其中隐含的自然奥义，哪里像前三种“象”自然易知呢？故《系辞传》所说的“河出图”，并不能证明就是宋人黑白点的“河图”。

以上我们很客观地检讨了《尚书》《论语》《系辞传》三书中记载的和“河图”相关的文字，我想读者当会同意我的结论，那就是：在先秦时代，已有“河图”的名称，至于其含义为何，尚不能确定。

然后再说到两汉时代，我们知道两汉是数术之学盛行的时代，在阴阳、五行、天文、历谱、地理、命相等学术互相交错搭配之下，一切学术似乎都成了左牵右挂的杂学。“河图”在这样的时代中，当然是遇到了发展的机会，从文献上看，孔安国是此中最重要的人物。

我们上曾引过孔安国注《论语》的话，他说：“河图，八卦是也。”他注解《尚书·顾命》的“河图”云：

> 河图，八卦。伏羲王天下，龙马出河，遂则其文以画八卦，谓之河图。

我们不能肯定孔安国便是第一个提出八卦为河图的人，但他在当时以孔子第十二世孙的身份，影响必大。刘歆后来便继承了他的说法，《汉书·五行志》言及刘歆，云：

> 刘歆以为宓羲氏继天而王，受河图则而画之，八卦是也。

“龙马”的话也是在孔安国以后盛行起来的，如《礼记·礼运篇》中言：

> 故天降膏露，地出醴泉，山出器车，河出马图。

郑玄注云：马图，龙马负图者也。(《礼记》一书，后人疑为汉人伪作，即指这一类的话，显然是汉人的思想。笔者以为《礼运篇》的这几句话，应出于孔安国之时或其后。)

《易纬》是西汉后期的作品，在今存的《易纬》残余中，尚可以看到多处有关“龙图”的文字，如：

河图龙出，洛书龟予。(《乾凿度》)

河出龙图援帝。(《通卦验》)

河龙雒图龟书。(句下按语：似应作“河龙图雒龟书”)

总之，“河图”到了西汉孔安国之后，与八卦、龙马等思想结合出现，越传越广，众信为真。到了东汉，连“疾虚妄”的《论衡》作者王充，竟也写下了这段文字：

说易者皆谓伏羲作八卦，文王演为六十四。夫圣王起，河出图，洛出书。伏羲王，河图从河水中出，《易》卦是也；禹之时，得洛书，书从洛水中出，《洪范》九章是也。……世之传说易者，言伏羲作八卦，不实其本，则谓伏羲真作八卦也。伏羲得八卦，非作之，文王得成六十四，非演之也，演作之言，生于俗传，苟信一文，使夫真是几灭不存，既不知易之为河图，又不知存于俗何家易也。（《论衡·正说篇》）

这使得原已失却本义的“河图”，更变成为真假莫辨的神话了。

上面是就“河图”之名称进行考察，溯其根源。另一方面再来看它的“数”，这方面更复杂，却是造成宋河图图象产生的主因。原来，在先秦时代，古人在数学方面已多有成就，只是因为在古人心目中易是“广大悉备”之学，括“三才之道”，故数学未独立成科，而隶属于易学之中。易学本身具有卦象的数，一奇一偶，为易学理论的根本。后来易用于筮术占断，又产生《易传》所谓的“大衍之数”，这些是先秦易学本身的数思想。但是在其他方面还有几支数学的发展，名义上是属于易学，而实际上各有其活动天地。譬如治历明时、推星步斗之数；譬如划地分疆、建屋筑堤之数；譬如钱粮庶物、计算分配之数，等等。而在许多支数学的发展中，似乎另有一支隐约其貌，理论其用，却又为古人普遍接受，便是贯通四时、八方、干支、星宿、乐声等中间的五行之数（以下简称“五行数”）。具体看到的，例如《吕氏春秋》，开始于十二纪，春之三纪均为“其数八”，夏之三纪均为“其数七”，秋之三纪均为“其数九”，冬之三纪均为“其数六”。《礼记·月令篇》全同于《吕氏春秋》；《淮南子·时则训》则季夏之数为“五”，其他全同（原文省录，读者请自参阅）。此一代表四时十二纪的“数”，其来源殊不简单，并非骤然兴起于战国末期的《吕氏春秋》时代，因为在《墨子·迎敌祠》中，已有如下的记载：

> 敌以东方来，迎之东坛，坛高八尺，堂密八。年八十者八人主祭。青旗青神，长八尺者八，弩八，八发而止。将服必青，其牲以鸡。
>
> 敌以南方来，迎之南坛，坛高七尺，堂密七。年七十者七人主祭。赤旗赤神，长七尺者七，弩七，七发而止。将服必赤，其牲以狗。
>
> 敌以西方来，迎之西坛，坛高九尺，堂密九。年九十者九人主祭。白旗素神，长九尺者九，弩九，九发而止。将服必白，其牲以羊。
>
> 敌以北方来，迎之北坛，坛高六尺，堂密六。年六十者六人主祭。黑旗黑神，长六尺者六，弩六，六发而止。将服必黑，其牲以彘。

墨子信鬼神，他所谈的是迎敌袭的祭典的布置，从其东方数“八”、南方数“七”、西方数“九”、北方数“六”和

《吕氏春秋》与《礼记·月令篇》全同来看，这是一脉相承的“数”思想。墨子是战国初期人，如果这篇文字果出于墨子，则其时已早于《吕氏春秋》约一百五十年，上已衔接到孔子的时代。然后，我们再回头来看《吕氏春秋》的高诱注，在十二纪“孟春”“孟夏”“孟秋”“孟冬”的数“八”“七”“九”“六”之下，高诱分别注云：

孟春数八下：五行数五，木第三，故数八。
孟夏数七下：五行数五，火第二，故数七。
孟秋数九下：五行数五，金第四，故数九。
孟冬数六下：五行数五，水第一，故数六。

高诱的注文虽然简单，却向我们透露了一个重要的消息，便是十二纪的数，乃是从“五行”上来的。而五行的数序最早见于正史文献的是《尚书·洪范》，文曰：

初一曰五行。……一五行：一曰水，二曰火，三曰木，四曰金，五曰土。

高诱的“五行数”显然是以“五”为基本数，水第一，故加一成“六”；火第二，故加二成“七”；木第三，故加三成“八”；金第四，故加四成“九”。由此，也解答了何以《淮南子·时则训》中以季夏之数为“五”的问题。因为《淮南子》的作者所采取的是“土王季夏”的五行说，而《吕氏春秋》《礼记·月令篇》《墨子·迎敌祠》中所采取的是“土王中央”的五行说（有关“土王季夏”与“土王中央”的五行说，此处不宜多作叙述，请参阅《两汉易学史》)。

写到这里，我想读者已经发现何以笔者要花如是大篇幅来写“五行数”的问题了，因为“河图”中黑白点的数目，内圈“一、二、三、四、五”的数序，在五行方位上正与《尚书·洪范》的“水、火、木、金、土”相合；而外圈“六、七、八、九”正是“五行数五”依次相加的数，中央五加五的“十”数，也表现在图中。我们有理由相信汉人以一、二、三、四、五为“生数”，以六、七、八、九、十为“成数”，便是由这一脉思想上来的。

但是我们要有一个认识，便是：通贯两汉时代，“河图”与“五行数”并未见相结合，言“河图”处不见言“五行数”，言“五行数”时也不见言“河图”。下面是言及“五行数”的几家说法：

> 《易纬乾坤凿度》：天本一而立，一为数源，地配生六，成天地之数，合而成水性。天三地八木。天七地二火。天五地十土。天九地四金。
>
> 扬雄《太玄经玄图》：一与六共宗，二与七共

朋，三与八成友，四与九同道，五与五相守。

班固《汉书·五行志》：天以一生水，地以二生火，天以三生木，地以四生金，天以五生土，五位皆以五而合，而阴阳易位，故曰妃以五成。然则水之大数六，火七，木八，金九，土十，故水以天一为火二牡，木以天三为土十牡，土以天五为水六牡，火以天七为金四牡，金以天九为木八牡，阳奇为牡，阴偶为妃，故曰：水，火之牡；火，水妃也。（“火，水妃也”“妃以五成”为《左传》昭公九年郑稗灶之言。“水，火之妃也”“水火所以合也”为十七年梓慎之言。班固采其说。）

郑玄注《易·系辞传》“五位相得而各有合”云：天地之气各有五,五行之次，一曰水，天数也；二曰火，地数也；三曰木，天数也；四曰金，地数也；五曰土，天数也。此五者，阴无匹，阳无偶，故又合之，地六为天一匹也，天七为地二偶也，地八为天三匹也，天九为地四偶也，地十为天五匹也。二五阴阳各有合，然后气相得施化行也。

又注“大衍之数五十，其用四十有九”云：凡五行减五，大衍又减一，故四十九也。天一生水于北，地二生火于南，天三生木于东，地四生金于西，天五生土于中。阳无偶，阴无配，未得相成，

地六成水于北与天一并，天七成火于南与地二并，
地八成木于东与天三并，天九成金于西与地四并，
地十成土于中与天五并也。

汉人言及“五行数”者很多，这里所举《易纬》、扬雄、班固、郑玄之说，只是代表性的几个例子，其他也都类此。在这中间我们可以看得很明白，“五行数”是以五行思想为主，融合了《易经》的奇偶、天地之数成说，几乎可以勾画出宋人黑白点的河图形象了，然而却始终未见有如是图形出现，也未见在他们的言论中关系到“河图”这一个名称。“五行数”就是言五行之数，与“河图”是两回事。同理，汉人言及“河图”者，除了前引孔安国、刘歆、《易纬》之言外，也还有许多，如扬雄的赋、王充的《论衡》、《后汉书·杨厚传》、张衡的《东京赋》及其传记中，也都言“河图”而不言“五行数”。甚至到了东汉以后，如魏王肃注《系辞传》“河出图”时，仍说：“河图，八卦也。”这种情形告诉我们一个很明白的认识，便是：在汉代，“河图”与“五行数”是两支学问，互不相及。

我想，这个认识对于后来宋人黑白点“河图”形象的产生，非常有帮助。汉人已经将“河图”与“五行数”两支学问推展到了将融合却未融合的地步。到了宋人，承此趋势，发展出前面黑白点数的“河图”。

二、宋河图诸家义

上面笔者花了很多篇幅讲“河图”与“五行数”，但是二者的源头为何，仍未道出。“河图”虽然根据历史文献追溯到《尚书·顾命》，然而究竟是玉、非玉？是出于河之图，或是如河形象的图？是八卦吗？是龙马负之而出吗？一连串的疑问未得解决。“五行数”也一样，依据历史文献追溯到《尚书·洪范》。至于《洪范》的五行何故如此排列，箕子谓九畴乃“天所锡禹”者可信吗。这些问题也都无法解答，似乎只可以用它们来说明中国文化的悠久古老，将来是否有能解答的时候，依然不可知。但本书是“史”，目的只在于如实指出这些问题的存在，并不在于解答这些问题。秉此态度，对于上面的一些疑问，我们只好把它们置诸“存疑”。下面谈到宋代的“河图”，而宋“河图”一出现，便看到是用一个黑白点数的图形，巧妙地将汉代不相结合的“河图”与“五行数”两支学问结合了起来。

创制北宋时期出现的黑白点数的“河图”的人，究竟是谁？笔者无奈，只好率领读者诸君再进入另一个谜团。

前面笔者曾将朱震《汉上易》所言图书之传承，列作一表，河图的一支依次为陈抟、种放、李溉、许坚、范谔昌、刘牧。根据胡渭《易图明辨》广引众家之说，知由陈抟到许坚四人未有学术著作，范谔昌虽有著作名《大易源流》，但其间“龙图”多种均散漫支离，未成后来“河图”之形。画成后来“河图”之形的是刘牧的《易数钩隐图》(今日之“河图”“洛书”互易)。由此而言，则刘牧实为“河图”的较早制作人。然而范谔昌《大易源流》中的多种“龙图”以及上推传说中陈抟所授之“先天图”，就学术思想的发展而言，均有推波助澜之功。而且从史册上看，陈抟曾数次入朝廷寻求“秘笈”，其有制作图书之心思才力，当是肯定的。也正由于此，宋明易家都将图、书源头归一于他。因此，笔者之意，不妨做这样的假定：就“河图”而言，由陈抟至范谔昌是创制发展期，刘牧始推出“河图”之成熟制作。

虽然图象如此，但学术上的发展创制，主要在于思想。宋人“河图”的推出，主要融合了上面所述汉代“河图”与“五行数”两支思想于一。就此而言，有人便将这一成就归功于北魏时的关朗。

关朗字子明，北魏孝文帝时人，宋李淑撰《邯郸书目》中有“关子明《易传》一卷，唐赵蕤注”。此书到宋仁宗时，阮逸取而诠次，刊于《正洞极元经传》五卷中云：

> 河图之文，七前六后，八左九右，圣人观之以画卦。是故全七之三以为离，奇以为巽；全八之三以为震，奇以为艮；全六之三以为坎，奇以为乾；

全九之三以为兑，奇以为坤。正者全其位，隅者尽其画。

这段文字中明言“河图之文”，其数也同于河图，以八方配八卦则同于《说卦传》。阮逸与刘牧同为宋仁宗时代人，而刘牧当时则以“河图”为“洛书”，故人多以为此书为阮逸伪作，或以为阮逸为了反对刘牧而伪作此书。说是阮逸伪作的主要理由在于赵蕤注中曾言该书“亡篇过半，今无能诠次，但随文解义”。赵蕤既“无能诠次”，阮逸何能“诠次”？总之，这又是一桩是非莫断的公案，但笔者以为关子明《易传》既有唐人赵蕤为之诠次，虽“亡篇过半”，应不虚妄。阮逸之诠次虽增加有一己之伪作，但也不能断言上引“河图之文”的一段必非出自关子明《易传》。自汉代以后，我在上文中已说过，“五行数”之与“河图”合流，已成必趋之势。然而“必趋”是预见之前景，其实现则需要过渡的时间，由关朗到陈抟到刘牧，便代表着这一过程。这样说只能算是含糊笼统的假想，与其花费更多的篇幅最后仍得不到结论，我想这样的假想似乎更合理些。

北宋期间真正站在学术理论上讨论“河图”的是邵雍，今所见邵子的《皇极经世书》，分观物内、外篇，其《观物外篇》一开始便以“河图天地全数”标名题目，但落在图象上的文字并不多，只有开始的一节，如下：

> 天数五，地数五，合而为十，数之全也。天以一而变四，地以一而变四，四者有体也，而其一者无体也，是谓有无之极也。天之体数四而用者三，不用者一也；地之体数四而用者三，不用者一也。是故无体之一以况自然也，不用之一以况道也，用之者三以况天地人也。

邵子有成熟的先天易学理论，此段文字虽是言河图，实际是会通了他的先天易理论而言，并非专言河图。首据《系辞传》言天地之数各五，即天数（奇数）二十五，地数（偶数）三十，合为全数之五十有五，此正河图之黑白点数。天地各以一而变四，在图上说便是天数隐“五”于中，而地数隐“十”于中，其余天数之一、三、七、九与地数之二、四、六、八分陈四方，在中者谓“无体”，在四方者谓“有体”。换句话说，有体之数四为天地表现之可见之数，为天之春、夏、秋、冬，地之东、南、西、北，无体之数天地各一为使春、夏、秋、冬流行与使东、南、西、北分置之背后之自然。然后，于有体数四中“用三而一不用”，是邵子的观物所得，春、夏、秋三季生物而冬不生，前、左、右三方见物而后不见，故云。最后，邵子隐然用了老子“人法地，地法天，天法道，道法自然”的思想，以无体之一况“自然”，不用之一况“道”，有体而可见之三况天、地、人。邵子毕竟是大思想家，解说河图活泼而不执着，远非一般数黑白点而造说者可比。

《观物外篇》中另一段话也提到了“河图”，如下：

> 圆者星也，历记之数其肇于此乎！方者土也，画州并地之法其仿于此乎！盖圆者河图之数，方者洛书之文，故羲文因而造《易》，禹箕叙之而作《范》也。

此节未就数言，只是就“圆”“方”两种中国古文化中已有的思想概念分辨“河图”与“洛书”。“星”谓天道之运行，周而复始，故圆；“土”谓地道之划分，四方分布，故方。同时我们也看到邵子接受了汉人“伏羲氏则河图画八卦”与“夏禹准洛书而作范”的思想。

从上面《皇极经世书》中的两段话，我们知道对刘牧“以十为洛书”“以九为河图”的主张，邵子已经不采用，虽然二人的时代相距甚近。

南宋对河图提倡最力的，当然是朱熹和蔡元定。二人年龄相若，在名义上蔡虽从学于朱门，实在师友之间。蔡元定好学而博，好易，尤好易数，朱熹的《易学启蒙》一书即为蔡元定所起稿（见《宋史·蔡元定传》）。故该书中对河图与洛书的见解，应是二人的共见。然如实而论，朱、蔡对于河图也只是相信而提倡，在理论上并无高见，所以在《宋元学案》中，不见引录二人对河图或洛书的见解。二人对河图与洛书的最大贡献应是前已说过的改正了刘牧“以十为洛书”“以九为河图”的错见。二人对河、洛十分倾心，除《易学启蒙》四篇以“本图书第一”为首篇外，朱熹还将二图列于他的《周易本义》卷首，今摘录二人对河图之言论如下：

> 或曰：河图、洛书之位与数，其所以不同何也？曰：河图以五生数统五成数而同处其方，盖揭其全以示人而道其常数之体也。洛书以五奇数统四偶数而各居其所，盖主于阳以统阴而肇其变，数之用也。
>
> 其皆以五居中何也？曰：凡数之始，一阴一阳而已矣。阳之象圆，圆者径一而围三；阴之象方，方者径一而围四。围三者以一为一，故三其一阳而为三；围四者以二为一，故两其一阴而为二，是所谓参天两地者也。三二之合则为五矣，此河图、洛书之数所以皆以五为中也。
>
> 其七八九六之数不同何也？曰：河图六七八九附于生数之外，此阴阳老少、进退饶乏之正也。其九者，生数一三五之积也，故自北而东，自东而西，以成于四之外。其六者，生数二四之积也，故

自南而西，自西而北，以成于一之外。七则九之自西而南者也，八则六之自北而东者也，此又阴阳老少互藏其宅之变也。洛书之纵横十五而七八九六迭为消长，虚五分十，而一含九，二含八，三含七，四含六，则参伍错综，无适而不遇其合焉。此变化无穷之所以为妙也。(《易学启蒙·本图书第一》)

以上为了便于比较说明，河图与洛书并引，后文“洛书”一节将省录。从上引的几段文字来看，朱、蔡对河图、洛书的解释，并非站在数理的思考上说话，而是执着于图形上的奇偶点数立言，牵强而落入人智弄巧，使人感到不自然。而邵子之寥寥数语点出河图之精神，其远不能及。此固因数理方面之才思不逮，我想这也是《宋元学案》中不取其这方面言论的原因之一。

自朱蔡之后，河图已成为易学界讨论的主题，或赞成，或反对，鲜有不论及此一问题者，人数过多，是以不能一一引述。以下兹分作反对者与赞成者两派，择要举出数位易家的言论以作代表。

一是反对者。

毛奇龄《河洛原舛编》:

康成但有注而无图，而抟窃以为图。康成之注即可图，亦非河图。而抟窃之以为河图，其根其柢，其曲其衷，明白显著。（此言郑康成注《系辞传》“大衍之数”）

又：

夫图书非他，神圣之事也，岂有神圣之事而一人授之，一二人受之哉？授者无凭，受之者无据，而或四或五、或方或圆、或羲或禹、或卦或范，彼此可以争，先后可以易，一室两家，茫无定准，其为不足道，亦可见矣。

黄宗羲《象数论》：

天垂象，见吉凶，圣人象之者，仰观于天也。河出图，洛出书，圣人则之者，俯察于地也。谓之图者，山川险易，南北高深，如后世之图经是也。谓之书，风土刚柔，户口阨塞，如夏之《禹贡》、周之《职方》是也。谓之河洛者，河洛为天下之中，凡四方所上图书，皆以河洛系其名也。愚窃谓伏羲之世，风俗淳厚，岂有山川险易之图？结绳而治，岂有户口阨塞之书？且举河洛该四方，未免曲说。改出为上，尤觉难通实。

就二数通之于易，则十者有天一至地十之数可据，九者并无明文，此朱子争十为河图之意长于长民也。虽然，因一至十之数易之所有也，自一至十之方位易之所无也。一三五七九之合于天，二四六八十之合于地，易之所有也；一六合，二七合，三八合，四九合，五十合，易之所无也。天地之数易之所有也，水火木金土之生成易之所无也。试尽去后人之添入，依经为说，则此数仍于易无与，而况名之为河图乎？

胡渭的《易图明辨》，更是检讨了整个易学卦象而予以论评，其"论伏羲氏作易之本不专在图书"云：

河图洛书乃仰观俯察中之一事，后世专以图书为作《易》之由非也。河图之象不传，故《周易》古经及注疏未有列图书于其前者，有之自朱子《本义》始。《易学启蒙》属蔡季通起稿，则又首本图书，次原卦画，遂觉《易》之作全由图书，而舍图书无以见易矣。学者溺于所闻，不务观象玩辞而唯汲汲于图书，岂非易道之一厄乎！

其“论天地之数不得为河图”云：

举天地之数，正为大衍之数张本，其曰五位者，即五奇五偶，非指天数之中五。一三五七九同为奇，二四六八十同为偶，是谓五位相得。一与二，三与四，五与六，七与八，九与十，一奇一偶，两两为配，是谓各有合。于五行五方曷与焉？于天地生成曷与焉？于河图洛书又曷与焉？……使五位相得而各有合果为伏羲氏所则河图之象，夫子何难一言以明之曰此河图也，而顾廋辞隐语，使天下后世之人，百端推测邪！至其后章虽言河图，而与洛书并举，且与神物变化垂象比类而陈，文势语脉遥遥隔绝，又安见此河图者即前五十有五之数邪？

其“论五行生成之数非河图并非大衍”云：

今试就筮法而按之，自四营成易，以至十八变而成卦，格中之所陈，版上之所画，孰为天生而地成，地生而天成邪？孰居北而为水，居南而为火邪？方者圆者单者复者皆安在邪？……然而天地之数终不得为河图者，则以《大传》无明文，而五十有五但可以生蓍，不可以画卦也。

胡渭尚有“论太极两仪四象非图书之所有”“论图书不过为易兴先至之祥”“论古河图之器”等评论，限于篇幅，不具引，读者可参考其书。

二是赞成者。

反对者尽管有力，赞同者仍然热烈，这似乎是潮流——每一时代有其独特的学术风格，宋元明易学的独特风格就在于借图书以表现理论。反对的人大多是以“缺乏经文根据”为理由，而赞成的人则多是只重思想引绎，因而反对的人多属于谨慎保守性的儒者，而赞成的人多是富开创性的道家性格的人物及思想较开放的儒者，元明间隐士一般多为赞成派。今为篇幅所限，且举来知德《周易集注》书后所附之“周易采图”为例。来氏易注之书后，附有各种图象一百零二幅，据说是宋元以来各家易图的采集，包括元代张理、明代章潢等人的创作。因为来知德信图书之学，故后人收集了也置于来氏易注之后。且举下面三幅，其他请读者自参阅（赞成河图、洛书者，其构思推陈出新，可谓花样百出，尤以章潢图书篇制作新图最多，但从易哲学角度来评价这些图象，多出于索奇立异，于思想上并无可称道之处）。

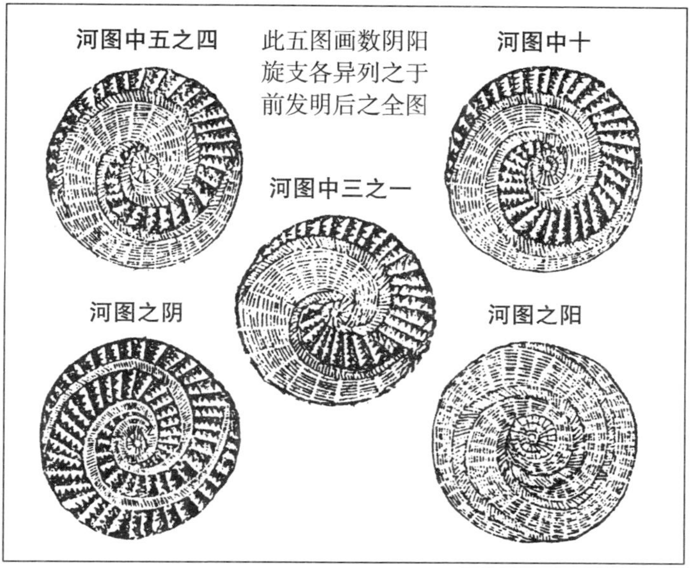

图 5-2 河图阴阳旋文图

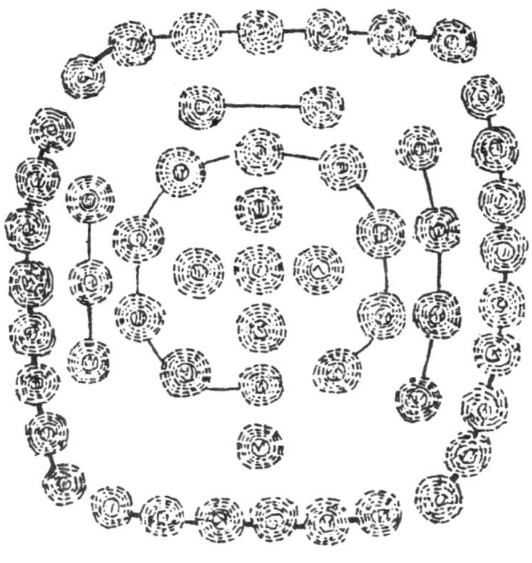

图 5-3 古河图

古河图，下一六，上二七，左三八，右四九，以五十为中，则马身之旋文，发阴阳之气数。其象圆，其道合以方。无分开肩隅五行生成之说，故中五、中十及中五之四，与夫阳白阴黑具体而征，即一旋文。无非包括万物太极之理，相得而各有合者，皆自然之数，岂必成待生而后有五行之位哉。勉斋黄氏之言，诚得古矣。

清初对河图思想倾心者，乾隆时国学大师江永可为代表，江氏著《河洛精蕴》一书，以河洛之精、河洛之蕴分内外篇，其中创思之处甚多，如图5–4。

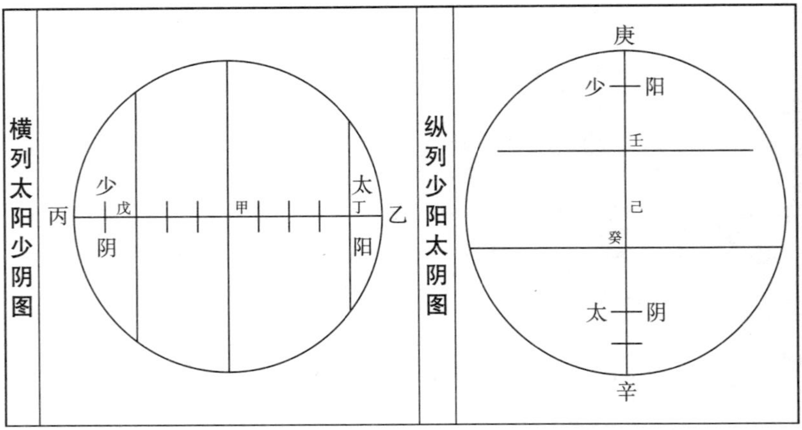

图5–4　线河图（借天干之字作记号非有意义也）

圈象太极，乙丙全径为十，乙甲半径为五。西方截出乙丁为太阳一，丁丙为九，丁甲为四，九四皆生于太阳。九为乾，四为兑，乾、兑下二画皆太阳。东方截出戊丙为少阴二，戊甲为三，戊乙为八，三、八皆生少阴。三为离，八为震，离震下二画皆少阴。庚辛全径为十，庚己半径为五。南方截出庚壬为少阳三，壬己为二，壬辛为七，二、七皆生于少阳。二为巽，七为坎，巽、坎下二画皆少阳。北方截出癸辛为太阴四，癸庚为六，癸己为一，六一皆生于太阴。六为艮，一为坤，艮、坤下二画皆太阴。

江氏《河洛精蕴》书中并引有万氏之图及说，甚有新义，民初易学家杭辛斋在其著作《易楔》中有所引录，今转引于下：

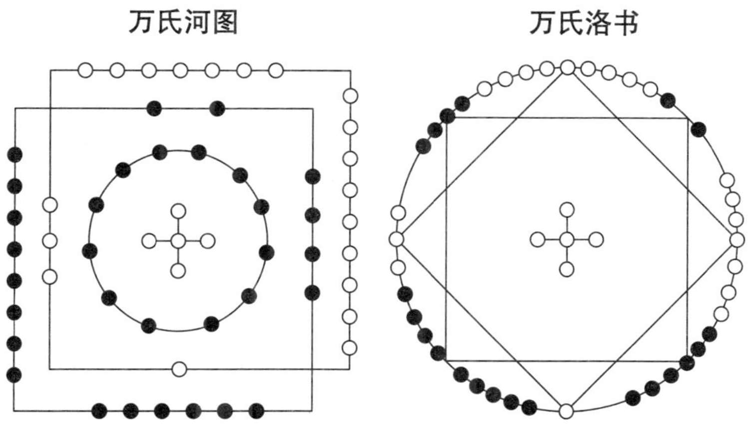

图 5-5　万氏河图、洛书

万氏之图，较仅改形式而无意义者，（如以河图为旋毛形洛，书作龟坼形者是也。）自高一筹。然两数之体用分合，固极明晰不必改作，意自可见。唯初学得此，未始不可为触目会心之一助，故特录之。至两图之加减除乘，及进退变化之妙，除朱子《易学启蒙》，邵子皇极经世外，有蔡西山之《经世节要》，张行成之《经世演义》《易通变》，丁翼东之《衍翼》，胡沧晓之《周易函书》，江慎修之《河洛精蕴》，张楚钟之《易图管见》。推衍至详，千变万化，未能悉录。有以图书配八卦者，多拘执牵滞，不能悉当。其实河图为体，洛书为用。河图即先天，洛书为后天，河图为体而体中有用，洛书为用而用中有体。此即万氏图，中分圆分方，方含圆，圆又含方之意也。历代数理、历象、推步、占验、医学、风鉴诸家，均以洛书为用，其义悉本于易。前人罕有言者，兹特扼要略述如下。

洛书与河图相异，骤视之似一六与三八未易，而二七四九乃互易其方者，实则唯一三五不动。一三五者，天阳之生数，不可动者也。《周易》乾用九,九即一三五之积数也。故易道扶阳而抑阴，非阳之有待于扶，而阴必处于抑也。天地阴阳之数，理本如是。论其体。阳生于阴。言其用，则阴统于阳。

如河图之六合一为七,七阳也。二合七为九,九阳也。三合八为十一,一阳也。四合九为十三,三阳也。五合十为十五,五阳也。总数五十有五，亦阳也。洛书之对位，则皆阴也。一九合十,三七合十,二八合十,四六合十，总数四十。皆阴数也。而御之以中。五则纵横上下交错无不为十五。总数四十有五，皆阳数矣。(此为以阳统阴，君子道长，小人道消《周易》之大义也。观天地生成之数，天数二十有五而地数三十，阳少阴多，故古今来恒苦治世少而乱世多。君子少而小人多。圣人参天两地，建中立极，以五御十，化阴为阳，而以洛书四十五数为用则天数二十有五，地数二十，阳多阴少，十数不见而潜藏于两数相合之中。是小人皆化为君子，拨乱反正成燮理阴阳之功，其枢机悉在中。五与十五能御十，则君子道长。五不能御十，则君子道消。五十者，中孚也。故孔子“五十学易，可以无大过”。详见《学易笔谈》。)

洛书之位，一居于北，与河图同。此为万数之本，不可动摇,《乾·文言》曰“确乎其不可拔”者此也。由北而东北，而东，而东南，本一二三四之数也。由西北，而西，而西南，而南，本六七八九之数也。古圣于此，但将二八两数互易其位，遂成今日洛书之数。天地造化之机，阴阳变化之妙，悉在于此。略图如下。

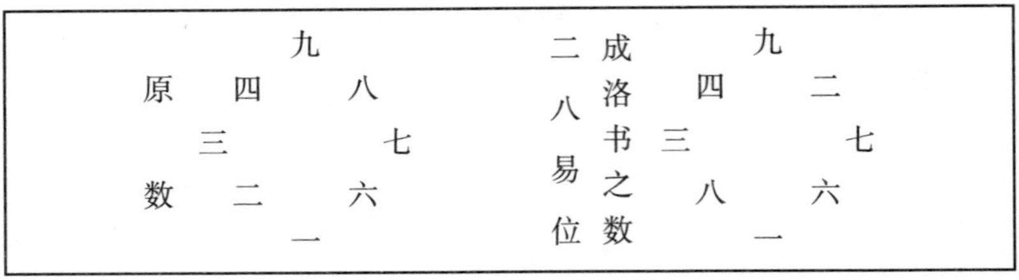

图 5-6　二八易位图

三、河图原面目

以上叙述河图的流变发展，像在述说一个长篇的神话，如今说完了，似乎仍不能确定它的学术地位与学术价值。信者视之为神圣，不信者弃之如敝帚。伟哉中国易学，是乃“广矣大矣”之义乎！

笔者浅识，原不敢在此一问题上表现意见，但以数十年来心好易学，每思易之为学乃立基于宇宙万物之学，是以从事易学研究贡献一己之心智以作研究则可，执着于一偏见以牵强作解则不可，然而在河图问题上，易学家们最容易犯牵强作解之病。河图仿佛是天空中的一片云，人人可得而称名其形象，到最后名称一大堆，却都是云朵变化之貌而无关于云之形成之本质。当然，造成这种情况的主要原因是大家认为河图是易思想，而易学是无所不包之学。

受此观念左右，遂而黑白十个点数分奇偶、配五行、别先后天，总在“河图产生于哲思”一个念头上打转，却忽略了整个河图的图形基本上是由一到十十个数目的排列。用中国古代的数目字一、二、三、四、五……将河图数写下来，不易看出端倪，今用阿拉伯数字写出黑白点数，则一眼便看清了底细，原来它是一个四方以“5”与“10”为等差级数的排列图形，如图 5-7。

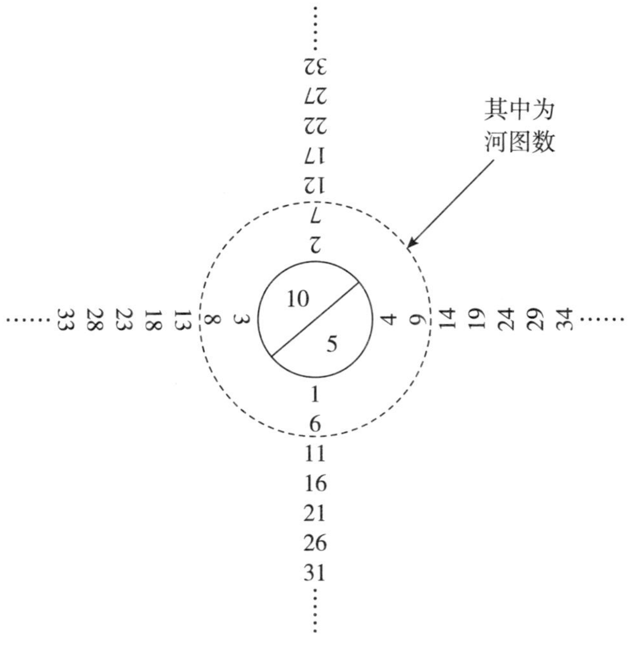

图 5-7　以等差级数排列的河图

请看，这是多么周密而美好的一个排列图形，四方均以 5

与10为等差向外推展，十个数字中明用1、2、3、4、6、7、8、9而暗用5与10，故5与10居中。这一排列除非做整体转动，变换任一个数字均将破坏其组织秩序。我不敢确定地说这便是河图的原始面目。但就图而论图，河图是如此一个数目排列的图形，它的原作者理应是一个数学家——古代某一个天才数学家。

图5-7中所呈现的有秩序的数列，可视为自然的数理法则。宋明易学家们实际上就是由此数理法则而生思考，产生诸多哲学意义。从前面已叙述的情况看，在汉魏以前，此一数学创思的图形已在知识阶层中流传，郑玄、班固、扬雄、《易纬》作者、《淮南子》作者、《吕氏春秋》作者甚至上推到墨子，都已经为此数学排列所震惊，而采取了它的序数排列，只是尚未与《尚书》《论语》《易传》中的河图一支文化相结合。到了关朗或陈抟之时，将此二系合一，遂产生黑白点数排列的河图，并由此向易学思想上大发挥而误认此图原本起源于哲思。

虽然，从古籍上看，此一数字创思与五行思想似乎是早已扯上关系，《尚书·洪范篇》的“一曰水，二曰火，三曰木，四曰金，五曰土”，极使人怀疑当时二者已相汇合。洪范的水一、火二、木三、金四、土五，水不生火，火不生木，木不生金，金不生土，故不是“五行相生”之说；水虽然胜火，而火不胜木，木不胜金，金不胜土，故也不是

"五行相胜"之说。唯一可解释的只能说水居北方为阳之始生，故数为一奇；火居南方为阴之始生，故数为二偶；木为阳至生物之时，故数为三奇；金为阴成物实之时，故数为四偶；而土五之居中则表示前四者均变化于大地之上，不离开土地而致其用。若然，则可以证明此一数学排列至少在西周初年已经产生，而且已经与五行合流。前面本文所说的"五行数"一名，所包含的便是此二者的相合，观其竟然被列为西周初年大宪章"洪范九畴"之首，可知其被知识阶级重视的程度了。

据古史传载,《周髀算经》是西周初年数学家商高所作，有名的"勾股弦定理"发明于彼时，可见中国数学源起之早，此河图的数学排列是另一项数学成就。笔者当然并不是臆测其作者为谁，或者产生于更早的时代，这一问题留给后来的史学考据家去解，笔者只是提出上面的一个看法，以就教于深识君子。

第三节　洛　书

一、溯　源

洛书与河图是一对孪生兄弟，通常简称为"河洛"或称“图书”。从名称上当然很容易使人想到黄河与洛水可能与之有关，事实上也许真是如此，只是缺乏证明罢了。我现在也和上文叙述河图一样，从历史文献上看一看洛书的源流。

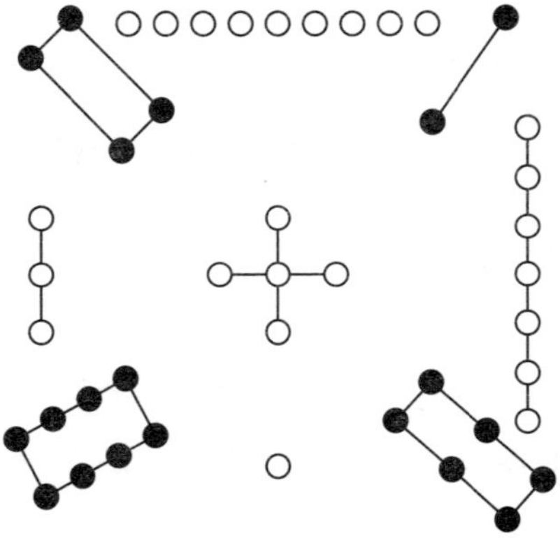

图 5-8　洛　书

先秦时代，“洛书”之名仅一见于《系辞传》中，即上于河图一节中引录过的“河出图，洛出书，圣人则之”。但“河出图”之被指为“河图”，是因为《尚书》中有“河图”之名，“洛书”则古籍中并无此名，可知后人以“洛出书”为“洛书”，乃沿用以“河出图”为“河图”之例。如果就先秦时代仅有此一处载籍而言，似乎“洛书”的学术身价不如“河图”，事实不然。由于二者同为“圣人则之”，故汉代以下，大家均以同等身价论之，二者的关系可谓焦不离孟，孟不离焦。(《庄子·天运篇》云：“九洛之事”，有人以为指洛书言，有人以为不是，故不论。)

洛书在汉代与“河图”并陈，我们仍当从孔安国说起，孔安国对于《系辞传》“洛出书”的解说，见于孔颖达《周易正义疏》所引：

> 孔安国以为河图则八卦是也，洛书则九畴是也。

复按孔安国之注《尚书·洪范》“九畴”，云：

> 天与禹洛出书，神龟负文而出，列于背，有数至于九，禹遂因而第之，以成九类，常道所以次叙。

刚才我们说过，在先秦时，并不见得“洛书”必与“河图”对举。《尚书》有“河图”而无“洛书”，孔子以“凤鸟”对“河图”，二者对举只《系辞传》一处。但经孔安国一唱，“河图”对“洛书”，“八卦”对“九畴”，名号相协，似乎真的成了天造地设的一双了。此后，在历史上“河洛”对举成了当然，单独言“河图”或“洛书”却少见了。例如《史记·孔子世家》，竟将论语的“凤鸟不至，河不出图”改为“河不出图，雒不出书”。太史公尚且如此，可见当时人并重“河洛”的情形了。

刘歆更进一步，谓《洪范篇》自“初一日五行”以下至“畏用六极”凡六十五字，即为雒书本文，此说见《汉书·五行志》引述。

刘歆的时代正是七经纬书创作流行的时代，“河洛”的思想在纬书中自是极盛，此可由郑玄的注《系辞传》得知，他说：

春秋纬云：河以出乾通天苞，洛以流坤吐地符。河图龙交，洛书龟成。河图有九篇，洛书有六篇也。

此处忽然又跳出了一个“九篇”、一个“六篇”，大概是纬书时代的作品，否则郑玄何故言此？

至此，我们敢于确定汉人已把“洛书”与《洪范》“九畴”视为一事。然而事情并非如此单纯，在郑玄的经注中，我们又看到他说到了“洛书”中九个数的另一源流，那便是《大戴礼记·明堂篇》的注文。《明堂篇》原文云：

明堂者，古有之也，凡九室：一室而有四户八牖，赤缀户也，白缀牖也，二九四，七五三，六一八。

郑注：

记用九室，谓法龟文，故取此数以明其制也。

"明堂"是古代天子治事的场所，或以为天子之宗庙（蔡邕明堂论），说法不一，但此制起源甚早，夏商时代已有。上面《大戴礼》明堂九室之数，一望而知正是宋人洛书图象上的九个数字。但我们不可以说是自郑玄始将明堂数当作龟文洛书数来看，因为除了明堂用此九数，在两汉数术家中有所谓"太一行九宫"之法，依此九数之序。下面一段文字是郑玄注《易纬》"故太一取其数以行九宫，四正四维皆合十五"之注文：

太一者，北辰之神名也，居其所曰太一，常行于八卦日辰之间曰天一，或曰太一，出入所游息于紫宫之内外，其星因以为名焉，故《星经》曰：天一太一主气之神。行犹待也，四正四维以八卦神所居，故亦名之曰宫。天一下行犹天子出巡狩方岳之事，每率则复。太一下行八卦之宫，每四乃还于中央，中央者北神之所居，故因谓之九宫。天数大分以阳出，以阴入，阳起于子，阴起于午，是以太一下九宫从坎宫始，坎中男，始亦言无适也。自此而从于坤宫，坤母也。又自此而从震宫，震长男也。又自此而从巽宫，巽长女也。所行者半矣，还息于中央之宫。既又自此而从乾宫，乾父也。自此而从兑宫，兑少女也。又自此从于艮宫，艮少男也。又自此从于离宫，离中女也。行则周矣，上游息于太一天一之宫，而反于紫宫。行从坎宫始，终于离宫，数自太一行之，坎为名耳。出从中男，入从中女，亦因阴阳男女之偶为终始云。从自坎宫必先之坤者，母于子养之勤劳者。次之震又之巽，母从异姓来，此其所以敬为生者。从息中而后之乾者，父于子教之而已，于事逸也。次之兑，又之艮，父或老，顺其心所爱以为长育多少大小之行已，亦为施此数者，合十五，言有法也。（此注见于《四部集要·经部·易纬乾凿度卷下》，署名汉郑康成注。）

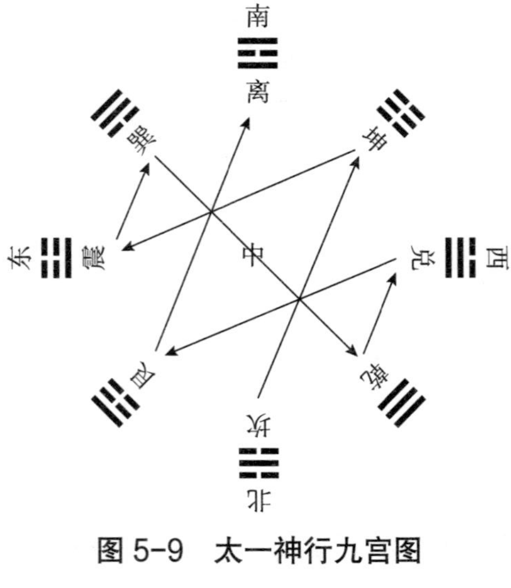

图 5-9　太一神行九宫图

这段注文等于画出了一个太一神行九宫的图，依其行进次第，这个图则如左。

“九宫”之法，我们现在所知的只是这样一点雪泥鸿爪。但从历史上证验，在两汉之交，它是相当被知识分子所信的一种数术，见于《后汉书·张衡传》，便看到张衡曾上疏天子有以下的话：

> 臣闻圣人明审律历以定吉凶，重之以卜筮，离之以九宫，经天验道，本尽于此，或观星辰逆顺，寒燠所由，或察龟策之占，巫觋之言，其所因者非一术也，立言于前，有征于后，故智者贵焉，……且律历、卦候、九宫、风角，数有征效，世莫肯学。

“九宫”与律历、卜筮、卦候等并立，为数术的一种。其法已亡，故上面郑玄的注文只是一点劫后余烬，但我们可以肯定汉代有此一说，绝不会假。

同时，我们看上图九宫之位，除中宫以外，其余八宫每宫合一卦，其卦位正与《说卦传》“帝出乎震”一节文字相合。所不同者，《说卦传》中“帝出乎震”后，循巽、离、坤……的次序，依“五行相生”说运转；而九宫之法则太一神起于坎卦，向坤、震、巽……运动，非依“五行相生”，也非依“五行相胜”，显然是汉人所创制的一种数术，乃是以明堂九室之数结合《说卦传》八卦之位而制作的一种数术。数术的制作也许是在汉代，但其根源不得不承认起自先秦。

“九宫”之法固然已亡，但可以看出来其法主要吸引人之处少不掉的一项是排列成的图案。南北冬夏是中国人时空观念的两极，太一神之游行始于北冬而终于夏南，刚好完成一个上下左右相对称的图案。这个图案在古人心目中可谓复杂而不失序、曲折而有则，不由得使人想到汉代兵学上“八阵图”之名，《三国志·蜀志·诸葛亮传》云：

推演兵法，作八阵图。

“八阵图”显然是布阵之法。在上面九宫图中，五居虚中，周围四方四隅合八卦之位，对古代兵家而言，最容易启发军事调动变化的思想。我们有理由相信诸葛亮便是由此而创生其兵学思想的，而事实上历史上有关“八阵图”的传言，都离不开八卦，更复杂作六十四卦变化。我这里说诸葛亮的八阵图是兵学上的创思，是因为打开《淮南子》的《兵略训》，看其布阵之方，只有“体周而法方，背阴而抱阳，左柔而右刚，履幽而戴明，变化无常，得一之原，以应无方”之句，却不见“八阵”之名。诸葛亮一生用兵时多，专注于兵学思想研究，视他为九宫法与兵阵之结合者，未尝不可。

二、宋洛书诸家义

大体上我们可以这样说，汉代洛书虽有很多新说，但如明堂九室的分配，牵合洪范九畴、九宫、八阵图等，都偏于形法之用，非指向哲学思想方面之发挥。宋代对洛书的解说则着重于哲思，当然是以易学为根基。

洛书与河图的不同，显而易见的有二：

一是河图用十数，洛书用九数。

二是河图用数分内外两层，一二三四五居内层，六七八九十居外层；洛书则五居中，其他八数则合八卦而居外。

也正因为有此两点不同，宋人解说二图义理就有了分别：由一，河图有“全”“圆”义，因为自然数由一至十往而反，成一圆道；洛书则除五居虚中外，四方四隅，有“方”义。由二，河图之十数配五行，二合于一正好分配，故有“五行生数”“五行成数”之名；洛书则周围八数，不宜与五行相合，特宜于配合八卦。

由上两个特点，故宋人很容易便找到了思想发挥的根据，中国古人一向相信天圆地方之说，则河图象天、洛书准地，如此更加深了二图的神秘性。邵雍最早由此言说，《皇极经世书》中，他说：

> 圆者星也，历纪之数其肇于此乎！方者土也，画州并地之法其仿于此乎！盖圆者河图之数，方者洛书之文，故羲文因而造《易》，禹箕叙之而作

《范》也。

邵子此言，只是从“理”上言其大体，并未分析图象中的黑白点数及位置。“画州并地之法”离不开“方”的概念，与“历纪之数”离不开“圆”的概念一样，都是必然的。伏羲、文王之画八卦、演六十四卦与夏禹、箕子之划九州、陈九畴，正是“圆”“方”两个概念落在人文上的表现。从这样的“理”上论，邵子是相信汉人所说“伏羲氏则河图而造易、禹准洛书而作范”的。

朱熹与蔡元定对“洛书”的言论，已在上节“河图”中一并引录过，兹不再赘。须提出来的便是朱、蔡的以八卦配洛书，已非汉人“八宫”所准《说卦传》“帝出乎震”章的八卦次序，而是依从邵子先天易的八卦方位，朱、蔡二人都是邵子先天易的信徒。对于邵子的先天易学，我固不能说是由于他相信“伏羲氏则河图而画八卦”而定立“先天”之名的，但也不能肯定与此没有关系。因为在他的《皇极经世书》与《击壤诗集》中，均曾明白表示过“画前元有易”，意即八卦虽是伏羲氏所画，然易之道却非自画卦始，而是宇宙本然存在着的，他故称名曰“先天易”。他的先天易非传统《易经》的卦序，乃依照太极生阴阳、阴阳复各生阴阳的原则，由下向上发展，成乾一、兑二、离三、震四、巽五、坎六、艮七、坤八的次序。朱熹的《周易本义》，置先天易图并邵子之言于其书前（即伏羲八卦与六十四卦次序、方位图四幅），而赞以“尤见法象自然之妙”。至于《说卦传》“帝出乎震”一章的卦序，邵子则称之为“文王八卦方位”，乃后天之学。今且引邵子之“伏羲八卦方位”与“文王八卦方位”二图于下，如图 5-11、图 5-12。

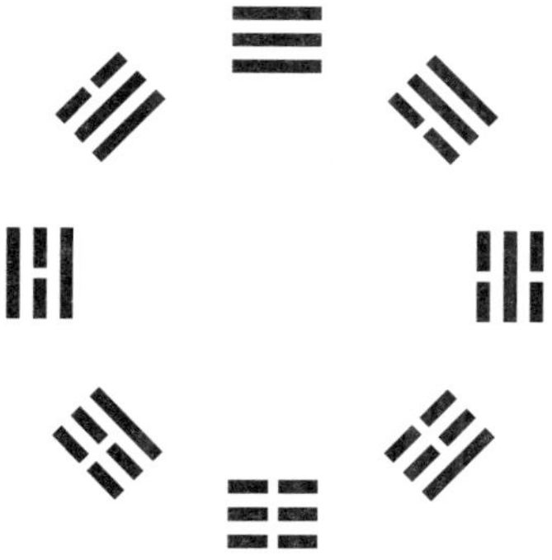

图 5-10　伏羲八卦方位

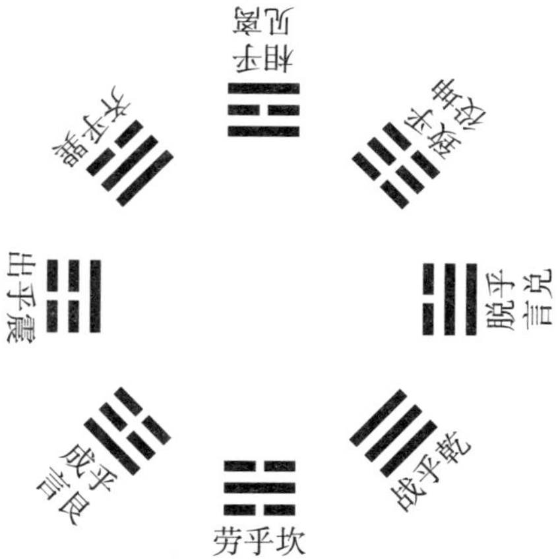

图 5-11　文王八卦方位

其中，左图是邵子的先天易图，右图便是汉人的九宫卦位图。朱熹和蔡元定以河图与洛书配八卦，所配的显然是前者，我们来看《易学启蒙》中的话：

> 然则圣人之则之也，奈何？曰：则河图者虚其中，则洛书者总其实也。河图之虚五与十者大极也，奇数二十偶数二十者两仪也，以一二三四为

六七八九者四象也，折四方之合以为乾坤离坎，补四隅之空以为兑震巽艮者八卦也。洛书之实，其一为五行，其二为五事，其三为八政，其四为五纪，其五为皇极，其六为三德，其七为稽疑，其八为庶征，其九为福极，其位与数尤晓然矣。

又曰：

洛书而虚其中则亦太极也，奇偶各居二十则亦两仪，一二三四而含九八七六，纵横十五而互为七八九六则亦四象也，四方之正以为乾坤离坎，四隅之偏以为兑震巽艮则亦八卦也。河图之一六为水，二七为火，三八为木，四九为金，五十为土，则固《洪范》之五行，而五十有五者又九畴之子目也。是则洛书固可以为《易》，而河图亦可以为《范》矣，且又安知图之不为书，书之不为图也耶。

朱、蔡之所以取邵子之先天易卦配河图洛书，而舍《说卦传》、九宫之卦序，其理由当为伏羲氏既然则河图而画卦、夏禹既然则洛书而作《范》，则河图与洛书均应为先天易之卦序，不应为后天文王之卦序。此一见解当为朱、蔡二氏对河图洛书配八卦的依据，特于此说明。

说到洛书，最不可少的人物是蔡元定的季子，人称九峰先生的蔡沈。他是专门研究洛书、发挥洛书之九数以解说《尚书·洪范》“九畴”的人。《宋元学案》有《九峰学案》，内载录他的“九九圆数图”“九九方数图”“九九行数图”“九九积数图”及“范数之图”“范数八十一章”“皇极内篇数总名”等图表。根据史传记载，九峰自幼随父蔡西山游学朱晦翁门下。晦翁晚年训传诸经略备，独《书》未及为，遂以属西山。西山性好数学，对《洪范》之数独有心得，然未及论著而卒，尝言：“成吾书者沈也。”九峰受父师之托，躬耕不仕沉潜反复者数十年，然后成书，发明先儒所未及。九峰之学，实以洛书之九数与洪范九畴之数为一“九”之发用，在此一信念下，推演“九”数之方圆行积，成一家之学，其意似若追步扬雄之仿易作《太玄》与邵雍之创发卦序而成先天易，然就学术价值而论，则稍逊色。

今且录其载于《宋元学案·九峰学案》之《洪范皇极序》及《洪范皇极内篇》之部分文字，以见其对洛书之主张。至于图表，读者请自行参阅，此则省录。

洪范皇极序

体天地之撰者《易》之象，纪天地之撰者《范》之数，数者始于一，象者成于二，一者奇，二者偶也。奇者数之所以行，偶者象之所以立。故二而四，四而八，八者八卦之象也；一而三，三而九，九者九畴之数也。由是重之，八而六十四，六十四而四千九十六，而象备矣；九而八十一，八十一而六千五百六十一，而数周矣。《易》更四圣而象已著，《范》锡神禹而数不传，后之作者，昧象数之源，窒变通之妙，或即象而为数，或反数而疑象，洞极用书，潜虚用图，非无作也，而牵合傅会，自然之数益晦蚀焉。嗟夫！天地之所以肇者数也，人物之所以生者数也，万事之所以失得者亦数也，数之体著于形！数之用妙乎理，非穷神知化独立物表者曷足以与此哉！然数之与象若异用也，而本则一；若殊途也，而归则同。不明乎数，不足与语象；不明乎象，不足与语数，二者可以相有，不可以相无也。先君子曰：洛书者，数之原也。余读《洪范》而有感焉……

洪范皇极内篇

河图体圆而用方，圣人以之而画卦；洛书体方而用圆，圣人以之而叙畴。卦者阴阳之象也，畴者五行之数也。象非偶不立，数非奇不行，奇偶之分，象数之始也，是故以数为象则奇零而无用，以象为数则多偶而难通。阴阳五行固非二体，八卦九畸亦非二致，理一用殊，非深于造化者孰能识之。

河图非无奇也，而用则存乎偶；洛书非无偶也，而用则存乎奇。偶者阴阳之对待乎，奇者五行之迭运乎，对待者不能孤，迭运者不能穷。天地之形，四时之成，人物之生，万化之凝，其妙矣乎！

洛书数九而用十何也？十者数之成也，数成而五行备也。数非九不生，非十不成。九以通之，十以节之。九以行之，十以止之。九者变通之机，十者五行之叙也。方隅对待中，五含五而十数已具乎九数之中矣，以见其体用之不相离，而图书所以相为经纬也。

明来知德是深信河图洛书的易家，他除相信河洛之象外，也相信《易》之“辞”也是来自河图洛书，故其注《系辞传》“河出图，洛出书”一章云：

《易》有辞，非圣人自立其辞也。河出图，洛出书，有自然之文章，圣人则以立其辞。

来氏一定是取实际龟甲之形象作过详细研究，所以在他的“古洛书”说明中有“龟身之拆文”的话，下面取来氏易注中的两幅洛书之图：

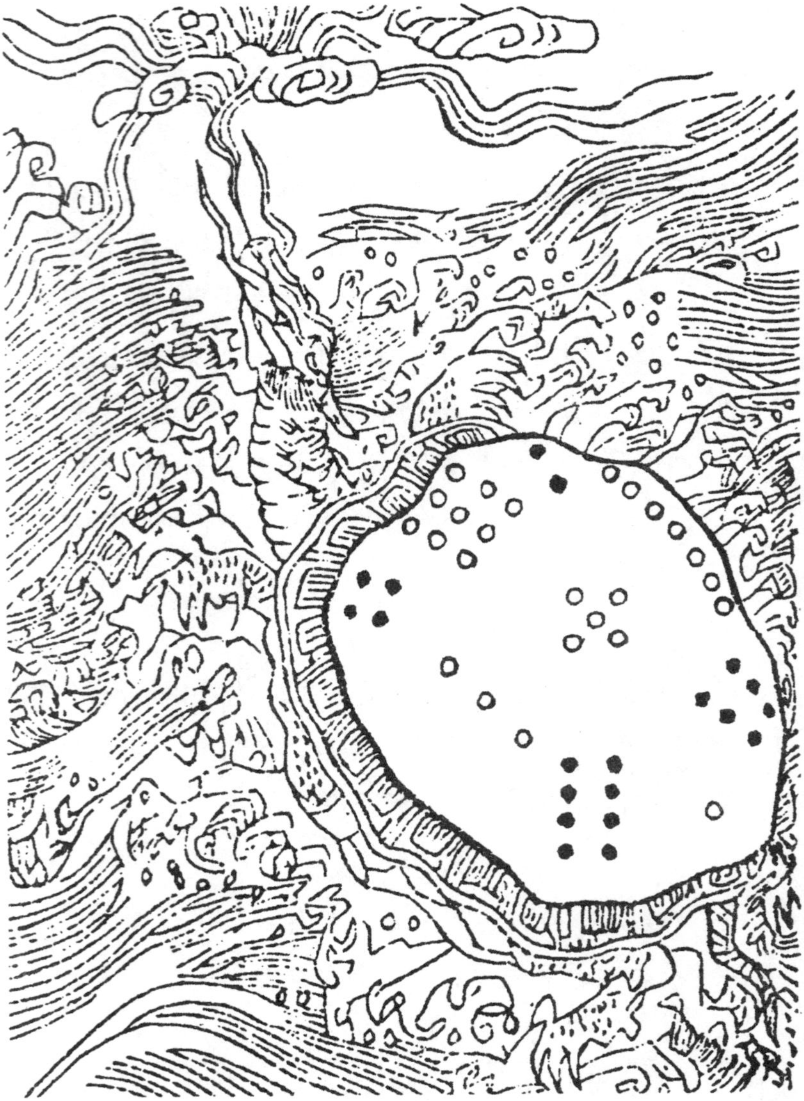

图 5-12　龟书图

图 5-13　古洛书

灵龟出于洛。龟身甲坼具四十五数。戴九履一。左三右七。二四为肩。六八为足。而五居中。圣人则龟身之坼文。画为洛书。然各点皆直如字画者。亦取其象而画之。故名为书也。若点数亦圈而圆。则非画之义矣。此书与世所传之书异。故名为古洛书。

来氏易图中也有“河图奇与偶合”与“洛书奇多偶少”二图，说奇偶所以分合之理。至清初江永的《河洛精蕴》，则进一步承袭之，将河洛数之不同纳于一图中以说明二者之同一根源，下面是其二图：

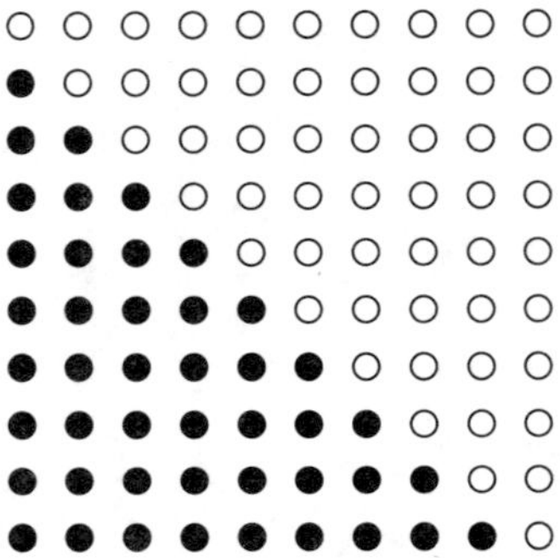

图 5-14 《河洛精蕴》之河洛未分未变方图

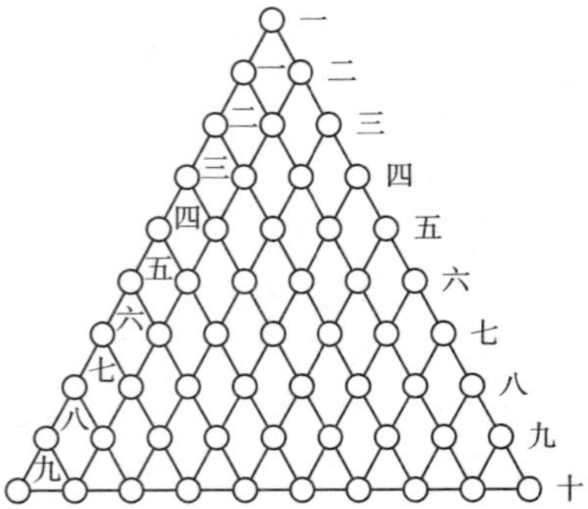

图 5-15 《河洛精蕴》之河洛未分未变三角图

谨按河图洛书。本同根源，因已分而推未分，因已变而推未变。天地人物，莫不皆然。如人之始胎，五官百骸之位置已先具；鸟之方卵，头足尾翼之形象已先生。一粒之粟，而根茎苗穗，含于布种之初；一核之仁而本干枝叶，肇于方萌之始。由是而推，天之日、月、星、辰，地之岳、渎、湖、海，不有默定于冯冯翼翼之先者乎？此皆河、洛未分未变之理也。既分既变，而万事万物，又有无穷之变化，皆包括其中矣。先儒言易之蕴，未推及此，特录此二图为外篇之首。

三、洛书原面目

“洛书”虽然也被易学家们牵附在哲思领域中解说，但由于它的数字排列比较明显，所以很早就已被肯定为是一个数学产物，即近世西方所言“魔方阵”的排列图形。宋人不过将数字换成了黑白点数，易为今日阿拉伯数字时则可见如下：

4	9	2
3	5	7
8	1	6

在今日，此一纵横斜贯均为“15”数的方阵，已不足为奇，因为人们早已排列出更多层次的方阵图。在古代人智初开的时候，此一排列的巧妙却是十分令人感到惊奇的，被认为是人类窥破了天机，揭发了宇宙自然的大奥秘。由是而始被用于天子治事之所在的“明堂九室”，继而又被扩大牵涉入数术的“九宫”与兵法的“八阵图”。但不管它有多少种变化，我们相信它的原面目是出于某一位数学家之手的数方阵排列。

我们也不能看轻了宋元明的易学家，认为只是无知的附会，洛书之所以在易学中喧腾一时，自有它的理由，以下就笔者所见，提出几点说明。

第一，首先我们应该相信中国人的一个基本看法，就是宇宙间一切现象都是“道”的呈现。在现象界我们习知有两方面的感觉：一为“象”，二为“数”。“象”方面即山水、动植、风云等，人可以从其变化之性中窥察“道”的存在；“数”的方面也同样不离“道”，如一二三四……递增或递减的自然之序，奇数与偶数之性以及数与数间由关系而生的法则等。易学是“明道”之学，卦爻是“象”方面为主的学问，而河图与洛书则是“数”方面的理论发挥。

第二，此一排列方阵，如果排列数序不变，可以上下或左右反复转动，并不改变其纵横斜贯十五之数，但何以必一居后而九居前，三居左而七居右呢？此与中国之自然环境有关，中国在地球之北半球，面南向阳为居正之位，阳始于北而极于南，于四时为始于冬而极于夏，春为方长，秋为已成。一个民族的文化离不开其生存环境，由此可见。而此一排列与《说卦传》“帝出乎震”一章以五行相生为序之八卦排列（邵雍称之为“文五八卦方位图”）相合，均基于此一文化背景。

第三，在此一方阵排列中，尚隐含一极有趣的现象，为笔者在玩索中之发现，即连接一三五七九之阳数，则可成一不间断的线条，然而二四六八四数则不能相连成线，只能成为间断之线，如图 5-16。

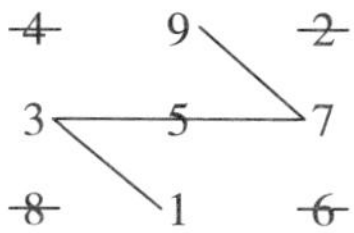

图 5-16　洛书数字方阵阴阳数连线图

奇数之为阳，阳之象为“—”，偶数之为阴，阴之象为“--”，表现之真切明白，莫过于此。此一自然现象提供了通过哲思以言数理的最佳依据。笔者曾在 1989 年国际孔学会上发表《易经哲学的时空观》一文，以乾阳具时间性而坤阴具空间性作讨论，读者请参阅。

第四，洛书数由一至九，正大地开展之“方”性，与河图由一至十周而复始之天道“圆”性不同，故由思想论，名河图为乾图，名洛书为坤图，亦无不可，此固笔者浅见，姑记于此以就教高明。

第四节　太极图

一、图象源起

易“太极”之名，在先秦最早见于《系辞传》：“易有太极，是生两仪。”又见于《庄子·大宗师》：“在太极之先而不为高。”《系辞传》之“太极”所指即为八卦之根源符号“一”，是宇宙万物之所从出，《庄子》的“太极”也是指宇宙万物所从出之根本，二者在哲学思考上，含义相同，但未见“太极图”之名，“太极图”之名则始唱于北宋之周濂溪。有关周濂溪的“太极图”与“图说”，已见于本书前文周濂溪易学，但这里为了说明“太极图”在学术上的源起，不得不再引录。濂溪的太极图如图 5–17（图说省引）。

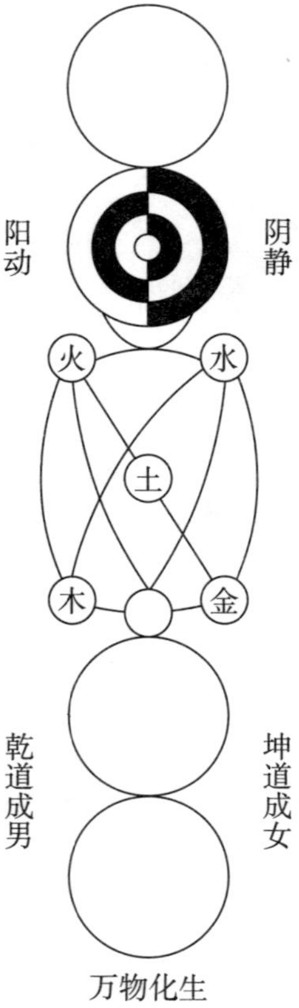

图 5–17　同濂溪太极图

依据朱熹之言，此图为濂溪“所自作，而非有受于人者”（见朱熹注太极图）。然而自南宋初年朱震、胡五峰始，便不断有人提出此图传自陈抟，后世更有人提出有力证据，认为此图乃来自道家，例如胡渭于《易图明辨》中提出：

《唐真元妙经品》有太极先天图合三轮五行为一，而以三轮中一〇五行下一〇为太极，又加以阴静阳动、男女万物之象，凡四大〇，阴静在三轮之上，阳动在三轮之下，男女万物皆在五行之下，与宋绍兴甲寅朱震在经筵所进周子太极图正同。今《性理大全》所载者以三轮之左为阳动，右为阴静，而虚其上下之二〇以为太极，乃后人所改，非其旧也。

由上述，周濂溪以多个圆圈所组合而成的太极图，可视为宋初承自唐、五代道家太极图的一支，由周子作“图说”而成了理论上的结集。这一支在周子以后即不再有更进一步的发展。到了南宋中期以后，逐渐出现了非组合形式而是一个圆形中有黑白二色相回互的“太极图”，据说是蔡元定晚年时入蜀所得。胡渭《易图明辨》引袁桷《谢仲直易三图序》之言，曰：

上饶谢先生遁于建安，番阳吴生蟾往受易，而后出其图焉。建安之学为彭翁，彭翁之学为武夷君，而莫知所受，或曰托以隐秘，故谓之武夷君焉。……朱文公属其友蔡季通如荆州，复入峡，始得其三图焉。或言洛书之传，文公不得而见，今蔡氏所传书，讫不著图，藏其孙杭，秘不复出。临邛魏了翁氏尝疑之，欲经纬，而卒不可得。季通家武夷，今彭翁所图，疑出蔡氏，惜彭不具本始……

清容居士（袁桷号）的话仍然是一团谜：第一，他并未明言三图之形象何如；第二，他也不敢确定“武夷君”是否就是蔡元定。袁桷生于宋末，为宦于元朝，上距朱熹、蔡元定不过七八十年，对此问题已经不清楚。接下去，胡渭却举引了元末明初出现的两个图：一是赵㧑谦《六书本义》的《天地自然之图》；二是赵仲全《道学正宗》的《古太极图》。如图 5–18、图 5–19。

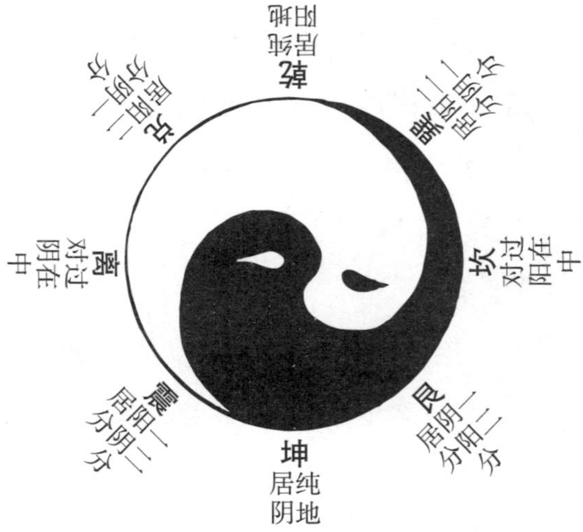

图 5–18　天地自然之图

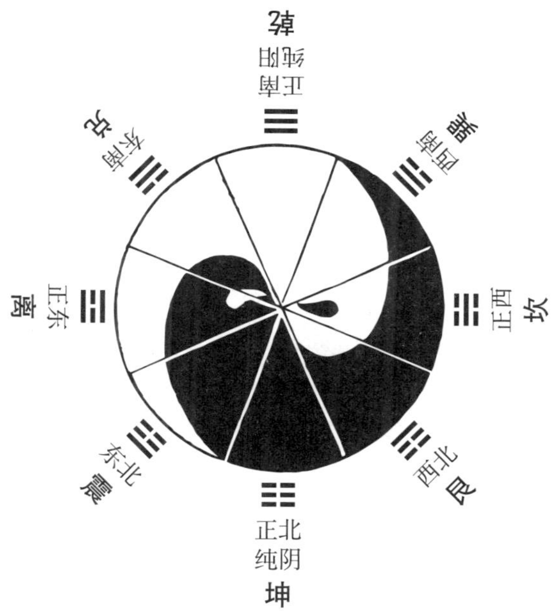

图 5-19　古太极图

胡渭在按语中认为，前者《天地自然之图》，即蔡元定入蜀所得之图，又名“先天图”“太极图”或“太极真图”；后者《古太极图》，传说乃青城山隐者之所授（胡氏引宋濂之言）。其实，依笔者看来，后图乃步前图而做修正，将前图做八分格之划分，以使观图者了解每格中阴阳性分之多寡，俾以合于阴阳爻之数，故在八卦名称之外，又特加卦象。值得注意的一个小地方倒是阴中阳与阳中阴的两小撇，由前图的向外撇改成了后图的向内撇。这是因为更适合于“☲”“☵”二卦象的解释，读者一看即知。所以此二图，基本上原是一图，如果说蔡元定果然入蜀得图，则谓“天地自然之图”比较合理。

写到这里，我想读者当已感到宋易中“太极图”的产生，虽然不像“河图”“洛书”那样追溯到上古文献，但其迷蒙难窥之状，却不稍让。今以理推断，上面“天地自然之图”应是最早出现的“太极图”，时间当在蔡元定至袁桷之间。按蔡元定卒于宋宁宗庆元四年（公元1198年），袁桷卒于元泰定帝（公元1327年），袁桷写《谢仲直易三图序》之年不详。总之，在蔡元定以后的百年中，正是“太极图”出现的时期。

再进一步看，上引袁桷序文中也曾说到蔡元定入蜀所得之图，“藏其孙杭，秘不复出，临邛魏了翁尝疑之，欲经纬，而卒不可得”。魏了翁与蔡元定之孙蔡杭同仕于宋理宗朝。魏了翁卒于嘉熙元年（公元1237年），蔡杭则早魏氏七年卒。袁文中言蔡杭藏图“秘不复出”，然而世传太极图由蔡杭传于外，两相抵触的说法使人觉得奇怪。我想大约蔡杭藏太极图“秘不复出”是事实，然而其藏有太极图的风声已泄露在外。魏了翁早先不知他藏图之事，及知之，因蔡早七年已卒，为时已晚，故“卒不可得”。（蔡杭为蔡九峰之次子，西山之孙，字仲节，称久轩先生。）

在这里，我们不妨再提另一个线索，也可以有助于此一问题的了解，那就是在《宋元学案·西山蔡氏学案》附录中，载有西山先生长子节斋先生之弟子熊西的略传，谓：

> 熊西，蔡节斋弟子也，尝为节斋《太极图解》序曰：道学之失传也久矣，人心之昏晦也甚矣，如太极图之说，世之疑者何其多乎……

熊西所序其师蔡节斋的《太极图解》两卷，读者切不可误会为是上面“天地自然之图”的太极图，乃是周濂溪的太极图。蔡西山父子都在朱熹门下受教，节斋的《太极图解》便是承继朱子对周濂溪《太极图说》思想的解说。在此我所以提出此一事的理由是由此我们可以知道，自从朱熹之后，“太极图”一名并不新鲜，却是指周濂溪的太极图而言。上面所说魏了翁欲求而“卒不可得”的“太极图”，并非周濂溪的太极图，而是由传说得知蔡氏家族中的单圆的“太极图”，如果是濂溪的太极图，魏了翁岂有不知之理？

于是，事情慢慢变得明显了，实际情况是自朱熹以后，学术界以朱注的周濂溪《太极图说》为义理思想之正统，而在隐约之中却传出了不同于周濂溪太极图的另一种太极图。此一新的太极图是一个大圆圈，黑白二色相回互于中，据说是蔡元定当初入蜀求得——问题的关键遂落在“蔡元定是否真的曾经入蜀求过图”上。

本书就性质言，是史书，只求如实说明太极图在当时如何发生的实况，并不想涉入考究真伪出处等事。然而走笔至此，似已不得不做一番合理的考察与推断。根据《宋史》蔡元定的传记以及其子孙辈的传记、朱熹等相关人物的传记，都看不到有蔡元定入蜀得图之事。因而后人也有疑心此事之非真，例如胡渭书中即引杨时乔《周易全书》之言曰：

> 赵氏图书世竞传之为真图书（指前“天地自然之图”），灵宝许公诰、郴阳何公孟春尤笃信之，独季彭山本云：朱子与蔡元定无书不讲明，岂有秘不与言之理？

这种惑疑自是有道理的。那么这件事我们应该如何解说呢？笔者的意思如下。

第一，我们必须知道朱熹与蔡元定二人虽然是亦师生亦友朋的情分，交好无间，但二人的学术性向却不同。朱熹性近于继承由程颐而来的义理思想，儒学性格重；蔡元定则性近于继承由邵雍而来的象数思想，易学性格重。蔡元定之推崇朱熹，安于为朱门下，正由于朱子的儒学义理胜；而朱子的《易学启蒙》一书属蔡起稿，也正由于蔡氏的象数易学胜。

第二，周濂溪的《太极图说》，原是融合儒门易与道家易而成立，朱熹则全然以儒门思想注解，由太极、阴阳、五行到人事，成一由形而上到形而下的完整儒学思想体系，尤其是对“无极而太极”的解说，儒学思想明显表现。这一方面是时代潮流使然；另一方面也是朱熹的儒学性格所致。朱子门人包括蔡元定父子都接受此思想，并无异议，但蔡元定毕竟对易学之象与数有兴趣，在对易学象与数的专门研究方面，他有自己的创思，非朱熹所能致思者。从胡广等编撰之《性理大全》书中所载蔡元定《纂图指要》中诸多研究邵雍先天易的易图可证。换句话说，蔡元定有创作不同于周濂溪的太极图的可能。

第三，蔡元定一生下大功夫研究邵子的先天易学，是毋庸置疑的事，而邵子的先天易圆图，实质上便是一个太极图。阳起子中，阴起午中。在六十四卦上说，阳起于复而极于乾，阴起于姤而极于坤。将卦象上之阴阳爻，依其轻重化作白黑二色，就是太极图（来知德后来做了此一工作，见来氏易图）。这对于蔡元定而言，是非常自然可以思考到的事。

第四，正因为此一太极图是由邵子的先天易而悟得的，故此一图的初期名称有称“天地自然之图”，或“先天图”，或“太极图”，或“太极真图”。邵子的易学以“先天”称名，以“天地自然”为特色，“真”字也是邵子最喜欢用的字，《皇极经世书》和《击壤诗集》中都可以看到。而“太极”一名，邵子也曾用过，他有一首“自作真赞”的诗，云：

> 松桂操行，莺花文才，江山气度，风月情怀，借尔面貌，假尔形骸，弄丸余暇，闲往闲来。（诗后自注：“丸谓太极”）

可见邵雍早已把他的先天易图视为太极图了。《击壤诗集》中言及“泥丸”“弄丸”之处数见，以“丸”为太极，此“丸”当然不是周濂溪组合形式的太极图，而是一个圆的太极图。

以上四点，如果读者能够认同，我想已约略可以看出“太极图”的发生与发展情况了。整个说来，宋代“太极图”有两支：一为周濂溪的组合多圆形式的太极图，其思想及形态系来自汉代五行及魏伯阳《参同契》的思想，再融合于儒门易学而成；二为单圆形式的太极图，其思想溯源于陈抟之先天易，下传数代至邵雍，始推出先天易图。邵子以其先天易图为太极图，只是有其实义，并未明倡其说，至于南宋蔡元定，因研究邵子易学而将先天易图改为黑白相回互的太极图。蔡氏制作太极图后，也许认为尚未至成熟公开之时，故藏于家中未公诸于世，数代之后始渐传出。赵㧑谦《六书本义》中的“天地自然之图”，应即是最早传出之图形。后再经修改为“古太极图”，再经修改为今日常见之太极图。至于蔡元定是否曾“入蜀得三图”，因文献无证，只好不承认，笔者认为这是后人的捏造以增加“太极图”的神秘性，因为此图传出之日，蔡元定早已作古，无从追查。捏造之人也许是蔡家孙辈以下之人，也许是他人，不必去斤斤计较了。

写到这里，笔者不禁有一点感想：读者或以为学术思想应为严正合理之事，而如本节所述河图、洛书、太极图三者图象之学，似乎都任由易学家们在那里东牵西挂，妄逞新奇之论，岂不失却学术之严正性？关于这方面，我们应该知道易经原是研究宇宙自然之道的学问，而自然之道的本身又是视而不见的形而上存在。人凭智力制作图象以明自然之道，无非求借物以证知，然而物无穷而多样，故图象之学本身即包含着容许易学家们任意主观发表见解的权利。在哲学上说，当一个命题提出尚未得到正解时，人人有参与解说此一命题的机会。河图、洛书与太极图三者，由于来源方面的模糊，无法一时得到正解，自然会造成异见丛生的后果。笔者认为这不是反常、不好的学术现象，而是正常应有的。君不见近代民国初年的杭辛斋，在其《易楔》书中尚对“太极图”这一老命题提出新见地。他在“古太极图”一节的注文中说：

按蔡氏晚年得此图，未久即病卒，故朱子亦未之见也。蔡死后秘藏于家，至其孙始传布之，已在宋亡之后，胡元一代尚鲜称也。至明初，刘青田取以绘入八卦之中，遂风行海内，几于家喻户晓，无人不知有太极图矣。

杭辛斋所说的“古太极图”不同于胡渭《易图明辨》中的“古太极图”与“天地自然之图”，乃易中间两小撇为两圆点的太极图，这是杭氏疏忽所致。然而最重要的是太极图的身世本来已经够复杂，现在杭氏又加上一个刘青田（即刘基，字伯温，明太祖洪武八年，即公元 1376 年卒），更多了一个无可考的源头，但毕竟也算是讨论“太极图”的一见，乃附于此。

笔者的论断是：黑白回互的太极图，应是蔡元定的制作。故以下简称蔡氏太极图。

二、太极图诸家义

宋元明时代的太极图如果要分类的话，可分作三类：（1）周濂溪的多圆组合形式的太极图；（2）蔡元定单圆黑白回互的太极图；（3）来知德的太极图。有关第一种太极图，前于介绍周濂溪易学时，已经详细解析过，兹不再论，故本节所述，只及于第二、第三种。

方才在上节中笔者曾经分析过，赵㧑谦《六书本义》中的《天地自然之图》，又称为“先天图”“太极图”“太极真图”，应是蔡元定之作。今就此图的哲学含义而言，与周濂溪的太极图义旨不同。周子的太极图着重于表现万物化生的程序，读者观之而知太极变化生生之本末；蔡氏的太极图则着重于表现太极本身的性质，读者观之而知太极原为阴阳二作用之流转不息，且阴非绝阴，阴中有阳，阳非枯阳，阳中有阴。用现在哲学上的话说，便是周子的太极图重于表现易形而上学的宇宙论思想，而蔡子的太极图则重于表现易形而上学的本体论思想。

出于蔡子黑白回互的两个图，见于赵㧑谦与赵仲全书中，前文已引录，故此不再重复，下面是胡渭对《天地自然之图》的解说：

> 其环中为太极，两边白黑回互，白为阳，黑为阴，阴盛于北而阳起薄之，故邵子曰：震始交阴而阳生，自震而离、而兑，以至于乾，而阳斯盛焉。震东北白一分黑二分，是为一奇二偶。兑东南白二分黑一分，是为二奇一偶。乾正南全白，是为三奇纯阳。离正东，取西之白中黑点为二奇含一偶，故云对过阴在中也。阳盛于南而阴来迎之，故邵子

曰：巽始消阳而阴生，自巽而坎、而艮，以至于坤，而阴斯盛焉；巽西南黑一分白二分，是为一偶二奇。艮西北黑二分白一分，是为二偶一奇。坤正北全黑，是为三偶纯阴。坎正西，取东之黑中白点为二偶含一奇，故云对过阳在中也。坎离为日月，升降于乾坤之间而无定位。纳甲寄中宫之戊己，故东西交易与六卦异也。八方三画之奇偶与白黑之质，次第相应，天工乎？人巧乎？其自然而然之妙，非窃窥造化阴阳之秘者，亦不能为也。（胡渭《易图明辨》卷三《天地自然之图》后按语）

由胡渭这段话，不只看到了图中黑白二色回互之义，也知道了太极图的正确画法。尤其重要的是，胡氏等于告诉人们此图是源于邵子的先天易图。因为八卦在图周围的排列位置，正是邵子的八卦方位，胡氏更直接引了邵子的话以做说明。笔者非常佩服胡氏此一见地，这也正是笔者主张蔡元定因研究邵子先天易而悟及制作黑白太极图的理由。如仅观察阴阳二性在太极中的消长流行之状，当然黑白二色的太极图较邵子的先天易图更容易被辨识，这也正是太极图在后世大行其道的理由。

在太极图与八卦的相配合中，最值得注意的是乾、坤、坎、离四卦。由于乾卦是纯阳爻而位在南方，所以在画太极图时乾由南方至圆心的一格要保持全白，不占坤黑；由于坤卦是纯阴爻而位在北方，所以在图上坤由北方至圆心的一格要保持全黑，不占乾白。离与坎两卦，东西相对，在卦象上一为阴入阳，一为阳入阴，故在画太极图时要注意白中黑点与黑中白点的位置。赵㧑谦“天地自然之图”与赵仲全“古太极图”中均为两小撇。前者两撇向外，后者两撇向内。细味其故，也是经过思考的修正，乃为了更逼真地配离☲、坎☵二卦象之故。前图于理当较早出，后图当较晚出。又，乾、坤、坎、离四卦不仅是来自邵子先天图的四正卦，早在东汉魏伯阳的《参同契》中已特别揭示，《参同契》云：

乾坤者易之门户，众卦之父母。坎离匡廓，运毂正轴，牝牡四卦，以为橐籥。

朱熹有过一段话，论及乾、坤、坎、离四卦在太极图之位上也符合《参同契》纳甲月象的运转变化，讲得很好，且也被胡渭所引录，兹转引如下以代表朱子对太极图的见解：

或问朱子，谓希夷之学源出《参同契》，何以知其然乎？曰：即其阴阳盛衰之数以推晦朔弦望之

> 气而知其理，有若合符节者矣。阳气生于东北而盛于正南，震、离、兑、乾在焉，即望前三候阳息阴消之月象也。阴气生于西南而盛于正北，巽、坎、艮、坤在焉，即望后三候阳消阴息之月象也。阴极于北而阳起薄之，阴避阳，故回入中宫，而黑中复有一点之白。阳极于南而阴来迎之，阳避阴，故回入中宫，而白中复有一点之黑。盖望夕月东日西，坎离易位，其黑中白点即是阳光，白中黑点即是阴魄，东西正对，交往于中，此二用之气所以纳戊己也。举《参同契》千言万语之元妙而括之以一图，微而著，约而赅，丹家安得不私之为秘宝而肯轻出示人耶！

据说朱熹晚年，对《参同契》一书非常重视，曾注《参同契》诸图，毛奇龄曾道及此事。也有传说朱熹注《参同契》，隐真姓名，化名为邹沂，号空同道人。杭辛斋相信此说，未知真否。胡渭《易图明辨》中引有邹沂之言。

仍需一提的是，笔者刚才说的如依画太极图之法，则乾、坤二格一为纯白，一为纯黑，如此则与乾、坤二卦之象 ☰、☷ 相对应。就画太极图而言，这自然是正确的，但读者切不可斤斤计较于如此将失于人为造作。譬如说纯阳之乾与纯阴之坤果能成立吗？若然，则乾后将无巽之生，坤后将无震之始，生机绝灭，乌乎可？应知分八格不过是为了画图之便，而无阴不含阳、无阳不包阴是要从整个阴阳各有白黑之点中去体会。黑白色分量之多寡也是从大体而言，不可执着。再如图中两小撇的方向，由向外撇改为向内互撇，在含意上我们当然可以解释为“向外撇”表示阴阳内在均含有生化发散之几；“向内撇”表示阴阳虽互相进退挤迫，然消长中又相互吸引牵恋。此等解说都有理，因人而起之思想，不必强合于一义，但笔者认为就图形而观配卦，似乎“古太极图”改为向内互撇之意，实在于为求更符合离☲、坎☵二卦之象：白撇向右，表示与右面之阳相连，则左半成为阳阴阳之☲；黑撇向左，表示与左面之阴相连，则右半成为阴阳阴之☵。然此等分辨，实属“弄小巧之智”，为大易所不取，是故后来人干脆将两小撇改作两个小圆点，不失阴阳互含之意而少却琐屑弄巧之辨，这便是现在通行

图 5-20　现在通行的太极图

的“太极图”。

现在许多人画太极图，或将白黑易位，或白黑始生之位错置，或两点上下斜对，都是由于不了解图象与卦象相合之理。

单图黑白回互的太极图，自蔡元定后，虽不全同，但都相因袭近似，到明代来知德的太极图推出，才又有新创思。来氏一生不仕，专精研易。其对易图的制作甚多，前文河图、洛书中均有他的不同传说的图象作品，对“太极图”他尤其重视。今所见《来氏易注》一书，一开始便看到他的太极图与解说文字，下面所引录的即天德黉舍慈恩本“易经来注图解”，如图 5–21。

图 5–21　梁山来知德圆图

> 此圣人作易之原也。理、气、象、数，阴、阳、老、少，往、来、进、退、常、变、吉、凶，皆尚乎其中。孔子系《易》首章，至“易简而天下之理得”及“一阴一阳之谓道”，“易有太极”，“形上形下”数篇，以至“幽赞乾神明”一章，卒归于义命，皆不外此图神而明之。一部《易经》不在四圣，而在我矣。或曰：伏羲、文王有图矣，而复有此图何耶，德曰：不然。伏羲有图，而文王之图不同于伏羲，岂伏羲之图差耶？盖伏羲之图，易之对待；文王之图，易之流行；而德之图，不立文字。以天地间理、气、象、数不过如此，此则兼对待、流行、主宰之理而图之也，故图于伏羲文王之前。

从文字中，我们可以看出来氏对他的太极图相当自负，说“伏羲之图易之对待”“文王之图易之流行”，是对邵雍的伏羲氏先天图与文王后天图而言。先天阴阳相错而对立，为宇宙本具之条件；后天阴阳变动而运转，为万物变化之起因。来氏专以“对待”义括伏羲氏之易，专以“流行”义括文王之易，而以“兼对待、流行、主宰之理而图之”言自己之易，颇予人以自我贡高之气焰。实际上，易道一大存在，无对待不见流行，无流行不见对待。所以流行对待者，非理何起？吾人研究易学，自觉有新见当然值得高兴，岂可将易义切片分断，谓伏羲、文王只见对待、见流行而不见主宰之理？瞿塘苦心研究易学三十年固然可佩，犹未除得失之念，身不在名场而心犹系之，是一憾也。

来氏太极图同样受邵子的影响，在他《易经》后面的附图中，有《太极六十四卦图》《六十四卦阴阳倍乘图》等，用不同的方式将邵子《先天六十四卦圆图》中各爻涂成阴阳黑白二色，以表明他的太极图来自邵子的先天图，读者参阅他的《周易集注》即可见。在来氏书后，有《太极河图》《河图数起一六》等图，以表示太极图与河图数相应。这些图不一定是来氏制作，下面引此二图与说以供参考：

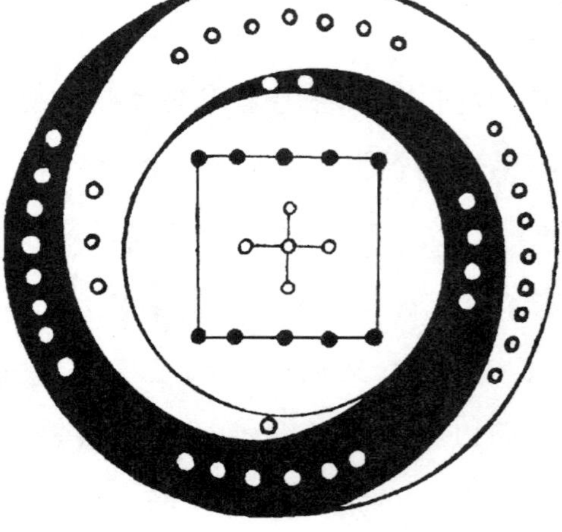

图 5-22　太极河图

虽曰一六在下，二七在上。其实皆阳上而阴下。虽曰三八在左，四九在右，其实皆阴左而阳右。虽曰以五生数统五成数，其实皆生数在内，而成数在外。虽曰阴阳皆自内达外，其实阳奇一、三、七、九，阴偶二、四、六、八，皆自微而渐盛。彼欲分裂某几点置之某处，而更乱之，盍即此太极河图观之哉，但阴阳左右，虽旋转无定在也，而拘拘执河图虚中五十无位之说，又不知阴阳合于中心，而土本天地之中气也。

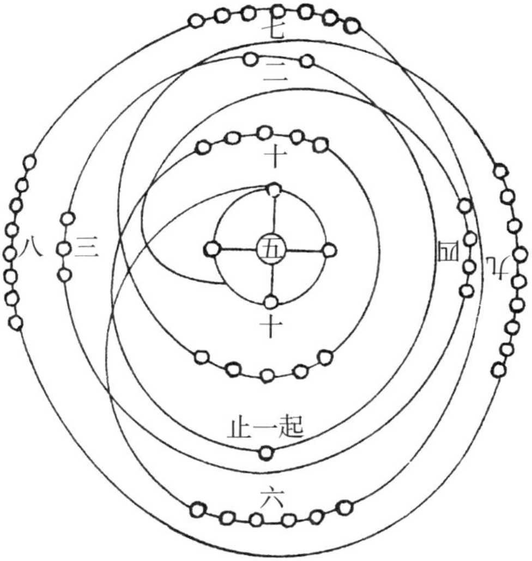

图 5-23　河图数起一六

图之体在中，而用在北，故数起于北之一。自北而南以生二，自南而东以生三，自东而西以生四，自西而入于中以生五，随气机之动，极而变也。自中而出于北以生六，自北而南以生七，自南而东以生八，自东而西以生九，自西而入于中以生十，入必复出，随气机之静，极而变也。入乘静机，出乘动机，动静有常，而流行不息。西北者，数所出入之门乎。阴阳相求，而数生焉。数始于一，而极于九，化于二而通于十。自北至西则阳数极，极则益深，不得不入而归诸十。自二至十，则阴数极，阴极必返，不得不出而复于一，一以始之，九以极之，二以化之，十以通之，数之圆而神也，如是夫。

来氏太极图，从思想上看，最主要表现了下面的三种含义：

第一，大圆之中有一小圆，阳与阴各由小圆生起，发散扩充于外，此乃表现“万化生于中”之义（此为邵子之言）。

第二，原蔡子太极图中，代表阴阳的黑白二色之极，各有一小点以表示阴中有阳与阳中有阴之“几”。来氏则总括于中之小圆，小圆建于黑白未分之先，融通阴阳，虚而含理。故此图较之蔡子太极图，似多于先天之义，蔡子太极图则多于阴阳之已分义。

第三，代表阴阳之黑白二色，各以渐生，以渐消，此与天道人事自然消长生灭之义亦合。

总之，来知德此一太极图，单纯而有深义，不失为一有价值之图，与蔡子的太极图各有思想之深度。这两个太极图如实而论，都直接承自邵子的先天易图，由此看，邵雍对宋元明易学而言，确是发生大影响力的易学家。

有关来氏“主宰者理”“对待者数”“流行者气”的阐述，因本书后文有来氏易学专论章，故在此省论。

三、太极图之大源出自天

以上叙述了自宋元明以来太极图的演变及其含义，时至今日，上述三种太极图似是各具有了不同的身份：周濂溪的太极图学术性特别浓厚，讲宋明儒学的人都少不掉以它为开端；来知德的太极图则只限于讲来氏易时才被提到；一般人讲论易学的太极图，则以蔡子的太极图为主。造成这种结果当然有其原因，那就是周子的太极图，本身便是儒家承自《易经》的宇宙生成体系，思想重心指向人生修为。经过朱熹注解以后，更成为儒学的理论纲要；来氏的太极图，在其理论的解说上，有许多是来氏主观的见地，且思想较偏重于易象数的思考，非一般人所易了解；蔡子的太极图则如实地表现出现象世界阴阳二性的流动消长，望而有合于心之所识，故较易于为一般人接受。笔者在此必须指出，三种太极图虽是形象不同，实义则如一，因为整个宇宙是一大太极。太极图何在？即在吾人现时现地的生活中。周子画出来的多个圆圈，蔡子画出来的阴阳回互与来氏图中的阴阳起中等道理，实际上就是吾人生活、见闻随时随地的呈现。周子不过是将太极中的变化，做分解性的表达，多个圆圈实际上都在一大圆中；蔡子不过是将阴阳二性做象征性的消长回互，实际上消长回互中的数不尽的多端变化，靠人们自己去领会；来氏不过是表示阴阳起于中之法则，实际上何处是“中”，何处不是“中”？正是茫茫宇宙无往而非“中”，由于处处有“中”，故处处有阴阳之“生”。是故太极图者，无非入堂之门，启室之钥，欲登堂而入室，仍须靠观图者之自有得。

于是，在本节述太极图行将结束之际，我想提出几个在哲学思考上似乎值得关注的问题。易经哲学既是视宇宙为一大太极，那么太极图果为人智所创制吗？还是人类接受了宇宙为一大太极的启示而制作的呢？还是人类在宇宙一大太极的流行中，不得不应时而兴制作了太极图呢？

春天来了，草木发芽抽枝，花叶披离，是草木的制作吗？秋风起了，草木黄落凋萎，生意萧然，是草木的不欲制作吗？草木如此，山水如此，万物生活之道如此，人文的兴起与衰落也是如此。宇宙有其道，有其理，有其法则，有其固然。君不见太空星云凝聚之象？君不见生物细胞中微粒子运转之象？君不见云行屈曲、水流漩涡之象？君不见一婚一丧、众亲友朋环慰之象？是知宇宙间一事、一物、一念、一情、一家、一国……正如一细胞、一星球、一太空星系，均不离周遭重重叠叠之拥护，善如此，恶如此，正反不离此道，观其象状，都如太极之图。非仅“太极图”予人如此感觉，“河图”与“洛书”在某种感受中也是如此。明乎此，则知本章所述“太极图”“河图”“洛书”所以在人的认知中或多或少总有相当成分涉及“不确定”“神秘”之感者，实由于它们的呈现本非出于人智的创制，老子尝言此理云：

大曰逝，逝曰远，远曰及。

懂得了老子的这些话，我想对太极图的了解，会大有帮助的。

以下是今日每个人都熟知的几幅图象，引以为本节“太极图之大源出自天”的结束。

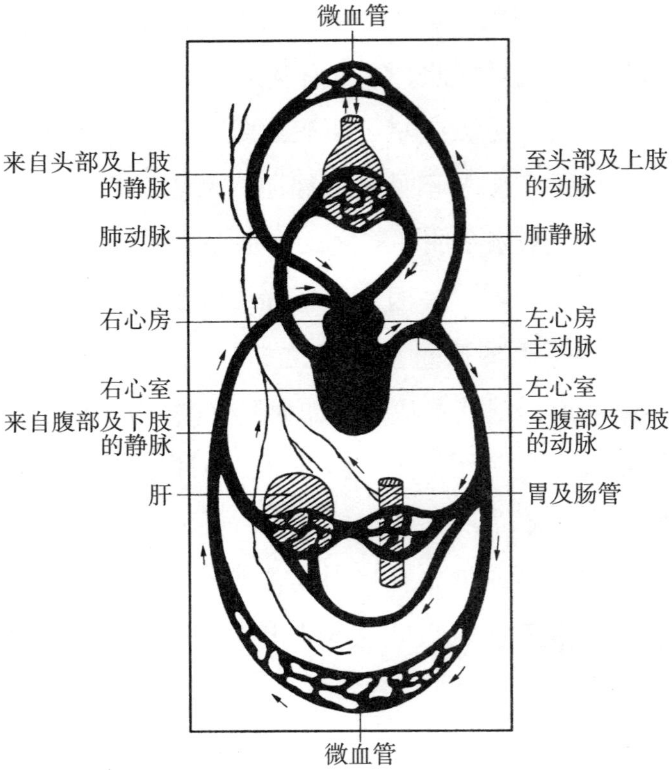

图 5-24　人身血液循环图

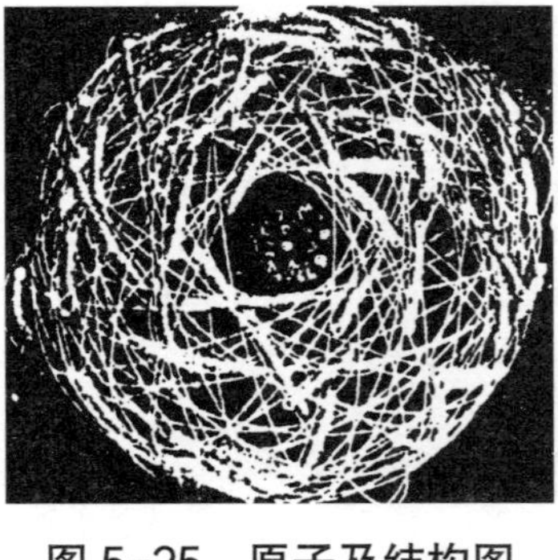

图 5-25　原子及结构图

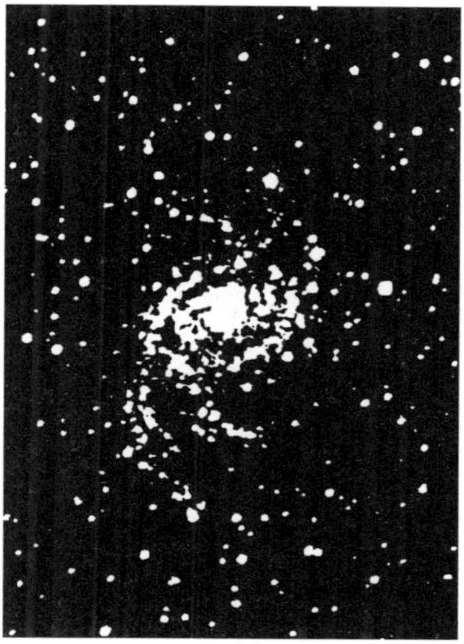

图 5-26　星云图

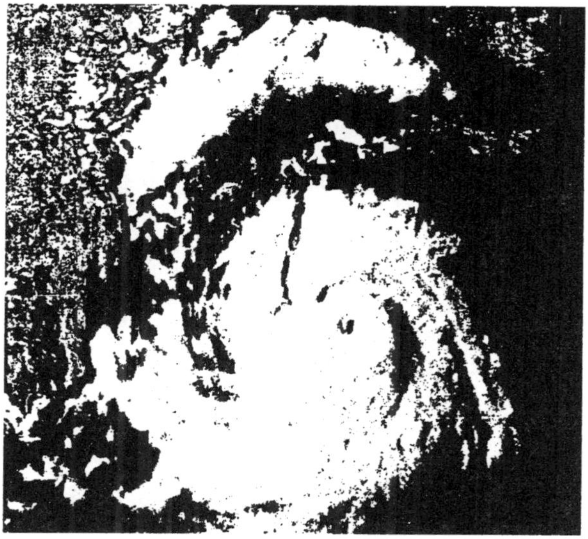

图 5-27　台风图

第五节　卦　图

易之有图，应该说是必然的，因为八卦六十四卦是象，集合这些象做各种形式的排列或者变动这些象中间的阴阳爻位作安排，就叫作卦图。所以广义地说，伏羲氏的八卦和文王的六十四卦序，都是卦图。传说中古代有连山、归藏、周易三种不同的易，实际上就是三种不同排列的卦图，分别以艮卦、坤卦与乾卦为首的排列。今所传《易经》六十四卦是周易，卦序为周文王所安排，连山和归藏二易都已丧失，所以这是最早的六十四卦卦图，也是先秦时代唯一的一个六十四卦卦图。到了西汉以后，新制作的卦图逐渐兴起，象数易家孟喜推出循历谱为排列次序的卦图，叫作“卦气”，以中孚卦为首。焦赣推出重六十四卦而为四千零九十六卦的排列，叫作“变占”，以“乾之乾”卦为首。京房则创制了有名的“八宫”，以原八卦为本卦，各统八卦，各为一宫，函六十四卦。此三人都是占验派的象数易家，他们各据其卦图讲说理论以占验吉凶灾异，西汉后期《易纬》书中，一定也记载着一些不知名人士所制作的卦图。可惜《易纬》的书早已亡佚散失，是很可惜的事。东汉末年最有名的卦图是虞翻的卦变图，他有原则地变动六十四卦中的爻位，作为排列法则，之所以如此是为了注解经文。另有一支是道士魏伯阳的创思，他将八卦的卦象配合在月亮的升降盈亏上，再结合天干而成说，以作为丹道修炼之准则。魏氏著作《参同契》今犹传世，他的这个结合卦象、月象与天干的图，后人称为“纳甲月象图”，在道家人士心目中，魏伯阳是极有地位的。

魏晋以后，由于佛学的盛行，易学衰落，但一些爱好易学的人仍在时代潮流之下玩爻布卦，尝试新卦图的制作。然后到了北宋一开始，易学在久经沉寂之后，便像春花怒放般的迸发出来，一个新的易学盛世展开了，而这个易学盛世竟是以制作易图为特色的。先是出现了一个华山道士陈抟，紧接着河图、洛书、太极图、先天易图等一时并起，人物众多，学说纷歧，令人无法定其端绪，理其系统。然而易图的确是盛行起来了，这是事实，不容否认的事实。

有关河图、洛书、太极图以及邵子的先天易，我们都已在前文做过叙述，现在只就卦图一项来说。卦图的种类很复杂，不容易做类别划分，勉强分类，也许可以分为以下数类：

一是以表现哲学思想为目的者，如文王的六十四卦序、邵雍的先天易图。

二是以注解经文为目的者，如虞翻的卦变图、朱熹的卦变图。

三是以修道养生的实用价值为目的者，如魏伯阳的纳甲月象图、俞琰的先天六十四卦直图。

四是以占验吉凶为目的者，如两汉孟、焦、京的卦图。

然而，这样的分类并不妥当，我们很难说某一种卦图全然是为了某一目的。因为卦象本身就是思想符号，任一卦图排陈出来，都有它左牵右挂的引申意义，所以上面的类别只是大略依性质之着重处而言。

北宋年间见于文籍最早的卦图，应是李之才的“变卦反对图”与“六十四卦相生图”。李之才字挺之，为邵雍的老师，《宋史·儒林传》云：

> 青社人也，天圣八年同进士出身，为人朴且率，自信无少矫厉，师河南穆修。……修之易，受之种放，放受之陈抟，源流最远，其图书象数变通之妙，秦汉以来鲜有知者。之才初为卫州获加主簿权共城令，时邵雍居母忧，于苏门山百源之上，布裘蔬食躬爨以养父，之才叩门来谒，劳苦之曰：好学笃志，果何似？雍曰：简策之外，未有适也。之才曰：君非迹简策者，其如物理之学何？他日则又曰：物理之学学矣，不有性命之学乎？雍再拜，愿受业。于是，先示之以陆淳《春秋》，意欲以《春

> 秋》表仪五经。既可语五经大旨，则受《易》而终焉，其后雍卒以易名世。之才器大，难乎识者……泽人刘羲叟从受历法，世称羲叟历法，远出古今上，有扬雄、张衡所未喻者，实之才授之。……归葬青社，邵雍表其墓有曰：求于天下，得闻道之君子李公以师焉。

见之于《邵雍传》，亦有言之才授雍“物理性命之学”及“河图、洛书、宓羲八卦、六十四卦图象”，这些学问正是邵雍一生所安身立命者，且之才又善历法，又“器大，难乎识者”，综观这一切，李之才对邵雍的影响，实非浅鲜。

至于李之才的卦图，朱震《汉上易》曾道及，后来胡渭在《易图明辨》中复引林至《易稗传外篇》以为首图之文，可知此二卦图甚受易家重视，今就胡渭书中所引转录于下：

一是变卦反对图，如图 5-28。

乾坤二卦为易之门万物之祖图第一（旧本曰功　成无为图）			
	乾老阳 ䷀		
	坤老阴 ䷁		
乾坤相索三变六卦不反对图第二			
坤体而乾来交	颐 ䷚	小过 ䷽	坎 ䷜
乾体而坤来交	大过 ䷛	中孚 ䷼	离 ䷝

图 5-28　李挺之变卦反对图

乾卦一阴下生反对变六卦图第三			
	姤	同人	履
	夬	大有	小畜
坤卦一阳下生反对变六卦图第四			
	复	师	谦
	剥	比	豫
乾卦下生二阴各六变反对变十二卦图第五			
	遁	讼	无妄
	大壮	需	大畜
	睽	兑	革
	人家	巽	鼎
坤卦下生二阳各六变反对变十二卦图第六			
	临	明夷	升
	观	晋	萃
	蹇	艮	蒙
	解	震	屯
乾卦下生三阴各六变反对变十二卦图第七			
	否	恒	丰
	泰	咸	旅
	归妹	节	既济
	渐	否	未济
坤卦下生三阳各六变反对变十二卦图第八			
	泰	损	贲
	否	益	噬嗑
	蛊	井	未济
	随	困	既济

图 5-28　李挺之变卦反对图（续）

二是六十四卦相生图，如图 5-29。

乾坤者诸卦之祖	姤 ䷫	乾一交而为姤	
	复 ䷗	坤一交而为复	
凡卦一阴五阳者皆自复卦而来复一爻五变而成五卦			
	师 ䷆	谦 ䷎	豫 ䷏
	比 ䷇	剥 ䷖	
凡卦五阳一阴者皆自姤卦而来姤一爻五变而成五卦			
	同人 ䷌	履 ䷉	小畜 ䷈
	大有 ䷍	夬 ䷪	
	遁 ䷠	乾再交而为遁	
	临 ䷒	坤再交而为临	
凡卦四阴二阳者皆自临卦而来临五复五变而成十四卦			
第一四变	明夷 ䷣	震 ䷲	屯 ䷂
	颐 ䷚		
第二复四变	升 ䷭	解 ䷧	坎 ䷜
	蒙 ䷃		
第三复三变	小过 ䷽	萃 ䷬	观 ䷓
第四复二变	蹇 ䷦	晋 ䷢	
第五复一变	艮 ䷳		
凡卦四阳二阴者皆自遁卦而来遁五复五变而成十四卦			
第一四变	讼 ䷅	巽 ䷸	鼎 ䷱
	大过 ䷛		
第三复四变	无妄 ䷘	家人 ䷤	离 ䷝
	革 ䷰		

图 5-29　李挺之六十四卦相生图

第三复三变	中孚 ䷼	大畜 ䷙	大壮 ䷡
第四复二变	睽 ䷥	需 ䷄	
第五复一变	兑 ䷹		
	否 ䷋	乾三交而为否	
	泰 ䷊	坤三交而为泰	
凡卦三阴三阳者皆自泰卦而来泰三复三变而成九卦			
第一三变	归妹 ䷵	节 ䷻	损 ䷨
第二复三变	丰 ䷶	既济 ䷾	贲 ䷕
第三复三变	恒 ䷟	井 ䷯	蛊 ䷑
凡卦三阳三阴者皆自否卦而来否三复三变而成九卦			
第一三变	渐 ䷴	旅 ䷷	咸 ䷞
第二复三变	涣 ䷺	未济 ䷿	困 ䷮
第三复三变	益 ䷩	噬嗑 ䷔	随 ䷐

图 5-29　李挺之六十四卦相生图（续）

在此二图之后，胡渭复引有林氏《易稗传外篇》、黄氏《象数论》及胡氏的分析评论之言，文甚繁，不俱引录，读者请自参阅。

李之才的卦图只可以说是循易学传统义而做不同于虞翻卦变的安排，并无新创思，但到邵雍的先天易图出现，情况便不同了。邵子的八卦及六十四卦次序和方位图的推出，完全是创新的姿态，不仅形式上创新，思想上也舍弃注经解经而转向于解说“物理性命”的大道，卦图一道遂臻于盛极。邵子的卦图已述于前文其易学章中，此处固毋须再重复。因为有了邵子卦图的登峰造极，所以到了南宋以后，易学界对于卦图的兴趣虽然有增无减，但就哲思上论，都不足以和邵子相比。南宋以下，热心于卦图的宣扬和制作者，其人物只可以略述，至于制作可称述者，俞琰的“先天六十四卦直图”尚有新意，今先简列几位比较著名的提倡或尝试制作卦图的易家如下。

朱震：字子发，荆门州人，生于北宋神宗年间，卒于南宋高宗之世（公元1072—1138年），著有《汉上易解》。朱氏之学重在象数易史的传承，尤对北宋初年纷杂的易学情况提出了系统端绪，虽于原委处欠缺根据，但他毕竟距离北宋时代较近，对后世研究易图书卦象之学者，有重要参考。其著述中虽有“周易卦图”，但旨在说明前人之作，无独创之制作。

张行成：字文饶，临邛人，学者称观物先生。《宋元学案》卷七十八传云：

> 杜门十年，著成《述衍》十八卷以明三圣之易，《翼玄》十二卷以明扬氏之易，《元包数义》三卷以明卫氏之易，《潜虚衍义》十六卷以明司马氏之易，《皇极经世索引》二卷《观物外篇衍义》九卷以明邵氏之易，先生之学归宿在康节，故又别著《周易通变》四十卷，取自陈希夷至邵氏所传先

天卦数等四十图，敷衍解释，以通诸易之变，始若殊涂，终归一致，共七种，凡七十九卷。先是，康节之学有所传十四图者，世莫之传，先生得于蜀中佑籍吏人之家，因演解之，以为象数之用，皆起于交，交则变，故曰通变。乾道二年六月，表进其书。……李氏《心传》尝曰：行成谓三陈九卦者，明天用二十七也；序十三卦者，明地用七十八也。二十七者卦体也，其爻用则百六十二者，九九之合也。七十八者爻用也，其卦体则十三者，闰岁之月也，盖亦牵合也。祝泌亦为康节之学者，谓先生之书，其发明固多，其支蔓亦多。独魏文清公则盛称之，而惜其书之不尽传。

从传文中看，可知张行成是专于易学研究的易学家，对邵子先天易的研究与同时代的蔡元定可相比侔。从传中看，张氏一定制作了相当多的卦图，《宋元学案》中却不见引录，是很可惜的事。

朱熹：（见本书“朱熹易学”章）

蔡元定：（见本书“蔡氏诸子易学”章）

吴仁杰：字斗南，洛阳人。与张行成约略同时，著有《易图说》《古周易》《集古易》等。制作卦图甚多，有“一卦变六十四卦图”“六爻皆变则占对卦，皆不变则占覆卦图”。吴氏在制作卦图上思想活泼，但于哲学理论上却无大创意。

蔡沈：（见本书“蔡氏诸子易学”章）

雷思齐：字齐贤，宋末临川人，本儒生，宋亡后，出家为道士，著有《易图通变》，本道家思想融通河图、洛书与卦象，卦图方面制作有“错综会变”等图。

从卦图的繁多以观，由南宋至元的这一时期，为制作最盛时期。易学家中鲜有反对卦图的声音，大家都倾向于以制作图象来表达思想。如吴草庐也只是反对宋之河图洛书非为先秦之图书，但并不反对河图洛书之思想。造成这种情形的原因当然是多方面的，其中的两个原因很重要：其一，邵雍以其精深的哲学思考，推出先天易卦图，委实令后来人折服，后来人也一直受他的影响，研究他和跟着他制作卦图；其二，受朱熹的影响也很大，朱子以其理气之学的名望，十分倾心于卦图，且自制卦变图。朱子以后，其学术犹如月明夜空，大家也都跟着他重视卦图。卦图制作的风气虽盛，但多是依托故有思想而作花样翻新的工作，从基本哲思上看，有新见地的则少见。比较之下要推选出一个鲜活而有创意的卦图的话，笔者认为应推元代石涧道人俞琰的《先天六十四卦直图》。此图虽也承前人思想而制作，但就其组合安排的精思巧妙处言，可谓综合旧学所得的一个新形式的卦图，使人耳目一新，其组合结构令人生“完美”之感。如图 5–30。

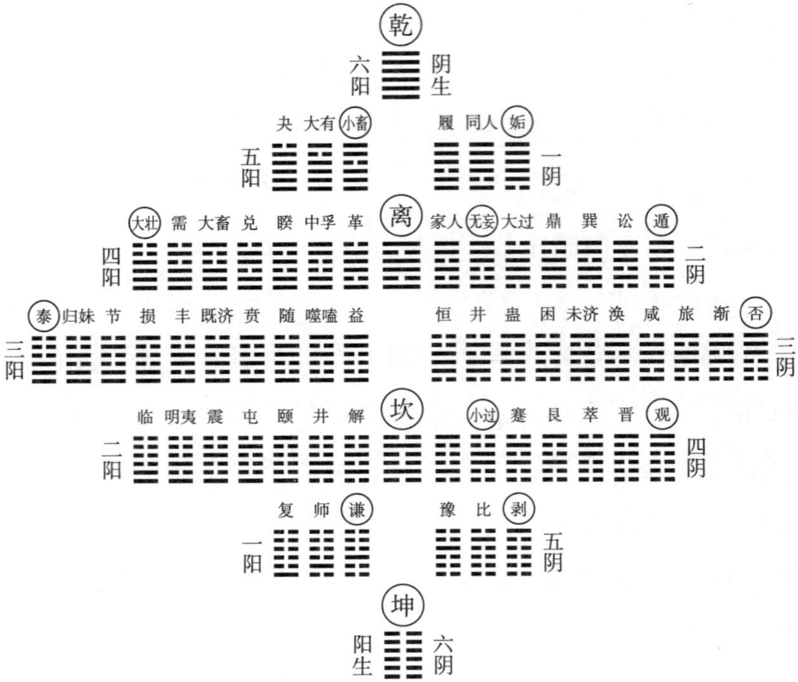

图 5-30 先天六十四卦直图

俞氏曰：乾坤阴阳之纯，坎离阴阳之交。乾，纯阳为天，故居中之上；坤，纯阴为地，故居中之下；坎，阴中含阳为月，离，阳中含阴为日，故居乾坤之中。其余六十卦，自坤中一阳之生而至五阳，则升之极矣，遂为六阳之纯乾。自乾中一阴之生而至五阴，则降之极矣，遂为六阴之纯坤。一升一降，上下往来，盖循环而无穷也。天地如此，人身亦如此，子时气到尾闾，丑寅在腰间，卯辰巳在脊膂，午在泥丸，未申酉在胸膈，戌亥则又归于腹中，此一日之升降然也。一息亦然，呼则自下而升于上，吸则自上而降于下。在天则应星而如斗指子午，在地则应潮而如月在子午，子午盖天地之中也。《参同契》云合符行中，又云运移不失中，又云浮游守规中，人能知吾身之中以合乎天地之中，则乾坤不在天地而在吾身矣。

观俞氏之图，读俞氏之说，很清楚地知道他的卦图主要思想是远承魏伯阳，近承邵雍。这一卦图和其他卦图如虞翻、李之才、朱熹等人的不同。其他卦图多以铺张展开六十四卦而成图，此一卦图则以收缩结凝而成图，收缩结凝之极则觉无一卦可动摇、无一卦可换位，严密紧凑，无懈可击。此一卦图从易哲学上论，明显表示出以下几项易学的重要思想：

第一，天地定位的思想。

第二，阴阳相交的思想。

第三，万化起于中的思想。

第四，易道流行无息的思想。

第五，宇宙为一太极的思想。

《易图明辨》的作者胡渭对此图也非常欣赏，在引录了俞氏此图及说以后，也与前李之才之二卦图做了比较评论，语甚客观可取，一并引于下以供读者参考：

按希夷先天之学，《参同契》之传也，伯阳所言无非丹道，其曰二用无爻位，周流行六虚，往来既不定，上下亦无常，盖借易刚柔往来上下以明人身二气之升降，与夫子《彖传》所言不同指，而李氏六十四卦相生图于丹道绝无交涉，安在其为先天邪？窃疑穆修受学于希夷，唯有反对图，而相生则李氏以意为之，颇缘饰以儒者之义理，故其图仿佛虞仲翔，多与《彖传》相合。唯石涧直图上乾下坤而坎离居中，正得乾坤为鼎器，坎离为药物之意。又据邵子天根月窟之说，自坤中一阳生而升至五阳，遂为六阳之纯乾；自乾中一阴生而降至五阴，遂为六阴之纯坤，一升一降，上下往来，与伯阳之义吻合。且诸卦皆生于乾坤，无姤复小父母之疵，而四阴二阳与坎并列，四阳二阴与离并列，亦皆井然有条理，无重出之病，胜李氏二图远甚。然石涧未尝自名为卦变也，第因邵子有横图圆图方图，而更作先天直图以申其意。自余观之，此图既非六十四卦之次序，又非六十四卦之方位，正可作卦变图耳。异哉！石涧能于三百余岁后，绍闻知之统，使呼吸上下往来之象，一望了然，真希夷先天之学，而邵子所不及图者也。

俞琰，字玉吾，号金阳子，又号林屋山人、石涧道人，平江吴县人，生于南宋末季约在理宗年间，卒于元世。从他的名字、称号中言玉、言金、言石，可忖知内心隐有亡国之痛。宋亡后，他出家修道，专研易学，应有时代因素在内。俞氏精研魏伯阳《参同契》之丹道学，著有《周易参同契发挥解疑》《玄学正宗》《易图纂要》《易外别传》等书。上面的“先天六十四卦直图”就是《易外别传》中所载。

入明代以后，卦图制作的气势似乎稍衰，虽然河图、洛书之学仍盛，但鲜有可观的卦图出现。到了万历年间，来知德是易学一大家，以终生之力从事易学研究，创作卦图甚多，俱见于今所传之《来氏易注》中。本书后文有专章述论来氏易学，故于此不赘。王船山有“重卦图”之作，乃打破传统因八卦而重为六十四卦之方，以天、地、人三才为思想原则而重为六十四卦，算是创思，也请参阅后文王船山易学章。

第六章　来知德的易学

第一节　事　略

《明史·儒林传》：

来知德，字矣鲜，梁山人，幼有至行，有司举为孝童。嘉靖三十一年举于乡，二亲相继殁，庐墓六年，不饮酒茹荤，服除伤不及禄养，终年麻衣蔬食，誓不见有司。其学以致知为本，尽伦为要，所著有《省觉录》《省事录》《理学辨疑》《心学晦明解》诸书，而《周易集注》一篇，用功尤笃。自言学莫邃于易，初结庐釜山，学之六年无所得，后远客求溪山中，覃思者数年，始悟易象。又数年，始悟文王《序卦》、孔子《杂卦》之意。又数年，始悟卦变之非。盖二十九年而后书成。万历三十年，总督王象乾、巡抚郭子章合词论荐，特授翰林待诏，知德力辞，诏以所授官致仕，有司月给米三石，终其身。

来氏号瞿塘，生于明世宗嘉靖四年（公元1525年），卒于神宗万历三十二年（公元1604年），享寿八十。《高雪君别传》言其曾与黄冠子交游习道事。今就《明史》本传载其至孝之行与著述“省觉”“省事”“理学”“心学”等以观，可知将他列入《儒林传》而不列入《隐逸传》是有道理的。尤其《周易集注》一书，读其自序可知是其一生的代表作。他自言此书“始于隆庆四年庚午，终于万历二十六年戊戌，二十九年而后成书”。计其年龄是从他四十五岁到七十四岁期间，也可以说在他死前六年才完成。而这一段年岁，对任何人来说，都是一生中最成熟最宝贵的时期，所以来氏该说是一位潜心专诚研究易学的易学家。他的《周易集注》，因为下过大功夫，也被后世视为元明以来易学中的瑰宝，近世易家杭辛斋颇称道其书云：

元明两代之言易学，无甚发明，著录者大抵盘旋于程朱脚下为多。元之熊与可、胡一桂、熊良辅、王申之、董真卿，明之黄道周、乔中和，皆其杰出者也，然皆有所依榜，不能成一家之言。黄道周之《易象正》《三易洞玑》，虽以天象历数阐明易理，而艰深奥衍，流传不广，惟来知德氏崛起川中，以二十九年之功，成《来氏集注》一书，风行大江以南，三百年来未绝。虽其错综之说，颇贻人口实，然取象说理，浅显明白，惟恐人之不易索解，恒罕譬曲喻以明之，视故作艰深以文其浅陋者，自胜一筹。初学者得此，尚为善本也。（见杭氏《学易笔谈》卷一“元明之易学”）

杭氏此一评论，自是当前易学界人士的共识。然而，像历史上的许多著作一样，身后的著作往往伴随着一些迷蒙不清的问题。来氏的《周易集注》本文虽内容无缺疑，一些附录的图象却因版本不同而有差别。大体上，敦仁堂《易经来注图解》中的“图象补遗”，被认为出于来氏（见高雪君凡例），其他的“周易采图”，则不一定出于来氏。有些可能是当时流传的前人的制作，也有可能是某些人借机表达个人的思想，附于来氏易书之后。但也无从证明这些图象中无来氏之作。因为来氏既然近三十年沉潜于易学研究，在这段长久的时间中，时有玄远匪夷之思，尝试制作图象以表达，也是可想而知的。所以我们不能够因为这些图象的思想玄奇不一致，就判定非来氏之作。我们可以视此等图象为了解来氏易学的参考资料。

第二节　易　说

我把来氏易学大分为两部分来叙述：一为论太极部分；二为论卦爻象部分。前者是他的形而上思想理论，后者则落实在卦爻象上解说易义。前者依据于他的太极图三原理分节叙述，后者则依据他的易注前文“字义”做分类，思想内容当然取决于他的易注之文。两部分之后，附带一提来氏对易辞中用“数”的看法，此是余论。

一、论太极三原理

前文“易图书之学”一章，笔者曾在“太极图”一节中提到过来氏太极图。由于太极图的创制为来氏易学思想的主要理论，所以不可不做深入说明；且叙述来氏易学如不从他的太极思想写起，则会失其理论依据，故再次引录他的太极图作叙说，非重复引用以充篇幅，不得已也。下面是取自他的原著的“图”及“说”。

图 6-1　梁山来知德圆图

此圣人作易之原也。理、气、象、数、阴、阳、老、少、往、来、进、退、常、变、吉、凶，皆尚乎其中。孔子系《易》首章，至“易简而天下之理得”及“一阴一阳之谓道”“易有太极”“形上形下”数篇，以至“幽赞乾神明”一章，卒归于义命，皆不外此图，神而明之。一部《易经》不在四圣，而在我矣。或曰：伏羲、文王有图矣，而复有此图何耶？德曰：不然。伏羲有图，而文王之图不同于伏羲，岂伏羲之图差耶？盖伏羲之图，易之对待。文王之图，易之流行，而德之图，不立文字，以天地间理、气、象、数不过如此，此则兼对待、流行、主宰之理而图之也，故图于伏羲、文王之前。

观察他上面的图与读他的说明文字，可知他的太极图是综合了伏羲、文王之易而成。他认为“伏羲之图，易之对待，文王之图，易之流行”，他的图“则兼对待、流行、主宰之理而图之”。于此，我想有必要予以说明，即他所说的“伏羲之图”是指邵雍易学的伏羲氏先天八卦及六十四卦图，他所说的“文王之图”是指邵雍易学的文王后天八卦图。这几个图在论述邵子太极时已引录过，来氏在思想上承继了邵子，在这几个图之后加上自己的解说文字，如图 6-2。

图 6-2　伏羲八卦方位之图

此伏羲之易也。易之数也，对待不移者也，故伏羲圆图皆相错，以其对待也。所以上经首乾、坤。乾、坤之两列者，对待也。孔子《系辞》天尊地卑一条，盖本诸此。

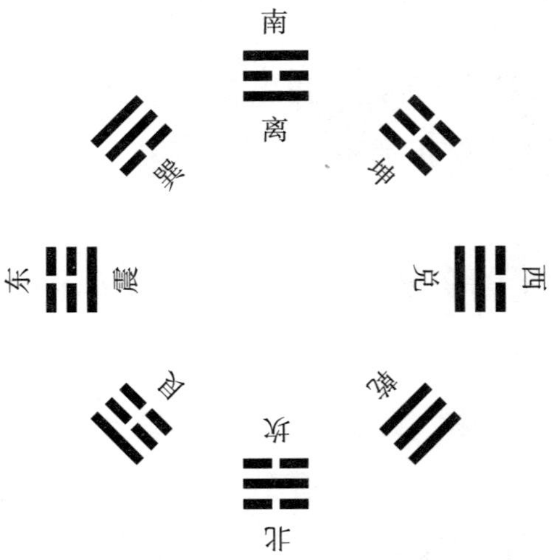

图 6-3　文王八卦方位之图

此文王之易也。易之气也，流行不已者也。自震而离，而兑，而坎，春夏秋冬，一气而已。故文王序卦，一上一下相综者，以其流行而不已也。所以下经首咸恒。咸之交感者，流行也。孔子《系辞》刚柔相摩一条，盖本诸此。盖有对待，其气运必流行而不已，有流行，其象数必对待而不移。故男女相对待，其气必相摩荡。若不相摩荡，则男女乃死物矣。此处安得有先后，故不分先天、后天。

将伏羲氏之易限定在“对待”一义上，将文王之易限定在“流行”一义上，当然不能说妥当，但来知德在此是为了显明自己的学说。从伏羲氏先天图上看，主要义在于卦爻的相错。从文王之后天图上看，主要义在于四时之流转。乘古人之旧制以表彰自己的新创是学术人士的一般心理，虽来氏不能免。实际上，“对待”与“流行”是易学自创立之始即有的两个根本义，“一阴一阳之谓道”一句话早已说尽了一切，而我们现在所注意的是来氏将“对待”与“流行”分别合在“数”与“气”上说。言“对待者数”，意谓易学中卦爻象之对待，无非一奇一偶之相对，而奇偶为数生之源。言“流行者气”，意谓天人之道，无非一气之流行，自然界四时之变如此，人生男女之情如此，万物之兴废如此。然而，“数”何以有如是之“对待”？“气”何以有如是之“流行”？则取决于形而上之“理”，故言“主宰者理”。学术研究的工作，本来就是后人步前人之迹，推陈出新。来氏的这些道理就本质而言，均为固有，但来氏以如此三句话说出来，使人觉得简易而明确，这便是学术研究的“心得”。对来氏而言，是他的形而上思想理论的三大原理，故陈列在他的太极图之下。也由此，他才敢于发狂言：“一部《易经》不在四圣，而在我矣。”

昔邵雍推出伏羲氏先天易图与文王后天易图，溯其根源在于《说卦传》“天地定位”与“帝出乎震”两节文字。来氏也如法炮制，将他的太极三原理归于古人已有之言，那便是《系辞传》第一章。他依照此一章文字的前后三节，谓各代表着“对待者数”“流行者气”与“主宰者理”三义，则甚有见地。今录《系辞传》此一章及其分别注释之文如下：

传文：天尊地卑，乾坤定矣。卑高以陈，贵贱位矣。动静有常，刚柔断矣。方以类聚，物以群分，吉凶生矣。在天成象，在地成形，变化见矣。

来注：此一条言天地万物一对一待，易之象也。盖未画易之前，一部《易经》已列于两间，故天尊地卑，未有易卦之乾坤而乾坤已定矣；卑高已陈，未有易卦之贵贱而贵贱已位矣；动静有常，未有易卦之刚柔而刚柔已断矣。方以类聚，物以群分，未有易卦之吉凶而吉凶已生矣。在天成象，在地成形，未有易卦之变化而变化已见矣。圣人之易，不过模写其象数而已，非有心安排也。孔子因伏羲圆图，阴阳一对一待，阴错乎阳，阳错乎阴，所以发此条。

传文：是故刚柔相摩，八卦相盪。鼓之以雷霆，润之以风雨，日月运行，一寒一暑。乾道成男，坤道成女，乾知大始，坤作成物。

来注：此一条言天地阴阳之流行，一施一受，易之气也。言天地万物惟有此对待，故刚柔八卦相为摩荡，于是鼓雷霆，润风雨，日月寒暑，运行往来，形交气感，男女于是乎生矣。故乾所知者惟始物，坤所能者惟成物，无乾之施则不能成坤之终；无坤之受则不能成乾之始。惟知以施之，能以受之，所以生育不穷。孔子因文王圆图“帝出乎震”，成言乎艮；又文王《序卦》阴综乎阳，阳综乎阴，所以发此条。

传文：乾以易知，坤以简能。易则易知，简则易从。易知则有亲，易从则有功。有亲则可久，有功则可大。可久则贤人之德，可大则贤人之业。易简而天下之理得矣。天下之理得，而成位乎其中矣。

来注：此一条言人成位乎中也。言乾惟知大始，是乾以易知矣；坤惟能成物，是坤以简能矣。人之所知如乾之易，则所知者皆性分之所固有，而无一毫人欲之艰深，岂不易知？人之所能如坤之简，则所能者皆职分之所当为，而无一毫人欲之纷扰，岂不易从？易知则此理之具于吾心者，常洽浃亲就，不相支离疏隔，故有亲。易从则此理之践于吾身者，常日积月累，无有作辍怠荒，故有功。有亲则日新不已，是以可久；有功则富有盛大，是以可大。可久则贤人之德与天同其悠久矣；可大则贤人之业与地同其博大矣。夫以易简，而天下之理得成贤人之德业，则是天有是易，吾之心亦有是易；地有是简，吾之身亦有是简，与天地参而为三矣。易中三才成其六位者，此也。理得成位，即致中和，天地位万物育之意。贤人即圣人，与天地并而为三，非圣人而何？

传文：右第一章。

来注：此章天尊地卑一条，言天地对待之体。刚柔相摩一条，言天地流行之用。乾以易知一条，则言人成位乎天地之中。成位乎中，则天地之体用，模写于易者，神而明之，皆存乎其人矣。此三条，孔子原易之所由作，通未说到易上去，至第二章设卦现象，方言易。

以上是来氏《系辞传》第一章的注文，称得上是好注文，含融北宋以来象、数、理、气的思想于一体，不脱旧指向而提出新看法。下面为了更清楚了解他的思想，兹就他的太极三项原理，分别作论述。

（一）主宰者理

“主宰者理”“对待者数”“流行者气”三者同一太极，

乃太极之三基本原理。今先言“理”，乃基于两个理由：一是从形式上看，来氏列“数”与“气”于两侧，而列“理”于中间，应是以“理”为最主要；二是从含义上说，“数”之所以有“对待”之性与“气”之所以有“流行”之性，均本于“理”，“理”固然是由于“数”与“气”而呈现，但二者却是本于“理”而具其性。所以，虽然三者在思想上如此分别，但毕竟是本末一如、体用不二，永不相离。

从《周易集注》中看“主宰者理”之义，可分作两方面说：

第一，就天地人物受生之性言，只是一个“理”，此理是形而上本质的存在，是一。但随着“数”与“气”而分散为多，为阳刚与阴柔之理，为天地之理、人之理、物之理。阴阳以及天地万物如失其理，则失其秩序与存在，有其理才有其法度之遵循，也就是有其存在。是即“理”为“主宰”之义。我们看他的注文。

《系辞传》“易则易知，简则易从”注：

> 人受天地之中，以生其性分之天理，为我良知良能者，本与天同其易，而乃险不可知，本与地同其简，而乃阻不可从者，以其累乎人欲之私耳。易则易知，简则易从。易知者，我易知乎此无私之理也；易从者，我易从乎此无私之理也，非人知人从也。

“原始反终，故知死生之说”注：

天地象，有文章；地之山川原隰，各有条理。阳极而阴生则渐幽，阴极而阳生则渐明。一日之天地如此，终古之天地亦如此，故者，所以然之理也。人物之始此阴阳之气，人物之终此阴阳之气。其始也，气聚而理随以完，故生；其终也，气散而理随以尽，故死。

《说卦传》“和顺于道德而理于义，穷理尽性，以至于命”注：

易中所言之理，一而已矣。自其共由而言谓之道，自其蕴畜而言谓之德，自其散布而不可移易谓之理，自其各得其所赋之理谓之性。道、德、理、性四者，自其在人而言谓之义，自其在天而言谓之命。

“将以顺性命之理”一段注：

性，人之理；命，天地之理也。阴阳以气言，寒暑往来之类是也。刚柔以质言，山峙川流之类是也。仁义以德言，事亲从兄之类是也。三者虽若不同，然仁者阳刚之理，义者阴柔之理，其实一而已矣。

第二，就人生之德业及学行而言，均为一理之分用。如《乾·文言》“元者善之长也，亨者嘉之会也，利者义之和也，贞者事之干也”注：

《文言》者，依文以言其理，亦有文之言辞也。乾道所包者广，有在天之元亨利贞，有圣人之元亨利贞，有在人所具之元亨利贞，此则就人所具而言也。……元，就其理之发端而言；亨，就其理之聚会而言；利，就其理之名号分类而言；贞，就其理之确实而言。名虽有四，其实一理而已。

“乾元者，始而亨者也；利贞者，性情也”注：

孔子于《文言》，既分元、亨、利、贞为四德矣，此又合而为一也。言乾之元者，始而即亨者也，利贞者则元之性情耳。……四德本一理，孔子赞易，或分而言以尽其用，或合而言之以著其体，其实一理而已，所以可分可合也。

"君子学以聚之，问以辨之，宽以居之，仁以行之"注：

> 之者，正中之理也。……聚者多闻多见，以我会聚此正中之理也；辨者讲学也，亲师取友，辨其理之精粗、本末、得失、是非，择其正中之善者而从之，即讲学以耨之也；宽者优游厌饫，勿忘勿助，俾所聚所辨此理之畜于我者，融会贯通，渣滓浑化，无强探、力索、凌节、欲速之患也……仁以行之者，无通而莫非天理正中之公，而无一毫意、必、固、我之私也。

来氏深服邵雍"画前有易"之言，在伏羲氏画卦之前，元有易之理在。是以伏羲、文王之易，不离此理之发用；至孔子，更形诸文字阐发此理之义，故言"主宰者理"。"理"即太极所具之本质。

（二）对待者数

来氏易学，有些地方仍脱不开朱子，如伏羲、文王之易仅为卜筮之易，至孔子始有义理之易，如理与气的关系，也使人想到朱子之说。然而"数"的思想却与朱子有别。昔朱子以为有气而后有数，数起于气形已聚之后。来氏则不然，他显然提升了数的地位，认为"造化物理有一定自然之数"。此数具于本质太极之中，圣人作易画卦，正由于见此本然之数而自然表现之，他说：

> 伏羲仰观俯察，见阴阳有奇偶之数，故画一奇以象阳，画一偶以象阴。

在来氏，“奇偶”是易之数，“阴阳”是易之气。在他的话中，我们虽不能言“数”在“气”之先，但也绝不能说是“数”在“气”之后，只好说奇偶之数与阴阳之气同为太极之理的表现。这已经是离开了朱子的“数”思想，而入于邵子“天下之数出于理”的思想。换句话说，来氏认为“数”与“理”是直接的关系，不是朱子“有是气乃有是数”的关系。

本来，奇与偶之对待是易学的源起思想，即八卦的根源符号“—”与“--”。古人将人类所应用的十个数依此奇偶划分，又称“天数”“地数”。《系辞传》“天一地二天三地四天五地六天七地八天九地十”如是。天之奇与地之偶相合，万事万物发生。这一套数的逻辑，在《系辞传》中结合在“大衍之数”的筮法上讲，由筮法行筮命术的演算，归于解决人事吉凶的问题，故《系辞传》最后云：

> 引而伸之，触类而长之，天下之能事毕矣。

但到了北宋，大易学家邵雍继承了这个数思想，并做哲思发扬，向着天地之数相合而生物的宇宙论上讲，推展出一大哲学思想体系，就是前文笔者在邵子易学中所说的。邵子可以说是补充了先秦所未完成的“数的万物生成论”。来知德则继承了邵子思想而道出“数”的变化中主要的“对待”义。

虽然，来氏道出了“数”的哲学性，却未在“数之理”上深入发挥。他与邵子毕竟不是一路才性，他的易学仍是承继传统在“象之理”上做功夫。他玩索八卦六十四卦象，推演出许多卦图以表现阴阳相对待的自然之数。这些图都安排在他的易注的前面，如：

来知德八卦所属相错图

来知德八卦六爻变自相错图

来知德八卦次序自相综图

来知德八卦所属相综文王序卦正综图

来知德八卦四正四隅相综文王序卦杂综图

来知德易学六十卦启蒙（此图列六十四卦，每卦依象、错、综、中爻、同体、情性、六爻变及天、地、人之位排列。）

这些图在易学上叫作“象”，非“数”，但我刚才说过，来氏言“数”，只是从奇偶的对待上说，不是入于“数理”之内作推演。他的这些卦爻象的图，中间都表现了奇偶相对待之义。换句话说，都是本于奇偶对待之理而产生的，也就是本于数而产生的。诸图中有“相错”“相综”之不同，相错是《说卦传》的旧名称，言阴阳爻之相对；“相综”则是来氏自创之名，言一卦正反为二之不同。文王当初作六十四卦序排列时，即依此相错、相反二原则，今来氏以“错”“综”名。

除在卦象上表现奇偶数之对待外，来氏认为卦爻辞中也隐然依于数之对待义，例如他注解乾卦辞“元亨利贞”云：

> 元亨者，天道之本然，数也。利贞者，人事之当然，理也。《易经》理数不相离，因乾道阳明，纯然无纤毫阴柔之私，惟天与圣人足以当之，所以断其必大亨也。故数当大亨，而必以贞处之，方与乾道相合，若其不贞，少有人欲之私，则人事之当然者废，又安能元亨乎？

言“元亨”是“数”，“利贞”是“理”，并非“数”在“理”先，“理”“数”一体，无先后之可言。“元亨”是“理”中之“数”，“利贞”是分散于人事之“理”，仍为太极一大“理”之所涵，故他在注后文“乾元者，始而亨者也”中云：

始而亨者，言物方资始之时，已亨通矣。盖出乎震，则必齐乎巽，见乎离，势之必然也。若不亨通，则生息必息，品物不能流行矣。是始者，元也；亨之者，亦元也。性者，百物具足之理；情者，百物出入之机。春作夏长，百物各有性情，非必利贞而后见，但此时生意未足，实理未完，百物尚共同一性情，至秋冬则百谷草木务正性命，保合太和，一物各具一性情，是收敛归藏乃见性情之的确。故利贞者即乾元之性情也，则利贞之未始不为元也。

说来说去，仍是“理数不相离”义，是采取了邵子的重“数”思想，带入朱子的“理”思想中说话。

由于来氏重视“数”，所以也特别重视河图。河图上所呈现的主要便是奇偶数的对待，所以他极相信伏羲氏法河图而画卦之说，他注《系辞传》“天一地二天三地四……”一节云：

伏羲龙马负图，有一至十之数，人知河图之数而不知天地之数，人知天地之数而不知何者属天，何者属地。故孔子即是图而分属之，天阳其数奇，故一三五七九属天，地阴其数偶，故二四六八十属地。

> 天数五者，一三五七九其位有五也，地数五者二四六八十其位有五也。五位者即五数也，言此数在河图上下左右中央，天地各五处之位也。相得者，一对二，三对四，六对七，八对九，五对十，对乎中央，如宾主对待相得也。有合者，一与六居北，二与七居南，三与八居东，四与九居西，五与十居中央，皆奇偶同居，如夫妇之阴阳配合也。二十有五者，一三五七九奇之所积也；三十者，二四六八十偶之所积也。变者化之渐，化者变之成。一二三四五居于图之内者，生数也，化之渐也，变也；六七八九十居于图之外者，成数也，变之成也，化也。

（三）流行者气

易之“流行”一义，与“对待”一义同其古老，均为原始义。“易”字原即是变动、更换之义，后来孔子言易之道为“周流六虚”，老子言易之道为“周行而不殆”。无论“周流”也好，“周行”也好，其义如一，都是指变化言。至于易道流行以“气”言，思想起源也很早，自阴阳思想之分判，“气”的思想便同时被人想到，因为大而言四时寒暑，小而言呼吸出入，都是“一气之流行”。就易学而言，我们很难说离开气之流行而言奇偶对待，也同样无法离开奇偶之对待而言阴阳流行。只好说数之对待与气之流行是“理”的本体具有的两种性质。至于以“气”言阴阳，至少在《易传》中已看到，如：

> 《乾·文言》：潜龙无用，阳气潜藏。同声相应，同气相求。
>
> 《系辞传》：精气为物，游魂为变。
>
> 《说卦传》：山泽通气。

易学中自汉代以后，“气”的应用越加普通。北宋张横渠的《正蒙》，是儒家正式将“气”纳入宇宙生成理论之中。来氏生于横渠以后五百年，其间更经过朱子等人的提倡，所以提出“流行者气”之言，是自然的学术演变。

现在来看来氏的易注，他注《乾卦·彖传》“乾道变化，各正性命，保合太和，乃利贞”云：

> 物所受为性，天所赋为命。保者常存而不亏，合者翕聚而不散。太和，阴阳会合，冲和之气也。各正者，各正于万物向实之初。保合者，保合于万物向实之后。就各正言，则曰性命，性命虽以理言，而不离乎气。其实非有二也。

注《坤·彖传》“至哉坤元”一节云：

> 乾以施之，坤则受之，交接之间，一气而已。始者气之始；生者形之始。万物之形皆生于地，然非地之自能为也，天所施之气至，则生矣。

由此可见，“气”虽就其“成形”而言是形而下，然就其“不离乎理”而言，密接乎形而上之“理”而合于“理”。我们似乎可以这样说：奇偶对待之数义近易道之体，而阴阳流行之气义近易道之用。有其体始有以交，有其用始有以变。所以来氏云：

> 两仪配对，气通乎间，交感相摩荡也。惟两间之气交感摩荡，而后生育不穷。得阳气之健者为男，得阴气之顺者为女。然成男虽属乾道，而男女所受之气皆乾以始之；成女虽属坤道，而男女所生之形皆坤以成之。分之则乾男而坤女，合之则乾始而坤终，此造化一气流行之妙，两在不可测者也。（《系辞传》第一章注）

这也正是来氏释“易”为“交易”“变易”义之故，其言曰：

以易名书者，以字之义有交易、变易之义。交易，以对待言，为天气下降以交于地，地气上腾以交于天也；变易，以流行言，如阳极则变阴，阴极则变阳也。阴阳之理，非交易则变易，故以易名之。(《周易·上经注》)

来氏认为文王之易主要在于表现“流行者气”的思想，这当然是不错的。因为文王卦序的排列，乾坤二卦居首，象天地之位，然后从屯卦开始，二气相交变化。来氏注《序卦传》开始“有天地，然后万物生焉，盈天地之间者唯万物，故受之以屯”，云：

盈者，言乾坤之气盈，充塞于两间也。如有欠缺，岂能生物？屯不训盈，言万物初生之时如此郁结未通，必如此盈也。

注《序卦传》结束“故受之以既济。物不可穷也，故受之以未济终焉”，云：

物至于既济，物之穷矣。然物无终穷之理，故受之以未济终焉。物不可穷乃一部《易经》之本旨，故曰物不可以终通，以至终离，言物不可者十一，皆此意也。

然而来氏依据邵子之“文王八卦方位图”言文王之易，表现“流行者气”的思想虽是，然以此图归于文王则非，且留在下一节论太极图中再计较。（文王序卦之易道流行义，请阅笔者《易经哲学精讲》）

至于将“流行者气”的思想落在六十四卦各卦中，自然在多处注文中均可见，且举《复卦·彖传》“复其见天地之心”注为例：

> 见天地之心者，天地无心，生之不息者乃其心也。剥落之时，天地之心几于灭息矣，今一阳来复，可见天地生物之心，无一息之间断也。一阳之复，在人心则恻隐、羞恶、辞让、是非，性善之端也，故六爻以复善为义。

此注甚佳，以天道之自然合于人心之善性而立言，来知德毕竟儒者。

（四）关于来氏太极图

来氏之太极图，本节前文已著录并引其解说之文，且之前于“图书之学”一章中也曾提及，只是在此仍有不已于言者，再论述于此。

来氏之图，就哲思而言，的确是易学上的一项值得称道的成就。所表现的思想除了“对待”与“流行”，最主要的，笔者认为是“图从中起”。在蔡元定的太极图中，黑白阴阳之中各有一小点，象征阴阳中含生化之几，“生”的思想重；来氏此图则“中”的思想重，可以说各有其特点。我现在要说的是读者切不可执着于“中”便是图中间的那个小圆圈。不错，就图形来看是如此，但易学认识重要的是以具体形象表达不具体的思想。何谓“中”？在易学中乃是因时因位而制宜之意。故在六十四卦中，二、五两爻时有阴阳之失位，虽失位却少有凶吝。正因为“阴居二，阳居五”固为得中，而在变化万态之中，阳不得不失位或阴不得不失位之时，虽失位仍不得谓之失中，故非凶吝。换句话说，所谓“中”就是“至善”的选择，志得意满之时固可选择“至善”之行事方法，不得志之时也要在无可奈何之下选择比较上的“至善”。明白此意，便明白了孔子和孟子的话。孔子说“不得中道而与之”，孟子说“中也养不中”，其意便是如此。人生行事是这样，万物之生也是这样。何谓“万物生于中”？意谓万物之生，均在其“至善”条件之下呈现。“至善”的情况不同，但对万物各自的生命而言，均为“至善”，均为“中”。这便是中国古人之所以以“中”立国号，以“中道”立人生行事标的的理由。但古人何以以此“中”字来表示此一“至善”之德呢？因为“中”

居四方之中故。居四方之中，故无不适无不达，东、西、南、北各有所偏，只有中央之地不偏于一隅，故取以象“至善”之德。

以上是由来氏太极图之“贵中”思想，引起的笔者的一些思考。似乎已离开了本题，实因一般人多以为“中”即中央，不知此乃中国哲学文化的大精神所寓。笔者放肆，乃借来氏易图一伸此义，然此义深广，非短短数语所能尽，还望读者深思。

总之，来氏太极图明显表现出了易学重视“中”之道的思想。这一思想自尧、舜至孔、孟，都只在思想中讲述，易学借卦象的二五两爻表达也不够明确，邵子以先天图表示谓“先天之学心法也，故图皆从中起，万化万物生于心也”仍觉不够简易，无如来知德的这一个太极图，简单明白，一望而知阴阳二气生于中之义。

至于来氏将他此一太极图与伏羲氏之先天图、文王之后天图并立而为三，用以说明伏羲之图重在“对待”，文王之图重在“流行”（俱见前文引来氏之太极图说），而他的这一太极图则“兼对待、流行、主宰之理而图之”，在意义上固然说得过，但笔者以为伏、文二氏之先天与后天图，实起于北宋邵子之易学。虽然邵子引《说卦传》之文以为根据，但毕竟在北宋以前无此两图。笔者的意见，伏羲氏的先天图乃邵子推伏羲之意而制作，其制作者仍是邵子；文王的后天图乃《说卦传》“帝出乎震”一节之文的化身，起于“五行相生”的思想，以五行相生安排八卦位置而成（见笔者《两汉易学史》）。邵子乃假文王之名名此图。而伏羲氏与周文王均有被历史肯定之“八卦”与“六十四卦及辞”的制作，来氏却不采用作为“对待”与“流行”的依据，而用邵子之图，是一憾事。但由此也证明了邵子易学对于后世影响的深远。

《来氏易注》书后附图，有“造化象数体用之图”。此图以其太极图合“五行”与《系辞传》“成象”“成形”“成男”“成女”之文，并有说明文字可与其太极图相对照，录以作参考，如图 6–4。

图 6–4　造化象数体用之图

物之初生也，气之至也。既生而象具焉，是数为象先也。象既有矣，而数复因象而行焉，是象又为数之先也。故数之生象者，先天也，象之生数者后天也。先天者生物之原也，后天者成物之始也。大矣哉，数乎万物之宗万有之本也。

二、卦爻五论

来知德注易，主于象。本来，“易者象也”“圣人立象以尽意”“八卦以象告”等《系辞传》的话，已说明了易之学原自象始，但自宋理学家程朱以后，一味取《易传》之文向儒学上依附，而对于卦爻象部分遂少讲究。尤其朱子，对于卦爻之象，只承认其有筮占吉凶之用，并无哲学思想；而对《易传》之文，认为是孔子发于哲思之言，予以“训诂说字”之注解（见《朱子语类》卷七十二咸卦，朱子自言），易学遂由原来的“象”之学变为“文字”之学。更有进者，自明洪武以后，朱子之学成为官学，为天下士人所宗。来氏二十七岁举乡试，三十三岁应京试不第，可想对朱子的《周易本义》必下过功夫，感受深刻。这种感受表现在来氏思想中，可以看到正反两方面：一是脱不开朱子的影响，如“《易》原为卜筮之书、至孔子始发义理”的主张；二是反对朱子的纳易学入儒家，只重文字义理而不重卦爻象。来氏注易与朱子注易之不同，便在于一重象，一重文字。然而来知德却将易学的不重视象更上溯而归于魏王弼的“扫象数”：

> 自王弼扫象以后，注易诸儒，皆以象失其传，不言其象，止言其理，而易中取象之旨，遂尘埋于后世。本朝纂修《易经》《性理大全》，虽会诸儒众注成书，然不过以理言之而已，均不知其象，不知文王《序卦》，不知孔子《杂卦》，不知后儒卦变之非。于此四者既不知，则易不得其门而入；不得其门而入，则其注疏之所言者，乃门外之粗浅，非门内之奥妙。是自孔于没而易已亡至今日矣。四圣之易如长夜者二千余年，不其可长叹也哉！

来氏此言，说得虽然有点过火，但如实而论，宋理学家以“学做圣人”心太切，将孔子视为我自家人，将易学视为我儒家书，着实气象不够大。来氏主于象的易学，毋宁说是恢复了易学的原面目。

来氏对于他的《周易集注》，与他制作的太极图一样，都很自负。在太极图解说中已有“一部易经不在四圣而在我”之言，《周易集注》序中复申言：

> ……名曰“周易集注”，庶读易者开卷豁然，

可以少窥四圣宗庙百官于万一矣。

德因四圣之易千载长夜，乃将纂修《性理大全》，去取于其间，更附以数年所悟之象数，以成明时一代之书。

其所以有此自负，正因为他在卦爻象上深有心得。而他虽自言“集注”，实少涉及其他名家注，只偶尔在与自己思想有关处提及，所以等于是他一家之注。这也是后世名其书为“来氏易注”的理由。

在《周易集注》书自序之后，上下经注文之前，有数篇文字：《上下经篇义》《易经字义》《易注杂说诸图》等。《易经字义》一篇中，分别以象、错、综、变、中爻五类述卦爻象之要旨，也即是他对易学的主要研究心得。今即依此为次，对照于他的易注内容，分别叙述他的易学思想，以“五论”名之。

（一）象

“象”为易学赖以表达其思想的最原始形式，来氏于此言象，意谓他对易之象有他的新见。根据他的看法，“卦中立象有不拘”，即有多种立象之方。下面是他的看法：

其一，“有自卦情而立象者”，来氏云：

如乾卦本马而言龙，以乾道变化，龙乃变化之

> 物，故以龙言之。……又如咸卦，艮为少男，兑为少女，男女相感之情，莫如年之少者，故周公立爻象，曰拇，曰腓，曰股，曰憧憧，曰脢，曰辅颊舌，一身皆感焉。……又如豚鱼知风，鹤知秋，鸡知旦，三物皆有信，故中孚取之。……又如渐取鸿者，以鸿至有时而群有序，不失其时，不失其序，于渐之义为切。

自卦情立象，即忖度本卦象之情而取其他之象。如照来氏之“乾卦本马而言龙”，则坤卦之本“牛”而言“牝马”、本“顺”而言“先迷”、本“阴”而言“霜”言“冰”言“血”等都是。则屯卦之本“始生”而言“建侯”、本“动乎险”而言“屯邅”言“班如”。则蒙卦之本“昧”而言“童”言“困”言“泉”、本“发蒙”而言“刑人”言“桎梏”、本“包蒙”而言“纳妇”言“克家”。此等以情立象，六十四卦可以说卦卦均不离，最为普遍。唯当一提的，来氏谓乾之本象为“马”，实由朱熹而来。他引《朱子语录》之言谓：“或问卦之象？朱子曰：便是理会不得，如乾为马而说龙，如此之类，皆不通。”实际上朱子之言并不正确，乾卦六爻象龙出于爻辞，《说卦传》不言龙，但《说卦传》后于爻辞而作，朱子因贵《易传》而轻卦爻辞，故言乾之本象为马。按易哲学思想发生之情实，则易之本象为“龙”远比为“马”更有理，来氏“自卦情立象”之说虽谛，然承朱子此说却非妥当。

其一，“有以卦画之形取象者”，来氏云：

> 如剥，言宅言床言庐者，因五阴在下，列于两旁，一阳覆于其上，如宅如床如庐，此以画之形立象也。鼎与小过亦然。

此非来氏之新见，为易之所固有。鼎卦象为䷱，如鼎形，上九象铉，六五象两耳，九四、九三、九二象腹，初六象足。小过卦象为䷽，中阳二爻实，上下四阴爻虚，象飞鸟之形。类此以卦画之形取者，还有如：

> ䷓观　言“颙若”、言“窥观”、言“童观”、言“国之光”、言“观我生”。
>
> ䷔噬嗑　言“用狱”、言“屦校”、言“噬肤”、言“噬腊肉”、言“噬干胏”“金矢”、言“噬干肉”、言“何校”。
>
> ䷚颐　言“口实”、言“朵颐”、言“虎视”（象大离卦，离为目）、言“欲”。

其一，“有卦体大象之象”，来氏云：

凡阳在上者皆象艮巽，阳在下者皆象震兑，阳在上下者皆象离，阴在上下者皆象坎。如益象离，故言龟；大过象坎，故言栋；颐亦象离，故亦言龟也。又如中孚“君子以议狱缓死”，亦取噬嗑火雷之意，以中孚大象离，而中爻则雷也。故凡阳在下者动之象，在中者陷之象，在上者止之象；凡阴在下者入之象，在中者丽之象，在上者说之象。

除文中提到的以外，见于《周易集注》中者，尚有：

䷙大畜　注云：本卦大象离，故《象传》曰辉光日新者，因大象离也。

䷚颐　注云：本卦大象离日，观之象也。

䷛大过　注云：此卦大象坎，坎为栋，坎主险陷，挠之象也。又为矫揉，亦挠曲之象也。

䷬萃　注云：卦大象坎，坎为宫，中爻巽艮，巽木在艮阙之上，皆庙之象也。大象坎为豕，外卦兑为羊，内卦坤为牛，大牲之象也。

推此来氏卦体大象之意，则其他一些卦都是，如：

䷆师大象坎　故《象传》言“行险而顺”。

䷇比大象坎　故卦辞言“不宁方来”。

䷊泰大象震　故《彖传》言“万物通”。

䷋否大象艮　故《彖传》言“万物不通”。（艮为止）

䷏豫大象坎　故卦辞言“行师”。（如师卦象）

䷒临大象震　故《彖传》言“浸而长”。（震为动）

䷗复大象震　故卦辞言“出入”“反复”。

其一，“有以中爻取象者”，来氏云：

如渐卦九三“妇孕不育”，以中爻二四合坎，中满也；九五“三岁不孕”，以中爻三五合离，中虚也。

（解说见后文“中爻”一节。）

其一，“有将错卦立象者”，来氏云：

如履卦言虎，以下卦兑错艮也。（下文来氏有云：“艮为虎。”）

（解说见后文“错”一节。）

其一，“有因综卦立象者”，来氏云：

如井与困相综，巽为市邑；在困为兑，在井为巽，则改为邑矣。

（解说见后文“综”一节。）

其一，“有即阴阳而取象者”，来氏云：

如乾为马，本象也；坎与震皆得乾之一画，亦言马。坤为牛，本象也；离得坤之一画，亦言牛。皆其类也。

来氏这一见解便值得商榷了，如谓坎、震皆得乾之一画而言马，则艮也得乾之一画，何不言马？离得坤之一画而言牛，则巽、兑均各得坤之一画，何不言牛？如照此理则取象，则乾之象都可以施之于震、坎、艮，坤之象都可以施之于巽、离、兑，岂不是整个混乱了八卦的取象，乌乎可？来氏这一见解是不应理的，他是看到了震、坎二卦也言马，想为此找一个“象”上的理由，遂以“得乾之一画”作解；看到离卦也言牛，想为此找一个“象”上的理由，遂以“得坤之一画”作解，这便犯了“言象太过”之失。八卦的言象，除了卦爻辞中所言，《说卦传》第七、第八、第九、第十、第十一章是专言象的，在《说卦传》中乾为马，震、坎也各为马；坤为牛，而离为人之大腹，与“坤为腹”通。《说卦传》的八卦言象，是从多方面推思而得，乾性健故为马，震为动为决躁，故于马为善鸣为作足等；坎中爻阳，故于马为美脊为亟心。离之为牛也是一样道理，离为日月，终古顺动于天而不过，与坤之顺性合，故也言牛，牛有顺性故。再进一步言，易之卦象本不限于某一卦专言某一象：巽为木，而震位在东也象木；乾为金，而兑位在秋也象金；离为日，乾也可为日；艮为石，而乾性刚有时也为石。似此等等，有何不可？万物混成，性非厘然一偏，岂可强分，笔者以为来氏此说不足取。

其一，“有相因而取象者”，来氏云：

> 如革卦九五言虎者，以兑错艮，艮为虎也。上六即以豹言之，豹次于虎，故相因而言豹也。故其象多是无此事此理而止立其象，如金车玉铉之类，金岂可为车？玉岂可为铉？盖虽无此事此理，而爻内有此象也。

此项举例，应作两类看：一是革卦的“因虎而言豹”，革卦九五言“大人虎变”，上六言“君子豹变”。来氏认为上六的言豹是因于九五的言虎，因为上六无豹之象。二是“金车”“玉铉”。“金车”见于困卦九四，“玉铉”见于鼎卦上九。来氏认为二者均非实有之物，只是因其阴阳爻之位与性而取象。这两类的卦例，后者倒是有理，因为易中取象，有许多是象征性的。例如谦卦，从象上看是地中有山，而实际上岂有地中之山？如果山低于地，也不会有山之名了，似此乃是取其意象而言；“金车”“玉铉”类此。但是前者如言革上六的“豹”乃是因于九五的“虎”而取象，似不合理。应知九五为天子之位，上六为阴爻居正，顺乎天子之变乃正义之行。孔子《象传》释九五云：“大人虎变，其文炳也。”释上六云：“君子豹变，其文蔚也。”二者一言“文炳”，一言“文蔚”，其义显然可判。来氏不由此着思，却凭虚立义谓豹因虎而取象，如此立义则将人各以主观忖度，寻找关系以相因，《易经》岂不成了怪诞之书？不知瞿塘先生以为愚意当否？

总之，来氏以为卦爻辞中的名言，所有都可以从卦爻之象上找出其理由。他在文中一再引用《系辞传》“拟诸其形容，象其物宜”，固然是不错，据象以推理致思则可，但如舍理思而拘泥于象，则失易本旨。来氏因“重视象”而多少落入“执着象”，该说是小失。

（二）错

来氏云：

> 错者，阴与阳相对也，父与母错，长男与长女错，中男与中女错，少男与少女错，八卦相错，

六十四卦皆不外此错也。天地造化之理，独阴独阳不能生成，故有刚必有柔，有男必有女，所以八卦相错。八卦既相错，所以象即寓于错之中。(《易经字义》)

又云：

错者，交错对待之名，阳左而阴右，阴左而阳右也。(自序)

“八卦相错”是《说卦传》中的话，易卦自一奇一偶之创制，八卦六十四卦之开展，阴阳相错之义即蕴含其中。古人论易亦无不重此相错义，因为如不知此义即根本无法言易。然而到北宋邵雍先天图出，方更明显看出八卦与六十四卦相错之状，此后易家乃特重此一义。至于文王序卦依相错与相综排列（古人以“相反”言，来氏始改为“相综”)，古人只是未明言，岂可诬古人以不知？至少邵子已明示六十四卦中相错者八卦，相反者五十六卦。来氏多用“错”“综”之义注易是他的心得。至于说“孔子没，后儒不知文王、周公立象皆藏于序卦错综之中”，这话就说得有点过分了。来氏二十九年来在万县求溪深山中“沉潜反复，忘寝忘食”（自序)，其专精研易之功固可佩，然却落得此

“见我不见人”的小格局、小胸襟，比起他的易学前辈邵雍的谦冲晦养、隐于不隐的真精神，判若天壤了。

《来氏易注》中非常多的地方应用了“错”义，尤其在有些比较义理艰深之处。兹分为两类举述如下：

第一，以错义解释卦辞者。

䷉履卦辞：“履虎尾，不咥人，亨。”

来注：履者，足践履也，中爻巽错震，震为足，有履之象，乃自上而履下也。咥，啮也，下卦兑错艮，艮为虎，虎之象也；乃兑为虎，非乾为虎也，先儒不知象，所以以乾为虎。周公因文王取此象，故革卦上体兑亦取虎象。曰尾者，因下卦错虎，所履在下，故言尾也；故遁卦下体艮，亦曰尾。兑口乃悦体，中爻又巽顺，虎口和悦，巽顺不猛，故不咥人。（传统解易以乾为虎，来氏新见以兑错艮为虎，理由是革卦九五也有“虎变”之言，而革之上体为兑，与履之下体同，二者均错艮。）

䷙大畜卦辞：“利贞，不家食吉，利涉大川。”

来注：何以言食？本卦大象离，故彖辞曰“辉光日新”者，因大象离也。离错坎，又象颐，有饮食自养之象。因错坎水，中爻震木，所以有涉大川之象。又本卦错萃，萃大象坎。

䷺涣卦辞：“亨，王假有庙，利涉大川，利贞。”

来注：坎错离，离为日，王之象也。（易辞中遇“王”字之卦，来氏多以离言。）

䷽小过：“亨，利贞，可小事，不可大事。飞鸟遗之音，不宜上，宜下，大吉。”

来注：小过错中孚，象离，离为雉，乃飞鸟也。既错变为小过，则象坎矣，见坎不见离，则鸟已飞过，微有遗音也。易经错综之妙至此。

第二，以错义解释爻辞者：

䷁坤上六：“龙战于野。”

来注：六阳为龙，坤之错也。故阴阳皆可以言龙。且变艮综震，亦龙之象也。

䷂屯六三：“惟入于林中，君子几，不如舍。”

来注：震错巽，巽为入，入之象也。……坎错离明，见几之象也。

䷆ 师六五：“利执言。”

来注：坤错乾为言，言之象也。

䷌ 同人九五：“同人先号咷而后笑，大师克相遇。”

来注：离错坎，为加忧，九五隔于三四，故忧而号咷。……中爻错震，戈兵震动，师之象也。……且本卦错师，亦有师象。

䷏ 豫六三：“盱豫。”

来注：中爻错离，目之象也。

䷐ 随九四：“有孚在道以明。”

来注：变坎错离，明之象也。

䷓ 观六二：“窥观。”

来注：变坎为隐伏，坎错离为目，目在门内隐伏处，窥观之象也。

䷜ 坎九二：“求小得。”

来注：中爻震错巽，巽为近市利，求得之象也。

䷣ 明夷初九："主人有言。"

来注：外卦错乾，乾为言，有言之象也。

䷥ 睽上九："见豕负涂。"

来注：离错坎，坎为豕又为水，豕负涂之象也。

䷭ 升六四："王用亨于岐山。"

来注：坤错乾，乾为君，王之象也。

䷱ 鼎初六："鼎颠趾。"

来注：巽错震，震为足，趾之象也。

䷸ 巽六四："田获三品。"

来注：巽错震，戈兵震动，田之象也。

来氏用"错"义之多，由所举之卦爻可见，但也有远于常思的，譬如以下诸例：

䷆ 师九二："王三锡命。"

来注：本卦错同人，乾在上，王之象；离在下，三之象；中爻巽，锡命之象。全以错卦取象。（由错爻而推及错卦，复以错卦之上卦、下卦、中爻论。）

䷍大有九二："大车以载，有攸往。"

来注：乾错坤为大舆，大车之象也。……变离错坎，坎中满，以载之象。……二变中爻成巽，巽为股，巽错震为足，股足震动，有攸往之象也。（"坎中满"出于朱子所撰《八卦歌》，非易之原文，似觉不妥，又变中爻成巽，巽复错震，转来转去，转到"足"上，也太曲折。）

䷈小畜上九："月几望。"

来注：巽错震，中爻兑，震东兑西，日月相望之象也。（此句中所注之"望"，与原文"望"义有隔。）

䷥睽六三："见舆曳，其牛掣，其人天且劓。"

来注：掣者挽也，兑错艮为手，挽之象也。……错艮又为鼻，鼻之象也。刑割去鼻曰劓，鼻之上有戈兵，劓之象也。艮又为阍寺，刑人不曰阍寺而曰劓者，戈兵之刑在卦之上体也，著阍寺则在下体矣。然非真割鼻也，鼻者通气出入之物，六三、上九本乃正应，见其曳掣，怒气之发，如割鼻然，故取此象。（这已经不只是旁通错卦，而是臆想说话了。由劓而思及阍寺，复又言非真割鼻，感觉奇怪。）

䷱鼎九三："其行塞。"

来注：三未变，错震足为行，三变则成坎陷，不能行矣，行塞之象也。（将未变之错卦与已变之错卦义合解，也不妥。）

䷿未济上九："有孚于饮酒。"

来注：六爻皆有酒象，易中凡言酒者皆坎也，上二爻离错坎，亦酒也。（忖文义，上二爻之"二"应非"三"之误，如此则是用虞翻之"半象"作解了。）

又如：

䷜坎上六："三岁不得。"

来注：坎错离，三之象也。（乃用邵子先天八卦次序之数，非易学原理论。）

䷬萃初六："一握为笑。"

来注：坤错乾，乾居一，一之象也。（同上，也用邵子易学。）

再有，如：

䷧ 解上六："高墉之上。"

来注：震错巽，高之象也。

䷩ 益九五："惠心勿问。"

来注：中爻坤错乾为言，皆告问之象。

这些卦中用"错"义，似乎多余，不用"错"义反觉得自然易解。这也正是《来氏易注》的特色，是以不吝篇幅，多予举陈，俾读者有较清楚的了解。

（三）综

来氏云：

综字之义，即织布帛之综，或上或下，颠之倒之者也。如乾、坤、坎、离四正之卦则或上或下，巽、兑、艮、震四隅之卦，则巽即为兑、艮即为震，其卦名则不同。(《易经字义》)

综者，高低织综之名，阳上而阴下，阴上而阳下也。(自序)

"综"之名，为来知德所提出，先秦易学中言卦与卦之关系，原有相错与相反二者，周文王的卦序排列即以二者为原则：乾与坤、坎与离、颐与大过、中孚与小过等八个卦正反不变，故相错而两两排列在一起；其余五十六卦各依正反之不同两两排列。今来氏即名后者为“综”，其根据当然是来自《系辞传》“错综其数”之文。由于此一立名对于易学研究比较方便，所以后来为大家所通用。

来氏划分综卦为两种：

一为“正综”。他说：“文王序卦有正综，有杂综，如乾初爻变姤，坤逆行五爻变夬，与姤相综，所以姤综夬。遁综大壮，否综泰，观综临，剥综复，所谓乾之正综也。”

二为“杂综”。他说：“若乾坤所属尾二卦，晋、大有、需、比之类，乃术家所谓游魂、归魂，出于乾坤之外者，非乾坤五爻之正变，故谓之杂综。”

可见他的分正综与杂综，乃是依于汉代京房的八宫卦序。将一世卦到五世卦的五卦相综者称正综；游魂与归魂二卦的相综者称杂综。他在易注之前有“八卦次序自相综图”“八卦所属相综文王序卦正综图”“八卦四正四隅相综文王序卦杂综图”，读者一阅便晓。我们现在主要论述的是看他在易注中，如何应用“综”义以解易。他以综义解易，从易注中看，可以分作三类：第一，以综释卦名之义；第二，以综释卦爻辞中之象；第三，以综释《彖传》中刚柔上下之句。述之如下：

第一，以综释卦名。

此据《杂卦传》卦名之义，如同人与大有相综，泰与否综，随与蛊综等，可不必述，读者阅《杂卦传》可知综卦之义相反。

第二，以综释卦爻辞中之象。

䷅ 讼六三："食旧德。"

来注：中爻巽综兑，口食之象也。

䷆ 师六五："利执言。"

来注：坤为众，中爻震，综艮为手，众手俱动，执获之象也。

䷊ 泰六四："翩翩不富，以其邻，不戒以孚。"

来注：泰否相综，中爻巽，巽为市利三倍，富之象也。又为命令，戒之象也。言不待倚之以富，而其邻从之者甚于从富；不待戒之以令，而其类信之者速于命令也。

䷏ 豫初六："鸣豫。"

来注：谦之上六即豫之初六，故二爻皆言鸣。

䷐随上六：“王用亨于西山。”

来注：随蛊相综，故蛊卦上九不事王侯，亦有归山之象。亨者通也，王用亨于西山者，用通于西山以求之也。

䷕贲六二：“贲其须。”

来注：本卦综噬嗑，原有颐象，今变阳，则中爻为兑口矣，口旁之文莫如须，故以须象之。

䷘无妄九五：“勿药有喜。”

来注：中爻巽，综兑悦，喜之象也。

䷙大畜上九：“何天之衢。”

来注：艮综震，为大涂，衢之象也。

《䷢晋·象传》：“独行正也。”

来注：中爻艮，综震足，行之象也。

䷦蹇初六：“往蹇来誉。”

来注：本卦蹇字从足，艮综震，震为足，故诸爻皆以往来言之。

䷩ 益六四：“利用为依迁国。”

来注：损益相综，损卦艮之一阳，下而迁为益之初，兑之阴上而迁为益之四，迁之象也。

䷫ 姤九三：“臀无肤，其行次且。”

来注：夬之九四，与姤相综，倒转即姤之九三，所以爻辞同。

䷭ 升六四：“王用亨于岐山。”

来注：中爻震综艮，山之象也。

䷴ 渐六二：“饮食衎衎。”

来注：衎，和乐也。巽综兑，悦乐之象。

䷵ 归妹九二：“眇能视。”

来注：兑综巽，巽为白眼，亦有眇象。

䷸ 巽九二：“用史巫纷若。”

来注：巽综兑，兑为巫，史巫之象也。又为口舌，为毁，为附，纷若之象也。

䷺ 涣九五：“涣汗其大号。”

来注：巽综兑，兑为口，号之象也。

䷿未济九四：“震用伐鬼方，三年有赏于大国。”

来注：未济与既济相综，未济九四即既济九三，故爻辞同。（既济九三爻辞为：“高宗伐鬼方，三年克之。”文义同。）

第三，以综释《彖传》中刚柔上下之句。

来氏在《周易集注》自序中言：“又如以某卦自某卦变者，此虞翻之说也，后儒信而从之。如讼卦刚来而得中，乃以为自遁卦来，不知乃综卦也。需讼相综，乃坎之阳爻来于内而得中也。……若遁则综大壮，故杂卦曰大壮则止，遁则退也。见于孔子《杂卦传》昭昭如此，而乃曰讼自遁来，失之千里矣。”文中之“后儒”，显然指的是朱熹，朱子卦变开始便以“从遁变”解释《讼·彖传》的“刚来而得中”。没有指明朱熹，是因为他有许多地方承朱熹之说，似有意讳其名。但是，学术见解是讲理不讲情的，他虽然不指明朱熹，却把朱子十八个卦变的卦（已见前文朱熹的易学中“卦变”一节），一个个拿来用他的综卦之说予以改正推翻，我们现在要说的就是这一部分。

前述朱子以卦变解释此十八个《彖传》中有“刚柔”“上下”之卦，乃依其卦变歌次序。在此则依卦序之先后为次，或相综之两卦，或其中之一卦，引来氏之注，读者可比照前朱子之卦变注参阅之。

《䷄需·彖传》:“位乎天位以正中也。”

来注：讼下卦之坎，往居需之上卦九五，又正而又中也。五为天位，因自讼之地位往居之，故曰位乎天位。

《䷅讼·彖传》:“刚来而得中也。”

来注：需讼相综，需上卦之坎来居讼之下卦，九二得中也。

《䷈小畜·彖传》:“柔得位而上下应之。”

来注：履之三爻，阴居阳位，不得其位，往而为小畜之四，则得位矣。

《䷌同人·彖传》:“柔得位得中而应乎乾。”

来注：八卦正位离在二，今大有上卦之离来居同人下卦，则不唯得八卦之正位，又得其中而应乾九五之中正也。

《䷍大有·彖传》:“柔得尊位，大中而上下应之。”

来注：同人下卦之离，往乎大有之上卦，得五之尊位，居大有之中，而上下五阳皆从之也。

《䷐随·彖传》：“刚来而下柔。”

来注：言蛊下卦原是柔，今艮刚来居于下而为震，是刚来而下于柔也。

《䷑蛊·彖传》：“刚上而柔下。”

来注：蛊综随，随初震之刚，上而为艮，上六兑之柔，下而为巽也。

《䷔噬嗑·彖传》：“柔得中而上行。”

来注：言以贲下卦离之柔得中，上行而居于噬嗑之上卦也。

《䷕贲·彖传》：“柔来而文刚”“分刚上而文柔”。

来注：噬嗑上下卦之柔，来文贲之刚也；柔指离之阴卦，刚则艮之阳卦也。分者，又分下卦也，分刚上而文柔者，分噬嗑下卦之刚，上而为艮以文柔也；刚指震之阳卦，柔别离之阴卦也。

《䷘ 无妄·象传》:“刚自外来。”

来注:大畜上卦之艮,来居无妄之下卦而为震也。

《䷙ 大畜·象传》:“刚上而尚贤能。”

来注:大畜综无妄,无妄下卦之震,上而为大畜之艮也;上而为艮,则阳刚之贤在上矣。

《䷞ 咸·象传》:“柔上而刚下。”

来注:柔上者,恒下卦之巽,上而为咸之兑也。刚下者,恒上卦之震,下而为咸之艮也。

《䷟ 恒·象传》:“刚上而柔下。”

来注:本卦综咸,刚上者,咸下卦之艮,上而为恒之震也。柔下者,咸上卦之兑,下而为恒之巽也。

《䷢ 晋·象传》:“柔进而上行。”

来注:言明夷下卦之离,进而为晋上卦之离也。

《䷥ 睽·象传》:“柔进而上行,得中而应乎刚。”

来注:言家人下卦之离,进而为睽之上卦,亦得乎五之中而下应乎九二之刚也。

《䷦蹇・彖传》:“往得中也。”

来注:言解下卦之坎,往而为蹇上卦之坎,所以九五得其中也。

《䷧解・彖传》:“往得众也,其来复吉,乃得中也。”

来注:解综蹇,蹇下卦之艮,往而为解上卦之震也,震二爻皆坤土,坤为众,故得众也。得中者,蹇上卦之坎,来而为解下卦之坎也。

《䷨损・彖传》:“损下益上,其道上行。”

来注:益卦柔卦居上,刚卦居下,损下益上者,损益下卦之震,上行居损卦之上而为艮也。故其道上行。

《䷩益・彖传》:“益,损上益下。”

来注:损,损上卦之艮;益,益下卦而为震也。

《䷭升・彖传》:“柔以时升。”

来注:萃下卦之坤,升而为升之上卦也。柔本不能升,故以时升,所以名升。

䷯井卦辞："往来井井。"又《彖传》："改邑不改井，乃以刚中也。"

来注：在井卦，坎位于上；在困卦，坎来于下。刚居于中往来不改，改曰往来井井。改邑不改井者，以刚居中，在困卦居二之中，在井卦居五之中，往来井井，不可改变也。

《䷱鼎·彖传》："柔进而上行，得中而应乎刚。"

来注：言革下卦之离，进而为鼎之上卦也，进而上行，居五之中，应乎二之刚也。

䷳艮卦辞："艮其背。"

来注：本卦综震……震，行也，向上而行，面向上，其背在下，故以阳之画初与四为背。艮，止也，向下而立，面向下，其背在上，故以阳之画二与上为背。

又《彖传》："时止则止，时行则行。"

来注：盖理当其可之谓时，时当乎艮之止则止，时当乎震之行则行，行止之动静皆不失其时，则无适而非天理之公。

《䷴渐·彖传》："渐之进也。"

来注：言归妹下卦之兑，进而为渐上卦之巽。

《䷷旅·彖传》:“柔得中乎外而顺乎刚。”

来注:丰下卦之离,进而为旅之上卦,所以柔得中乎外卦而又亲比上下之刚也。

《䷺涣·彖传》:“刚来而不穷,柔得位乎外而上同。”

来注:刚来不穷者,言节上卦坎中之阳,来居于涣之二也;言刚来亦在下之中,不至于穷极也。柔得位乎外而上同者,节下卦兑三之柔,上行而为巽之四,与五同德,以辅佐乎五也。八卦正位,乾在五,巽在四,故曰得位,故曰上同。

《䷻节·彖传》:“节,亨,刚柔分而刚得中。”

来注:节涣相综,在涣则柔外而刚内,在节则刚外而柔内,则刚柔分也。刚得中者,二五也,二五皆刚居中也。言刚柔虽分内分外,而刚皆得中,此其所以亨也。

(四)变

来氏云:

变者,阳变阴,阴变阳也,如乾卦初变即为

> 姤，是就于本卦变之。……盖爻一动即变，如渐卦九三，以三为夫，以坎中满为妇孕，及三爻一变，则阳死成坤，离绝夫位，故有夫征不复之象；既成坤，则并坎中满通不见矣，故有妇孕不育之象。又如归妹九四，中爻坎月离日，期之象也，四一变则纯坤，而日月不见矣，故愆期。

是知来氏之变，即通常易学所谓的“变爻”义。此义也是先秦易所固有，汉京房名之为“飞伏”。

来氏喜欢以此解易，故见于易注中特多，几每卦都不离此一义。因过多故，不胜举陈，兹举屯、蒙、需、讼四卦为例，以见其凡。

> ䷂ 屯六四：“求婚媾。”
>
> 来注：本爻变，中爻成巽，则为长女，震为长男，婚媾之象也。

> ䷃ 蒙初六：“用说桎梏，以往，吝。”
>
> 来注：变兑为毁折，脱之象也。往者，往发其蒙也。吝者利之反。变兑则和悦矣，和悦安能发蒙，故吝。
>
> 又六三：“勿用取女。”

来注：变巽，女之象也。

䷄ 需九二："终吉。"

来注：变爻离明，明哲保身，终不陷于险也。

又上六："入于穴。"

来注：变巽为入。

䷅ 讼初六："小有言。"

来注：变兑为口舌，言之象也。

又九二："其邑人三百户，无眚。"

来注：二变，下卦为坤，坤则阖户之象也。三百，言其邑之小也……必如此小邑藏避，不敢与五为敌，方可免眚。

又六三："或从王事。"

来注：变爻不果，或之象也。

又九四："复即命，渝。"

来注：中爻巽，四变亦为巽，命之象也。渝，变也，四变中爻为震，动之象也。

又上九："或锡之鞶带。"

来注：变为兑口，中爻为巽，命令锡服之象也。

至于上引来氏文中所举渐与归妹之例，依此之注释，读者一览便知，不另予说明。

（五）中爻

来氏云：

> 中爻者，二三四五所合之卦也。系辞第九章孔子言甚详矣（作者此指《系辞下传》第九章）。大抵错者，阴阳横相对也；综者，阴阳上下相颠倒也；变者，阳变阴，阴变阳也；中爻者，阴阳内外相连属也。

来氏言“中爻”，即通常易学中所言之“互体”。“中爻”之名，系来自《系辞传》：“若夫杂物撰德，辨是与非，则非其中爻不备。”“中爻”就字义上看，固指一卦中四爻，但按之爻辞，文王采用互体卦并不限于中四爻，例如：䷕贲卦六二言“贲其须”，显然以九三至上九视为互体颐卦，六二在颐之下，故言“贲其须”。由此可知来氏将“中爻”指定为二三四五爻，是有点执着于字义了。

来氏在《周易集注》中对中爻义的应用也很多，因为这是易学中传统常用之义，所以不必举述太多，以下兹举数例以见其要。

> ䷆师六五：“长子帅师。”

来注：中爻震，长子之象也。（言二至四互体震，在六五之下，为六五之长子。）

䷈ 小畜九三："夫妻反目。"

来注：中爻离为目，巽多白眼，反目之象也。（言三至五互体离，离为目。）

又上九："月几望。"

来注：中爻离为日，日月之象也。巽错震，中爻兑，震东兑西，日月相望之象也。（此解义甚复杂，用中爻，用错，用文王后天八卦方位。而所要解释的"望"为"相望"。）

䷊ 泰六五："帝乙归妹。"

来注：中爻三五为雷，二四为泽，有归妹之象。（言二至五互体归妹。）

䷌ 同人九三："伏戎于莽，升其高陵。"

来注：中爻巽为入，亦伏之象也。离为戈，兵戎之象也。莽，草也，中爻巽为阴木，草之象也。中爻巽为股，三变为震足，股足齐动，升之象也。巽为高，高之象也。三变中爻艮，陵之象也。（言二至四互体巽，三变则互体艮。）

附录　卦爻辞中的数

《易经》卦爻辞中有一些数字，最常见的如三、十等，这些数字正如一般文章一样，是文字传达思想所不能少的。但由于卦爻辞之用在于“辨吉凶”，而又字句简约，故历代注易的人都多少会对这些数字给予关注，并时见提出解说。来氏对这些数字也提出了他的见解，认为这些数字之用大半根据于邵雍乾一、兑二、离三、震四、巽五、坎六、艮七、坤八的先天八卦之数。因为他对这些“数”，并非用以思想理论的探讨，只是提出他的见解，姑无论其是与非，附录于此以提供读者。

计《易经》六十四卦卦爻辞中所见的数字，有“一”“二”“三”“七”“八”“九”“十”“百”“亿”等。其中“百”与“亿”见于震卦辞“震惊百里”与六二爻辞“亿丧贝”，无特殊含义，来氏分别注以“君主百里之象”与“亿者大也，大丧其贝”，这两个数可以不论。其余的数字分别引录其注文如下：

“一”：

䷥ 睽上九：“载鬼一车。”

（此“一”未注，即用数字义。）

䷬萃初六：“一握为笑。”

来氏注：坤错乾，乾居一，一之象也。

䷷旅六五：“一矢亡。”

来氏注：变乾，乾居一，一之象也。

“二”：

䷨损卦辞：“二簋可用享。”

来氏注：二簋至薄，亦可享于鬼神。（此“二”用数字义）

“三”：

䷃蒙卦辞：“再三渎。”

来氏注：再指四，阳一阴二，二再则四矣。三指三。（此“再”“三”指四爻与三爻。）

䷄需上六：“有不速之客三人来。”

来氏注：三阳同体，有三人之象也。（此“三”用数字义。）

䷅讼九二：“三百户。”

来氏注：中爻为离，坎错离，离居三，三百之象也。

又上九：“终期三褫之。”

来氏注：中爻离日，朝日之象也。离日居下卦，终之象也。又居三，三之象也。

䷆ 师九三：“王三锡命。”

来氏注：本卦错同人，乾在上，王之象；离在下，三之象。

䷇ 比九五：“王用三驱。”

来氏注：坎错离，为日、王之象也，又居三，三之象也。

䷌ 同人九三：“三岁不兴。”

来氏注：离居三，三之象也。

䷜ 坎上六：“三岁不得。”

来氏注：坎错离，三之象也。

䷢ 晋卦辞：“昼日三接。”

来氏注：昼日离之象，离居三，三之象。

䷣ 明夷初九：“三日不食。”

来氏注：离居三，三之象也；离为日，三日之象也。

䷧ 解九二：“田获三狐。”

来氏注：中爻离，离居三，三之象也。

䷨ 损六三：“三人行则损一人。”

来氏注：三人行者，益下卦三爻，居于损之上三爻也，即彖辞其道上行也。损一人者，损六三也，一人行即六三也。(此“三”“一”用数字义。)

䷮ 困初六：“三岁不觌。”

来氏注：坎错离，为卦又居三，三岁不觌之象也。

䷰ 革九三：“革言三就。”

来氏注：离居三，三就之象也。

䷴ 渐九五：“三岁不孕。”

来氏注：离居三，三岁之象也。

䷶ 丰上六：“三岁不觌。”

来氏注：三岁不觌者，变离，离居三也。

䷸ 巽六四：“田获三品。”

来氏注：三品者，初巽为鸡，二兑为羊，三离为雉也。

䷾ 既济九三：“三年克之。”

来氏注：离居三，三年之象也。

䷿ 未济九四：“三年有赏于大国。”

来氏注：未济九四即既济九三。

“七”：

䷲ 震六二：“七日得。”

来氏注：艮居七，七之象也。

䷾ 既济六二：“七日得。”

来氏注：变乾居一，前坎居六，离为日，七日之象也。（此以乾之数一，合坎之数六，共为七。）

“八”：

䷒临卦辞：“至于八月有凶。”

来氏注：至于八月，非临数。至观八个月也。（此“八”用数字义。）

“九”：

䷲震六二：“跻于九陵。”

来氏注：中爻艮为山陵之象也，陵乘九刚，九陵之象也。（此以“九”为阳数。）

“十”：

䷂屯六二：“十年乃字。”

来氏注：中爻坤土，土数成于十，十之象也。

䷗复上六：“至于十年。”

来氏注：十者，土数成于十也。

䷚颐六三：“十年勿用。”

来氏注：十年者，中爻坤，土之成数也。

䷨损六五：“或益之十朋之龟。”

䷩益六二：（同上）

来氏注：十者，土之成数，中爻坤，十之象也。损之六五即益之六二。

上所举为所有卦爻辞中之数，除少数用数字义外，大多数用邵子先天八卦之数（乾一、兑二、离三、震四、巽五、坎六、艮七、坤八），“九”为阳刚之数，“十”则为坤土之数。主要是用数的理由多端，使人无定则遵循。例如“三”之数，直接见离象的有同人九三、晋卦辞、明夷初九、解九三、革九三、渐九五、巽六四、既济九三、未济九四等，取错离卦的有讼九二、师九二、比九五、坎上六、困初六等，取变爻离卦的有丰上六。至于讼上九，则取其相应下卦之错卦，更觉间接。最有趣的是既济六二之“七”，来氏以“变乾居一，前坎居六”注，是乾一加坎六为七，这便让人觉得不只是“玩索”卦象，有点近乎“玩弄”卦象了。

此外，来氏对蛊卦的“先甲三日，后甲三日”与巽卦的“先庚三日，后庚三日”，也提出了他的独特见解，兹引录他的注释如下：

䷑蛊：“元亨，利涉大川，先甲三日，后甲三日。”

来氏注：利涉大川者，中爻震木在兑泽之上也。先甲后甲者，本卦艮上巽下，文王圆图艮巽夹震木于东之中，故曰先甲后甲，言巽先于甲，艮后于甲也。巽卦言先庚后庚者，伏羲圆图艮巽夹兑方于西中，故曰先庚后庚，言巽先于庚，艮后于庚也。分甲于蛊者，本卦未变，上体中爻震本下体巽木也。分庚于巽者，本卦未变，上体综兑金，下体错兑金也。十干独言甲庚者，乾坤乃六十四卦之祖，甲居于寅，坤在上，乾在下为泰。庚居于申，乾在上，坤在下，为否。大往小来，小往大来，天地之道不过如此，物不可以终通，物不可以终否，易之为道，亦不过如此，所以独言甲庚也。曰先三后三者六爻也，先三者下三爻也，巽也；后三者上三爻也，艮也。不曰爻而曰日者，本卦综随，日出震东，日没兑西，原有此象，故少不言一日二日，多不言九日十日，而独言先三后三者，则知其为下三爻上三爻也明矣！以先甲用辛，取自新，后甲用丁取丁宁，此说始乎郑玄，不成其说矣。〇当蛊之时，乱极必治，占者固元亨矣，然岂静以俟其治哉？必历涉艰难险阻，以拨乱反正，知其先之三爻乃巽之柔懦，所以成其蛊也，则因其柔懦而矫之以刚果；知其后之三爻乃艮之止息，所以成其蛊也，乃因其止息而矫之以奋发，斯可以元亨而天下治矣。

图 6-5　伏羲圆图

图 6-6　文王圆图

䷸ 巽九五：“贞吉，悔亡，无不利，无初有终，先庚三日，后庚三日，吉。”

来氏注：先庚后庚，详见蛊卦，五变则外卦为艮，成蛊矣。先庚丁，后庚癸，其说始于郑玄，不成其说。〇九五居尊，为巽之主，命令之所由出者也。以其刚健中正，故正而又吉。然巽顺之体，初时不免有悔，至此则悔亡而无不利矣。惟其悔亡而无不利，故无初有终也。然命令之出，所系匪轻，必原其所以始，虑其所以终，先庚三日，后庚三日，庶乎命令之出，如风之吹物，无处不入，无物不鼓动矣。占者必如是而吉也。

以上为了清楚起见，将他的注文全部引录，读者可以看到他是根据邵雍的伏羲氏先天圆图及文王后天圆图作解的。蛊卦的“先甲三日，后甲三日”，指巽、艮二卦之夹震卦于东方。巽卦的“先庚三日，后庚三日”，指巽、艮二卦的夹庚申于西方。此二象一象泰卦，一象否卦，由此作解，此就象上说。义上则蛊之“先甲”“后甲”，义在知成蛊之柔懦而矫之以刚果与知成蛊之艮止而矫之以奋发。巽九五则义在“庶乎命令之出，如风之吹物”。对于来氏此说，就易学史而言，确是脱离传统的新说，所以他在二卦中均斥责郑玄之解易“不成其说”。按郑玄之说，孔颖达正义在疏注《王弼易注》中曾有道及，为了让读者易于比较，引录于下：

> ䷑蛊（经文同上，省）
>
> 孔疏：先甲三日，后甲三日者，甲者创制之令，既在有为之时，不可因仍旧令，今用创制之令以治于人，人若犯者未可即加刑罚，以民未习，故先此宣令之前三日，殷勤而语之，又于此宣令之后三日，更丁宁而语之，其人不从，乃加刑罚也。其褚氏、何氏、周氏等，并同郑义，以为甲者选作新令之日，甲前三日取改过自新，故用辛也。甲后三日取丁宁之义，故用丁也。今案辅嗣注，甲者创制之令，不云创制之日。又巽卦九五：先庚三日，后

庚三日，辅嗣注申命令谓之庚。辅嗣又云：甲庚皆申命之谓，则辅嗣不以甲为创制之日，而诸儒不顾辅嗣注旨，妄作异端非也。（蛊卦辞，王弼无注，《象传》中则注曰："甲者，创制之令也，创制不可贵之以旧，故先之三日，后之三日，使令洽而后乃诛也。"）

䷸巽九五：（经文同上，省）

王注：申命令谓之庚，夫以正齐物不可卒也，民迷固久值不可肆也，故先申三日，令著之后，复申三日，然后诛之而无咎怨矣。甲庚皆申命之谓也。

孔疏：先庚三日，后庚三日吉者，申命令谓之庚。（下略）

以上引录王弼注、孔颖达正义，并道及郑玄之解易，目的固然是提供给读者做比较。另一用心也是在以"理"与"象"为依据的易学解义下，让读者认识到其差别。来氏易注重在以"象"说理，而郑、王、孔则以义理推思。义理之中，郑与王、孔又不同。是知易义解注之复杂情况，笔者举此为例，其是非低昂，只好付诸读者去评定了。

易学中最成问题的还有《说卦传》"参天两地而倚数"

之言，来氏对此也提出了他的见解。其注云：

> 参两之说，非阳之象圆，圆者径一而围三，阴之象方，方者径一而围四之说也。盖河图天一地二天三地四天五地六天七地八天九地十，一二三四五者，五行之生数也，六七八九十者，五行之成数也。生数居河图之内，乃五行之发端，故可以起数；成数居河图之外，则五行之结果，故不可以起数。参之者，三之也，天一天三天五之三位也；两之者，二之也，地二地四之二位也。倚者依也，天一依天三，天三依天五而为九；地二依地四而为六也。（此注文又见于乾卦初九“潜龙勿用”之下，文义略同。）

按来氏此说，实采取马融、王肃之旧说而益以河图之数，以五行生数与五行成数作解。马、王氏之说见《孔颖达正义疏》，读者请自行参阅。

第七章　王船山的易学

第一节　事　略

王船山，名夫之，字而农，号姜斋，湖南湘阳人。生于明神宗万历四十七年（公元1619年），卒于清康熙三十一年（公元1692年），享寿七十四岁。

综观王船山的一生，堪称典型的儒家代表人物。他生当明清之交，自出生之时起，外值努尔哈赤兴兵寇边，内有魏阉东厂惑患朝廷，明朝国势急剧衰退。船山三十四岁中举人的次年，李自成陷北京，明思宗自缢于煤山。接着吴三桂迎清兵入关，明朝忠义之士开始进行垂死挣扎的复国活动。船山自幼以忠肝义胆自负，救亡图存不后人，遂于衡阳举兵抗清。旋兵败，奔肇庆投永历帝，嗣就行人司行人介子职。在小朝廷中，他与永历左右的权奸不合，而清兵寻至，船山复值母丧归乡，此后也就没有机会再任职政事。但在此期间，也许是眼见救亡图存的工作渺茫非易为，他开始专心于学术研究，《周易稗疏》《周易考异》便在此时撰成。

此后，船山便进入一连串躲避清兵侦缉追捕的逃亡生活。他改装易名，席不暇暖，穷迫至于寄身瑶民穴洞，饱受颠沛流离之苦。然而，磨砺越坚，他的心志越奋发，将一切为国为民之志，都发挥在学术研究上，利用一切逃亡中空闲的时间，在六经、老庄、佛学上下功夫，而尤注重《周易》《春秋》二书。他的天资原本敏锐，志学之心原本强烈，加上时代的愤激、颠沛不宁的生活，反而助长了他学术研究的卓越识见、独特观感，窥人之所未能窥，悟人之所未能悟，乃说出“六经为我开生面”的话。他的话并非虚张自夸，我们读他的著作，可以看到他提出了许多传统以外的新思考，不能不说是得艰困生活之所赐。在他六十岁那年，吴三桂叛清称帝，胁迫他写“劝进表”。对于吴三桂这样的反复小人，船山自然不屑于与之为伍，乃逃难避居深山中。不久吴死，他回到数年前筑建的湘西草堂。此后十四年，一方面由于清廷国势已稳固，而他年事已高，遂不再为清廷所顾忌，他遂有机会在湘西草堂教授弟子与著述，《周易内传》及《周易内传发例》便成于此时，有名的《史论》以及《张子正蒙注》等书也写于此期间。湘西草堂在蒸水左侧的石船山，故人称他“船山先生”，而他有时也自称为船山老人、船山老叟、船山病叟。在他七十四岁病故之前，他已经为自己的墓碑题好了字：“明遗民王夫之之墓”，且写好了墓志铭文，云：

> 抱刘越石之孤愤而命无从致，
> 希张横渠之正学而力不能企。
> 幸全归于兹丘，
> 固衔恤以永世。

儒家的精神，一向以重道义、守志节为最重要，不屈于强权，不移于穷迫，舍死忘生以成就德操。就此精神而论，王船山为儒家典型，自是正论。

至于船山的著作，因其卒时已在清代康熙之世，由此时代因素，死后并未有人做全面系统的整理，到了同治年间，曾国藩、曾国荃兄弟才以同乡之谊，刊刻《船山遗书》出版。1930 年至 1933 年上海太平洋书局出版的遗书，搜集更多些。近年来湖南长沙岳麓书社出版的《王船山全集》，附有传记、年谱、杂录，比以前更周全。船山的著述很多，在历代学者中，其思想之盛，笔锋之健，罕有其匹。本书以易学史为立场，所论自以其易学为范围，而事实上，易学也是他一生思想的主导。

第二节　易　说

自清代以来出版的任何一种船山遗书或全集，都将他的易学著作列在书目的最前面部分。这些著作共为六种，各版本的排列次第容有不同，广文书局所印行的易学丛书“船山易学”中的次第为：

《周易内传》

《周易内传发例》

《周易大象解》

《周易稗疏》

《周易考异》

《周易外传》

书中如此安排，当初船山的写作先后却并非如此。这里有一段船山自述的文字，记载在《周易内传发例》之末，可以知道上述著作撰写的时间。文曰：

> 夫之自□□丙戌始有志于读《易》，戊子避戎于莲花峰，益讲求之，初得观卦之义……乙未于晋

宁山寺，始为《外传》。丙辰始为《大象传》。亡国孤臣□□□□□志无可酬，业无可广，惟易之为道，则未尝旦夕敢忘于心，而拟议之难，又未敢轻言也。岁在乙丑，从游诸生求为解说，形枯气索，畅论为难，于是乃于病中勉为作传，大略以乾坤并建为宗，错综合一为象，彖爻一致、四圣一揆为释，占学一理、得失吉凶一道为义（当指《内传》）。

依这段话，对照他的年龄，可以列表如下：

二十八岁（丙戌）	始有志于读《易》。
三十岁（戊子）	避戎于莲花峰，益讲求之。
三十七岁（乙未）	始为《外传》。
五十八岁（丙辰）	始为《大象传》。
六十七岁（乙丑）	乃于病中勉为作传（《内传》）。

这段话记载在《内传发例》之末，则知发例一篇是最后写成。《稗疏》与《考异》二篇，经后人研究乃写于早年抗清兵败之后投效永历帝期间，大体如此。在这些著作中，《周易内传》与《内传发例》最晚出，为六十七岁到七十四岁卒前的作品，自然比较重要。

不过，我需要先做说明的便是船山易学受三方面的影响极大：一是他个人的时代遭遇；二是宋明以来尊儒过甚之风；三是他深厚的历史意识。这三方面的影响，都显著而普遍地表现于他的著作之中。前者凸显了他的不轻易苟同于人，时常批评反对传统易家学说而倾向于自辟蹊径以解易；次者则是以儒者自标，口口声声不忘记反对批评老庄与佛学；至于后者历史意识方面，则在他解说卦爻时常引用史实故事，成为一大特色。然而这些影响虽然成就了王船山在学术上的独特性，却不一定都是正的一面。因为站在学术的客观态度上而言，一个人的学术思想有新创见固然好，但不要太过凸显一己的主观。王船山由于遭逢时代大变故，己身常在旋涡中激荡回旋，经历了文人学者罕有的动荡不安，因而形成他独有的思想反应，不自觉落入主观自负。这对船山本人也许是自然的，但对于以客观价值研究易学思想的人来说，便必须知道，他的许多易学观点来自一己主观思想而非众人客观共由之道。近世以来，王船山的研究似日趋热络，许多人目眩于他的经历之奇、著述之丰与思想之盛，却忽略了他的一部分"奇""丰""盛"，乃来自可遇不可求的人生经历。正由于此，他的易学思想中有相当多的见解，非常人客观的"正"见，乃特殊生活遭遇的"异"见。笔者读船山书，尊敬他的大胆创发与敏锐感悟，然而也不敢疏忽于学术性的客观公正，我觉得这是要了解船山易学的人所应该知道的。

笔者菲才，对历代易学家拟就“创思性”与“阐述性”二者做分别。如伏羲、文王、孔子、邵雍几位都是属于创思性的易学家，所谓“创思”乃指对于易道之原理原则有新见地，他们几位各有一套发明易道的新理论，言之成理而深入共识。如王弼、程朱及汉宋间绝大多数的易学家，则属于继承阐述性的易学家。他们倚卦爻象及辞而作注，阐扬已有的易义。即令有创见，也只是在某一思想点上稍有不同见解。在这二者之间，另有一些易学家，则是上不及伏、文、孔、邵而下不落王弼、程朱，有创思而未及卓然成一家之思想理论。其创思非尽在易道之自然，而有着人为之迹。此如汉之孟喜、虞翻，明之来知德属之，王船山的易学当为后者。然而，就易之学而言，此已属大不易。易学研究上下数千年，代不乏人，稍当于“创思”二字，谈何容易。此船山易学之在近代逐渐为人所重视之理由。以下兹就重点提出，介绍船山易学。

一、对易学的观点

首先，让我们来看船山对于易学所以成立的几个基本观点。

（一）伏羲氏则河图画卦

伏羲氏则河图画卦，不是船山提出的新说，而是自汉代孔安国以来的旧说。此后马融、王肃、姚信等均相信此说，但毕竟所谓“河图”者究为何物，原没有思想理论，只是根据《尚书·顾命》及《论语》《易传》中孔子之言而成立。至北宋初，经刘牧等人著书立说以后，始图形渐著而思想理论随之成立，此后河图与洛书两个图象并流行于易学界。南宋蔡九峰更以洛书为《尚书·洪范》“九畴”之源，著论造图而演九畴之数诸图。自此之后，“伏羲则河图而画八卦，禹法洛书而演九畴”遂成为易学中言“象”与“数”的两个系统。八卦、九畴相应于河图、洛书，俨然若真有其事。本书前文在“图书之学”一章中言之甚详，已不必再多论。

然而，此等由传说而生思想之事，究竟是真是假，无从定论。宋明易学家们各随己意，实则无是无非。既然如此，为什么还要提出王船山相信“伏羲则河图画卦”这件事呢？理由便是由儒学的传承而言，王船山不管是就思想或行为的表现，都应该是满清以后儒学衰落以前的一位殿军人物。对于这样一位头角峥嵘的儒家人物，竟然彰明较著地相信这样由传统而起的无是无非之说，笔者认为应该指明才是，当然更重要的是他对此一问题有其独创的见解。那么，现在我们来看船山在《周易内传发例》中的话，他说：

《传》曰：河出图，洛出书，圣人则之。洛书别于《洪范》篇中详之，而河图者，圣人作易画卦之所取，则孔子明言之矣。八卦之奇偶必即河图之象，圣人会其通尽其变以配天地之化理也，明甚。

这段话中无新义，他同一般易学家一样，相信《易·系辞传》之言，也相信蔡九峰洛书演《洪范》九畴之说。再进一步看他在《周易内传》中注解《系辞传》“天一地二”至“成变化而行鬼神”一节下的注文：

此言八卦之画肇于河图，而下言蓍策之法出于大衍，体相因而用有殊。天地之变化用其全，而人之合天者有裁成之节也。五十有五，河图垂象之数也，阳曰天，阴曰地；奇数阳也，偶数阴也。天无心而成化，非有所吝留，有所丰予，斟酌而量用之，乃屈伸时行而变化，见则成乎象而因以得数有如此者。阴阳之细缊时有聚散，故其象不一，而数之可数者以殊焉。……成变化而行鬼神者，天地雷风水火山泽之用也，其或一以至或十，以时为聚散而可见其数之多寡，有不可得而见者焉，莫测其何以一而九，何以二而十也。天垂象于河图，人乃见其数之有五十有五，阳二十五而阴三十，各以类聚而分五位。圣人乃以知阴阳聚散之用，虽无心于斟酌，而分合之妙，必定于五位之类聚。不溢不缺以不乱，遂于其得而有合者，以类相从，以几相应，而知其为天地雷风水火山泽之象，则八卦之画兴焉。因七五一而画乾，因六十二而画坤，天道下施为五为七以行于地中，地道上行为十为六以交乎天位，乾止于一不至于极北，坤止于二不至于极南，下上之分，所谓天地定位也。……因左八三十而画坎，因右九四五而画离，离位乎东不至乎西，坎位乎西不至乎东，五与十相函以止而不相逾，所谓水火不相射也。因一三二而画为兑，因二四一而画为艮，一二互用参三四而成兑艮，所谓山泽通气也。山泽者，于大气中最为聚而见少者也，少者少也，甫散而非其气之周布者也，少者在内，雷风水火之所保也。因九六八而画为震，因八七九而画为巽，八九互用参六七而成震巽，所谓雷风相薄也，驰逐于外也。雷风者，阴阳之气动极而欲散者也，故因其散而见多也，多者老也，气之不复聚而且散以无余者也，老者居外以周营于天地之间也。八卦画而六十四卦皆由此以配合焉。其阴阳之互相用以成象者变化也，其一屈一伸，为聚为散，或见盈而或见诎者鬼神也，此天地之所以行其大用而妙于不测也。圣人始因河图之象而数其数，乃因其数之合而相得以成三爻之位者著其象，故八卦画而易之体立焉。

集合了宋元明易家对河图的意见，说明河图的图象何以是伏羲画八卦之所则。这段话算是说得最清楚的了，除了根据图上的奇偶数合卦象，还推思出了一些思想。然后，我们不妨再看船山的另一段话，以天、地、人之义进言河图之不止于八卦，六十四卦也同样为圣人所则，《周易内传发例》云：

> 或曰：因五位十象而成六十二卦可也，若乾六阳坤六阴，图则阳之象一三五七九，象止五阳；阴之象二四六八十，象止五阴，何从得六阳六阴而取则哉？曰：天之垂象也，不一其理；圣人之则天也，不一其道，故曰其为道也屡迁。河图中外之象凡三重焉，七八九六天也，五十地也，一二三四人也。七九阳也，八六阴也，立天之道阴与阳俱焉者也，至于天而阴阳之数备矣。天包地外，地半于天者也，故其象二而得数十五，犹未歉也。人成位乎天地，合受天地之理数，故均于天而有四象，然而得数仅十，视地为歉矣。卦重三而为六，在天而七八九六皆刚，而又下用地之五，人之或一或三而六阳成。地五十皆阴，又用天之八六，人之二四而

六阴成，此则乾坤六爻之象也。一三皆阳也，乾虚其一而不用者，天道大备，乾且不得而尽焉，非如地道之尽于坤也。是知圣人则河图以画卦，非徒八卦然也，六十四卦皆河图所有之成象摩荡而成者，故曰圣人则之。

我所说的船山对河图之为画卦所则，有他的创见，便是指上面这段话。以八卦配河图在他之前已有多人说过了，然而以六十四卦如此言之成理地也配合在河图上，他还算是第一人。从文中我们可以看出他是如何坚信伏羲氏则河图而画卦这件事了。还有，他也说及筮法出于河图，这一方面在下面“占学一理”中叙述。

（二）四圣同揆，占学一理

船山说：

伏羲氏始画卦而天人之理尽在其中矣，上古简朴，未遑明著其所以然者以诏天下，后世幸筮民犹传其所画之象而未之乱。文王起于数千年之后，以不显亦临无射亦保之心，得即卦象而体之，乃系之彖辞以发明卦象得失吉凶之所由。周公又即文王之彖，达其变于爻以研时位之几而精其义。孔子又即文周彖爻之辞，赞其所以然之理而为《文言》与

《彖》《象》之传，又以其义例之贯通与其变动者为《系传》《说卦》《杂卦》，使占者学者得其指归以通其殊致。盖孔子所赞之说，即以明《彖传》《象传》之纲领，而《彖》《象》二传即文周之彖爻，文周之彖爻，即伏羲氏之画卦，四圣同揆，后圣以达先圣之意而未尝有损益也明矣。(《周易内传发例》)

这段文字是《周易内传发例》开始的一段，非常重要，它代表船山对易学当初建立的看法。首先，他认为“伏羲氏始画卦而天人之理尽在其中矣”；其次，文王周公系之以卦爻辞是“发明卦象得失吉凶之所由”，“以研时位之几而精其义”；然后，孔子又“赞其所以然之理”而为《易传》。于是他的结论是：“孔子所赞之说，即以明《彖传》《象传》之纲领，而《彖》《象》二传即文周之彖爻，文周之彖爻即伏羲氏之画卦，四圣同揆，后圣以达先圣之意而未尝有损益也明矣。”换句话说，孔子所赞之理即在伏、文、周圣之卦象及辞中，而易学之义理早于伏羲画卦中已具，四圣同揆，无有损益。这种主张便与过去朱子的主张有了差别。有关朱子的易学已叙述于前篇，他的主张非常坚定而明确，即“《易》为卜筮之书”，八卦奇偶之画或阴阳之象如“杯珓”之用，只是占断吉凶，初无文义；文周之卦爻辞也只是为占筮而设，使人在占断时见卦爻之辞而知其吉凶；至孔子，方始说出道理来。所以朱子教人要读易便要分别伏羲之易、文王之易与孔子之易，他们的易是各不相同的。然而现在王船山的意思不是这样，他认为当伏羲画卦时虽有象无文而易理已在，文周演易作辞也只是依易理而明吉凶，孔子作《易传》虽发挥了许多文字，就易理而言“未尝有损益”。因此在《周易内传》一开始，在提要传注经文之前，他便先破除了朱子主张的文周的卦爻辞“亦只是为占筮设”之见：

> 伏羲氏始画卦未有易名，夏曰连山，商曰归藏，犹筮人之书也，文王乃本伏羲之画，体三才之道，推性命之原，极物理人事之变，以明得吉失凶之故，而易作焉，易之道虽本于伏羲，而实文王之德与圣学之所自著也。

这是《周易内传》的开始，话讲得很客气，没有直呼“朱子”而斥责之，仅委婉讲出文周之易不止于占筮，而也有“体三才之道，推性命之原，极物理人事之变”的哲学思想。可是到了他写《周易内传发例》的时候，便不客气了，直呼“朱子”之名而予以斥责，看下面的文字：

> 朱子学宗程氏，独于易焉尽废王弼以来引申之

理，而专言象占，谓孔子之言天言人言性言德言研几言精义言崇德广业者，皆非羲文之本旨，仅以为卜筮之用而谓非学者所宜讲习。其激而为论，乃至拟之于火珠林卦影之陋，则又与汉人之说同，而与孔子《系传》穷理尽性之言显相抵牾，而不恤由王弼以至程子矫枉而过正者也；朱子则矫正而不嫌于枉矣。若夫易之为道，即象以见理，即理之得失以定占之吉凶，即占以示学，切民用，合天性，统四圣于一贯，会以言以动以占以制器于一原则。

最后几句，无疑是对朱子的一番教训。接下去，他又批评朱子的卦变说，云：

乃朱子谓一卦而六十三卦皆可变，其说本自焦赣，赣之为术，博衍蓍策九六变动而为四千九十六之占，辞繁冗重复而究不足以尽天道人事无穷之理数，以为忧悔吝而补过之明鉴。……此焦氏之说，与启蒙固相矛盾，奈之何曲徇而两存之也？……孔子所传者文王之易，焦赣所演者夏商日者之易，论文周孔子之易而以日者之术系之，奚可哉！篇中于随蛊卦言泰否之变，无妄、大畜、晋、睽、鼎、革各殊其说，玩爻象而宗二圣之指，不知其余也。

此外于《张子正蒙注》序中，也见严厉指责朱子的话：

自朱子虑学者之骛远而忘迩，测微而遗显，其教训人也以《易》为占筮之书而不使之学，亦矫枉之过，几令伏羲、文王、周公、孔子继天立极、扶正人心之大法，下同京房、管辂、郭璞、贾耽、王遁奇禽之小技。

最后他对朱子易学的总评是：

朱子师孔子以表章六艺，徒于易显背孔子之至教，故善崇朱子者舍其注易可也！

以上述及船山对朱子之批评指责，已嫌过多，但于此可见船山“四圣同揆”之义旨。朱子当初也有“四圣一心”之言（见于朱子“易五赞”之一述旨中），读者于此可知船山的“四圣同揆”并不同于朱子的“四圣一心”。“同揆”者同揆于“理”，言四圣均有义理之思；“一心”者仅言伏、文、周之筮占吉凶与孔子之义理同为有心于关注人事而已。

四圣之易均有义理可言，那么筮占之事呢？船山的答复是：占学一理。筮占吉凶只是易理中的一环，其用术是方法，而其所以然之故便是理。所以船山不但不反对筮占，且认为筮占吉凶是易理的表现。正因为是易理的表现，其吉其凶才是天地自然之当吉当凶。我们来看他在《周易内传》中对《系辞传》“易有圣人之道四焉”章“以卜筮者尚其占”一节的解释：

> 义利之分极于微芒，吉凶之差于此而判，有时有位或刚或柔，因其固然而行乎其不容已，则得正而吉，反此者凶。或循意以忘道，或执道以强物，则不足以察其精微之辨。易原天理之自然，析理于毫发之间而吉凶著于未见之先，此其所以为天下之至极而君子之所以必尚也。此节言尚辞尚占之道。

这哪里是说“占”？根本就是把“占”看作“理”而言。在“易有圣人之道四焉”这一章（第十章）之后，他的总结是：

> 此章自言圣人之道四，夫子阐易之大用以诏后世，皎如日星，而说易者或徒究其辞与变以泛论事功学术而不详筮者之占，固为未达；又或专取象占而谓易之为书止以前知吉凶，又乌足以与圣人垂教之精意？占也，言也，动也，制器也，用四而道合

于一也，道合于一而必备四者之用以言易，则愚不敢多让，非敢矫先儒之偏也，笃信圣人之明训也。

这段话说“占学一理”之义，可以说是够剀切的了。而船山最后又把筮占与画卦所根据之“理”统归于河图。这方面在《周易内传发例》中说到了很多，读者请自参阅，兹不多引。

（三）三才各两的重卦说

“重卦”一事，在易学中是一件大事，六十四卦由此产生。孔颖达《周易正义》特别提出“重卦之人”以讨论此一问题。当然，能定其人则能定其时，能定其时则能解其事，无如古代史料文献缺损不足，故历代易家各执一义而不能统一。孔氏正义举出四家之说，王船山则赞成伏羲重卦一说。

站在哲学思想的发展史上说，“重卦”的重要不只关系到易学，而且是整个中国文化进展历程中的一个转进点，因为六十四卦所带动起来的文化素质，给中国文化增添了太多的新进因素。相信伏羲氏当初画八卦又重八卦为六十四卦，自然可以，只是否定了由八卦到六十四卦之间思想的差别，是以史学家司马迁和班固都相信是文王重卦。宋明以来的易家似乎只注意到“象”与“辞”二者之分，将“象”归于伏羲而将“辞”归于文王、周公。王船山便承继此思想，因为八卦与六十四卦都是“象”，所以都是出于伏羲氏。但我们应知王船山此一主张并非用心于要解决“重卦之人”的问题，他只是跟随着时代的脚步承继了此一说法。他真正用心之处是创制了一套新的不同于传统的重卦方法，本节主要的旨意即在此。

简单说来，他的新“重卦说”建立在三才各两的思想上，这与后文将论及的“乾坤并建”之说有关。在六画卦中，乾三位坤三位，排出了他的重卦图。他的解说与重卦图具载在《系辞传》“八卦成列，象在其中矣，因而重之，爻在其中矣”一节下面的传注文中，今引之如下：

因乾☰而重
䷀乾　䷌同人　䷈小畜　䷪夬
䷤家人　䷰革　䷄需　䷾既济
因坤☷而重
䷁坤　䷆师　䷏豫　䷖剥
䷧解　䷃蒙　䷢晋　䷿未济
因震☳而重
䷥睽　䷔噬嗑　䷨损　䷵归妹
䷚颐　䷲震　䷒临　䷗复
因巽☴而重
䷦蹇　䷯井　䷞咸　䷴渐
䷛大过　䷸巽　䷠遁　䷫姤

图 7-1　船山重卦图

因坎 ☵ 而重
䷱鼎　䷷旅　䷑蛊　䷟恒
䷳艮　䷽小过　䷭升　䷎谦
因离 ☲ 而重
䷂屯　䷻节　䷐随　䷩益
䷹兑　䷼中孚　䷘无妄　䷉履
因艮 ☶ 而重
䷅讼　䷋否　䷺涣　䷮困
䷓观　䷬萃　䷜坎　䷇比
因兑 ☱ 而重
䷣明夷　䷊泰　䷶丰　䷕贲
䷡大壮　䷙大畜　䷝离　䷍大有

图 7-1　船山重卦图（续）

初、三、五,八卦之本位，二、四、上，其重也。所重之次，阳卦先阳，而阴自下变；阴卦先阴，而阳自下变。故交错而成列。重卦次序，于义不必有取。坎重艮，离重兑，艮重坎，兑重离，皆阴阳偶合之条理，自然之变化，不可以意为推求。盖象成而后义见，此方在经营成象之初，未尝先立一义以命爻。《易》之所以以天治人，而非以人测天也。故于八卦言象，而于重言爻。重卦但备爻以该三才之道，初不因象而设。爻备而复有象，象在爻后，则《彖传》《大象》之说，取二体之德与象以立义，自别为一理，不可强通之于因重。若京房乾生姤、震生豫之说，则又下文刚柔相推之余义，非伏羲重三为六之本旨，其说又别，所谓《易》之为道屡迁也。

船山在《周易内传》中，多处即用此义以解易，如乾卦上九“亢龙，有悔”释注云：

亢，自高而抑物之谓。行之未有大失而终不慊于心之谓悔。卦之六爻，初三五三才之正位也，二四上重爻非正位，而上为天之远于人者。三爻皆阴，非阳所利，特二居地位，利于上升，故为多誉之爻，且于贞悔二象为得中，四上不然，上尤不切于人用，龙德履天位而极矣，上则无余地矣，积策至于二百一十六无余数矣，天地阴阳之撰，位与数皆无余焉，更健行不已，将何往乎？德极其刚，行极其健，非无一时极盛之观，而后且有悔。

如《乾·文言》九四“重刚而不中，上不在天，下不在田，中不在人”释注云：

重刚，下卦已刚，而此复刚；又三四为人位，重三为四而皆刚也。不在人者，三为人之正位，四其余位。人道已尽，而俟天之时也。

如《系辞传》“天地之大德曰生，圣人之大宝曰位，何以守位？曰仁。何以聚人？曰财。理则正辞，禁民为非曰义”释注云：

此节上下终有脱误。大要以明重三画而六之阴阳柔刚仁义合二以立极之理，著爻之所效也。天地之大德曰生，统阴阳柔刚而言之……卦中三四二爻，三为人之正位，于圣人为位；四为出治之道，于圣人为财。仁以守位，义以理财，则人位二爻之德也。

在其他卦爻辞解注中，也有用此重卦义者，不赘引。

二、论易道之化生

易言道。道之所以贵，在于其生生不息之作用。易学之所以传之千古不释于人心，也由于其主旨在于研究道之生生不息。是以历代易学家无不在易道生生的重要问题上致思。船山于此提出了他的主张，下面分别叙述。

（一）乾坤并建

船山好言“乾坤并建”，在著作中时见此语，如《内传》：

> 《周易》之书，乾坤并建以为首。
> 《周易》并建乾坤为太始。
> 此明《周易》并建乾坤以统六子。

《周易内传发例》成书最晚，其中强调说：

> 乾坤并建，为《周易》之纲宗。
> 乃于病中勉为作传，大略以乾坤并建为宗。

“乾坤并建”之文，简单明白，为近世研究船山的学者所乐道。然而就易学的本义言，乾之与坤原为并立之义。《易经》以乾卦居首，坤卦居次，乃是以“物生”为据，先有生之始，后有生之成，故有先后之别，但“生之始”之前并非空洞寂无，犹有“先坤者”在。这正如父母子女之无始无终一样，既济、未济之义在此。故就易义之最根本处探讨，数之奇与偶，象之乾与坤，道之往与复，如实而言，是并存的，因为缺一不可。先秦易学的这一根本义，降至西汉后期，易纬学者出，便提出了“阴阳相并俱生”（《易纬乾凿度》）。易纬学者之所以有此言，是由于比较重视易学的形而上研究，不像《易经》之由“物生”向下着力。只要向易学的形而上去致思，到头来一定走入乾与坤或阴与阳是一“道”。道为一，无分别相，故无先后，强为之分，只好说是“相并俱生”。

由此看来，“乾坤并建”并不新鲜，至少也有汉“阴阳相并俱生”之说在先。然而王船山何以在其易传中如是强调其说呢？我想这是多方面的因素使然。《易经》主要是向人生归趋的学问，乾为始，坤为生；乾为进，坤为退；乾为升，坤为降；乾为父，坤为母……逐渐在人心中形成乾先于坤的不并立的观念，此其一。其二，王弼原以老学知名，其注老以“有生于无”为形而上思想，视“道”为“无”，这原是对老子思想的误解。王船山不以此为误解，却以为是老子思想的本义而对老子多加斥责，由是可证其受王弼影响甚深。由王弼此思想对应于他的易学，则“有”便是坤之生，“无”即是生之始，从而坤生于乾或阴生于阳之观念成立，而王弼的《周易集注》又是有名的书。其三，自宋明以来，有关于易学的宇宙化生的形而上思想，周濂溪的《太极图说》与张横渠的《正蒙》最为儒学家所乐道。船山认为后人对此二者多有误解，由阳生阴或阴生阳的错识，而混淆了易学原来阴阳正反并立的正识。由此数因，他乃明白提出“乾坤并建”，他固知这是易学本然之义，但由于面对着许多人的错见，他仍然重新提出而强调之。这一作为可以视为他的一项学术用心，站在他的立场上，属于“六经为我开生面”的自负工作之一。

船山言“乾坤并建”是站在易道之“体”上说，他认为易六十四卦分体与用，乾坤为体，其他六十二卦为用，有体有用，易道乃显，他说：

> 《周易》之书，乾坤并建以为首，易之体也。六十二卦错综乎三十四象而交列焉，易之用也。纯乾纯坤未有易也，而相峙以并立，则易之道在。
>
> 阴阳者，定体也，确然隤然为二物而不可易者也，而阴变阳合交相感以成天下之亹亹者，存乎相易之大用。(《周易内传》卷一)
>
> 《周易》并建乾坤为太始，以阴阳至足者统六十二卦之变。通古今之道，两间之大，一物之体性，一事之功能，无有阴而无阳，无有阳而无阴，无有地而无天，无有天而无地，不应立一纯阳无阴之卦。而此以纯阳为乾者，盖就阴阳合运之中举其阳之盛大流行者言之也。六十二卦有时而乾坤无时，乾于大造为天之运，于人物为性之神，于万事为知之微，于学问为克治之诚，于吉凶治乱为经营之盛，故与坤并建而乾自有其体用焉。(同上，释乾卦辞)

最后一节释乾卦之文，他认为就本质言不应有纯阳无阴之卦，而古圣之所以立此卦者，乃就“阴阳合运之中举其阳之盛大流行者言之”。同样理由，坤卦之所以成立也是如此，他释坤卦卦辞云：

> 尽天下之事物，无有象此纯阳纯阴者也。阴阳二气絪缊于宇宙，融结于万汇，不相离，不相胜，无有阳而无阴，有阴而无阳；无有地而无天，有天而无地。故《周易》并建乾坤为诸卦之统宗，不孤立也。然阳有独运之神，阴有自立之体，天入地中，地函天化，而抑各效其功能，故伏羲氏于二仪交合以成能之中，摘出其阳之成象者以为六画之乾，而文王因系之辞，谓道之元亨利贞者皆此纯阳之撰也。摘出其阴之成形以为六画之坤，而文王因系之辞，谓道有元亨利牝马之贞者惟此纯阴之撰也。为各著其性情功效焉。然阴阳非有偏至之时，刚柔非有偏成之物，故《周易》之序，错综相比，合二卦以著幽明屈伸之一致。乾坤并立，屯蒙交运，合异于同而经纬备，大小险易得失之几互观而益显。乾坤者错以相应也，屯蒙者综以相报也，此《周易》之大纲以尽阴阳之用者也。

将这一段释坤卦辞的话与上面释乾卦辞的话合并以观，则船山乾坤并建之义自了然。然后再看他如何将此“乾坤并建”之二与“易有太极”之一相融通。《系辞传》“易有太极”一节下，他释注云：

太者极其大而无尚之辞。极，至也，语道至此而尽也。其实阴阳之浑合者而已，而不可名之为阴阳，则但赞其极至而无以加曰太极。太极者，无有不极也，无有一极也，惟无有一极，则无所不极，故周子又从而赞之“无极而太极”，阴阳之本体细缊相得，和同而化，充塞于两间，此所谓太极也。……在易则乾坤并建，六位交函，而六十四卦之爻象该而存焉。

视“太极”为阴阳和同而化之本体，自是易之正义。然后再引他透过解说周濂溪之太极图以明乾坤并建之义，作为本节之结束。《周易内传发例》中说：

乾坤并建为《周易》之纲宗，篇中及外传广论之，盖所谓易有太极也。周子之图准此而立，其第二圆阴阳互相交函之象亦无已，而言其并著者如此尔。太极大圆者也，图但象其一面而三阴三阳具焉。其所不能写于图中者，亦有三阴三阳，则六阴六阳具足矣。特图但显三画卦之象，而易之乾坤并建则以显六画卦之理，乃能显者爻之六阴六阳为十二，所终不能显者，一卦之中向者背者六幽六明，亦十二也。十二者象天十二次之位，为大圆之体，太极一浑天之全体，见者半，隐者半，阴阳寓于其位，故毂转而恒见其六。乾明则坤处于幽，坤明则乾处于幽，《周易》并列之，示不相离，实则一卦之向背而乾坤皆在焉。

（二）阴阳气化

乾坤并建之言重在言易道之“体”，然而何以知此体？在于“用”。本节之言“气化”，即在言易道之“用”。

首先要知道，王船山是把乾坤作为阴阳二气看的，他注释乾卦辞一开始便说：

乾，气之舒也。阴气之结，为形为魄，恒凝而有质。阳气之行于形质之中外者，为气为坤，恒舒而毕通，推荡乎阴而善其变化，无大不后，无小不入，其用和熙而靡不胜，故又曰健也。

注释坤卦辞云：

阴阳二气细缊于宇宙，融结于万汇，不相离，不相胜。

按《易经》乾坤之义，在先秦虽然也偶尔以“气”言（如《乾·文言》：“潜龙勿用，阳气潜藏。”），但就“健”“顺”之性上说，并不宜于用气来解说。汉代以后，气化思想盛行，易纬乃以气化言易之形而上思想，但大体上是道家人士的看法。儒家人物之以气化言易，真正说来开始于北宋，张横渠是气化说的正式建立者。王船山可以说是张横渠的继承者，在这方面船山不但自己承认，而且毫不讳言地表现了他对横渠先生的仰慕之情。他死前自题其墓的铭文云：“抱刘越石之孤愤而命无从致，希张横渠之正学而力不能企。”我们读他的著作，可见他最喜欢批评责备前贤往圣，儒家人物逃过他的斥责的，除孔孟以外，恐怕只有张横渠一人了。由此可知，他写《张子正蒙注》，不是一般的仅仅为了文理解注而已。

那么，我们现在来问：何以他对张横渠会产生如是景慕之情呢？从易学上看，理由很明显，便是张子的气化思想使他在易道化生的形而上思想方面有了依据。昔希腊哲学家伊壁鸠鲁（Epicuro）曾采用前贤德谟克里特（Democritos）的原子论（atomism）为其形而上思想。船山与横渠的情况有点近似。现在来看船山气化之说：

盖阴阳者气之二体，动静者气之二几，体同而用异，则相感而动，动而成象则静，动静之几聚散出入，形不形之从来也。易之为道，乾坤而已，乾六阳以成健，坤六阴以成顺，而阴阳相摩则生六子，以生五十六卦，皆动之不容已者。或聚或散，或出或入，错综变化，要以动静夫阴阳，而阴阳一太极之实体。唯其富有充满于虚空，故变化日新，而六十四卦之吉凶大业生焉。阴阳之消长隐见不可测，而天地人物屈伸往来之故尽于此，知此者尽易之蕴矣。

这是船山注张子《正蒙·太和篇》的一段，言阴阳二气之动静变化，再看下去：

太和之中有气有神，神者非他，二气沟通之理也。不可象者即在象中，阴与阳和，气与理和，是谓太和。(《张子正蒙注·大易篇》)

神化者气之聚散不测之妙，然而有迹可见。性命者气之健顺有常之理，主持神化而寓于神化之中，无迹可见。若其实，则理在气中，气无非理；气在空中，空无非气。通一而无二者也。(《张子正蒙注·乾称篇》)

“太和”之“和”原来有如是的内容：一是使二气沟通，叫神化，有迹；二是主持神化之理，叫性命，无迹。这样一剖判，遂落在万物的各具形体与性命上。然而就“其实”言，神、理、气与性命乃“通一而无二”。按张横渠的《正蒙·太和篇》与上面的船山注，都在“太和”之中给予“性命”一个重要位置，主要是为了扣紧孔子的《乾卦·彖传》：“乾道变化，各正性命。保合太和，乃利贞。”张、王二子已经觉得把握到了《易·彖传》之旨，却未理会到孔子《彖传》中所说的“太和”，实包括时、位与物原质者（请参阅笔者《易经哲学精讲》）。宋明儒学之相较于先秦，器识之变小，由此可证。然而就船山上面之注《太和篇》而论，其讲道理已比横渠更有层次，儒家的气化思想从横渠到船山，该说是一路在发展。

再看他由气之聚散向上讲，横渠尝言：“太虚无形，气之本体。”又言：“虚空即气。”船山非常欣赏这话，下面是他的注文。

> 虚空者气之量，气弥沦无涯而希微不形，则人见虚空而不见气。凡虚空皆气也，聚则显，显则人谓之有；散则隐，隐则人谓之无。
>
> 于太虚之中具有而未成乎形，气自足也，聚散变化而其本体不为之损益。

> 阴阳二气充满太虚，此外更无他物，亦无间隙。天之象地之形，皆其所范围也，散入无形而适得气之体，聚为有形而不失气之常，通乎死生犹昼夜也，昼夜者岂阴阳之或有或无哉！
>
> 人之所见为太虚者，气也，非虚也。虚涵气，气充虚，无有所谓无者。

“阴阳二气充满太虚，此外更无别物，亦无间隙。”这便是船山的最上层概念，而这也就是所谓的“太极”。以上引录了许多船山的话，相信读者已了然于船山的气化思想之大要。下面《周易内传发例》中的一段话，算是他为气化思想所做的综要：

> 夫阴阳之实有二物明矣。自其气之冲微而未凝者则阴阳皆不可见，自其成象成形者言之则各有成质而不相弃，自其合同而化者则挥沦于太极之中而为一，自其清浊虚实大小之殊异则固为二，就其二而统言其性情功效曰刚曰柔。阴阳必动必静，而动静者阴阳之动静也。体有用而用其体，岂待可用而始乃有体乎！

读其文，不得不赞赏他确是一位思想与言词俱犀利的思想家。

三、解易诸理则

王船山的易学著述虽然有多种，但以他的《周易内传》与《周易内传发例》为主。在受尽了艰困磨难，到晚年思想成熟之后，能够静下来对易学的经传做全面的解说，当然算得上是其学术成就的代表。本节就依据他的“内传”解易，举述他解易的几项要则。

（一）彖爻一致

何谓“彖爻一致”？船山云：

> 昔者夫子既释彖爻之辞而虑天下之未审其归趣，故《系传》作焉，求彖爻之义者，必遵《系传》之旨，舍此无以见易明矣。《传》曰观其彖辞则思过半矣，明乎爻之必依于彖也，故曰彖者材也，爻者效也。材成而斫之，在车为车，轮舆皆车也；在器为器，中边皆器也。各效其材而要用其材，故曰同归而殊涂，一致而百虑，舍其同归一致，叛而之他，则涂歧而虑诡于理，虽有卮言之不穷，犹以条枝而为栋梁，析豫章而为薪蒸，材非其材，乌效哉？
>
> 说易者于爻言爻而不恤其彖，于彖言彖而不顾其爻，谓之曰未达也，奚辞易之？辞简而理微，舍其同归一致而叛离以各成其说，简者莫能

辨也，微者可转移而差焉者也，则亦可诡遇以伸其说而为之言曰：文自文也，周自周也，孔自孔也，则亦终莫之悟也。

今以略言之：乾惟具四德，故虽在潜而德已为龙，他阳之在下者莫能拟也；勿用者，以养其元亨利贞之德也。坤惟丧朋而后有庆，故上六处西南极高之位，以得朋而疑战。屯惟利建侯而勿用攸往，故九五之膏屯而委其利于初九。蒙惟渎则不告，以贞为吉，故六三以近昵而为不贞之女。推此而求之，彖为爻材，爻为彖效，以彖之经，求爻之权，未有不缄介相即者也。至如履，彖不咥人而六三咥者，舍其说以应乾之纯德而躁以进也，而彖已先示以履虎之危机。同人亨于野而六二于宗而吝，亨者在阳而吝在阴，两相同而得失固殊也。豫建侯行师之利九四当之，非余爻之所能逮。咸备三德而爻多咎吝，以利在取女以顺而妄感皆非。由其所以异，观其所以同，岂特思过半哉！爻之义无不尽于彖中，而何读易者弗之恤邪？篇中以爻不悖彖为第一义（“篇中”指《内传》之释文），故破先儒之说而不敢辞其罪。

这一篇文字真是洋洋洒洒，说得有理有据。笔者所以不惜篇幅引录此一大段，正因为船山此“彖爻一致”的见地，说起来才真算得是他对易学的创新成就。在《周易内传发例》中他提出的几项得意见解，如“乾坤并建”“错综合一”“四圣一揆”“占学一理”“得失吉凶一道”等，虽然都有不同于往圣先贤的异见，但仍然脱离不开旧说，只能说是推陈出新。然而“彖爻一致”的见解却不然，他改变了《彖传》《象传》解经的途径，独辟蹊径，以“爻”变合于“彖”义为指归。如实而论，自孔子《彖传》《象传》以来，船山是唯一创发此一新途径的人。

读易的人都知道，孔子《彖传》是解释彖（或称彖辞，或称卦辞）的，而《彖传》的解释彖，不常用爻象之变作解，常见的是依据于卦象。依据卦象最明显的有两类：一是依据卦的上下体之象，二是依据全卦象。依据上下卦体之象者，如：䷂屯，《彖传》言“动乎险中”；䷃蒙，《彖传》言“山下有险，险而止”；䷄需，《彖传》言“险在前，刚健而不陷”；䷅讼，《彖传》言“上刚下险，险而健，讼”等。六十四卦中，大多数卦都是如此以上下卦体解释卦名及彖义。依据全卦象者是较少部分的卦，如䷼中孚，《彖传》言“柔在内而刚得中”；䷽小过，《彖传》言“有飞鸟之象”；䷚颐，《彖传》言“自求口实”，䷛大过，《彖传》言“本末弱也”等。当然《彖传》中有时也有以卦中某爻之变解彖者，但不常有，如䷍大有，《彖传》言“柔得尊位，大中而上下应之”；䷫姤，《彖传》言“柔遇刚也”等，都是卦中某爻处特殊时位的卦。传统易学的观念，认为彖乃是综论一卦之义之辞，故《彖传》应根据全卦或卦之上下体之象而立解义。个别之爻义则散在各爻辞中，其解释交给《象传》去作。但王船山不做此想，他认为爻与卦是一体，爻义与卦义不背，因此在《彖传》解释彖义中何妨用爻义作解，以彰彖爻一致之理？这样一来，在《周易内传》中对六十四卦彖辞的解释当然与传统《彖传》有了不同。我们不能说船山这种想法不对，只能说他在孔子《彖传》以外另辟了一条释彖之路，就学术的客观公正性而论，如此多少有点偏颇求变之意在内，但两千年以上的易学传统由他一变，毕竟是学术上不可多得之事。

船山的解彖是依据他“彖爻一致”的原则，将六十四卦卦名及彖辞统纳入此原则下作解，但以彖辞句多，船山之注解长篇大论，不宜引，兹仅引录其对卦名称之解释数例，余请读者自参阅：

䷂屯

船山注：此卦一阳生于二阴之下，为震动之主，三阴坤体也，九五出于其上有出地之势，上六一阴复冒其上而不得遂，故为屯。

䷃ 蒙

船山注：阴阳之交也始自屯，乃一回旋之际，阴得阳滋而盛，阳为之隐。初阳进而居二，五阳住而居上，皆失其位，阳杂阴中而无纪，五为卦主而柔暗，下比于二阴，故为蒙。

䷄ 需

船山注：乾之三阳欲进而为六四之阴所阻，九五阳刚履乎中位而陷于二阴之中，与三阳相隔，三阳待五之引己以升，九五待三阳之类至，交相待而未前，故为健行而遇险之象，不能无所需迟而固可以需者也。

䷖ 剥

船山注：自外剥削残毁以及于内曰剥，此卦阴自下生以迫孤阳之去，害自内生而谓之剥者，主阳而客阴，君子辞也。

䷛ 大过

船山注：卦之六位，初在地下，潜藏未见，有体而不能用。上既居天位之上，不近于人，有用而体托于虚，皆物之所不乐居也。中四爻出于阴上，人效其能而登天位固为阳之所宜处，而天之化，人之事，物之理，无阳不生，无阴不成，无理则欲滥，无欲则理亦废，无君子莫治小人，无小人莫事君子，而大过整居于内，既据二五之中，复据三四人位以尽其才，摈二阴于重泉之下青霄之上，岂非阳之过乎？

上所举例，旨在说明船山之释象方法不在借卦之上下体与全象而立义，而主在经由爻位之变而立义。读者将船山注比照《易·象传》以观，则可了然其不同。

（二）卦各有主

卦各有主，非始于船山，昔王弼注易已揭此义，历代易家注易，也多采用，但多用于一部分之卦象特殊者，如大有之六五，小畜之六四，复、剥之初九与上九等；或以八卦之主爻位，乾、坎在九五，坤、离在六二，震在初九，巽在六四，艮在九三，兑在上六。未若船山之经过悉心研究，将六十四卦除乾、坤外，每卦均在某原则之下，见其主义。船山之言如下：

惟乾坤以纯为道，故曰时乘六龙以御天，又曰天德不可为首，九五虽尊，不任为群阳之主而各以时乘。坤曰德合无疆，承天而时行，六二虽正，而下不能释初六之凝阳，上不能息上六之龙战。自此而外，则卦各有主，或专主一爻行乎众爻之中，则卦象卦名卦德及爻之所占者依所主之爻而立义；或贞悔两体相应，或同卦而刚柔互相往来，则即以相应相往来者为主。或卦象同而中四爻之升降异位，或初上之为功异道，则即以其升降刚柔之用爻为主，非在此一卦而六爻皆其有一德也。

下面即依据他的分类与他所言之卦例，述于下。

第一，一爻行乎众爻之间为主者：

䷉履：履虎尾，不咥人，亨。

船山注：此卦六三以孤阴失位，躁进而上履乎乾，欲蹑九四凭陵而进，乾德刚健非所可蹑，故有此象。不咥人者，以全卦言之，兑之德说，既非敢与乾竞，而初二二阳与乾合德，乾位尊高刚正，不为所惑，则亦不待咥之以立威而自不能犯，阴可以其说应之，志上通而有亨道也。

䷗复：复亨，出入无疾，朋来无咎。

船山注：阳一出而归其故居，则不可复御，阴得主而乐受其化，故亨。自幽而出见曰出，入乎积阴之下而上与阴相感曰入。疾，患也。一阳初发，为天心始见之几，致一无杂，出无疾也；一阳以感群阴，阴虽暗昧而必资阳以成化，情所必顺，入无疾也。朋谓五阴相连而为党也，来下相接也，阴犹极盛，疑有咎焉，而阳震起于下以受阴，而入与为主，则朋阴之来，非以相难而以相就，固无咎也。

䷍大有：大有，元亨。

船山注：大有者能有众大，大谓阳也。六五以柔居尊，统众阳而为之主，其所有者皆大，则亦大哉其有矣。元亨者始而亨也，群阳环聚，非易屈为已有，而虚中柔顺以怀集之，则疑沮皆消而无不通矣。

（原文云：“姤、同人、豫、小畜之类，其义皆然。”）

第二,二爻相往来，而以所往来者为主：

䷨损

䷩益

船山注：泰三之阳进而往上，上之阴退而来三为损。否四之阳，退而来初，初之阴进而往四为益。……损者阳之损也，益者阴之益也。阳本至足以损为惜，阴本不足以益为幸。故损归阳而益归阴。内卦立本以定体，外卦趋时以起用者也。损阳之体益阴之用而阳损矣，损阳之用益阴之体而阴益矣。阳损阴益者，皆自其立本者言之也。……损益，天地之大用，非密审于立本趋时之道者，不足以与于斯，故二卦之彖辞极赞其道之盛焉。有孚者，初与二刚相孚，四与五柔相孚，阴阳交足于内，自相信以为无忧，而后以其有余者损下而益上，损刚而益柔，阳固充实未丧其中位，而阴已足以利其用，非内不足而徇乎外者，惟其有孚则元亨矣。（损卦注）

䷄ 需

䷢ 晋

船山注：需与晋同道而德异，而三阳欲进为阴所阂，而九五居尊以待其来，阴不能蔽之。晋三阳欲进为阳所限，而六五居尊以延之上，阳不能止之。刚之相需以道相俟也，柔之相进以恩相接也。（晋卦注）

第三，以相应不相应为主者，此义有三类。一者中四

爻之合离有得失之异：

䷼ 中孚

船山注：三顺乎二而说，四承乎五而相入，皆虚以听命乎阳而无疑无竞，是二阴之孚于中，孚者阴也，孚之者得中之阳也。夫欲感异类者，必同类之相信，己志未定，同道不亲，则无望异己者之相洽以化，二抚初，五承上，相与成纯而不杂，迩说则远安，是以至实之德内感三四而起其敬信以说，故谓之中孚。

二者卦象同而中四爻之升降异：

䷕ 贲

䷔ 噬嗑

船山注：贲之为卦，一阳甫立即间以一阴，至于五而又改其常度，一阴而间以一阳，萋斐以成贝锦，人为之巧毕尽，阴阳之变至此极矣，是不足与于天地之大文而徒为贲饰也。（贲卦注）

自否而变，以交阴阳而合之，而阳下阴上皆不得位，其交不固，不能合也。积不合之势，初上二阳以其刚制之才，强函杂乱之阴阳于中而使之合，

是啮合也。（噬嗑注）

三者中四爻象同而初上为功异：

䷤家人　䷥睽

䷦蹇　　䷧解

船山注：家人、睽、蹇、解四卦互相错综，而卦之名义见矣。中四爻者卦之定体也，初上者卦之所始终御体以行而成乎象以起用者也。家人中四爻皆得其位，而初上以刚间之，阳之为德充足而无间，御其浮游而间之之象也，故化行于近而可及于远。蹇中四爻亦得其位，而初上以柔载之，柔者不健于行而滞于其方，足弱之象也，故外见阴而止不往。睽中四爻皆失其位，既失位而乖矣，初上又以阳束之于外而数动，故愈束之合而愈离，貌相应而情相猜。解中四爻亦失其位，乃初上以柔调和之，无所间束，则静以居动，故危疑不安之意渐以解散而阴阳之抟击以平。家人间各正之人情以聚；睽束不正之人情则离；蹇可行而养以柔，泉之育于山也；解非所安而柔以缓之，雷之已出而释以雨也。观其画，体其象，审其错综之异，而四卦之德与其爻之险易可见矣。

（三）卦变

宋明以下，以卦变解注《易·彖传》的易家，前有朱熹，后有来知德。朱子以其阴阳爻位的升降制作卦变图，以此为依据作解；来子则反对朱子，乃据卦象之错综以作解。至于王船山，又有新意，在卦变方面他并未提及来子，却反对朱子的将卦变纳入秩然成章的定则，与易道屡迁之义有违。他的意见也是根据爻位之变，但各卦之变自有其变之道。读易者审进退升降于几微而得之，并非如朱子之某卦必由某卦变来。他说：

> 卦变者，因《彖传》往来上下进行内外之旨，推而见其所自变也，夫子作《彖传》于卦画已定、卦象已备、卦德已见于彖辞之后，而得其理焉。明此卦之所以异于彼卦者，以其爻与位之有变易也。盖自天化而言之，则万象不同之形体，大化不齐之气应，各自为道，而非由此而变彼。而由人事之同异得失言之，则阴阳各自为类，而其相杂以互异者，惟由情之动而往来进退于其间。数有参差，则性情功效之臧否应违以殊，非忽至无因。乃其推移之际，毫厘之差千里之谬也。……变易之极，非固然之体，撰则有彼卦稍有移易，而又别有一道之理。从其变而观之，以审进退升降于几微，穷人情

物理之致，易之所为屡迁而忧其介也。若上下秩然成章，阴阳相比而定位，则道之常也，象之有定也，不复论其变矣。

由此可见，他肯定变卦之学术价值，认为卦变所要解释的《彖传》中刚柔上下进退的话是孔子对易理的重要心得。他指出《彖传》之以卦变言者，凡十五卦：随、蛊、噬嗑、贲、咸、恒、损、益、渐、涣、无妄、大畜、睽、鼎、晋。下面引录其注解之文，俾读者对照于朱子、来子以观：

《䷐随·彖传》："刚来而下柔。"

船山注：此卦自否变，上九之阳来而居初，以处柔下。

《䷑蛊·彖传》："刚上而柔下。"

船山注：泰上之阴，来居于初。

《䷔噬嗑·彖传》："柔得中而上行。"

船山注：自否之变而言之。变否塞之道，柔自初而上行以得中。

《䷕贲·彖传》："柔来而文刚，分刚上而

文柔。”

船山注：自上接下曰来，一阳之上，一阴即至而文之。……分谓泰之变，从三阳之中分而往上也。

《䷞咸·彖传》：“柔上而刚下。”

船山注：咸以坤三之六往乎上而成悦，以乾上之九来乎二而苟安以止。

《䷟恒·彖传》：“刚上而柔下。”

船山注：阳自初往四曰上，阴自四来初曰下，雷动风兴，气以时至，各行其化而自然相与。

《䷨损·彖传》：“其道上行。”

船山注：泰三之阳进而往上，上之阴退而来三，为损。

《䷩益·彖传》：“自上下下。”

船山注：阳自上而下返于初以消否。

《䷴渐·彖传》：“进得位。”

船山注：进，阴进，谓六四也。渐之进，惟女归为吉，有不可他用之意焉。阳上阴下，各怙其所安，阴进而后阳下之，故有女归之义。

《䷺涣·彖传》:“刚来而不穷。”

船山注：刚聚于上，则且消而穷矣。来而居二，则以入险而得通。

《䷘无妄·彖传》:“刚自外来而为主于内。”

船山注：外卦皆阳，阳与阳为类，而一阳离其群，间二阴而在下以主阴而施化。又自遁之变言之，九三之阳入而来初于将遁之世，返归于内以主二阴，其来也欲以为主，非无情也；有情，则虽不测之变而固非妄矣。

《䷙大畜·彖传》:“刚上。”

船山注：尚进也，刚出乎二阴之上，居高以倡，引阳而进之。

《䷢晋·彖传》:“柔进而上行。”

船山注：阴离四而进乎五，为柔之主，以延三阴。本义谓自观变者亦通。

《䷥睽·彖传》:“柔进而上行。”

船山注：与家人皆二阴用事之卦，而阴自二上，三自四上，五虽不当位，而渐以升，且五阴居中而志以得。

《䷱鼎·彖传》："柔进而上行。"

船山注：巽敌应而不相与，变而柔进居中，以与刚相应，志通而养道行矣。

（四）参天两地

昔者圣人之作易也，幽赞于神明而生蓍，参天两地而倚数。

这是《说卦传》中的话，但由于"参天两地"一语，含义晦玄，所以历来易家多有不同的解释。宋明易家如邵雍以数理思想作解，来知德则以五行生、成数作解，均述于其易说中。王船山对此语也提出其新见，他的见解是将此"参""两"落实在卦画上，阳一函三，阴一函二，下面是他注"参天两地而倚数"之文：

六合之全体皆天也，所谓大圜也，故以数数之，则径一围三而一函三。地有形有气，在天之中，与相沦洽而有所不至，则缺其一而为二。奇画中实，偶画中虚，其象也。倚，任也。天地之理气不可以象象，故任数以为之象。参两云者，圣人参之两之也。天地浑沦之体，合言之则一，分言之则二，圣人以其盈虚而拟天之数以三，地之数以二。卦画之奇阳偶阴既明著其象，而揲蓍之法用九用六，四其九而三十六，四其六而二十四，阳十二其三，阴十二其二，一以参两之法行之，数可任而象可立，道因以著。

《周易稗疏》中“参天两地”注：

三二者，本数也。参两者，参之两之，从而分析以数之也。天本无三，地亦非二，以形言之，天包地外，天大而地小。以气言之，阳盈而阴虚，地得天三分之二，故谓之二。由地之二而见天之三，此圣人所以以三数天，以二数地，而为九、为六、为三十六、为二十四、为二百一十六、为百四十四，皆倚此以立也。其画之为象，则阴爻坤，三分而缺其中；阳则兼有二而实其中以成乎三，其画一，所谓以一函三，亦函地二而更盈其一也。圣人因阴阳已然之迹以起数，而非天地之有数。参之两之者人也，故数不可以穷神，而术者知数而不知数之所自起，宜其徒乱天地之常也。

骤看船山这些话，颇使人思及扬雄的《太玄》。《太玄》以方州部家四画立卦，即是一画函三。但船山并非模仿扬雄，他也许思及《太玄》一函三之象，但提出此一见解的根据是建立在数之奇偶与象之阴阳的关系以及筮法的运用上。简单来说，船山认为“数”与“象”的关系，可以下面一段注文代表：

由理之固然者而言，则阴阳交易之理而成象，象成而数之以得数。由人之占易者而言，则积数以成象，象成而阴阳交易之理在焉。(《系传》“易者象也”注)

“积数以成象”所指的是筮占之术，三变小成而得一爻之象，十有八变而成卦，卦爻之象虽由数而得，但数之用在于数蓍之策，而蓍策的本身便是物象，所以到头来船山的数仍是由物象上显。这就是他说的“象成而数之以得数”。而且他也说：

卦者天地固有之化，万物固有之理，人事固有之情，筮而遇之则占存焉，非因筮而后有卦也。

意谓卦象是宇宙间本然的存在，即无筮占之术，理中之象固在，而理中之象成即具有理中之数。忖船山之意，似乎“象”是根本，“数”依“象”而立。我想这应与他的“气化”说的形而上思想有关，因为在“气化”之上更无法安排“数”的思想。

将“象”与“数”相合以表现易之道，于是八卦之每卦三画，筮法之三变而小成，都成为“一函三”的理论依据。从而把思想落实在卦画上：阳盈而阴虚，阳全而阴缺，阳一函三，阴虚其三之一而得二。阳为天，阴为地，绘为图，即是：

天

——

地

— —

明白了他的思想来源，现在来看他的一些有关的话，如《系辞传》“天尊地卑”一节注云：

此言奇偶之画函三于一，纯乎奇而为六阳之卦，以成乎至健。纯乎偶而为六阴之卦，以成乎大顺。

“天一地二……”一节注云：

以阴阳之本体而言之，一二而已矣。专而直者可命为一，翕而辟者可命为二。阳盈而阴虚，阳一函三而阴得其二。

如乾卦初九“潜龙勿用”注云：

于象则一而函三，奇之画一，全具其数，三奇而成阳，三三凡九。阴左一右一中缺其一，三二而为六。

如小畜卦辞注云：

以数言之，阳奇一而函三，三其三而九，四揲之而三十六。阴偶缺三之一而为二，三其二而为六，四揲之而为二十四，用之大小也。

其他注文中道及者，不赘。

（五）其　他

除了上面所述的一些理则以外，船山在《周易内传》释易中，尚有些喜欢用而非以往易家所常用的，比较重要的举出两种于下。

一是三为进爻四为退爻。

易爻中由下而上之发展，乃“物由下生”之象，六爻各因位不同，在生生之中而有不同之情景。乾三以君位居下之上，易有咎，故以“终日乾乾，夕惕若，厉无咎”救之；四则以剧升之情，惧有所不称其任，故以“或跃在渊”警之。然均为视当时之变化而决定，不可以为必进必退，小畜六四有进无退，观之六三不忘民而进，可知。船山此义，固然得爻位一般之情，终不能一概而论。但他在许多卦中用此一义解易，时或有理，时或似有理而牵强，今举之如下：

乾九四注：仰承二阳而为退爻。

《象传》注：三为进爻，健行不已。四为阴位，为退爻。

坤六三注：三为进爻，出而图功之象。

六四注：四为退爻，不求举而避咎之道也。

屯六三注：尚震体之成而为进爻。

六四注：然柔得位而为退爻。

蒙六三注：不当位而为躁之爻。

六四注：四为退爻，而以柔处之。

需九三注：九三重刚躁进。

九四注：上承九五而为退爻。

讼六三注：六三柔而上进。

九四注：九四以刚居柔而为退爻。

师六三注：以柔居刚，又为进爻。

六四注：以柔居柔而为退爻。

小畜九三注：九三重刚不中而为进爻。

履六三注：柔失位而居进爻，又躁动以上干乎阳。

泰九三注：三进上引，四退下就。

否六三注：以柔居刚而为进爻。

九四注：以刚居柔，处退爻。

由上所举的这些卦来看，除极少数卦外，近乎全用“进爻”“退爻”作解，船山重视此义由此可见。他为何如此重视“进”“退”？笔者忖测可能与他所处的时代环境有关，读者可深究之，愚在此只是指明此一义，其他卦不多引。

但需要指出的，有一卦船山不得不认为是例外，那就是谦卦。谦之《彖传》云：“天道下济而光明，地道卑而上行。”这明显违反了三进四退的原则，船山注曰：

> 天道，九三之阳也，他卦皆以三为进爻，四为退爻，惟谦一阳伏处于三阴之下，豫一阳拔出于三阴之上，因内外而分上下，故谦曰下济，豫曰出地，因象立义，所谓不可为典要也。

二是同性相孚。

另一个船山注易的新见是：阳或阴同性相孚。他说：

> 孚者，同心相信之实也，阴与阳合配曰应，阴阳之自类相合曰孚，凡言孚者仿此。旧说谓应为孚，非是。（见需卦辞注）

卦爻辞中言“孚”或“有孚”之处甚多，所以他的这一见解也用得甚为普遍。例如：

需卦辞："有孚，光亨，贞吉。"

注：九五与三阳合德，杂居险中而诚以相待，秉志光明而情固亨通，不失正吉道也。

讼卦辞："有孚。"

注：二之与五合志，以实心事之也。

比初六："有孚。"

注：初柔顺之德，与四相合而相孚。

泰九三："勿恤其孚。"

注：孚谓九二以刚与三道合而相信也。

九四："不戒以孚。"

注：言孚者，三阴皆下应，无异志也。

随九四："有孚。"

注：五阳得位而四随之，必获其心。

九五："孚于嘉。"

注：四方随己，与之相孚，相率而随上，嘉会成矣。

坎卦辞："有孚。"

注：特于刚中之象著其有孚，谓其刚直内充，非貌柔以行狙诈而易以溺人者之足贵也。

观卦辞："有孚。"

注：二阳将消，而九五不失其尊以临乎下。于斯时也，抑之而不能，避之而不可，惟居高而不自媟，正身以俯待之，则群阴瞻望尊严而不敢逼。

虽然，也有例外，如：

小畜六四："有孚。"

注：有孚者，为九五之所信也，阴阳异而言孚者。二阳合而成巽，阳从阴化，故谓之。小畜，则阴阳异而孚也。

以上为上经之文中著"孚"之卦，下经仍有多卦，不备引，读者请自参阅。唯下经中孚卦，因以"中孚"为卦名称，船山特详注之，引如下：

中孚卦辞："有孚，豚鱼吉。"

注：中，内也。孚，信也，感也。卦画二阴在内不得中，而三为躁爻四为疑地，相聚而异志，既有不相信之势，而失中无权，志且不平，然而安处于内，静顺以不与阳争，则其信阳也至而阳之感之者深矣。三顺乎二而说，四承乎五而相入，皆虚以听命乎阳而无疑无竞，是二阴之孚于中孚者阴也，孚之者得中之阳也。夫欲感异类者必同类之相信，己志未定，同道不亲，则无望异己者之相洽以化。二抚初，五承上，相与成纯而不杂，迩悦则远安，是以至实之德，内感三四而起其敬信以悦，故谓之中孚，言阳之能孚阴于中也，而阴之在中者孚矣。豚鱼，阴物，谓三四也。二五以中正之德，施信于三四，而三四相感以和顺于内，受其吉矣。

极言中孚相感之德，真是好注文。

四、船山易的特色

中国易学自羲皇画卦开始，随着时代的演进，一系列人物续续出场。其间角色纷杂，形象多姿，有扮相鲜明者，有半隐半现者，有神迹鬼影者，当然也有不露迹影者，有创建者，有绍述者，何止千百！易学家能够列名于这一人物系列之中，博得一席之地，诚属不易。船山在这一系列中最晚出，然而其易学却能表现出鲜活而不同于众的特色，比起上焉者如伏、文、孔、邵等天发创思之才固有所不及，然而比起那些务知解、学步趋的易学家们却是高明许多。他的易学有特色，大体说来是由于三方面的原因：一是由于时代，二是由于遭遇，三是由于天资。这三方面都不平常，因此表现在易学上便时时放射着特异的光彩。易学史之工作主要在于述说易家之学，而对船山来说，只是述明其易学似嫌不足，是以笔者增此“船山易的特色”一节，非敢做多余之舞弄，诚觉有实际之需要故也。

（一）多引史事明易

王船山易学的特色之一是“多引史事明易”。船山对史学所下的功夫是十分令人敬佩的，以他那样多年流离在性命难保的环境下，尚能遍读古今历史而深有心得，真是难能。他于《春秋》《尚书》都有著作，而《读通鉴论》与《宋论》，尤为后人称道。正因为他的史学基础坚实，所以在解易中，字里行间常以史事作例以解释卦爻之义，成为他《周易内传》注易的一大特色。古人以历史人物解说易义，比较出名的是干宝。但干氏《周易注》不传，见于李鼎祚《周易集解》中，可知他是以古代圣王文、武、周、成的遭遇比附于爻象，只是简单的比附并无太多事故上的发挥。船山则不然，视卦爻象之义，随文于古史中择相合者而引用，不限于圣王贤相，使人毫无故作比附之感。他的这一注易特点，也正是他胜于他家易注的优点。兹引录上经前面若干卦之注为例：

乾九二注：伊尹受汤之币聘，颜子承夫子之善诱，其此象也。

《文言》注：伯夷所以思虞夏而悲歌，孔子所以遇获麟而反袂也。

坤上六注：陈胜项梁与秦俱亡，徐寿辉张士诚与元俱殉。

《文言》注：如春秋传南蒯所筮，神所弗告，筮策之偶然尔。

屯六二注：如冯衍幅巾而降光武，时已过矣，所以犹为贞者，得位居中，非为邪也。

《蒙·大象》注：宁武之愚不可及，颜子之如愚足发。

六三注：曹伯说公孙强之霸，说而亡国；包显道信陆子静之禅学而髡首。

讼九二注：将有如卫侯郑之于元咺，祸延公子瑕，况其陪隶乎。

上九注：晁错忠而见诛，况傅游艺之一岁九迁乎？

师六二注：若先縠之于荀林父，王化贞之于熊廷弼是已。

上六注：如赵汝愚之于韩侂胄者，激之而反成乎乱。

比六三注：如庄助之于淮南，肃至忠之于太平公主。

上六注：故舜舍三苗而三苗终窜。

小畜卦辞注：汉光武以柔道治天下，卒能止天下之竞而养以安。

九三注：如苻坚之拒张夫人，宸濠之拒娄妃，志远不逞，而徒以自丧也。

履九二注：以曹操之猜疑，而徐庶可行其志，贞胜故也。

六三注：若苏峻、祖约、苗傅、刘正彦是已。

泰九二注：李膺、杜密不亡其朋，使邪党得乘之以相倾，习尚相沿，延及唐宋，近逮启祯之际，党祸烈而国随以亡。

否大象注：百里奚不谏虞公，孟子不复发棠。

九四注：范孟博惟不知此，以掾吏而操郡守之权，不请命而行其严厉，不能曲谅人情以挽回匡救，激成党锢之祸。

九五注：周公居东，止流言之祸而靖国家。朱子为韩侂胄所锢，将不测而静处讲学，终免于祸患。

船山之引史事以解易，不止于如一般注易家之道只及其人其事而已，尤在于就卦爻象之情理而予以分析。其作如是分析之当否虽不必一定为人赞同，但就其因“象”情以见“事”情之敏锐感应处言，确见其天赋才智之高。聊且举中孚九五之注，以见其由此见及伊川、赵鼎之难为：

中孚九五：“有孚挛如，无咎。”

注：五刚中居尊，可以为上之主而孚于同以感于异者也（此为船山之“孚”义，见上文），虽上亢而不受其孚，而五之诚信已至足挛系乎四而使之

安，故无咎。三四非乘权之中位，阴之情岂能晏然处之而不争哉？二靡之，五挛之，乃以感异类而说以巽。乃二得初之承而五不能平上之亢，则二易而五难，孚异尚易，孚同愈难。伊川不能得之于苏氏，赵鼎不能得之于张浚，亦自处于无咎而可尔。

经中所及之史事，多为类此之情理分析。读船山易注，此为甚有趣味的一面，限于篇幅不能多举，读者可自思考玩味之。总之，船山以其丰富的史学知识，于易注中自然掺入许多史事。由于这些史事的参与，使他的易注特别引人入胜，增加了鲜活力，是值得称道而为一般易注所不及的。

（二）重以主观经验释易

船山易学的特色之二是“重以主观经验释易”。本来，这方面是无可厚非的，一个思想家表达其思想，本就不应该抛弃主观经验，而且也不可能完全抛弃得了。可是不要忘了，他是在解说《易经》，不是在发表个人创作。既然是解说《易经》，就应该以《易经》的立场为立场，纳自己的思想入易以体会易义而立注，不是纳易入自己的思想。那样就是借易为途径以表现自己，主客颠倒了。读船山易注，偶而会使人兴主客颠倒的感觉。

读《周易内传发例》中的船山自述，知《周易外传》是作于乙未年三十七岁之时，而前者乃晚至乙丑年六十七岁时始作。《周易内传发例》是倚卦爻而作注释，《周易外传》则是以每一卦为主题作大义发挥，等于是六十四篇论说短文。但无论《周易内传发例》也好，《周易外传》也好，都给人一种强烈的感受，就是主观经验成分很重。这情形我们当然可以理解，像他那样有雄图壮志的人，怀卓越才思而陷入复杂多变的艰困生活之中，借文笔以宣泄抑郁愤慨，自所难免。船山对此知道得很清楚，但他不愿意做那种保守传统而不表现当下思想的儒者。他的“六经为我开生面”的话，我相信其中也包含着这种意思。因之，他的这一重于主观经验的表达，可以轻说是他的态度，重说是他的立场，也就成了他的注易的特色之一。

由于他这种态度表现得很普遍而多见，所以不容易摘录，我想只引录一个卦为例，望此知彼，读者可再参阅其他注文。我引录的是《周易内传发例》讼卦卦辞的注与《周易外传》讼卦解：

䷅讼卦辞：“讼，有孚窒，惕中吉，终凶。利见大人，不利涉大川。”

注：凡势位不相敌而负直以相亢，怀险以求伸，则讼。此卦三阳上行，有往而就消之势，已成

乎否，将成乎遁，九二不恤险陷，退而不行，为主于内，以止阳于将消，其为功于乾大矣。乾乃决志健往，不与之相应，则二怀不平之怨，而与五相讼，如卫元咺之于卫侯郑者，始于相援而终以相亢，物情之险所以难平也。有孚者，二之与五合志，以实心事之也。窒者，为六三所间，乾阳亢往，无由自达也，其始也唯恐阳之往而且消，自处忧危，危之中以求阳而安之，阳中之吉也。至于五不我应，激而成讼，则忠信之反为悍逆，以下讼上，终于凶矣。利见大人者，五本中正，不以二之忤而终绝之，见之则疑忌消而志道仍合，所以利也。不利涉大川者，健于前行不恤，险之在后，未可坦行也。讼之凶，二任之，涉川之不利，则上九之亢而不知退也。

按讼卦的名义，传统的是来自《彖传》的“上刚下险，险而健”与《象传》的“天与水违行”。由上下卦体而得义，船山则依其“彖爻一致”立义（见前文），将讼的名义置于九二与九五之相怨上。相怨之由起于九二有蹈险卫主之功而不为九五赏识，忠不见知于主，从而生怨，与五为讼。然后又九五不以二之忤为意，复见之而疑忌消除。讲来是一篇君臣之间恩怨分合的曲折故事，十分动人。然后再看他的《周易外传》中讼卦的解义：

讼

天之位乎上者，大正之位也，然而未尝不下济也，雷火风泽之气丽乎地而时济以应乎天。惟水不然，以下为性，比地而必于不升，处天地之中以与天争权，则天将施于地而水竞其功，天即欲不与俱违行而不得，是讼之自成，水实致之。而二何以得为有孚哉？尝论之，以无情而诬上者逆也，非讼也，讼则有可言之情矣，气数自然之争，岂犹夫告密投匭小人得已而不已者与？二之所执以为言者，阴长而己窒其中也，劳而自矜，已而怨曰：我之有功于天也，天其德我哉！我不来而天且偕我遁，我来而抑不我应，则是我窒惕之劳漠不相知，而不平之鸣恶容已邪！怨自此兴而讼亦自此长，元咺之所以终于逋亡而不恤也。由是言之，直在坎而曲在乾明矣。君子则曰：与其为讼也，不如其为遁也，干我者吾避之，劳于我者吾所应得，诎于不知己而伸于知己，越石父且以告绝于晏婴，况其在君臣父子之间乎？故五正中位不挠于讼而得元吉，所谓大居正而不惭也。惟夫上九也者，可以致胜于坎者，力尽而不止，故卫郑再归而见绝于春秋，讼上锡革而三褫于大易。呜呼，人事之险阻出于怨望，怨望出于恩德，知恩德为时位之当然而无功名之可恃，则阴阻平于心而恩怨消于世。六三舍中位以消遁，柔以承天，善世而不伐，斯足尚乎！

《周易内传发例》与《周易外传》之作，前后相差三十年，大体而言思想一致，只是读《周易外传》更令人有借卦爻以感叹心事的意味。文中所述的恩怨之情，俨然便是当时小朝廷中权位上下激荡之状。船山写《周易外传》，适在他从永历帝于肇庆之后，亲见国势之难为而小人君子之争愈烈，百感交集，发为此文，读者相信与愚有同感。至于文中所述，对照于当时之人事，所指为何，笔者亦不欲深做史事之料理，研究明史的先生如以此文为线索而扒掘之，当有所得。

虽然，讼卦只是举一例，其他多卦如否、如恒、如复等，都可以明显看出船山易注之主观经验，不另。

（三）反对道佛及非议前代易家

船山易学的特色之三是“反对道佛及非议前代易学”。一般而言，从事学术研究的人当其自负有成之际，往往避不开批评他人。这种批评有些是必要的，因为要表达自己的不同见解，如孟子之批评告子；有些则是不必要的，由于对他人的思想认识不清，便以为他人之不同于己为非。船山好批评人，而且出言严苛，遂而成为他的易注特色之一，我同样把这归因于他的坎坷遭遇与才分过高。

历史上的易学家们躲得过他批评的人不多，除伏羲、文王、周公、孔子以外，恐怕只有一个张载。其中批评得最多的该是邵雍和朱熹，下面且引录几节他批评他们的话。

批评邵雍者，如：

> ……故易之所以建天地考前王者，文王尽之矣。至宋之中叶，忽于杳不知岁年之后，无所授受而有所谓先天之学者，或曰邵尧夫得之江休复之家……或曰陈抟以授穆修，修以授李之才，之才以授尧夫……呜呼，使抟与尧夫有见于道，则何弗自立一说，即不尽合于天，犹可如扬雄之所为，奚必假伏羲之名于文字不传之邃古哉！其经营砌列为方圆图者，明与孔子之不可为典要之语相背，而推其意之所主将以为何如？方圆图方位次序之饾饤铺排者可以崇德邪？可以广业邪？可以为师保父母使人惧邪？可以通志成务，不疾而速，不行而至邪？不过曰天地万物生杀兴废有一定之象数，莫能逾于大方至圆之体。充其说则君可以不仁，臣可以不忠，子可以不尽养，父可以不尽教，端坐以俟祸福之至。呜呼，跖也，夷也，尧也，桀也，皆不能损益

于大方至圆之中者也，即使其然，而又何事哓哓前知以炫明觉乎？故立一有方有体之象以言易，邪说之所由兴，暴行之所由肆，人极之所由毁也，魏伯阳以之言丹术，李通玄以之言华严，又下而素女之淫妖，亦争托焉。故学易者不辟先天之妄，吾所不知也。

邵子之图，如织如绘，如饤如砌，以意计揣度，域大化于规圆矩方之中，尝试博览于天地之间，何者相肖也？且君子之有作也，以显天道即以昭人道，使崇德而广业焉。如邵子之图，一切皆自然排比，乘除增减不可推移，则亦何用勤勤于德业为邪？疏节阔目，一览而尽天地之设施，圣人之所不敢言而言之，如数家珍，此术数家举万事万理而归之前定，使人无惧而听其自始至终之术也，将无为偷安而不知命者之劝邪！于《彖》无其象，于爻无其序，于《大象》无其理，文王、周公、孔子之所不道，非圣之书也，而挟古圣以抑三圣曰伏羲氏之易，关其名以临之曰先天，伏羲何授？邵子何受？不能以告人也。先天者，黄冠祖气之说也，故其图乾顺坤逆而相遇于姤复，一不越于龙虎交媾之术，而邵子之藏见矣。程子忽之而不学，韪矣哉！朱子录之于《周易》之前，窃所不解。学易者学圣人之言而不给，奚暇至于黄冠日者之说为？占易者以占得失也，非以知其吉而骄，知其凶而怠者也，又奚以前知一定之数为？

易三画而八卦小成，一函三之数，三才之位也。重而为六，阴阳刚柔仁义之道，参两之数也。象数一依于道，故曰易与天地准，故弥纶天地之道。邵子挟其加一倍之术以求天数，作二画之卦四，四画之卦十六，五画之卦三十二，于道无合，于数无则，无名无象，无得失之理，无吉凶之应，窃所不解。加一倍之术，无所底止之说也，可二画，可四画，可五画，则亦可递增而七八九画，然则将有七画之卦百二十八，八画之卦二百五十六，九画之卦五百一十二，渐而加之以无穷无极，而亦奚不可哉？邵子之学如此类者，穷大失居，而引人于荒忽不可知之域。如言始终之数，自乾一而以十二、三十相乘，放坤之三十一万三千四百五十六万六千五百六十三万八千四百万，连算终日而得之，不知将以何为？《易》曰：易简而天下之理得矣。故学易者知其一函三为体，阳九阴六为用，极于万二千五百而止，畏圣人之言，不敢侮也。(《周易内传发例》)

以上所引，只是《周易内传发例》一篇文中之言。《周易内传发例》是船山一生最后的作品，可见这些看法已是他的定论。可是，如实而言，这个定论颇值得商榷，例如他批评邵子的“画前有易”“象生于数”之言，对邵子方圆图及乾坤生于复姤之义，都未有深入理解。如深加理解，则知邵子不过是换一个方式表现易道，先天易和伏、文、周、孔的易学并无违背。更有误解者如以邵子之学为“术”，为务于求“前知”，此则徒予人以自暴粗浅之失。而如“加一倍法”者，乃大程子不谙数理之“外行话”，邵子闻之而笑，不忍驳辩，乃嘉勉后学之宽宏大量；“吾与邵子居同巷三十年而未及数”，乃小程子不谙数理之实心语，岂可以此言定邵子易学之为异说？以笔者看来，船山必遵循孔圣“崇德广业”之言以衡准易学，适表现其深陷宋明以来儒者小气度之泥沼而不自知。本书为易学史，固不必在学理上详加评述，聊表此意以待读者明识。

然后，再看他对朱熹的批评：

> 朱子学宗程氏，独于易焉尽废王弼以来引申之理而专言象占，谓孔子之言天、言人、言性、言德、言研几、言精义、言崇德广业者，皆非羲文之本旨，仅以卜筮之用而谓非学者之所宜讲习。其激而为论，乃至拟之于火珠林卦影之陋术，则又与汉人之

说同，而与孔子《系辞传》穷理尽性之言显相抵牾而不恤。由王弼以至程子，矫枉而过正者也，朱子则矫正而不嫌于枉矣。

（筮占之法）至朱氏作《启蒙》始详焉。乃朱子之法，一本之沙随程氏，其三爻变以上无所适从，但以晋文公之筮贞屯悔豫为证，至五爻变则据穆姜之筮随，而又谓史妄引随之彖辞。今按三爻变则占本卦及之卦之彖辞，假令筮得乾而三五上变为归妹，乾彖曰元亨利贞，而归妹曰征凶，无攸利。又令筮得家人，初二四变为姤，家人彖曰利女贞，姤曰女壮，勿用取女。得失吉凶相反悬绝，占者将何所折衷邪？其四爻五爻六爻变皆舍本卦而专取之卦，本之不立，急于趣时，以静为动，以动为静，于理不安之甚。

朱子师孔子以表章六艺，徒于易显背孔子之至教，故善崇朱子者，舍其注易可也。邵康节乱之于前，王介甫废之于后，蔡西山以术破道，而星命葬术为王制杀而弗赦者，复弄易以神其说。则朱子之于易，舍周公以从术士，苟简之术也，于此可以知朱子之过矣。(《周易内传发例》)

上面所引三段同样是出于《周易内传发例》。船山认为朱子最不可原谅的错误乃全然视易为“卜筮之学”，由于受朱子的影响，后人遂将易作为火珠林、卦影之术看待。同时他也批评了朱子“筮占之法”的不合理。在这些批评中，有相当的部分是对的。一个纯粹的儒学思想家如船山者，在朱子死后近五百年，眼看易学义理之讲求衰微而占术日盛，委过于当时学界宗师的朱子，是必然的反应。尤其是船山在形而上思想方面接受张横渠的《正蒙》思想，以张横渠的崇圣尊德的易学与朱子视易为卜筮之学两相对照，朱子的罪过就更深重了。这里有一段船山注张子《正蒙》序中的话，我引在下面作为参考：

> 自朱子虑学者之虑远而忘迩，测微而遗显，其教门人也以《易》为占筮之书，而不使之学，亦矫枉之过，几令伏羲、文王、周公、孔子继天立极、扶正人心之大法，下同京房、管辂、郭璞、贾耽、王遁奇禽之小技。而张子言无非易，立天立地立人，反经研几，积义存神，以纲维三才，贞生而安死，则往圣之传非张子其谁与归！

有关对邵雍、朱熹的批评，除《周易内传发例》以外，散布在《内传》《外传》及他篇中者，已不必再引；同时船山对前代的易家如孟喜、京房、焦赣、王弼、陈抟等，也都有批评。读者请自行参阅，因为篇幅，于此且置。

最后，说到船山对道、佛的批评。用“批评”一词，觉得太轻，实在说来是“反对”。记得前文中我曾提到过，宋明儒者反对道、佛二家，有其历史因素，属于时代情结，很难脱开。试想，自魏晋以后迄于北宋，七百余年的儒学长期衰落，在此期间佛家势力最盛，而道家时起相颉颃。中国思想史在这段时间的舞台上，只见佛、道两家在演习，却不见儒家扮演重要角色。好不容易北宋诸子一时并起，从佛、道久盛之后，再掌控学术思想权柄。然而佛、道二家之势并未消沉，尤其佛家禅宗一支与道家修炼一途，无论在朝在野都有其雄厚的势力。陆象山门下与后来的王阳明门下弃儒入佛、道者的略半数，朱子门下及其再传以后的弟子也备受威胁，被诱引而去者不在少数。船山生逢世衰道微之世，眼见这样的情况，而他又是坚定峭拔的儒家人物性格，遂而对佛、道二家更为厌恶；二家之学成了他儒学思想中挥之不去的阴影。

但是王船山却不是与佛、道壁垒分明、不相交往的人，毋宁说他与佛、道的关系相当密切。他对二家之学不止于涉猎，且有过研究，也有著述，今存的《相宗络索》便是他有名的佛学著作，并且他赞成八识以上立第九识的主张。《老子衍》《庄子通》《庄子解》等是对老庄的研究；《愚鼓词》尤为许多人传称，是他在丹功修炼方面所下的实际功夫。这都在证明他对二家之学有相当认识，可是终因为他“儒性”太坚强，对二家登堂而未入室的研究并未带给他进一步探求的兴趣，反而成为他反对二家的凭据。到头来他认为佛家是讲幻化，老子是玩术，老子的形而上思想就是王弼的那种解释。庄子的可取之处也不过是胸襟开阔、逍遥人生（船山有《玉连环》词，写庄周思想）。这些学问都无法和文、周、孔子讲求德业的圣学相提并论，这些学问比起儒家的积极进取，多少都有逃避人生的消极成分在内。

现在我们且从他的著述中看他对佛、道二家的批评，先引《周易外传》释无妄卦的一段：

> 无妄
>
> 天上地下，清宁即位，震之一阳生于地中，来无所期，造始群有以应乎天，寻常之见，所疑为妄，至而不诚者也。夫以为妄，则莫妄于阴阳矣；阴阳体道，道无从来，则莫妄于道矣；道有阴阳，阴阳生群有，相生之妙，求其实而不可亟见，则又莫妄于生矣；不生而无生，而始有，则又莫妄于有矣。索真不得，据妄为宗，妄无可依，别求真主，故彼为之说曰：非因非缘，非和非合，非自非然，如梦如幻，如石女儿，如龟毛兔角，捏目成花，闻梅生液，而真人无位，浮寄肉团，三

寸离钩，金鳞别觅，率其所见，以真为妄，以妄为真。故其至也，厌弃此身以拣净垢，有之既妄，趣死为乐，生之既妄，灭伦为净，何怪其裂天彝而毁人纪哉！若夫以有为迹，以无为常，背阴抱阳，中虚成实，斥真不仁，游妄自得，故抑为之说曰：吾有大患，为吾有身。反以为用，弱以为动，糠秕仁义，刍狗万物，究有所归，以得为妄，以丧为真，器外求道，性外求命，阳不任化，阴不任凝，故其至也，绝弃圣智，颠倒生死，以有为妄，斗衡可折，以生为妄，哀乐俱舍，又何怪其规避昼夜之常，以冀长生之陋说哉！请得而折之，为释言者亦知妄之不可依也，为老言者亦知妄之不可依也，然则可依而有常者之无妄，虽有尺喙，其能破此以自怙哉……

大块文章显然借“无妄”之名以斥责佛、道，而所斥责者又杂世俗之佛教信仰与佛学为一，杂道教之信仰与老庄为一。虽言来理直而气盛，深析之则非学术明理之纯言。而《外传》之末，亦以“而老子曰：上善若水，其为术可知矣”结束，我故言佛、道思想在船山心中是挥之不去的阴影。此外，见于《内传》及《内传发例》中，见于《张子正蒙注》中，时有批评佛、道之言，如《周易内传》中：

君子之虚，异于老氏之虚久矣。（注《咸卦·大象》）

乃王弼何晏师老庄之机械，以避祸而瓦全之术。（注《系辞传》“天地设位”一节）

若何晏、夏侯玄之徒，以老庄之浮明，售其权谋机智而自谓极深而入神。（同上“唯深也故能通天下之志”一节）

如《周易内传发例》中：

而弼学本老庄虚无之旨，既诡于道，且其言曰：得意忘言，得言忘象。……唐宋之言易者虽与弼异，而所尚略同苏氏轼，出入于佛老，敝与弼均。

如《张子正蒙注》中：

生灭者，释氏之陋说也，倘如散尽无余之说，则此太极浑沦之内，何处为其翕受消归之府乎？又云造化日新而不用其故，则此太虚之内亦何从得此无尽之储，以终古趋于灭而不匮邪？（《太和篇》注）

老庄之徒，于所不能见闻，而决言之曰无，陋甚矣。……彼以无名为天地之始，灭尽为真空之藏，犹瞽者不见有物而遂谓无物，其愚不可瘳已。(《大易篇》注)

浮屠谓真空常寂之圆成实性，止一光明灭，而地水火风根尘等，皆由妄现，知见妄立，执为实相。……人不资气而生，而于气外求理，则形为妄而性为真，陷于其邪说矣。(《太和篇》注)

释言真空，老言守静，皆以神化为无有而思超越之。非神则化何从生？非化则神何所存？非精义以入神，则存非存知非知，丧已而不能感物，此二氏之愚也。(《神化篇》注)

致知之道，惟在远此二愚，大其心以体物体身而已。(《大心篇》注)

上面所举，只是就随见举示，以显船山厌恶佛、道之心，尤其在《张子正蒙注》中，凡言及二氏者，半数有非"愚"即"陋"之形容词，读之颇令人兴"成心中伤"之感。就笔者感觉，船山的这一态度不但未加强他的学术效果，反而降低了他的学术价值。

本节写船山之非议易学前贤及反对佛、道二家，篇幅已经够多，而对整个船山易学之叙述也将告结束。总而言之，对于船山的才学志气之盛，笔者十分敬佩；然对于他所表现的凌人的自负与侮人的轻率，却不敢苟同。虽然，我一再声明，时代、遭遇、一个人的当身境况会使一个人产生不容已的后果。对于王船山，我们不必要求他雍容宽和，因为他是在被压抑、被追捕、被弃置的情况中成长生活的，愤激、反抗、突破是他本性的要求，从而形成了他有圭角有锋芒的人生，从而形成了他有圭角有锋芒的思想文章。我仍想举《周易内传》中他对需卦大象辞的注文，以说明他只识积极进取的儒学精神，而疏略其从容待时的一面：

> 需。《象》曰：云上于天，需，君子以饮食宴乐。
>
> 注：云升而未降为雨，故为需。需者事之贼也。君子敬则有功，无所用需，唯其于饮食宴乐也，可以饮食宴乐矣，而犹需之，故酒清肴干，终日百拜而后举，逸逸之酬，后天下以乐而后钟鼓畋猎，民则欣欣以相告，则享天下之奉而无从欲败度之愆，此则所宜需者也。外此，虽研几观变，极其审慎而当所必为，坐以待旦，何需之有？

需卦是告诉人处险若夷、变不失常的从容精神，船山却以“事之贼”“无所用”解释，其儒性之积极强悍一面固可称，却不可学。

又如他举兵抗清失败后，被追捕逃避，又为小朝廷中权奸不容，乃决心退处一隅，潜心于六经之研究，自题于败叶庐之门曰：

> 六经为我开生面，
> 七尺从天乞活埋。

归隐固属不得已，却忘记孔子“遁世无闷，不见是而无闷”之言，以“活埋”况其心境，隐隐中愤气横天，此船山之为船山也夫！

道善人与经典文库

两汉易学史

易学史 卷二

高怀民 著

华龄出版社
HUALING PRESS

图书在版编目（CIP）数据

易学史．卷二，两汉易学史 / 高怀民著．-- 北京：华龄出版社，2025. 3. -- ISBN 978-7-5169-2927-8

Ⅰ. B221.5

中国国家版本馆 CIP 数据核字第 2025DG1829 号

责任编辑 董 巍　　**责任印制** 李未圻

责任校对 张春燕

书　名	易学史．卷二，两汉易学史	**作　者**	高怀民
出　版 发　行	华龄出版社 HUALING PRESS		
社　址	北京市东城区安定门外大街甲 57 号	**邮　编**	100011
发　行	（010）58122255	**传　真**	（010）84049572
承　印	固安兰星球彩色印刷有限公司		
版　次	2025 年 3 月第 1 版	**印　次**	2025 年 3 月第 1 次印刷
规　格	880mm × 1230mm	**开　本**	1/32
印　张	12.25	**字　数**	216 千字
书　号	ISBN 978-7-5169-2927-8		
定　价	178.00 元（全三卷）		

序

在中国易学史中，两汉时期的易学总觉得像是被一团迷雾笼罩着。它给人的印象是索奇弄怪、内涵神秘且朦胧不清。许多易学家讲到汉易，除了举出几个特有人物的易说外，对于这一段长达四百多年的学术史的曲折演变，多不能道其详。造成这种情形的原因很多：一方面是由于此时期的易学与数术之学密切相关，以致内容庞杂而隐秘，迷人耳目；一方面又因为时代久远，史料残缺，以致产生了有的易学家身世不明，有的原著作全丧失或半丧失，或有著作而无作者等混乱情形。《两汉易学史》便是笔者深有感于此而写，旨在对此一时期混淆模糊的易学做一厘清，寻绎其端绪，疏理其脉络，俾得以较清晰的面貌出现在学术史上，更由此可以看出汉易在整个中国易学的长流中所处的“史”的地位。

本书写成，凡历三年。最感遗憾的是，前人无一有系统的汉易史可供参考。各家易说固可由资料收集得来，然其他许多方面多是笔者一己之见，诸如：对整个汉易演变的看法是否正确？对有些疑难问题的讨论与推断是否合理？分期是否恰当？一些必要的名称的拟定是否适宜？以及对易家人物的提出与安排、对某些易家学说的商讨是否有理？凡此种种，都甚望听取贤者指教。笔者才思不逮，何敢言易？倘以此书之作，他日得睹一更完备之汉易史问世，实为大愿。兹条列其他应先声明诸事如下：

一、本书在写作上所持原则，是以学术思想的演变为经，以各家易说的介绍为纬。

二、本书是以两汉之时的学术为立场，所以叙述象数易部分特详，而叙述儒门易部分则简略；以象数易为汉易主流故。书中其他有讨论处，也都是采取此一观点。

三、本书中所述部分易家，如管辂、王弼、蜀才、干宝数人，论时代已在东汉以后，但从学术上说，此数人都应纳入汉易范围：管辂易为焦、京一脉的嫡传；蜀才易采虞翻卦变为说；王弼排除象数，为汉易时代的结束；至于干宝，虽已晚至晋元之世，但其注易以孟、京易为宗而有新创义，略掉可惜，故也附载于注经派象数易家之后，可视为汉象数易的落日余晖。

四、本书写成后，曾持以就正于李遐敷老师。遐师乃怀民于 1961 年就读师大时亲炙受易之老师，以望七高龄，不辞辛劳，多于指正，诚为感人肺腑。刘苍霖先生、杨光沼先生，多年来百般鼓励，爱我至深，谨于此并致谢意。

高怀民于台北

本书主要易学家年表

姓　名	字　号	生卒年代	岁　数	备　注
田　何	《史记》字子庄，《汉书》作子装	汉高祖至孝文帝年间人 约当公元前202—前143年	—	田何为汉兴第一位易学家。《史记·儒林列传》："商瞿传易，六世，至齐人田何字子庄而汉兴。"《汉书·儒林传》："汉兴，田何以齐田徙杜陵，号杜田生。"《丁宽传》："宽从田何受易。"
王　同	字子中	文、景年间人 约当公元前180—前140年前后	—	田何弟子
周王孙	—	同上	—	田何弟子
丁　宽	字子襄，又号丁将军	同上	—	田何弟子。《汉书·丁宽传》："景帝时，宽为梁孝王将军，距吴楚。"
服　生	号服光	同上	—	田何弟子
韩　婴	—	文、景至武帝年间人 约当公元前180—前130年前后	—	《汉书·韩婴传》："孝文时为博士，景帝时至常山太傅。……武帝时，婴尝与董仲舒论于上前。"

续表

姓　名	字　号	生卒年代	岁　数	备　　注
杨　何	字叔元	武帝年间人 约当公元前140—前90年前后	—	王同弟子。《史记·仲尼弟子列传》："何元朔中，以治易为汉中大夫。"《太史公自序》："受易于杨何。"《汉书·儒林传》："元光中征为太中大夫。"
田王孙	—	同上	—	丁宽弟子。《汉书·施雠传》："田王孙为博士。"
施　雠	字长卿	昭、宣帝年间人 约当公元前90—前40年前后	—	田王孙弟子。《汉书·施雠传》："雠结发事师数十年。……甘露中，与五经诸儒杂论同异于石渠阁。"
梁丘贺	字长翁	同上	—	田王孙弟子。曾先事杨何弟子京房，仕于宣帝朝，见《汉书·梁丘贺传》
孟　喜	字长卿	同上	—	田王孙弟子。因得"易家候阴阳灾变书"，乃改师法，为首倡象数易第一人
焦延寿	字赣	宣帝至新莽年间人 约当公元前70—10年	八十一	《汉书·儒林传·京房传》："延寿云：尝从孟喜问易。"《焦氏易林·费直序》："六十四卦变者占，王莽时建信天水焦延寿之撰也。"

续表

姓　名	字　号	生卒年代	岁　数	备　　注
京　房	字君明	昭帝元凤四年生，元帝建昭二年卒 公元前77—前37年	四十一	焦延寿弟子。《汉书》卷七十五《京房传》："初元四年，以孝廉为郎。"
费　直	字长翁	元、成至新莽年间人 约当公元前50—10年	—	《汉志》言刘向校经，"唯费氏经与古文同"。又费氏尝为《焦氏易林》作序
高　相	—	同上	—	《汉书·高相传》："治易与费公同时。"
马　融	字季长	东汉章帝建初四年生，桓帝延熹九年卒 79—166年	八十八	—
郑　玄	字康成	顺帝永建二年生，献帝建安五年卒 127—200年	七十四	马融弟子
荀　爽	字慈明	顺帝永建三年生，献帝初平元年卒 128—190年	六十三	—
刘　表	字景升	顺帝汉安元年生，献帝建安十三年卒 142—208年	六十七	《三国志·刘表传》卢弼疏引惠栋曰："《镇南碑》云：年六十七。"

续表

姓　名	字　号	生卒年代	岁　数	备　　注
宋　忠（衷）	字仲子	灵、献帝年间人 约当170—210年前后	—	忠依刘表于荆州，官五业从事，表死，降操。《三国志·刘表传》卢弼疏引姚振宗曰："萧常《续后汉书》云：宋忠子与魏讽谋诛曹操，不克，父子俱遇害。"
魏伯阳	—	桓帝年间人 约当140—190年前后	—	彭晓《参同契解义》："汉桓帝时，有魏伯阳以所著《周易参同契》示于青州徐从事家。"
虞　翻	字仲翔	汉灵帝建宁三年生，吴大帝赤乌二年卒（魏明帝景初三年） 170—239年	七十	虞氏生卒年说法不一，杨家骆主编之《中国文学家大辞典》以虞氏生于桓帝延熹七年，卒于吴嘉禾二年，164—233年，提前六年。此依《三国志》卢弼疏
陆　绩	字公纪	灵帝中平五年生，献帝建安二十四年卒 188—219年	三十二	—
姚　信	字元直、一字德祐	汉献帝至吴大帝即位江东年间人 约当190—240年前后	—	《三国志·陆绩传》注引《姚信集》有《奏请褒陆绩女郁生为义姑表》

续表

姓　名	字　号	生卒年代	岁　数	备　　注
王　肃	字子雍	汉献帝兴平二年生，魏高贵乡公甘露元年卒 195—256 年	六十二	宋忠弟子
董　遇	字季直	汉献帝至魏明帝年间人 约当 190—250 年间	—	见《三国志·王肃传》及注引《魏略》
管　辂	字公明	汉献帝建安十五年生，魏高贵乡公正元三年（是年改元甘露）卒 210—256 年	四十八	按依《三国志·管辂传》所载生卒年，计数为四十七岁，而传言四十八
王　弼	字辅嗣	魏文帝黄初七年生，正始十年（是年改元嘉禾）卒 226—249 年	二十四	—
蜀　才（范长生）	—	后蜀李雄在位年间人 306 年前后	—	按李雄于晋惠帝永兴元年，僭号成都王，两年后即帝位，加范长生为天地太师，封西山侯

续表

姓　名	字　号	生卒年代	岁　数	备　注
翟　元	字子元	约为魏晋年间人	—	按李鼎祚《周易集解》中有翟元一家。陆德明《释文序录》引荀九家有翟子元，排名于姚信之后。马国翰断为一人，时代在魏晋间
干　宝	字令升	晋元帝年间人约当320年前后	—	按干宝就时代言，去汉已远，然其易宗孟、京而有新创义，故附于本书象数易家后

目录

第一章　汉易中几个特殊问题

在未系统地论述两汉易学之前，兹先提出汉易中几个特殊问题做一讨论。这样做，一方面是为了后文的叙述方便；另一方面也是因为这几个问题极为重要，有个别提出讨论的必要。第一个，易与秦火的问题，旨在对汉易的来源方面做一清理，使读者明白易学在何种情况下进入汉代。第二个，易的传承问题，旨在使读者由此认识整个汉易人物思想的系属及脉络，然后在个别研究各家易说时，思想路线上才不至于混淆不清。第三个，易伪书的问题，为对于几部比较重要的伪书的商讨；伪书充斥，是汉代学术特色之一，尤于易学方面，不得不先有所认识。汉易人物众多，学说驳杂，盘根错节，迷人耳目，这几个问题的提出，希望有助于读者的了解。

第一节　易与秦火的问题

秦始皇即位的第三十四年，也就是他统一天下后的第九年，公元前213年，咸阳宫中置酒，宴会群臣。当时有博士七十人前为寿，其中博士仆射周青臣与另一博士淳于越二人，为了颂扬大皇帝的德威，意见不合，称古道今，争辩起来。始皇下其议于丞相，丞相李斯乃以此事为由，上书始皇曰：

> 五帝不相复，三代不相袭，各以治；非其相反，时变异也。今陛下创大业，建万世之功，非愚儒所知……今诸生不师今而学古，以非当世，惑乱黔首……臣请史官非秦纪皆烧之。有敢偶语诗书者，弃市；以古非今者，族；吏见知不举者，与同罪。令下三十日不烧，黥为城旦。所不去者，医药卜筮种树之书，若欲有学法令，以吏为师。

书上，秦始皇制曰："可！"于是，一场焚书的劫火就这样熊熊然燃烧起来。这一场劫火对中国学术思想造成的严重摧残，真是言之令人痛心！像是一把利刃，横里截去，把先秦诸子百家思想，一刀斩断。到了汉兴以后，高祖刘邦是一条“马上得天下”的汉子，打从心眼儿里就轻视学术，根本无意于学术方面的事。惠帝四年废挟书之律，也只是一纸具文，并无复兴学术的积极行动。称得上留意于学术，已是文帝时代的事了。在这一段约四十年的期间，中国学术界几成了真空状态，所以后来司马迁写史至此，兴叹道：“及至秦之季世，焚诗书，坑术士，六艺从此缺焉！”（《史记·儒林列传》）

司马迁言“六艺从此缺焉”，自是指儒家《诗》《书》《易》《礼》《乐》《春秋》六经而言。味其语气，《易经》也在被焚之列。同时，就《易经》十翼中所表现的儒家思想以及秦始皇焚书是为了钳制人民思想的目的而论，《易经》也不可能逃过被焚的命运。可是，后来易学家因见班固《汉书·儒林传》中有“及秦焚学，易为卜筮之书，独不禁，故传授者不绝也”之言，不加细究，以为班氏所说的“易”，就是儒家的《易经》，遂多认为在秦火中五经皆焚，《易经》独免；而忽略了在同文中，班氏也写有几乎是抄袭了司马迁的话：“及至秦始皇兼天下，燔诗书，杀术士，六学从此缺矣！”六学即是六艺，即是六经，班固和司马迁同一语气，仍是说六经都被秦火烧了。那么，这件事应该如何解释呢？我们现在来分析这件事：在秦火中，如果《易经》未在被焚之列，那是秦火中唯一公开保留的一部儒门经典，是学术上的一桩大事，司马迁定会特别指出说明，不当合其他五经在一起，而说“六艺从此缺焉”；如果《易经》也在被焚之列，事实上《易经》在汉兴以后，不像其他经典样有残缺情事及今古文之争。而且司马迁在《史记·仲尼弟子列传》中，还载有一个自孔子至汉兴的易学传承系谱。秦火中《易》的遭遇，究竟是怎么一回事呢？

后代易学家们对此问题，不闻有所讨论。本书今既专言汉易，便不得不在此将汉易的来源处疏理清楚。说起来，《史记》《汉书》的记载并不矛盾，司马迁是对的，班固也是对的，《易经》在秦火中与其他五经一样在被焚之列，而《易经》又幸运地被完整保留到汉代也是真实的。这问题必须从易学发展史上，看秦火时代易学的情况如何，才能得到真相。这就要从最早说起。

易从伏羲画八卦开始，原来只是八个卦象符号（☰、☷、☳、☴、☵、☲、☶、☱），代表天、地、雷、风、水、火、山、泽八种自然界的现象，这是最早的易学形态，笔者曾在《先秦易学史》中名之为“符号易”。符号易时期表示远古人民的思想是以天道自然为主。后来，降至三代以下，神道思想兴起，天神、地祇、人鬼的影子，晃动在当时人的心中，人民一切行事总想取决于鬼神的启示；文王兴于此时，乃演易为六十四卦（䷀乾、䷁坤、䷂屯、䷃蒙、䷄需……），并加上简洁的吉凶悔吝的断语，用为筮占术的工具以占断吉凶、交通人神，这是易学继符号易后的第二种形态，笔者名之为“筮术易”，筮术易时期代表着人民的思想由天道转入了神道。再下到了孔子时代，随着历史的演进，人心中神道思想又衰退，人道思想兴起，孔子掀起了易学革命，以“十翼”义理赞易（“十翼”为《彖传》上下、《象传》上下、《系辞传》上下、《文言传》《说卦传》《序卦传》《杂卦传》），导易入人事，视易道为人生立身行事的法则，且纳易人儒门以教学。从此，易学又转进到一个新的阶段——“儒门易”的阶段。“符号易”“筮术易”“儒门易”是中国先秦易学发展的三个阶段，所谓“易历三圣”，伏羲、文王、孔子各领导着一个阶段的开创。这一些，笔者已详述于《先秦易学史》一书中。

易学思想由天道而神道、而人道的转变，也就是中国上古文化演进的历程；换句话说，以十翼义理推明人道的儒门易，乃是易学思想顺势演变的自然结果。加上孔子挟其“至圣”之雄，为儒门易先导。所以自孔子以后，儒门易便被学术界视为易学的正统，而孔子以前的筮术易遂被排挤于易学园地以外；此后筮术易只是以“术”的身份流行于世，而不被当作“易学”看待了。

儒门易是易学，筮术易不是易学，这情形在《汉书·艺文志》的书目分类中看得最为明显。《汉志》中凡是与《易经》有关的著作，都列入“易家”，而蓍龟则列入“数术家”内，与天文、历谱、五行、杂占、形法在一起。《汉志》这样分类，自然不是班固的私意妄作，乃是代表着自孔子以后，中国学术界对易学的共同看法。可是，我们必须认识清楚的，便是筮术易虽被儒门易排挤出易学以外，在两汉以前，它仍然很活跃地流行在朝野间。不但流行，而且它并未被儒门易家过于菲薄。儒门易在名义上是易学的正统，实际上儒门易学家仍大多会筮占术，由史载西汉年间儒门易学家兼通筮术的情形可知。所以儒门易与筮术易在孔子以后，虽然身份上一为“学”、一为“术”，实际上仍是一而二、二而一的同胞兄弟。也就是说，自孔子以后，易学发展的情形是：一方面儒门易夺取了易学的宝座，筮术易以术的身份仍流行不辍；另一方面儒门易学家们仍大多通筮占之术。这是要究明秦火中易的遭遇的首要认识。

其次应当认识的，儒门用作教本的《易经》，在先秦是“经”“传”分离的。“经”指孔子以前筮术上据以占断的卦象、卦辞及爻辞；“传”是指儒门增添的十翼。当时的《易经》本是经上、经下及十翼十二篇文字，经自经，传自传，不相混合。经与传相合乃自西汉末年费直肇其端，再经东汉郑玄、魏王弼注易后，才成今日将《彖传》《象传》《文言传》分散附于经的《易经》本（详见后文第四章第四节“费直易”）。这也就是说，在先秦，筮术家占断吉凶时，所用的是六十四卦象及卦辞爻辞的经文，不用十翼；十翼乃是儒门教学之用。

以上所述是自孔子到秦火以前易学的实在情形。明乎此，在秦火中易的遭遇问题便很容易得到了答案，兹归纳为下面几点来说明：

第一，秦焚书时，所谓“易学”，是指儒门易而言；筮术在当时的身份是“术”，非为易学。

第二，秦始皇焚书的目的，是为了钳制人民的思想，免得知识分子“不师今而学古”（见前引李斯上书）。而儒门易经的十翼中间，含有浓厚的取法古圣先王的思想，衡之以理，定与其他五经同在被焚之列。所以司马迁说“六艺从此缺焉”，班固也说“六学从此缺矣”。

第三，秦火中免于被焚的，是“医药卜筮种树之书”（见前引李斯上书），所谓筮书，即为不包括十翼在内的六十四卦象及卦辞爻辞，原为占断所用书，非危险的学术思想，故秦不禁。班固《汉书·儒林传》：“易为卜筮之书，独不禁。”当中的“易”字，乃指此筮书，非指儒门的《易经》。

第四，无十翼的筮书既不禁，那么有十翼的《易经》自可得到庇护，因为当时的儒门易学家大多兼通筮术，通筮术的易学家只消举手之劳，摘去易家招牌，换上筮家招牌即可。儒门《易经》能独无损缺地度过秦火，原因在此。

第五，筮既不禁，故有传承，由此可知司马迁《史记·仲尼弟子列传》中所载自孔子、商瞿至汉兴田何的易学传承系谱，实为筮术的传承，而非儒门《易经》的传承。但此传承中人，必都是兼通易学与筮术的人。虽是筮术的传承，无异于儒门《易经》的传承，这就是史公径以“易”称名此传承的原因，也是汉兴以后，田何以筮术与易学两科教人的原因（见后文第二章）。

以上是对于“易与秦火”这一问题的分析与推断，笔者的结论是这样的：汉兴儒门《易经》的得以保全，是由于披着筮术的防护衣，侥幸度过了秦火之劫。回想当初孔子掀起易学革命之时，倡导十翼义理的儒门易，将筮术易排除易学门外。哪里想到两百多年以后，在文化浩劫的秦火中，这一个被逐出家门的浪子，却担负起易学存亡绝续的大责任。筮术之于易，厥功伟矣！

第二节　易的传承问题

传承问题在汉易中是一件大事，它的重要性不止于明传承可以便于研究汉易，尤在于重师门传承是汉代学术的特色。“守师法”对汉人来说，是一种美德，而“改师法”则为人所不取；孟喜便是因为改师法丢掉了易学博士的头衔。但汉易的传承，中间悬案累累，叙述起来颇多滞难之处：第一，有些极重要的易学家，其师承无从查考，如韩氏易、孟氏象数、费氏易等。第二，西汉宣帝以前为儒门易天下，传承分明。迨孟、焦、京以后，象数易异军突起，不旋踵间，朝野风靡，儒门易阵营崩溃。故施、孟、梁丘三家门下，虽在传承上为儒门易系统，实际上多吸收了象数易新说。孟喜背离儒门，转入象数阵营，他的门下固无足论，就是施、梁丘二家门下，也不能再作纯儒门易看待。第三，所谓师门传承，实际上只是就西汉而言，至东汉，则各家学说互采兼收，守师法的风气已不存，师承也因而不明；故对东汉各易家只可以作学派的归属，有许多易家甚至不知道属于哪一学派。本节原拟依儒门易与象数易作区分叙述，好与学术演变的实际情形一致，但以上述诸多困难，不能妥当处理，故仍采常式，依时代划分：汉兴田何以上为第一段落，西汉时期为第二段落，东汉时期为第三段落；附“两汉易学传承表”（见书前附页）以供参照，庶几可见汉易的全貌。又，《道藏·大易象数钩深》一书中，曾载有汉易学传授表，唯其中诸多失当处，且有遗漏，读者可比照参阅。

一、汉兴田何以上

秦火以后，易为儒门六经中唯一的劫后孤雏。司马迁珍惜它的幸存，特地追考它的家世，留下它的传承世谱，载在《史记·仲尼弟子列传》中，其文如下：

> 商瞿，鲁人，字子木，少孔子二十九岁。孔子传易于瞿，瞿传楚人馯臂子弘，弘传江东人矫子庸疵，疵传燕人周子家竖，竖传淳于人光子乘羽，羽传齐人田子庄何，何传东武人王子中同，同传菑川人杨何，何元朔中以治易为汉中大夫。

又《儒林列传》中也说：

> 自鲁商瞿受易于孔子，孔子卒，商瞿传易，六世，至齐人田何字子庄而汉兴。

田何是汉兴第一位易学大师，他的弟子实际上不止王同一人，王同的弟子也不止杨何一人（见下文）。史公在田何以下只写王同一支，王同以下只写杨何一支，是因为史公的父亲司马谈“受易于杨何”（《太史公自序》）。可见史公这个易学传承系统，是由他父亲开始一代一代溯推上去的。追溯到商瞿、孔子以后，再由孔子、商瞿一路写下来，所以成了一线单传的情形。然而由这里，我们也正可以看出史公的用心，因为易学自孔子以后，转趋衰微，儒门龙象孟轲、荀卿，言诗、言书、言礼，独少言易，故自孔子至汉约三百年间，无以易名家者。史公此处以一线孤悬的传承，表示这一段长时期易学的不振，岂不是有意为此？而且在秦火中，百学俱毁，易独幸全，人见此一线传承，将不禁发“危乎险哉”的惊喜之叹。史公在《自序》中曾经表示过以继承孔子著《春秋》为志，于此见其述史叙事之中，有以微言而彰大义的深远意旨了。

《汉书·儒林传》对田何以上的传承记载，和《史记》稍有不同：

> 自鲁商瞿子木受易于孔子，以授鲁桥庇子庸，子庸授江东馯臂子弓，子弓授燕周丑子家，子家授东武孙虞子乘，子乘授齐田何子装。

这里很明显，《汉书》是根据《史记》而写，桥庇子庸就是《史记》中的矫子庸疵，馯臂子弓就是《史记》中的馯臂子弘，周丑子家就是《史记》中的周子家竖，孙虞子乘就是《史记》中的光子乘羽，田何子装也就是《史记》中的田子庄何。这些名字有些音同而字异，有些形近而音殊，不必去细加考究。较大的差异，是《史记》以馯臂子弘为商瞿弟子，在前，矫子庸疵在后；《汉书》则次第相反。大概这是因为班固经过考查后修正了《史记》的记载，但我们今日已无从肯定谁是谁非。在上节中，笔者曾说过这一个传承系统“为筮术易的传承”，现在看这些人物，都是名不见于经传，可知他们原是筮术家，非学术界中人。我们今日借着这个记载，知道自孔子以后，易学虽衰，但传承得未中断，即此已足。

二、西汉时期

自田何以下，进入汉朝，易学此时像经过寒冬，步入暖春一样，新枝嫩条，开始蓬勃发生，从此展开自孔子以后另一个易学盛世。《汉书·儒林传》于此记载得较《史记》为详：

> 汉兴，田何以齐田徙杜陵，号杜田生，授东武王同子中、雒阳周王孙、丁宽、齐服生，皆著易传数篇。同授淄川杨何字叔元，元光中征为太中大夫；齐即墨成，至城阳相；广川孟但，为太子门大夫；鲁周霸，莒衡胡，临淄主父偃，皆以易至大官。要言易者，本之田何。

由此可知田何的弟子有王同、周王孙、丁宽、服生四人。此外，在丁宽传中还见到有一个项生，此处不见他的名字，大概是因为其人没有特殊成就的原故。

王同的门下，在田何的四大弟子中算最盛，有杨何、即墨成、孟但、周霸、衡胡、主父偃六人。这一支人物虽盛，在后来易学界并未发生大影响，只有杨何传易于司马谈与京房（此京房曾为太中大夫，出为齐郡太守，为梁丘贺之师，非后来焦延寿弟子之京房，见梁丘贺传）。其他五人都是靠易学做了大官，在学术上并无成就，尤其主父偃那种倒行逆施的行径，全然不像是学易有得的人，见《史记》《汉书》中《主父偃传》可知。

周王孙，史书中无传，唯于《汉书·丁宽传》中有言："宽至雒阳，复从周王孙受古义，号周氏传。"丁宽既与周王孙同事田何，今又从他受古义，可知是同学间转相授受。大约二人在田何门下，所学各有专长，周王孙所长是"古义"一方面；《汉志》易家列有《周氏二篇》，疑即是所谓的"周氏传"。周王孙传易于蔡公，《汉志》有《蔡公二篇》，注："蔡公，卫人，事周王孙。"但蔡公何名？不得知。李鼎祚《周易集解》谦卦下，有虞翻引彭城蔡景君之易说，后人有以为蔡景君即蔡公，然笔者观虞翻所引蔡景君易说中，有"爻之""旁通"义，其人当是东汉以下的象数易家，不当是周王孙弟子，因周王孙之时象数易尚未兴。

服生，史书中也无传，《汉志》易家载有《服氏二篇》，颜师古注引刘向《别录》云："服生，齐人，号服光。"不见有传人。

以上王同、周王孙、服生三支，或无传而寂，或一传而寂，或再传而寂，实际上对后来的易学界都没有发生大影响。真正继承田何衣钵，使田氏易发扬光大的，是丁宽的一支。丁宽为梁地人，《汉书》本传说他初为梁项生从者。项生从田何受易，宽也跟从读易，因宽为人精敏，材过项生，遂事田何。后来学成东归，田何谓人曰："易以东矣！"可见丁宽是田何的得意弟子。而宽果不负田何的期望，后来传易于砀人田王孙，再传至施雠、孟喜、梁丘贺。田氏易大盛，是为汉儒门易学最兴盛的时期。

上面所述诸人，都在武帝以前。田何最早，为高祖至文帝年间人。丁宽在景帝时，曾"为梁孝王将军，距吴楚军"。王同、周王孙、服生既与宽同学，当都是文、景时代人。王同弟子杨何，武帝元光元年为太中大夫，主父偃被诛于元朔二年，则其他王同弟子即墨成、孟但、周霸、衡胡等，可知并是武帝年间人。杨何弟子司马谈卒于武帝元封元年。丁宽弟子田王孙，在《施雠传》中曾言其为博士。按武帝年间开始设置五经博士，丁宽既未闻为博士，田王孙可能就是当时第一位易经博士，大概由于专研易学，无事功，故史书无传。

施雠、孟喜、梁丘贺三人，虽同为田王孙弟子，但三人的学风与志趣，却迥然不同。

施雠自幼年跟从田王孙受易，一生固守师法，忠诚信实，宣帝年间拜为博士。甘露中，曾与五经诸儒杂论同异于石渠阁。雠授易于梁丘临（梁丘贺之子）、张禹、鲁伯。张禹又授彭宣、戴崇；鲁伯又授毛莫如、邴丹。

梁丘贺，初曾从杨何弟子京房受易，后复事田王孙，精于筮术，宣帝时以筮近幸，为太中大夫。梁丘贺传易于子临。临传五鹿充宗及王骏。充宗又传士孙张、邓彭祖及衡咸。

孟喜，于三人中性最灵变，因诈言其师田王孙枕其膝死一事，为施雠、梁丘贺所不满。但孟喜实不以受于田王孙之易为主学，而另自无名氏处得《易家候阴阳灾变书》，开汉代象数易之先河。孟喜传易于白光、翟牧。

施、孟、梁丘三家门下，各有传人以易名显，施雠之后有号称“张彭之学”，梁丘贺之后有号称“士孙邓衡之学”，孟喜之后有号称“翟白之学”。三家争盛于宣帝以后，当时朝廷中易学博士，尽为三家之人（京氏易在成帝时，一度为博士，旋废），田氏一系易学至此盛极。

此外，尚有一支，与田氏一系并立而不显于世的易学，是韩婴的家传易学。韩婴以诗名家，但他对易也极为精湛，《汉书》本传载，因他家乡燕赵间民习好诗，不好易，所以他只好传易于自己的子孙。宣帝时，司隶校尉盖宽饶原受易于孟喜，竟弃孟氏易而转从韩婴后人涿郡韩生受易，由此可见韩氏易自有过人处。韩婴在文帝时为诗经博士，揆其年龄，当少于田何，或较丁宽年长。《子夏易传》一书，后人疑为韩婴作，又疑为丁宽作（见后文）。由此可知韩氏易和丁氏易风格必相近，也就是说与田何一系易风相近，同为儒门义理。但韩氏易不知何所出，今考田何以上的易学系谱，由田何上溯两世为燕人周子家竖（《汉书》作周丑子家），与韩婴同为燕地人，韩氏易也许是由此而出；正因为与田何易学同出一源，故风格相近。因此，笔者把韩婴一系易学与田何一系假定为自周子家竖开始分支。

以上所述田、韩两系易学，属于汉易中的儒门易。其中田何一系虽然看来枝繁叶茂，声势浩大，可是并非汉易的主流。所谓汉易的主流，乃指此下孟、焦、京等人的象数易而言，现在来看，象数易家第一个出场的，是田何儒门易阵营中三家之一的孟喜。孟喜原是田王孙的弟子，但他暗地里从一个不透露姓名的人那里学得了一套新易学，就是本传中说的“得《易家候阴阳灾变书》”。顾名思义，可知定是他后来的“卦气”之学，他既私心向往于新易学，自然不固守儒门易师法，因而颇引起同门的不满，当时学术界都斥责他“改师法”，而不知道孟喜是存心要开创一个新易学——象数易的天下。他的《易家候阴阳灾变书》，不透露传授人姓名，当是一位隐士，笔者推断他可能与焦延寿为同门，见后文。

焦延寿，《汉书》无传，因为他官做得太小的缘故（小黄县令）。焦氏易来自隐士，见于《京房传》：“焦延寿独得隐士之说。”传中又说他“尝从孟喜问易”，可见孟、焦二人互通声气。孟氏不言受易于何人，焦氏只言隐士而讳其姓名，二人又相交往，因而笔者推断二人可能为一师所传授，孟喜是师兄，焦延寿是师弟，故焦问易于孟（后文第三章第五节详论）。焦延寿传易于京房。

京房是一个才气极高的人，对象数易创建独多，象数易在他手中真正地发扬起来。但他为人贪功好名，故后来被谗遭诛。京氏易在成帝时一度立为博士（按京房死于元帝建昭二年），不久，又废。京房传易于东海殷嘉、河东姚平、河南乘弘。

费直，是焦、京以外的另一支象数易家。他的生存年代不能确知，据马国翰推测，是元帝至王莽年间人。费氏易来由不明，但《汉书·艺文志》载：“刘向以中古文易经校施、孟、梁丘经，或脱去无咎悔亡，唯费氏经与古文同。”是说费氏经与古文易经义近。前述田何弟子丁宽曾从同学周王孙受古义，周王孙史书无传，当是退处自隐，韬光养晦之士，费氏易也许是出自周王孙，复接受了象数易之学，《汉志》言费易在西汉未立学官，只是行于民间，正与周王孙作风相同。又，费直易的主要旨趣是以十翼解经（见费直本传，后文“费直易”一节详述），也与“古义”二字相合。故笔者以此假定作系属，即费直易源出于周王孙。费氏易到东汉中叶以后大盛，一方面是刘向“唯费氏经与古文同”一语的影响；另一方面是由于它以传解经的方式。后来郑玄、王弼注易，都是承费氏的以传解经。

高相一支，自言其易出自丁将军（丁宽）。本传中说他“专说阴阳灾异”，是情形与费直相同，源出儒门而接受了象数之说的易家。高氏易与费氏易均行于民间，未立于学官。高相传于其子康及毋将永，康后来为王莽所杀。

以上孟氏一，焦、京氏二，费氏三，高氏四，为西汉末年象数易四大学派。孟氏、焦氏、京氏与高氏易，均纯以占验解说灾异为主，完全不同于儒门易；费氏易则一方面接受象数易之说以占验灾异（《隋志》有《易林》二卷，费直撰），一面仍守儒门十翼解易之教。

三、东汉时期

东汉易学风气和西汉大不相同：第一，东汉易家，史书上多止载“通某氏易”或“习某氏易”，而不言何人所传授；有时候记载“师事某人”，也无法完全追求出师承系统。这表示东汉易风只重学派，不重师法。第二，东汉易家所宗学派，总不出西汉诸家。这表示西汉的易学为新发生，以开创新说为精神；东汉易家则以继承发扬为志。由这里，我们也可以看出学术风气的形成，不是偶然的。西汉在秦火以后，书籍缺失，非师无以求学，自然师门谨严，重师法，明传承。到了东汉以后，书籍多复现，而且西汉学者多有著作留世（见《汉志》），读书人可自由从书籍中撷取学问；朝廷又扩大太学教授，很自然，师门传承之风也就淡薄了。尤其自象数易兴起以后，新说竞起。这些新说虽驳杂，却都可以在易道下贯通为用，东汉易家自然博采兼收，不必固守一师之说。所谓“通某氏易”或“习某氏易”，也只是西汉重师门的余风，不能一时尽除，表示学有所宗罢了。其实，东汉易家都是杂糅各家而为学，郑玄、荀爽、虞翻几个大易家，莫不如此。

因此，本节写东汉易家传承，便不能如西汉一样，明白地代代叙述，只能就各本传中所见，综其归属。以下所列，有些是朝廷中易学博士，有些是以易学教授，有些只是明易而不能称为“家”，所以列出来的原因，是为了借此可以看出西汉各家易学对东汉的影响。

下面所列具见《后汉书》本传。

传施氏易者

刘昆：“受施氏易于沛人戴宾。……子轶，字君文，传父业。”

景鸾：“能理齐诗、施氏易。”

传梁丘氏易者

范升：“习梁丘易。”

梁恭：（见《后汉书·范升传》）

吕羌：（见《后汉书·范升传》）

杨政：“从代郡范升受梁丘易。”

张兴：“习梁丘易以教授……子鲂传兴业。”

以上施、梁丘二家为儒门易，在东汉朝廷设有博士，然观上述这些传人，尽在中叶以前；杨政、张兴为明、章时人，其余均为光武时人。可见在东汉初期，儒门易虽衰，其势力尚存，迨至中叶以后，已为象数易所并吞，故史书中不见传人。学术思想潮流所必趋，有时候虽有政治上之助力，也难以挽回局势。

传京氏易者

郎顗：“父宗，字仲绥，学京氏易。……顗少传父业。”

郑玄：“师事京兆第五元先，始通京氏易。”

杨秉：“兼明京氏易。”

戴凭："习京氏易。"

魏满："亦习京氏易，教授。"（见《后汉书·戴凭传》）

孙期："习京氏易。"

樊英："习京氏易。"

李昺："习鲁诗、京氏易。"（见《后汉书·樊英传》）

唐檀："习京氏易。"

沛献王辅："善说京氏易。"（光武之子）

折像："通京氏易。"（常璩《华阳国志》作折豫）

焦氏、京氏为一家之学，故言京氏易，已包括了焦氏在内。京氏易传人独多，正表示其影响力之大。《后汉书·儒林列传》："及光武中兴，爱好经术……易有施、孟、梁丘、京氏。"又云："施、孟、梁丘、京氏四家，皆立博士。费、高二家未得立。"是京氏易曾在西汉成帝时一度立为博士后，至东汉，复与施、孟、梁丘三家并立博士于朝。京氏易以占验为主旨，为术家所宗，在民间社会流行最广，后来管辂的数术易，即为京氏易之嫡传（管辂易见本书第六章）。

传孟氏易者

袁安："祖父良，习孟氏易。……安少传良学。"又袁安子敞："少传《易经》，教授。"

梁竦："少习孟氏易，弱冠，能教授。"

洼丹："世传孟氏易。"

觟阳鸿："每以孟氏易教授。"（见《后汉书·洼丹传》）

任安："受孟氏易。"

夏恭："习韩诗、孟氏易。"

查《儒林列传·孙期传》中载："建武中，范升传孟氏易以授杨政。"（艺文印书馆据武英殿影印本）实误，据《后汉书·范升传》及《后汉书·杨政传》，二人应为传梁丘易，非孟氏易。孟氏易至三国吴虞翻，大为发扬，翻自谓自其祖先五世传孟氏易，见《三国志·虞翻传》注。

传费氏易者

陈元

郑众

马融

郑玄

荀爽

费氏易之传，见《后汉书·孙期传》："陈元、郑众皆传费氏易，其后马融亦为之传，融授郑玄，玄作《易注》，荀爽又作《易传》，自是费氏兴而京氏遂衰。”费氏易盛行，在于东汉季世，与注经之风有关。费氏易以传解经，利于训诂注经，而马、郑、荀等人都是以经学家为立场治象数易，故宗费氏。实际上，上列诸人虽史载传费氏易，所传者仅是费氏以传解经的方式，并非学说内容师承费氏，他们的学说内容都是杂糅各家。后来王弼《易注》，也是承袭费氏，将《彖传》《象传》《文言传》打散，分别附于经文后，遂成今日的《易经》本。

综上所述两汉易学传承，虽力求简约，已觉冗长不堪，实因人多学杂之故。其他尚有些著名的易家，如魏伯阳虽也讲纳甲，并非京房之纳甲，不可以说是传京氏学；陆绩虽然为《京房易传》作注，也非传京氏学；与王弼的采用费氏解经方式而非费氏学，情形相同。刘表、宋忠、王肃、董遇、姚信等人都是杂收各家之说，故不系于任何一家之下。

第三节 易伪书的问题

汉代伪书充斥，一言以蔽之，是秦始皇一把火烧出来的。惠帝除挟书之律，文帝设一经博士，景帝派朝官求遗文于野，武帝建藏书之策、置写书之官、立五经博士。经过百余年的息养，学术才又渐渐复活过来。于是，到了成帝时，一方面下诏求遗书，一方面以刘向父子、任宏、尹咸、李柱国等人校秘阁藏书，做大规模的整理。至是，散佚残存的古籍，大率出现。朝廷既如此重古籍的搜求，遂给予读书人以作伪的机会。一些脑筋灵活的知识分子乘机而兴，造起伪书来。他们作伪的情状，不外下列几种：

第一，托古人名，创作新书，伪称古籍复现。

第二，将已发现的残编断简，以己意增补，冒充原著。

第三，以新说曲解古籍，伪称古义。

第四，杂集残编断简在一起，文句似通非通，含义若有若无，题以无可稽考的传说中的远古书名。

这种造作伪书的风气，实在也怪不得当时文人的无行，乃时代风气影响下的必然现象。风气所及，后来连皇帝得天下也伪造起符命来。今且就易书方面说，被疑为汉人伪造的，主要有以下三种。

一、《子夏易传》

《子夏易传》一书，始见于《隋书·经籍志》：

《周易》二卷，魏文侯师卜子夏传，残缺。梁六卷。

由于此书不见于《汉志》，故后人也有疑为非西汉以前作品。《唐会要》称，开元七年三月十七日，诏《子夏易传》近无习者，令儒官评定，刘知几、司马贞议，皆以为不可。便是因为此书不见于《汉志》之故。然而王俭《七志》中，曾引刘向《七略》有云：

易传子夏，韩氏婴也。

刘向在成帝时典校秘书，必是亲见此书，才如此说。他说此书为韩婴所传，虽不一定真实，起码可证此书在刘向以前已有。他人也有提到《子夏易传》作者的，如荀勖《中经簿》：

《子夏传》四卷，或云丁宽所作。

晋张璠则以为：

或馯臂子弓所作，薛虞记。

丁宽与韩婴为西汉文、景时人，馯臂子弓在《汉书》中为商瞿的再传弟子，在《史记》中作馯臂子弘，为商瞿的弟子，乃丁宽、韩婴的前辈易学师祖，当是战国中叶人。因为有这几种不同的说法，所以马国翰在玉函山房辑《周易子夏传》序文中，糅合各家之说：

> 盖此书自馯臂传之，至丁宽、韩婴得而修之，载入己书中，如毛苌说诗，首列子夏小序之类，故《班志》易十三家，有《丁氏八篇》《韩氏二篇》，而不云子夏；犹之毛诗，但言《毛传》，而不别著小序之目也。薛虞不知何人，晋张璠称其有记，度必汉魏间儒，自其记述以后，《子夏传》乃单行。故晋有四卷，梁有六卷，隋唐有二卷也。

马国翰的意思是说：《子夏易传》是馯臂子弓所传，丁宽和韩婴“得而修之”以后，各作为己书，故《汉志》中不载《子夏易传》，而载《丁氏八篇》与《韩氏二篇》，实则二人之作即《子夏易传》。后来到汉魏之间，有薛虞其人记述以后，《子夏易传》才单行，所以才有荀勖《中经簿》的四卷、梁的六卷、《隋志》的二卷。马国翰之说当然是在诸不同说法中，找出可通之说，但不管怎么样，《子夏易传》非子夏所作是无疑的。同时，既然晋荀勖曾见有四卷，刘向曾言及此书，那么此书应是成于刘向之前；年代久远，无法确知其出自何人之手，只好存疑。不过，这里有一个问题，倒是应该提出作一商讨的，那便是：依据《史记》的记载，孔子传易于商瞿，不管轩臂子弓也好，丁宽也好，韩婴也好，都是商瞿传易的后人。《易传》之作，应该托名于商瞿才是，何以会托名于子夏呢？这中间似有推敲之处了。

今按子夏，即孔子弟子卜商，他在孔子门下原是长于文学的，《论语·先进篇》："文学：子游、子夏。"孔子死后，他在西河设教，名盛一时，《史记·仲尼弟子列传》中说："孔子既殁，子夏居西河教授，为魏文侯师。"《儒林列传》说："如田子方、段干木、吴起、禽滑厘之属，皆受业于子夏之伦。"《韩诗外传》引有曾子的话说："使西河之民，疑汝（按指子夏）于夫子。"可见当时子夏名望之高。汉儒最尊子夏，以为六经多子夏所传，推为"传经之儒"，与宋儒尊曾子为"传道之儒"并列，《孔子家语》书中曾载有子夏纠正"晋师三豖涉河"为"己亥涉河"的故事。可是，各古籍中均未见有子夏传易的记载。

据此，笔者认为《子夏易传》的作者，当为汉人。汉人作此书托名子夏的原因，一方面是由于相信子夏为传经之儒；另外一方面很可能是因为子夏名商，与孔子传易的弟子商瞿姓名中同有一个"商"字而发生了混淆。今考子夏名商，见于《论语》中孔子对他的称呼，自然不会有错误。至于商字上面加“卜”字，始见于史公《仲尼弟子列传》。《仲尼弟子列传》言卜商，也并未明言卜为姓，商为名；以卜为姓，更是后人的注解。而商瞿一名，《论语》中根本未见，也是《史记·仲尼弟子列传》中才有的。本章第一节，笔者曾据秦火中不禁卜筮，断定史公自商瞿至汉兴的易学传承系统为筮术易的传承，那么商瞿其人精于卜筮，可想而知。这样，便使我们疑惑有以下几种可能情形发生。

第一，卜商的“卜”字，原不是子夏的姓，而是以名词作形容词用，意谓“精于卜筮的商”，正如师旷、师涓中的“师”字一样，这种称呼在古代是很通行的。如果是这样的话，孔子传易的商瞿，可能就是子夏，“商瞿”一名，只是因为日久误传，多出一个“瞿”字；三百多年后（由孔子至司马迁），在史公采访孔子弟子轶事时，因讹传讹，遂在《仲尼弟子列传》中，记下商瞿一段。上引晋张璠以《子夏易传》为馯臂子弓作，显然便是以商瞿为子夏，以馯臂子弓为子夏传易弟子，故径称“子夏传”，以明虽为亲炙之述而不敢掠美。

第二，“卜商”也可以解释作“精于卜筮的商瞿”。如果这样的话，便是商瞿实有其人。他可能如有些人所说，是孔子晚年的弟子，故《论语》中未列名；也可能根本未在孔子门下受过教，只是鲁国一个善于卜筮的人，在孔子死后，托圣人为师之名以自重（这种情形极可能）。因卜筮之为术，有其传授，秦火又未禁，故能传至汉，即史公笔下的易学传承系统。但因商瞿精于卜筮，人称“卜商”，遂使汉人误以为卜子夏，因而有托名子夏的《子夏易传》产生。

第三，“商瞿”也可解释为二人名：一名“商”，一名“瞿”。如此，便是孔子传易于商与瞿。不过，名商之子夏，因所传不止于易，而名高于仅受易之瞿，故瞿遂绝响。到了史公时，因年代久远，遂把商与瞿误为“商瞿”一人。

这三种情形都有可能，考据起来，是麻烦事。本书旨不在从事考据工作，仅将此见写下，俟后之君子有意于考据者，作精审之求证。

虽然，疑惑自疑惑，在没有得到可靠证据之前，我们不能不承认《史记·仲尼弟子列传》中所载是真实的，即商瞿实有其人。所以笔者从第二种情形，认为《子夏易传》之托名子夏，是由于子夏的名字“商”，与商瞿的“商”姓相混，而汉人推尊子夏之故。

再从《子夏易传》的内容上看（今马国翰辑本《子夏易传》二卷），这本书绝不是孟、焦、京以后的作品。因为上面不著丝毫象数的痕迹，完全是儒门义理。如果在象数易兴起以后写此书，情形便不会是如此。刘向《七略》与荀勖《中经簿》言为韩婴或丁宽作，虽不能肯定，但就时代而论，当是对的。

总之，我们今日敢于断言的，就是《子夏易传》一书，与子夏本人无关，乃西汉象数易兴起前的儒门易家所伪造。后人疑为丁宽或韩婴所传，有此可能，但不能肯定。

又，宋人张弧用王弼本别撰有《子夏传》十卷。《绍兴阙书目》中又有《周易子夏》十八章，为五行家言，托名子夏。均已为后世易家明白指斥为赝品，不再论及。

二、易　纬

《后汉书·樊英传》言英“明七纬”，章怀太子注“七纬”为：易纬、诗纬、书纬、礼纬、乐纬、孝经纬、春秋纬。而易纬注中所引凡六种：

《稽览图》

《乾凿度》

《坤灵图》

《通卦验》

《是类谋》

《辨终备》

《四部集要》“经部”所载，除以上六种外，尚有两种：

《乾坤凿度》

《乾元序制记》

以上八种，便是汉代盛行一时的易方面的纬书。这些纬书汉以后曾被禁止，如隋炀帝即曾遣使四出搜焚其书，所以今日所见，都已残缺，非汉时完本。

纬书内容本来就隐秘玄奥，加上阙漏散亡，今日读来更是诘屈聱牙，许多地方义不可解。今略举各书大要如次（依《四部集要》次序）：

易纬《稽览图》 言卦气、六日七分之法、推轨推折之术。

易纬《乾凿度》 言易之三义、八卦与四时方位之应、以卦生之理推论万物之生、以卦爻之数合历法岁纪等。（按此书文字于易纬中较为明白，发明易旨独多，故李鼎祚《周易集解》引用甚夥。）

易纬《坤灵图》 以天地之道、星象、灾异解释卦义，今仅存乾、无妄、大畜三卦。

易纬《通卦验》 言人天相应与卦气之征验。

易纬《是类谋》 言禨祥推验，并及于姓辅名号之说。

易纬《辨终备》 言易与天象、时变、灾异之应。

易纬《乾坤凿度》 言宇宙之生成、八卦之来由、四门、四正、取物、取象、天地卦爻蓍策之数以及坤元之性、体、变化等。

易纬《乾元序制记》 言消息、六日七分法、寒温风雨、五音、时节之应。

《汉书·艺文志》中有“数术家”，包括天文、历谱、五行、蓍龟、杂占、形法六类。这些纬书的内容便是以数术求合于易道，孟喜、焦延寿、京房、高相等人占验灾异的象数易学，实与此种思想同流。

“纬”字系针对“经”字而言。“六经”一名，首见于《庄子·天运篇》：“孔子谓老聃曰：丘治《诗》《书》《礼》《乐》《易》《春秋》六经，自以为久矣。”但到汉代文、景以后，尤其武帝置五经博士以后，经之名才确定而大流行，而自武帝以后，也正是上面“数术家”思想盛行之极，与易学合流的时候。“经”义为常，故经书代表纵贯各时代不易之常道；“纬”为横丝，故借以代表各时代思想潮流之横剖面。以时代思想来解释常道的经，故称名“纬书”，就取名上言，实在极有道理。现所见上述八种纬书，除其中《乾坤凿度》题为“庖牺氏先文，公孙轩辕氏演古籀文，苍颉修为上下二篇”外，其他七种均不见作者，只题“汉郑康成注”。言郑康成注易纬，当是可信的。《后汉书·郑玄传》

言玄通京氏易及历算，并载："会融集诸生考论图纬，闻玄善算，乃召见于楼上。"郑玄《诫子益恩书》中也说"时睹秘书纬术之奥"，都足以证明郑氏通纬书。今推断这些纬书的写成，最早不会在孟、焦以前，大概自孟、焦、京等人的象数易在易学界掀起革命之后，数术家一看传统儒门易的堤防已溃，遂人人挟其术以应合易道，但又因在思想上只是一得之见，支离片断，不像孟、焦、京样成为一完整体系，所以只好隐匿起真实的姓名来，或托名于伏羲、轩辕、苍颉，或根本不著姓名，因而造成了这些无头公案。元、成帝以后，正当王莽贾其伪善以窃国的时候，想象中当是这些无名作者埋头作易纬的时候。

易纬对象数易来说，关系极密，影响极深，不止孟、焦、京等人的卦气占验与之声气互通，即后来郑玄的易学、魏伯阳的易学，都受其影响，尤其是管辂的数术易，根本就是出于易纬思想，后文在各家易说中将述及。

除易纬外，又有"秘书"之名，《说文》易字下引："秘书说曰：日月为易，象会易也。"上引郑康成言："时睹秘书纬术之奥。"秘书也应是当时类似纬书之作。

三、《连山易》与《归藏易》

《连山易》与《归藏易》的问题，笔者在《先秦易学史》

一书中曾经讨论过，乃西周年间与《周易》同时用于筮占的易书。此二书在西周年间可能是有的，但自《周易》盛行以后，到了春秋时代，“连山易”与“归藏易”已被淘汰，《左传》和《国语》中只是引了传说为二易之文的四则繇辞，也并没有道及“连山”或“归藏”之名。此后，孔子为《周易》作十翼，更增加了《周易》的声价。所以到了汉代，《连山易》和《归藏易》这两种易书早已不存在，人们所知道的，只有这两个古老的名字罢了。可是到了东汉初年，这两种易书又突然出现于世，桓谭《新论》上记载：

> 《连山》八万言，《归藏》四千三百言，夏易烦而殷易简。

又说：

> 《连山》藏于兰台，《归藏》藏于太卜。

桓谭是东汉初年人，及见此二书，可知此二书作成在东汉之前。但是，此二书为伪作，乃无可疑，今就桓谭《新论》所言来看，一为八万言之多，一为四千三百言，相差悬殊，便觉非真实，所以后来黄宗炎批评说：

桓谭谓《连山》八万言，《归藏》四千三百言，是殷书与《周易》等，夏之文字几二十倍于文王、周公之辞，岂古者之方册乎！

黄宗炎的批评虽非确当，也不无道理。笔者推测这两种书，大概与易纬相似，产生于元、成至新莽之间，也许是当时收集秦火以来的残编断简，依性质相近连缀成册，托名“连山易”与“归藏易”。“连山”类所得资料多，故八万言，“归藏”类所得资料少，故四千三百言。此二书的复现，只表示汉人伪造了这么两种书，在易学上并不像易纬那样有价值，而且旋即丧失。今马国翰辑本中集此二书残卷，并序其来由及诸家之论说甚详，读者可参阅。

这两书因班固未著录，有些人便以为桓谭之言不确。殊不知有一些书，班固已见，但因明知是伪书，所以也不予著录。在当时伪书充斥的时代，班固持此态度，极为正确合理，这正是一个良史所应具备的求真求实的态度。今观上述《子夏易传》出现于班固之前，《汉志》不载；易纬出现在班固之前，《汉志》不载；此二书桓谭已得见，谭在固之先，班固且为兰台令史，“《连山》藏于兰台”，固岂有不见之理？《汉志》所以不著录者，理由无他，书皆伪造，班固以为不宜收入传信之史书中也。

《连山易》，后来又有隋文帝时刘炫的伪作，《北史·刘

炫传》:

时，牛弘奏购求天下遗逸之书，炫遂伪造书百余卷，题为连山易、鲁史记等录上，送官取赏而去。后有人讼之，经赦免死，坐除名。

这是文人们的一页丑史，不值一论了。

第二章　汉兴儒门易的复古

第一节　汉兴以前易学的沉寂

写汉代易学的兴盛，当先约略述及汉以前易学不振的情形。

自从孔子赞易，变占断吉凶的筮术易为人事义理的儒门易以后，依常理推想，这是易学上一个新阶段的开始，应该紧接着展开一个蓬勃辉煌的易学盛世才是。可是，出人意料之外，这一支由圣人点燃的火炬，竟然一闪即逝，随着圣人的死去而沉寂下来。终战国至秦，我们听不到儒门弟子中有以易名家者，也看不到有关易学的著作（《子夏易传》为汉人所托，详见上章）。不止儒门弟子冷落了易学，其他诸子百家也不见有以易学鸣于世的。所有的，只是《史记·仲尼弟子列传》中所载自孔子传易商瞿，至汉兴田何间的六世单传系谱。这六世单传如一缕游丝之孤悬，杂系着近三百年之久的易学传承（自公元前479年孔子之卒至公元前206年高祖即位，为273年），看了就使人兴凄凉之叹。再看此传承中的人物：商瞿、馯臂子弘、矫子庸疵、周子家竖、光子乘羽，无一见于先秦史册，易学的沉寂，可以想见了。

追究此期间易学沉寂的原因，主要乃由于时代战乱及儒学不振两个因素造成，分别略述于下。

一、时代战乱的因素

中国人表现出趋向于以人为重心的文化思想路线，远自三代以上已然。至西周文王、周公以后，更积极向此一思想路线奔赴。而到孔子阐扬“仁”的学说以后，更为此一思想建立了有力的依据。从此，一个坚强的信念在中国知识分子的心中树立起来，便是：献出一颗仁心，致力于现实人生的改善上。正巧，紧接着孔子以后到来的，是一个极度混乱的战国时代，中国境内豆剖瓜分，诸侯把周天子抛到一边，各逞其私欲，鱼肉百姓。此时，政治体制、社会秩序、人心风尚……处处鼓励有志之士去经世济民，于是有才智的知识分子，眼见机会当前，遂竞相挺身而起，投入动乱的现时代中，施展其抱负。他们所努力的是经世济民的实际行动与方法，遂把重理论研究的易学抛在一边了；孔子门下诸知名弟子以及后来的子思、孟轲、荀卿，均不致力于易学研究，便由于此。

时代迫使知识分子冷落了易学，当然是就大体而言。笔者在《先秦易学史》中曾说过，自孔子以后易分三途：一筮术易、二儒门易、三道家易。时代动乱，儒门学者忙于用世，无暇治易，道家人物中自有治易者在。但所谓道家者流，多是些退处山林的隐者。他们既不思参与世局漩涡，也不想借某一门学术扬名后世。他们默默地从事于易学研究，只是抱易学以自养，偶尔将他们的研究心得公之于世（《说卦传》中“天地定位”及“帝出乎震”两章，疑为道家人物在战国时的作品，见笔者《先秦易学史》），所以道家易是不负担易学正面的责任的。至于筮术易，自孔子以后，已渐渐离开了“易学”园地，在一般人的心目中是“术”的身份。可是此时也只好临危援命，在司马迁笔下担起了易学传承的责任，这充分表现出战国时代易学的沉寂，而这种沉寂情形是由于时代动乱所造成。

二、儒学不振的因素

战国时代儒学的不振，自然也与易学大有关系，因为此时的易，在名义上是儒门六学之一。

儒学在战国时代，可以说是处境“尴尬”。如果从情理上推想，战国之世，水深火热，以儒家救世动机之纯诚、学说立论之稳固以及孔子弟子遍天下的情形，正应当是儒学大行于世的时候。可是事实刚好相反，原因实由于孔子以圣人的明智，所讲的行仁之道，是依于人性之正的“中道”，而时代却是离人性之正的偏颇时代。偏颇的时代产生偏激的思想，所以当孔子在世的时候，栖栖遑遑，不能行其道。何况孔子死后，时代更混乱，人心更偏激，儒学不为人接受也就难怪了。最明显的对照便是杨、墨二家学说的盛行。墨子的“兼爱”，从本质上说，就是孔子的“仁”。所不同的，墨子改变了孔子中道行仁的方法，改变孔子“亲亲而仁民，仁民而爱物”的“推及”之方，主张“兼相爱，交相利”，主张“亲人之室若己室，亲人之身若己身”。这算是破除自我、大开大放性的越出中道的行仁方法。杨朱的“为我”，主张“贵己”（《吕氏春秋》言“阳生贵己”，自高诱以下，注家多言“阳生”即指杨朱）。在本质上说，贵己也是“仁”，是行仁道于己身，做到独善。如果人人能独善其身，各尽其职，天下也就少却许多是是非非、侵人越权之事。杨朱根本不用孔子的“推及”方法，这算是尊贵自我、收缩性的不及于中道的行仁方法。杨、墨二人的行仁方法，全是偏颇的时代所产生的偏激思想，不合人性之正。简单说来，一为“既然如此，就爱一切人”！一为“既然如此，就只爱我自己”！然而也正因为他们的思想偏激，反而为时代所接受，得以大行于世，“杨朱、墨翟之言盈天下，天下之言，不归于杨则归于墨”（《孟子·滕文公下》）。儒家依于人性之正的中道学说，反而偏促一隅，不得显扬。

孟子见此情形，挺身而起，替儒家思想打不平了。他虽然意气纵横，辩才无碍，讲起道理来头头是道。可是在行仁的方法上，同孔子一样不愿“降格以从”（不离人性之正的中道），仍是：“亦有仁义而已矣，何必曰利？”“人人亲其亲，长其长，而天下平。”“乃若其情则可以为善矣。”（以上分别见于《孟子·梁惠王上》《离娄上》《告子上》）这些都是真正继承了孔子之道的话，然而在当时已经偏激成性的诸侯们的耳中听来，不但音声遥远，而且疲弱无力。所以孟子奔波一世的结果，也不过是再一次证明了儒家学说不能为时代所接受。孟子固然可以做到“说大人则藐之”，但论起气派来，远不如比他稍晚，以“闳大不经之言”煽动人主的阴阳家驺衍——“适梁，梁惠王郊迎，执宾主礼；适赵，平原君侧行襒席；如燕，昭王拥彗先驱，请列弟子之座而受业，筑碣石宫，身亲往师之。”（《史记·孟荀列传》）驺衍的学说完全是迎合偏颇的时代，故作荒诞迂怪之论，却能风靡当时，倾动人主，而儒学竟不能行。后来司马迁评论儒学这种情形，说：“持方枘欲纳圆凿，岂能入乎？”司马迁似是站在时代的立场，说战国时的儒家人物未能通权变以求合于世，然而，这也可以说正是儒学的真精神，宁不苟人而不易其“方”为“圆”。

儒学如此，为儒门六学之一的易学，自不得不沉寂了。

第二节　复古大师田何

一桩突发的政治事件，给易学带来了复兴之机，那就是秦始皇的焚书。焰焰秦火，将儒门经典烧得残的残、缺的缺，唯独易经得以幸运地保全了原有面目。于是汉兴以后，在诸经残缺的情形下，田何振袂而起，承担起复兴儒门易学的责任。

田何其人，《史记》《汉书》中均无传，《汉志》中也没有他的著述。本书所以肯定他的易学是儒门易的原因，乃由于下面几项理由：第一，从时代方面看，此时象数易未兴；第二，武帝以后，朝廷中易经博士，均为田氏易传人，而易经博士自然都是治儒门易；第三，证诸约与田何同时的韩氏易（韩婴易保留于《韩诗外传》一书中有六节，具引录于下节中），证诸传说中为丁宽所传的《子夏易传》，证诸今所见的零星残卷《施氏易章句》及《梁丘氏易章句》，均为儒门义理；第四，孟喜因为“改师法”，而不得为易经博士。总之，田何以儒门易教授是无疑的，本书因送他“汉兴儒门易复古大师”的称号。

对于田何在史书上无传，我们觉得非常遗憾，因为站在易学发展史上看，至少有两方面的事实摆在眼前，使他据有极重要的地位：第一，易学经过了长期沉寂，尤其是秦火以后，他是第一个，也是唯一一人从事于易学复兴工作；第二，他广收弟子，造成了后来两汉易学的大盛。仅就这两方面而论，尽管他没有著作传世，自是易学史上一个划时代的人物。以下我们从有关资料中，大约推断这位汉初易学大师的生存年代。

《汉书·儒林传》：

> 汉兴，田何以齐田徙杜陵，号杜田生。

下颜师古注曰：

> 高祖用娄敬之言，徙关东大族，故何以旧齐田氏见徙也。初徙时，未为杜陵，盖史家本其地追言之也。（按杜陵之名，起于后来汉宣帝葬此，故颜注如此说。）

高祖用娄敬言，徙关东大族事，见于《汉书·高帝纪》，在九年十一月，纪云：

十一月，徙齐、楚大族昭氏、屈氏、景氏、怀氏、田氏五姓关中，兴利田宅。

《娄敬传》：

臣愿陛下徙齐田、楚昭、屈、景，燕、赵、韩、魏后及豪杰名家，且实关中。无事可以备胡，诸侯有变，亦足率以东伐，此强本弱末之术也。上曰：善。乃使刘敬徙所言关中十余万口。

颜师古言田何为这一次所徙齐田氏之一，是可信的，因为他在上引《娄敬传》的一段话下面，注云：

今高陵、栎阳诸田，华阴、好畤诸景及三辅诸屈、诸怀，尚多，皆此时所徙。

可见颜师古曾经过实地考查，并非臆度。

这样，我们便可以知道：田何原来是齐田氏之后，在高祖九年十一月徙至后来的杜陵。而他的授易，当然是在徙至杜陵以后，因为《丁宽传》中载：

（宽初从田何受易，学成东归）何谓门人曰：易以东矣！

丁宽是梁人，如在齐地受易，当云“西归”，今言“东归”，自是在关中受易。而根据《丁宽传》，宽在景帝三年吴楚之乱时，曾为梁孝王将军，距吴楚。丁宽由学成东归到为梁孝王将军，其间必经过相当长一段时间（丁宽学易之初，原为梁项生从者，见《丁宽传》，可知他原是一个无地位的人）。由此推断丁宽受易于田何，必在景帝以前；景帝以前是文帝。文帝在位二十三年，丁宽从田何学易，当在此期间。如此，我们虽不能详知田何的年龄岁数，也可肯定他是高祖到文帝年间人。我们假定他在高祖九年徙于杜陵时，是二十到三十岁间的年龄，因为岁数不大，所以自号“杜田生”（见前引《儒林传》）。文帝即位时，他当在四十岁至五十岁之间，大约也就卒于文帝年间。因为文帝在位二十三年后，他该是七十岁左右的人了。同时，从史书上的记载，丁宽在景帝年间做梁孝王将军后，“丁将军”一名在学术界甚为响亮，忖情当是其师已死去。

至于说到田何易学的内容，便很难了，汉志中载有他四个弟子的著述，独不见有他的，可见他原无著述传世。而他弟子们的著述，今日也都亡佚得不留痕迹，我们除了由前面所述几个理由，得知他的易学为儒门易外，其他都无法得知。不过，有一点倒是可以推度的，便是他的授易，有“筮术”与“古义”两科，根据是来自《丁宽传》中的两处记载。一处是：

何谓门人曰：易以东矣！（下颜师古注曰：“云丁宽得其法术以去。”）

另一处是：

宽至雒阳，复从周王孙受古义。

前者如依颜注，是丁宽在田何门下所学，为易之“法术”，易之法术即为“筮术”，这是毋庸置疑的。后者言宽复从周王孙受古义，周王孙与丁宽为同学，可知田何授易，并有“古义”一科，为周王孙所专攻。田何以“筮术”授弟子，这是想象中的事，因为笔者在前文已说过，易学是靠着筮术渡过了秦火之劫，田何精于筮术，自不待言。“古义”一词则颇使人费思，今按《丁宽传》中，言宽“作易说三万言，训故举大谊而已”。颜注云：“故，谓经之旨趣也。”那是说丁宽所著易说，为举大义（义，《汉书·例》作“谊”）以训解易经旨趣，非如训诂家之逐字逐句训注。这风格似乎与丁宽“从周王孙受古义”之言相合。丁宽从田何受易，原是“筮术”一方面，对训注古经义非所长。后来从周王孙转受古义，也一定不会太精。但因其“读易精敏”（《丁宽传》），故著易说“训故举大谊”，所以笔者认为“古义”应是指儒门易经义理，此其一。其二，《汉志》载成帝时，“刘向以中古文易经，校施、孟、梁丘经，或脱去无咎悔亡，唯费氏经与古文同”。是说费氏经义与古文易经义相合，而《费直传》言直“以《彖》《象》《系辞》十翼文言解说上下经”，由此也可旁证“古义”是指儒门十翼义理。以十翼义理解经，出自孔子。由孔子至田何，已三百年之久，易学不振，又经秦火，故田何以恢复儒门“古义”为倡。前文笔者曾说过，《史记·仲尼弟子列传》所载自商瞿以下至田何，中间的易学家，都是兼通儒门经义的筮术家，此时汉一天下，学术待兴，田何开“筮术”与“古义”两科以教授人，正是情理中事。而且，据笔者推想，田何以易教授，很可能是受了文帝留意于经学的影响。史载文帝即位后不久，即遣晁错到济南向伏生受《尚书》；又载韩婴于文帝时为博士（诗经博士）。天子既留意于《诗》《书》二经，田何通《易经》，自然以复兴易学自任，遂设教授徒。但他既未为易经博士（按《后汉书·翟酺传》“文帝时始置一经博士”，彼时韩婴为诗经博士），又未居大官，故史册无传。

总之，对于田何的生平与易学内容，我们虽然由推测中仅能得知有如上述，但他所倡导起来的儒门易，到后来盛极一时是不可否认的。在宣帝年间孟、焦、京象数易未兴之前，除韩婴一支默默不闻的易学外，遍天下易学家，无不是田氏之后。田何在汉易中的地位，正如一个手擎大旗的前导。他第一个出场，跟在他后面的，是一列浩浩荡荡的雄壮队伍，对于这样重要的一位易学大师，史册中无传，怎不令人感到遗憾呢？

第三节　儒门易的兴盛与衰落

今日一般人论汉易，多不提儒门易一段，甚至有些人根本就把汉易认作象数易，这是不对的。所谓汉易，实包括儒门易与象数易两阶段内容截然不同的易学。就学术之表现时代思想言，象数易当然是汉易的主流，因为它汇合了汉代流行的数术各家思想，真正具备了汉代学术思想的特有色彩。但儒门易从事于秦火以后的复兴，而且盛极一时，为象数易之兴奠下基础。站在学术思想发展上看，自也不可等闲略过。本节且综述田何以后儒门易的兴盛与衰落情形。

西汉儒门易的盛况，人物方面由前述传承一节已经看到。至于著作方面，《汉书·艺文志》所列易十三家书目中表现得最清楚。为了明白起见，兹全部抄录《汉志》易十三家书目于下，以资参照；并修正《汉志》的排列次第，注明何者为儒门易或象数易。

《汉志》易十三家书目：

《王氏二篇》	（儒门易）	王同著（田何弟子）
《易传周氏二篇》	（儒门易）	周王孙著（田何弟子）
《服氏二篇》	（儒门易）	服生著（田何弟子）
《丁氏八篇》	（儒门易）	丁宽著（田何弟子）
《杨氏二篇》	（儒门易）	杨何著（王同弟子、田何再传弟子）
《蔡公二篇》	（儒门易）	蔡公著（周王孙弟子、田何再传弟子）
《易经十二篇施孟梁丘三家》	（儒门易）	施雠、孟喜、梁丘贺著（田王孙弟子、丁宽再传、田何三传弟子）
《章句施孟梁丘各二篇》	（儒门易）	同上
《五鹿充宗略说三篇》	（儒门易）	五鹿充宗著（梁丘临弟子、梁丘贺再传、田王孙三传、丁宽四传、田何五传弟子）
《韩氏二篇》	（儒门易）	韩婴著

《淮南道训二篇》	（道家易）	注谓淮南王安聘明易者九人，号九师法。按淮南王时，象数易未兴，此书当为道家义。
《孟氏京房十一篇》	（象数易）	孟喜、京房著
《灾异孟氏京房六十六篇》	（象数易）	同上
《京氏段嘉十二篇》	（象数易）	京房、段嘉著（按《京房传》作殷嘉，京房弟子）
《古杂八十篇》	（象数易）	（无名）
《杂灾异三十五篇》	（象数易）	（无名）
《神输五篇图一》	（象数易）	（无名）
《古五子十八篇》	（象数易）	（无名）

由上书目，一看即了然儒门易在西汉易学中所占的分量。如就书籍数量上言，儒门易占总数十八种之十；如就知名的十三家言，占十三家之十一，其中除韩婴一家外，其余十家尽出于田何。看看儒门易这种盛况，不得不对田何生景慕之心了。

自田何以后儒门易的发展，在前文中已约略认识过，田何弟子四人中，承田何之志，发扬光大易学的，是丁宽的一支，其他王同、周王孙、服生三支，都无大成就。故今仅主要述丁宽的一支，其他三支从略。

丁宽是西汉易学界极重要的人物,《汉书·儒林传》列他的传记于第一篇，录如下：

> 丁宽，字子襄，梁人也。初，梁项生从田何受易，时宽为项生从者，读易精敏，材过项生，遂事何。学成，何谢宽，宽东归，何谓门人曰：易以东矣！宽至雒阳，复从周王孙受古义，号周氏传。景帝时，宽为梁孝王将军，距吴楚，号丁将军。作易说三万言，训故举大谊而已，今小章句是也。宽授同郡砀田王孙，王孙授施雠、孟喜、梁丘贺，繇是易有施、孟、梁丘三家。

由此传中，知丁宽在田何门下，是被田何许为得其真传的弟子。宽不但才高，读易精敏，且勤奋力学，由他向同门周王孙受古义可知。但丁宽虽好学，并非“书生”型的学者。他仕宦为梁孝王将军，可知他是文才武略兼备的人。大概正因为像他这样才兼文武的人难能可贵，所以“丁将军”一名在汉代学术界非常响亮。后来高相的易学，便是“自言出于丁将军”。

丁宽在田何门下，主要是学“篮术”一科，后来又向同门周王孙受“古义”，在上节中已述及，此不复赘。传中言“作易说三万言”，《汉志》中有《丁氏八篇》，当是一事，书早亡佚。《子夏易传》一书，荀勖谓“或云丁宽所作”，荀勖为魏晋间人，去汉未远，也许及见《丁氏八篇》之书，其言虽无由肯定，正如马国翰所说：“必其（按指丁宽）所说与子夏同。”今就马氏辑《子夏易传》看来，字里行间，全为儒门义理，不著丝毫象数色彩；《子夏易传》虽非丁氏易，也可由此得知丁氏易纯为儒门义理的大趋向了。

丁宽传易于田王孙，田王孙是一个书生型的易学家，《施雠传》中言其为博士。度其年代，当是武帝时人。史载武帝时设置五经博士，田王孙可能就是当时第一位易经博士，因无事功，故史册中无传。及田王孙传易于施雠、孟喜、梁丘贺三人，儒门易乃大为光耀。此后朝廷中分别设三家易学博士，等于一干三枝。录《汉书·儒林传》施、孟、梁丘三人传记于下：

> 施雠，字长卿，沛人也。沛与砀相近，雠为童子，从田王孙受易。后雠徙长陵，田王孙为博士，复从卒业，与孟喜、梁丘贺并为门人。谦让，常称学废，不教授。及梁丘贺为少府，事多，乃遣子临，分将门人张禹等从雠问，雠自匿不肯见，贺固请，

不得已，乃授临等。于是贺荐雠结发事师数十年，贺不能及，诏拜雠为博士。甘露中，与五经诸儒杂论同异于石渠阁。雠授张禹、琅砑鲁伯；伯为会稽太守，禹至丞相。禹授淮阳彭宣，沛戴崇子平；崇为九卿，宣，大司空。禹、宣皆有传。鲁伯授太山毛莫如少路、琅玡邴丹曼容，著清名；莫如至常山太守，此其知名者也。繇是，施家有张彭之学。

孟喜，字长卿，东海兰陵人也，父号孟卿……乃使喜从田王孙受易。喜好自称誉，得《易家候阴阳灾变书》，诈言师田生且死时，枕喜厀独传喜，诸儒以此耀之。同门梁丘贺疏通证明之曰：田生绝于施雠手中，时喜归东海，安得此事？又蜀人赵宾好小数书，后为易，饰易文，以为箕子明夷，阴阳气亡箕子，箕子者万物之荄兹也。宾持论巧慧，易家不能难，皆曰非古法也。云受孟喜，喜为名之。后宾死，莫能持其说，喜因不肯仞，以此不见信。喜举孝廉，为郎、曲台署长，病免，为丞相椽。博士缺，众人荐喜，上闻喜改师法，遂不用喜。喜授同郡白光少子、沛翟牧子兄，皆为博士。繇是孟有翟白之学。

梁丘贺，字长翁，琅玡诸人也。以能心计为武骑。从太中大夫京房受易，房者，淄川杨何弟子也。

房出为齐郡太守，贺更事田王孙。宣帝时，闻京房为易明，求其门人，得贺。贺时为都司空令，坐事，论免为庶人，待诏黄门，数入说教侍中，以召贺，贺入说，上善之，以贺为郎。会八月，饮酎，行祠孝昭庙，先驱旄头剑挺堕坠，首垂泥中，刃乡乘舆车，马惊。于是，召贺筮之，有兵谋，不吉。上还，使有司侍祠。是时霍氏外孙代郡太守任宣坐谋反诛，宣子章为公车丞，亡在渭城界中，夜玄服入庙，居郎间，执戟立庙门，待上至，欲为逆，发觉伏诛。故事，上常夜入庙，其后待明而入，自此始也。贺以筮有应，繇是近幸，为太中大夫给事中，至少府。为人小心周密，上信重之。年老，终官。传子临，亦入说为黄门郎。甘露中，奉使问诸儒于石渠。临学精熟，专行京房法。琅玡王吉通五经，闻临说，善之。时，宣帝选高材郎十人，从临讲，吉乃使其子郎中骏上疏从临受易。临授五鹿充宗君孟，为少府；骏，御史大夫，自有传。充宗授平陵士孙张仲方、沛邓彭祖子夏、齐衡咸长宾。张为博士，至扬州牧、光录大夫给事中，家世传业；彭祖，真定太傅；咸，王莽讲学大夫。繇是，梁丘有士孙邓衡之学。

从上三人传记看来，施雠自童子起从田王孙受易，事师数十年，最专于学。由于为人谦让老成，故为同门梁丘贺所敬佩，荐为易经博士。梁丘贺先事杨何弟子京房为师，后又事田王孙，终以筮术入仕显贵。不过，田王孙与京房也都是田何一系，梁丘贺并未越出儒门易以外。至于孟喜，就不同了，名义上虽是田王孙弟子，实际上身在汉室，心存魏阙。自从他得到《易家候阴阳灾变书》之后，内心便已经背离了儒门。其师田王孙在世时，他不敢轻言改师法。及至其师一死，他就表现出改师法的行动来，诡言其师将死时，传他《易家候阴阳灾变书》。结果，被梁丘贺“疏通证明”其为谎言，遂以“改师法”为世指斥，以至易经博士也未被录用。不过，孟喜的弃儒门、向象数，自是学术潮流的驱使，由他开始首倡，象数易勃然大兴，所以并不因他的改师法而门下衰落，反而他的弟子白光、翟牧，后来都在朝廷中居易经博士。站在儒门易的立场讲，孟喜虽是一个叛离师门的不肖弟子，但如站在象数易立场，他却是一个先得学术风气转变的人，开创象数易天下的先驱。施、孟、梁丘三家传人，分别有“张彭之学”“翟白之学”“士孙邓衡之学”，争胜于元成之世。此时朝廷中言易者，尽为三家门下，田何一系的儒门易，至此臻于极盛。（孟喜虽持象数学，名义上仍是田王孙弟子。）

说到三家易学的内容，虽各有著述，但早已亡佚，今日见者有马国翰所辑三家章句。其中《孟喜章句》所集较多，而孟氏解经兼用儒门、象数二义，历历分明。例如“习坎”下之言卦气；象下传“风雷益”下之言时令；大畜六四“僮牛之告”下之言象，都是以象数解易，这些俟后文第四章“孟喜象数易”说中再详述。下面且举其儒门义理二节如下：

䷀ 乾：“利见大人”。

孟注：“周人五号：帝，天称，一也；王，美称，二也；天子，尊称，三也；大君者，兴盛行异，四也；大人者，圣人德备，五也。”（许慎《五经异义》引）

䷌ 同人：“同人于宗，吝。”

孟注：“言同姓相娶，吝道也。”（《五经异义》、杜佑《通典》卷六十引）

施雠及梁丘贺章句各一卷，都是零星字词，无完整句节，殊难引例以明。《施氏章句》中较完整的一节，为其再传弟子彭宣之释鼎卦：

䷱ 鼎：“鼎折足，覆公𫗧。”

彭注：“三公鼎足承君，一足不任则覆乱美实。”（《汉书·彭宣传》）

《梁丘氏章句》中较完整的一节，为其再传弟子王骏之释大过卦：

䷛大过："藉用白茅，无咎。

王注："言君子之道，改过自新，絜己承上，然后免于咎也。"（《汉书·宣元六王传》）

上二节固均为施、梁丘二家再传弟子之学，但儒门易重师法，观此也可以窥知施、梁丘易之梗概；而施、梁丘二家章句辑本中，不见象数易之迹，却是一望而知的。

施、孟、梁丘三家易，一时并兴，造成了儒门易的盛世。然而，盛与衰乃是相携而来，孟喜的变起萧墙，迅速地发展成一个大易学革命，接着崛起了焦延寿、京房，接着崛起了费直，接着崛起了高相，接着崛起了许多不知名的易纬的作者。象数易如划地狂飙，骤然卷起，不旋踵间，发展成为不可抗拒的大力量，易学家们蜂拥投入象数易阵营。元成间，京房易且曾一度立为易经博士，儒门易已成强弩之末了。到了东汉，朝廷中施、孟、梁丘、京氏四家博士并立，施与梁丘的儒门易只不过成了代表朝廷重儒术的标帜，回望天下，怀山襄陵，滔滔者皆象数易也，连马融、郑玄，当世大儒，也都被卷入象数易之巨流，更遑论其他？《隋书·经籍志》言施氏、梁丘氏亡于西晋，其实自东汉起，儒门易已是名存实亡。

儒门易迅为象数易所取代，在学术思想上看，自有其不得不然的因素，主要是由于内容的陈旧无新。大凡一个学术思想的盛于一代，都少不掉有新创义；有新创义，才能发出新生命力量的蓬勃朝气。汉儒门易诸家著述，后世亡佚几尽，今日残余者千不及一，我们说这也许正是历史对学术的无言的评价吧！因为汉儒门易内容为复先秦儒门十翼义理之古，而当代新思潮却是阴阳、五行、灾异等思想，学术与时代不能配合，其衰落自是必然结果，以致著述虽丰，终遭时代淘汰。

回顾当田何初倡易学复古之时，是在汉兴初年学术真空的状态下，以时代之需要学术为有利背景。武帝以后，朝廷设置五经博士，人心向名，又以政治措施为有利背景，故能大振易风。然学说内容陈旧无新，与当代思想脱节，终不能长久维系，及至新的象数易一出，孟喜便第一个逸出儒门易阵营，继而象数易家如雨后春笋般兴起，儒门易遂致崩溃。虽然，笔者一再强调前面说过的话，儒门易在汉易中仍不失其重要的学术地位，它的重要性，不在其学说内容，而在其复兴易学这件事的本身。孔子以后，易学久已沉寂。田何以一人之力，重振易学，终发展成易学史上一个热闹的易学盛世，这件事的本身也就值得重视了。更何况对象数易而言，儒门易十足做到了“奠基”的作用。

有儒门易振兴易学风气，才有象数易骤起的煊赫声势。学术上前后左右各学说的互相配合，互为影响，正如一部大机器中的小零件，无形中有其相辅相成的作用在，以此眼光，看儒门易，方为的当。

在田何一系儒门易以外，另一支儒门易学便是韩婴。韩婴以诗名家，文帝时为博士，但他对易也极有深会。《汉书·儒林传·韩婴传》中，大半篇幅言其易学，这支易学在两汉也是不能忽略的。今摘录《韩婴传》于下：

> 韩婴，燕人也。孝文时为博士，景帝时至常山太傅。……韩生亦以易授人，推易意而为之传。燕赵间好诗，故其易微，唯韩氏自传之。武帝时，婴尝与董仲舒论于上前。其人精悍，处事分明，仲舒不能难也。后，其孙商为博士。孝宣时，涿郡韩生其后也，以易征，待诏殿中，曰：所受易即先太傅所传也，尝受韩诗，不如韩氏易深，太傅故专传之。司隶校尉盖宽饶本受易于孟喜，见涿韩生说易而好之，即更从受焉。

韩婴在文帝时为博士，景帝时为常山太傅，武帝时曾与董仲舒论于上前，想来当是年逾古稀的高寿之人。他的易学必有精义，乃能感动盖宽饶弃孟易而归从。韩氏易与田系易学风格相近，故《子夏易传》一书有疑为丁宽作，也有疑为韩婴所传（见前章）。田何一系易学著述既已亡佚，韩婴易幸而在《韩诗外传》中保存有六节，且均含义完整，殊觉难得。今并录于下，同为儒门义理，也可借此想见田何易学的大概：

䷎ 嗛（按即今谦）

孔子曰：易，先同人，后大有，承之以谦，不亦可乎？故天道亏盈而益谦，地道变盈而流谦，鬼神害盈而福谦，人道恶盈而好谦。谦者，抑事而损者也。持盈之道，抑而损之，此损[1]德之于行也，顺之者吉，逆之者凶。五帝既殁，三王既衰，能行谦德者，其唯周公乎！文王之子，武王之弟，成王之叔父，假天子之尊位七年，所执贽而师见者十人，所还质而友见者十三人，穷巷白屋之士所先见者四十九人，时进善者百人，官朝者千人，谏臣五人，辅臣五人，拂臣六人，载干戈以至于封侯而同姓之士百人。孔子曰：犹以周公为天下，赏则以同族为众，异族为寡也。故德行宽容而守之以恭者荣，土地广大而守之以俭者安，位尊禄重而守之以卑者

① 损：《四部丛刊·明沈氏野竹斋刊本》作“谦”。

贵，人众兵强而守之以畏者胜，聪明睿智而守之以愚者哲，博闻强记而守之以浅者不溢，此六者皆谦德也。易曰：谦，亨，君子有终，吉。能以此终吉者，君子之道也。贵为天子，富有四海，而德不谦以亡其身者，桀纣是也，而况众庶乎！夫易，有一道焉，大足以守天下，中足以守国家，近足以守身者，其唯谦德乎！（《韩诗外传》卷八）

衣成则必缺衽，宫成则必缺隅，屋成则必加拙，示不成者，天道然也。易曰：谦，亨，君子有终，吉。（《韩诗外传》卷三）

䷮困：

易曰：困于石，据于蒺藜，入于其宫，不见其妻，凶。此言困而不见据贤人者也。昔者秦缪公困于殽，疾据五羖大夫、蹇叔、公孙支，而小霸；晋文困于骊氏，疾据咎犯、赵衰、介子推，而遂为君；越王勾践困于会稽，疾据范蠡、大夫种，而霸南国；齐桓公困于长勺，疾据管仲、宁戚、隰朋，而匡天下；此皆困而知疾据贤人者也。夫困而不知疾据贤人而不亡者，未尝有之也。（《韩诗外传》卷六）

䷳艮：

孔子曰：口欲味，心欲佚，教之以仁；心欲兵，身恶劳，教之以恭；好辩论而畏惧，教之以勇；目好色，耳好声，教之以义。易曰：艮其限，列其夤，危薰心。(《韩诗外传》卷二)

䷿未济：

官怠于小成，病加于小愈，祸生于懒惰，孝衰于妻子，此四者，慎终如始。易曰：小狐汔济，濡其尾。(《韩诗外传》卷八)

《系辞传》：易简而天下之理得矣。

忠易为礼，诚易为辞，贤人易为民，工巧易为材。(《韩诗外传》卷三)

第三章　汉象数易兴起的原因

第一节　远因之一：易道以“变”为用

易有三义：易简、不易与变易。易简指易道之理则，不易指易道之体，变易指易道之用。所谓易道之理则，是说易道周流，看起来虽千变万化，纷纭缭乱，细细观察却有根本上的理路法则，刚柔即动静、反复即幽明、兴衰即进退……要其本，无非阴（--）与阳（—）两种作用的往来交替，所以《系辞传》上说：“一阴一阳之谓道”，“易简而天下之理得矣”。所谓易道之体，并非说易道有一个像物理世界中能发光的光源。或如西方宗教中假设一个万能常在的上帝，易道没有一个如此定性的体，它的体即是它的动的法则。《系辞传》言“易无体”，虽然无体，却能“感而遂通天下之故”。换句话说，易道是以“无体”为体。正因为它以无体为体，乃能外时空而内时空，无时不存，无地不存，就形而上言虽名为道，就形而下言虽名为器，然而器不离道，道不离器，万象成毁，易道不易。所谓易道之用，是说易道表现在形而下的器世界中，随时空的不同，各适其变。此一时也，此一地也，如此；彼一时也，彼一地也，如彼。《乾卦·彖传》："时乘六龙以御天。"《系辞传》："为道也屡迁，变动不居，周流六虚，上下无常，刚柔相易，不可为典要，唯变所适。"都是指明易道的以"变"为用。

易学是研究易道之学，是透过对宇宙万象的观察去认识易道之学。也就是说，易学是从易道的变中，去把握易简的理与领会不易的常体，所以从事易学必以明白易道的以变为用为基本认识。伏羲氏的时代，人们生活在荒野中。当时最使人惊怖的是雷风之威、水火之灾、山泽之壮丽幽险，最使人迷惑的是天地之玄远辽阔、日月寒暑的运转推移。此等对自然现象惊怖迷惑的思想支配人心，因而伏羲氏画八卦便取天、地、雷、风、水、火、山、泽八种自然现象命名卦象，这是说在彼时彼地，易学适宜于以自然思想的形态出现。到了三代以后，时间空间变了，人心中自然思想衰退，代之而起的是鬼神思想，认为鬼神是自然现象的操纵者，如得鬼神佑护，人们可避免自然灾害，获降福祉。于是，有文王将八卦增演为六十四卦，用于交通人神，成为筮占术的工具，这是易学因时空而适变的又一形态。到了孔子，时间空间又不同了，鬼神思想又式微，人心转而注意于人事，因而产生了孔子以十翼义理赞易的易学，是为易学的第三种形态。由此可知，易学是随着时空的不同而呈现不同的形态。易道常体，千古如一。然而表现在用上，是“唯变所适”。正如乾卦六爻所表示的，虽然六爻都称龙，但是或潜、或见、或跃、或飞、或亢，各有不同之用；又如看山，“横看成岭侧成峰”，山仍是一山，“成岭”“成峰”是因为看的人站立的位置变了。

笔者认为这便是汉代象数易兴起的最根本原因——易道原不是固定不变的，它有以“变”为用的本性。伏羲时代有伏羲时代的易学，文王时代有文王时代的易学，孔子时代有孔子时代的易学。到了汉代，易道为了适应这个新的时代，自然变化为新的易学形态。笔者因称这个根本的“能变”的本性为“远因”，不消多说了。

第二节　远因之二：儒家门墙不足以范围易学

我们可以称易是儒家的一门学问，但这门学问绝不像儒家其他五学诗、书、礼、乐、春秋那样，各有其范限。如果要深究的话，在发生上就有根本的不同。诗、书等学都是产生于人文。换句话说，这些学问都是由人创造出来的，没有人，诗、书等学不会有。易则不然，它不是来自人的创造，它是亘古长存的道。宇宙万象，大至天地，小至毫末，依于此道而变化现形。人是宇宙万象之一，只因具备了聪明智慧，故能发现易道的存在（只能说是“发现”，不能说是“创造”）。如果宇宙间没有人类，实无损于易道的长存。人探求其所能觉察到的易道，称为易学，所以易学是随着人的认识能力的扩大而扩大，它是无极限的。孔子当初纳易人儒门，对易的博大精深自然十分明白。因之，一开始便在乾坤二卦《彖传》中示明此义：“大哉乾元，万物资始。”“至哉坤元，万物资生。”但孔子的儒学是以“人道”为立场，所以在十翼中我们总常常看到一方面在赞扬易道的广大无极，一方面又尽量把易道向人道上引：“乾道变化，各正性命”，引到“性命”上；“夫大人者，与天地合其德”，引到“大人”上；“天行健，君子以自强不息”，引到“君子”上；“有天地，然后有万物，有万物然后有男女，有男女然后有夫妇，有夫妇然后有父子，有父子然后有君臣，有君臣然后有上下，有上下然后礼义有所措”，由宇宙自然引人人间世中。孔子的儒门易所讲的，只不过是易的“人道”一方面。

孔子以“仁”为中心的人道思想，在他四十岁时已经坚定不移地在心中扎下了根（《论语·为政篇》：“四十而不惑”），可是到五十岁时，始通于天道（前篇：“五十而知天命”）。也就是说，到此时才为他的人道思想寻求到天道的根据。如用今日的话说，便是才为他的人生哲学建立了形而上的理论基础。“五十而知天命”之年，正是“五十以学易”（《论语 · 述而篇》）之年，这两回事实在是一回事，他是五十岁学易，从易中了悟到天人贯通之道，才言“知天命”。然后，神游于易道中十年，至六十岁，达到“耳顺”的境地（《论语 · 为政篇》：“六十而耳顺”）。何谓“耳顺”？即是由天道反照人道，以了悟了的天道，下应人事，于是所闻者顺。这是孔子精神境界向上发展的一段历程，“五十而知天命”是往、是升。“六十而耳顺”是反、是降。在这一往一反、一升一降之间，孔子达到天道与人道“一以贯之”的境界。孔子与易的密切关系，由此可见。

“易之为书也，广大悉备，有天道焉，有人道焉，有地道焉。”（《系辞传》）而孔子的儒学，是以人道为活动场地，照理说，孔子不应纳易入儒门，以小包大。但孔子是一个坚定的以“人”为立场的思想家，他要提高人在宇宙中的地位，不愿意把人与万物混同投入易道，宁愿把易道缩小纳入他的以“人”为中心的儒学中。于是，他把易收缩、再收缩，收缩到人道范围内，而成为儒门六学之一，与诗、书等学同列。孔子这种做法，看来似乎有点“霸道”，但这也正是他被尊为人中之“圣”的真正原因。所谓人类的进化史，实际上就是人的地位的提升史，人在与万物同源的起点上出发，经过亿万年的演进，渐渐超越了芸芸众生，赢得今日"万物之灵"的头衔，无他，也只是这一颗固执的、自视高于万物的心在促动罢了。

关于易入儒门的问题，该是学术上一个专门讨论的问题，笔者在此不拟占更多的篇幅。本节只在说明易学被纳入儒学之中，就思想内涵而言，实为"以大就小"——易学道大，儒学道小。古人对此已有认识，譬如班固就曾说易为五经之原；易既为六经之一，何以又为五经之原呢？这就是说易虽入儒门，而实际上易道大，非儒家门墙所能范围。儒学既不能范围易学，终有一天易学会跳出儒门破空飞去，是可料想到的，汉代象数易正是由于易学跳越出儒家门墙而产生。这是象数易兴起的一个很重要的背景，远种因于孔子的纳易入儒门，故笔者也称之为远因。

第三节　近因之一：灾异、数术思想的盛行

上第一、二节所述远因，是象数易形成的先天条件及背景，可视为间接因素，非直接因素；而直接促成象数易出现的，是此下三节所述的近因。当然，最重要的是受了汉代盛行的灾异与数术思想的影响。

"数术"一名，来自《汉书·艺文志》，包括天文、历谱、五行、蓍龟、杂占、形法六家，其前身即先秦的阴阳家、

杂家思想。此等思想肇始于远古，盛于战国中叶驺衍以后。在秦始皇统一天下之时，相当风行。我们读史，看秦始皇即位后，“衣服、旄旌、旗节皆黑色，数以六为纪”等记载，看当时“方士”们活跃的情形，看《吕氏春秋》一书中的文字，处处都是阴阳、杂家的色彩。历秦至汉，由于焚书造成了汉初学术思想的真空状态。这些阴阳、杂家思想益加乘虚发展开来，加上文、景两代尚黄老之术，于是黄老的玄虚加上阴阳的诡秘，便发展成许多许多的“家”，其盛况尤过于先秦。兹举《史记·日者列传》“褚先生补”的一段记载为例：

> 孝武帝时，聚会占家问之，某日可取妇乎？五行家曰可，堪舆家曰不可，建除家曰不吉，丛辰家曰大凶，历家曰小凶，天人家曰小吉，太乙家曰大吉，辩讼不决。以状闻，制曰：避诸死忌，以五行为主，人，取于五行者也。

文中这一些“家”，都是在这段时间中产生的，他们各以其术解说吉凶灾异，遂又促成了灾异思想的流行。《汉志》将这些思想统纳入“数术家”内，而这些思想与易学合流，便形成了象数易。

这些“家”名称虽多，所采用的都不外阴阳、五行、干支、星象、历纪、方位等，只是配合的方式不同，故各家异说。象数易也只是以卦象及数与上面这些作新的配合，详细情形，留待后文诸家易说中叙述。本节只摘出阴阳、五行、干支、灾异四方面影响象数易最深者，分别述其与易的关系如下。

一、阴阳与易

“阴阳”的思想出于易，但此一名词究竟产生于何时？不可详考。近代自梁任公《阴阳五行说之来历》一文以后（该文发表于 1923 年《东方杂志》二十卷十号），引起学者的注意。于是大家搜尽古籍，寻找“阴阳”二字。但又因古籍产生的时代大多不能确定，所以“阴阳”一名的出身，仍然是一个谜。梁任公认为阴阳五行说创始于燕、齐方士，而“建设之、传播之”的人，是驺衍、董仲舒与刘向。然而笔者认为这是就阴阳五行说之成为“学说”而言，至于说到阴阳思想的发生，实不能以“阴阳”一名之见于古籍为源起。伏羲氏当初画卦的基本符号只有两个：“⚊”与“⚋”。这两个符号当初如何称呼？谁也不知道，也许与它们变化成三画卦的“☰”与“☷”，又发展成六画卦的“䷀”与“䷁”一样，称呼为“乾”与“坤”。可是站在思想上言，如何称名并非至要，“⚊”与“⚋”这两个符号的根本含义表现在象上，无疑地是“阴阳”之义。庄子便是站在思想本位上立言，说“易以道阴阳”（《庄子·天下篇》）。“道阴阳”三个字可以说极扼要地把握了易思想的本质。我们说易学是起源于阴阳思想，尽管在八卦和六十四卦画成的时代没有“阴阳”二字。

易学起源于阴阳思想，但由于易象的由八卦发展为六十四卦，又发展为十翼文字，易道由代表自然现象推用于筮占、人事，阴阳之用也跟着在转变。八卦时期，阴阳便是“—”与“--”，代表宇宙间转运变化万物的两种大作用，“—”为刚健、为进、为升、为扩张、为光明……“--”为柔顺、为退、为降、为收缩、为黑暗……后来《系辞传》中言：

> 一阴一阳之谓道。
>
> 阴阳之义配日月。
>
> 乾，阳物也；坤，阴物也。阴阳合德而刚柔有体。

这些，便都是指“—”与“--”这最早最根本的阴阳思想而言。到了文王演易为六十四卦以后，易由三画卦变成六画卦，用于筮占术，于是一个卦象中有了内卦、外卦的分别，有了初、二、三、四、五、上的爻位，也有了乘、承、比、应等爻与爻间的关系。为了应用上的方便，阳卦、阴卦、阳爻、阴爻之名乃产生，如：

> ䷀乾卦初九《象传》：潜龙勿用，阳在下也。
>
> 《䷊泰卦·象传》：内阳而外阴。
>
> 《䷋否卦·象传》：内阴而外阳。

这些都是指阳卦或阳爻，阴卦或阴爻而言，是阴阳思想的进一步应用到卦象上。再演变，阴阳用在天候寒温上，产生了“阴气”“阳气”之名，䷁坤卦初六《象传》：“履霜坚冰，阴始凝也。”已隐约透出了阴阳气化的消息，到了《文言传》，便正式推出“阳气”一词。《䷀乾卦·文言》：“潜龙勿用，阳气潜藏。”《文言传》的产生时代不可确知，但由学术思想发展上看，战国中叶是流行言“气”的时代。庄子曾以阴阳气论人，《大宗师篇》：

> 曲偻发背，上有五官，颐隐于齐，肩高于顶，句赘指天，阴阳之气有沴。

孟子也谈“养气”，但未及阴阳。“阴气”“阳气”名称的发生，可能在这个时候，也可能此时就是《文言传》的作成时代。

阴阳思想，由本来“⚊”与“⚋”代表的两大宇宙间抽象的作用，推用到阳卦、阴卦、阳爻、阴爻，再推用到以阳气、阴气言气候、论人，这是阴阳思想的逐步演变。于是，在庄子以后，又来了驺衍，“以阴阳主运显诸侯”，“探观阴阳消息而作迂怪之变”（《史记·封禅书》及《孟荀列传》），将阴阳与五行结合而成为一套系统的学说，便是梁任公所谓阴阳五行说的正式创建。此时的阴阳，已非易学所专有，而成为各家所共有的思想了。

可是奇怪的是，自驺衍以后阴阳五行之说虽大盛，易卦象竟然被抛在一边，在说中未被采用。驺衍之书不存，我们可以从《吕氏春秋》一书中得到证明，例如：

> 仲春之月，日在奎。昏弧中，旦建星中。其日甲乙，其帝太皞，其神句芒，其虫鳞，其音角，律中夹钟，其数八，其味酸，其臭羶，其祀户。祭先脾，始雨水，桃李华，苍庚鸣，鹰化为鸠。天子居青阳太庙……行冬令，则阳气不胜……
>
> 仲夏之月，日在东井。昏亢中，旦危中。其日丙丁，其帝炎帝，其神祝融，其虫羽，其音徵，律中蕤宾，其数七，其味苦，其臭焦，其祀灶，祭先肺。小暑至，螳螂生，鵙始鸣，反舌无声。天子居明堂太庙……是月也，日长至，阴阳争……

其中天象、节候、干支、帝、神、虫、鸟、音律、数、味等都配合上了，只是不见有“其卦 × ×”的字样。可见易虽是“道阴阳”的书，但在先秦阴阳五行及杂家学说盛行的时候，反而退处一隅，并未与当时流行的众学合流却是事实，这也许是因为易人儒门的关系吧？

到了汉代，董仲舒力倡阴阳之说，更盛过先秦。董著《春秋繁露》中有《阴阳位》《阴阳义》《阴阳终始》《阴阳出入》等篇，专以阴阳言天人相应，对阴阳思想的发扬，真是倾其全力。且举该书中两小段如下：

> 阴阳之气在上天，亦在人。在人者为好恶喜怒，在天者为暖晴寒暑。(《如天之为第八十》)
>
> 阳气暖而阴气寒，阳气予而阴气夺，阳气仁而阴气戾，阳气宽而阴气急，阳气爱而阴气恶，阳气生而阴气杀。(《王道通三第三十四》)

阴阳之说不止征服了治春秋的董仲舒，也侵及治诗的韩婴。《韩诗外传》中《蝃蝀》诗“乃如之人也，怀昏姻也”句下，以阴阳言人之生成，曰：

> 天地有合，则生气有精实；阴阳消息，则变化有时美。……阴阳相反，阴以阳变，阳以阴变，故

男八月生齿，八岁而龆齿，十六而精化小通。女七月生齿，七岁而龀齿，十四而精化小通。是故阳以阴变，阴以阳变。(《韩诗外传一》)

于是，这种流行的阴阳思想终于又返回到易中，有一长段极妙的文字，载在《孔子家语》中，可视为象数易发生以前，流行的阴阳思想与易结合的初步，今录如下：

子夏问于孔子曰：商闻之，易之生人及万物鸟兽昆虫，各有奇偶气分不同，而凡人莫知其情，唯达道[①]德者能原其本焉。天一、地二、人三，三三如九，九九八十一，一主日，日数十，故人十月而生。八九七十二，偶以从奇，奇主辰，辰为月，月主马，故马十二月而生。七九六十三，三主斗，斗主狗，故狗三月而生。六九五十四，四主时，时主豕，故豕四月而生。五九四十五，五为音，音主猿，故猿五月而生。四九三十六，六为[②]律，律主鹿，故鹿六月而生。三九二十七，七主星，星主虎，故虎七月而生。二九一十八，八主风，风为虫，故虫八月

① 道：有本无此字。
② 为：有本作"主"。

而生[1]。其余各从其类矣。鸟鱼生阴而属于阳，故皆卵生；鱼游于水，鸟游于云，故立冬则燕雀入海化为蛤。蚕食而不饮，蝉饮而不食，蜉蝣不饮不食，万物之所以不同。介鳞夏食而冬蛰，龁吞者八窍而卵生，龃嚼者九窍而胎生，四足者无羽翼，戴角者无上齿，无角无前齿者膏，无角无齿脂。昼生者类父，夜生者似母。是以至阴主牝，至阳主牡，敢问其然乎？孔子曰：然，吾昔闻诸[2]老聃，亦如汝之言。子夏曰：商闻山书曰，地东西为纬，南北为经，山为积德，川为积刑，高者为生，下者为死，丘陵为牡，溪谷为牝，蜯蛤龟珠与日月而盛虚。是故坚土之人刚，弱土之人柔，墟土之人大，沙土之人细，息土之人美，耗土之人丑。食水者善游而耐寒，食土者无心而不息，食木者多力而不治，食草者善走而愚，食桑者有绪而蛾，食肉者勇毅而悍，食气者神明而寿，食谷者智惠而巧，不食者不死而神。故曰，羽虫三百有六十而凤为之长，毛虫三百有六十而麟为之长，甲虫三百有六十而龟为之长，鳞虫三百有六十而龙为之长，倮虫三百有六十而人为之

① 生：有本作“化”。
② 诸：有本无此字。

长，此乾巛之美也。殊形异类之数。王者动必以道动，静必以道静，必顺理，以奉天地之性而不害其所主，谓之仁圣焉。

按今本《孔子家语》，为后来魏王肃所作。然此段文字自“天一地二人三”起至“至阳生牡”一节，也见于《淮南子·坠形训》。《大戴礼易·本命篇》所载也略同，可知这一节为王肃承《汉志》中之古本《孔子家语》而来。“至阳生牡”以下，言及“山书”之名，当为王肃所加。《汉志》易十三家中，有《淮南道训二篇》，该书早亡，今此节以阴阳气分论物类之受生，见于《淮南子·坠形训》，笔者推想也许就是所亡《淮南道训二篇》中之文。此篇托名“子夏问于孔子”，实则是道家者流的手笔，所以有“唯达道德者能原其本”“吾昔闻诸老聃”等言。总之，由这段文字的出现，我们可推测儒门十翼义理的易，在淮南时代起，由道家人物领导，开始与流行的阴阳思想合流。此后，融合愈密切，到了孟喜的卦气，也就是象数易问世时，此种流行的阴阳思想乃正式成了易家之物，象数易中的阴阳思想，将在后文各家易说中详述。

二、五行与易

五行金、木、水、火、土与易八卦乾、坤、坎、离、震、巽、艮、兑，就名称与性质上看，原有互通之处：第一，二者都是源出于自然界，五行为自然界中五种物质，八卦为自然界中八种自然现象；第二，八卦中的坎为水、离为火，本来已与五行之二全同，其他乾取其刚为金，坤之地与艮之山为土，巽为风、也为木，所以八卦中隐然已含有五行在内。可是奇怪的是，这两种同是产生在远古的思想，一直到了战国时期，才表现出合流的迹象。

五行之说，据《史记·历书》，起于黄帝。听起来虽觉遥远，但证诸《尚书·洪范》的记载，当信其发生在三代以前。《洪范》上说：

> 武王胜殷，杀受，立武庚，以箕子归，作《洪范》。唯十有三祀，王访于箕子，王乃言曰：呜呼，箕子，唯天阴骘下民，相协厥居，我不知其彝伦攸叙。箕子乃言曰：我闻在昔，鲧堙洪水，汩陈其五行，帝乃震怒，不畀洪范九畴；彝伦攸斁，鲧则殛死，禹乃嗣兴；天乃锡禹洪范九畴，彝伦攸叙。初一曰五行……一，五行：一曰水、二曰火、三曰木、四曰金、五曰土。水曰润下，火曰炎上，木曰曲直，

金曰从革，土爰稼穑。润下作咸，炎上作苦，曲直作酸，从革作辛，稼穑作甘。

鲧是尧臣，上距黄帝已不太远。此是最早期的“五行”，纯粹指人民生活中最普遍又最主要的五种生活要素，天子治国理民首应重视的事。《左传》中“天生五材，民并用之”，《国语》中“地之五行，所以生殖也”，正是《洪范》中五行的本义。《尚书·甘誓》中有“有扈氏威侮五行、怠弃三正”之言，“威侮五行”即是说肆其权势，轻慢人民的生活，把人民生活所凭仗的五行，不做适当的处理应用，这样的国君自然为人民所唾弃。上引《洪范》的话，充分表现出中国古代农业社会的色彩，以及国君对人民的关怀，是最早、最实在、毫无一点玄虚气息的五行说，完全从“利用厚生”上着眼。

东周以后，王官失守，学术下降民间，人民的思想与在位者的思想不同，不必要站在治国理民的立场讲五行。于是五行的思想渐渐离开了古朴的“实”义，向抽象的方面扩展。一方面和四方、四时、干支、五星、五色等思想相糅合；另一方面在本身属性上安排出相生相胜的循环关系。见于古籍中的如《左传》昭公十七年：

冬，有星孛于大辰，西及汉。……梓慎曰：……

若火作，其四国当之，在宋、卫、陈、郑乎？宋，大辰之虚也；陈，太皞之虚也；郑，祝融之虚也，皆火房也。星孛及汉，汉，水祥也，卫，颛顼之虚也，故为帝丘。其星为大水，水，火之牡也，其以丙子，若壬午作乎？水，火所以合也，若火入而伏，必以壬午，不过其见之月。

又三十一年：

十二月，辛亥，朔，日有食之。是夜也，赵简子梦童子裸而转以歌，旦，占诸史墨曰：吾梦如是，今而日食何也？对曰：六年，及此月也，吴其入郢乎？终亦弗克。入郢必以庚辰，日月在辰尾，庚午之日，日始有谪，火胜金，故弗克。

他如《论语》中有“钻燧取火”，《墨子》中有“五行毋常胜”“帝杀黑龙”，先秦书籍中多有与五行相关的记载。迨至驺衍，更将“五行相胜”之用推广到朝代更替上，创“五德转移”之说。其时正当周德已衰，诸侯互争雄长，各欲起而代周。故驺衍之说，正迎合诸侯觊觎周天下的私心，因而五行之说大盛。后来秦始皇统一天下后的改正朔、易服色，全是受五行思想的操纵。史传汉高祖斩白蛇起义，也是借五行思想以煽动人心。到了汉武帝，他本来在当时流行的杂家思想中已是最信五行之说的人（见前引），再遇上一个“三年不窥园”，孜孜研究阴阳五行思想的董仲舒的煽风助火，五行思想自然更盛。所以自武帝以后，五行思想成了解说灾异的主要依据。班固《汉书·五行志》分为上、中之上、中之下、下之上、下之下，洋洋五大篇，在十志中篇幅独多，由此可见五行思想在当时的声势。在此情形下，象数易与五行思想结合是必然的事。

以上借此节简略叙述五行说自远古至汉的大概发展，但易与五行的发生关系，追求其初，当在汉以上的《说卦传》时代，证据是《说卦传》中的一段文字：

> 帝出乎震，齐乎巽，相见乎离，致役乎坤，说言乎兑，战乎乾，劳乎坎，成言乎艮。万物出乎震，震，东方也。齐乎巽，巽，东南也，齐也者，言万物之洁齐也。离也者，明也，万物皆相见，南方之卦也；圣人南面而听天下，向明而治，盖取诸此也。坤也者，地也，万物皆致养焉，故曰致役乎坤。兑，正秋也，万物之所说也，故曰说言乎兑。战乎乾，乾，西北之卦也，言阴阳相薄也。坎者，水也，正北方之卦也，劳卦也，万物之所归也，故曰劳乎坎。艮，东北之卦也，万物之所成终而所成始也，故曰成言乎艮。

这一段文字就是自宋邵雍以后，被易家称为文王后天八卦的源始。但细寻这段文字的来历，实为根据五行思想而安排成的。首先，看《论语 · 阳货篇》“钻燧取火”下,《集解》引马融的注文：

> 周书月令有更火之文，春取榆柳之火，夏取枣杏之火，季夏取桑柘之火，秋取柞楢之火，冬取槐檀之火，一年之中钻火各异木，故曰取火也。

皇疏：

> 改火之木，随五行之色而变也。榆柳色青，春是木，木色青，故春用榆柳也；枣杏色赤，夏是火，火色赤，故夏用枣杏也；桑柘色黄，季夏是土，土色黄，故季夏用桑柘也；柞楢色白，秋是金，金色白，故秋用柞楢也；槐檀色黑，冬是水，水色黑，故冬用槐檀也。

以五行配合四时、五色，无疑是先秦流行的思想，便是：木配春，青色；火配夏，赤色；土配季夏，黄色；金配秋，白色；水配冬，黑色。值得特别注意的是土配季夏。春、夏、秋、冬，四时代序，时间各为三个月，今以土配季夏，显然破坏了四时的整齐划一。而古人宁可破坏四时的整齐划一，必将土配季夏的原因，实由于要符合“五行相生”的次序。五行木生火，火生土，土生金，金生水，水生木，非将土配季夏，这个“圆道循环”不能成功。这种五行配合方式，后人名之为“土王季夏说”。其次，由五行配四时，更推及配四方。配四时以土当季夏，配四方则以土当西南，这是必然的道理。可见图 3-1。

由此，我们便可以看出为什么《说卦传》中将坤卦置于离卦之后、兑卦之前了。因为离卦是南方卦，为火，兑卦是西方卦，为金，而坤卦为土，依相生顺序，自然应该排在西南方。《说卦传》的八卦方位安排，实在是从上面五行方位来的，以图示之，则如图 3-2。

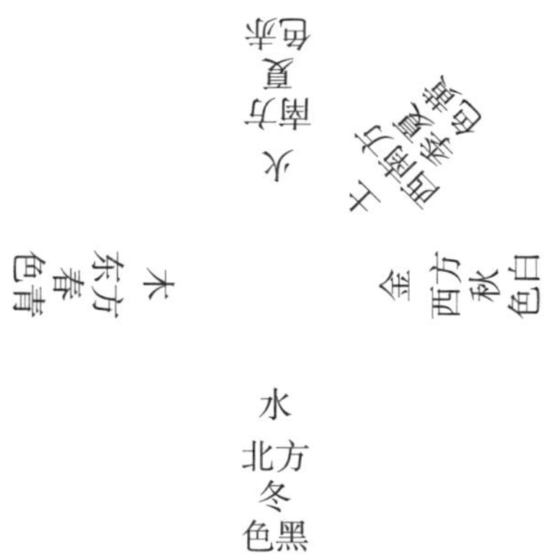

图 3-1　五行配四时四方图

图 3-2 《说卦传》中的八卦方位图

这个将八卦排成圆图以合五行相生之序的安排，震、巽二卦合木，兑、乾二卦合金，在道理上都说得过去。坎、离二卦本来为水、为火，更无问题。只是坤、艮二卦明显均为土，却又不能置于比邻，似觉不妥。但恰好在坤卦经文中有“利西南，不利东北”之言，于是便将艮卦配于东北方，与西南方的坤卦遥遥相对，反而变得饶有深意了。其中玄虚，非一言能尽，准备将来写宋易时再说。

此易与五行合流的时间，推想当在战国时期五行说盛行之时，因为八卦原来的排列方式虽不可知，但由古来以乾为天、坤为地想来，乾卦居上，坤卦居下当是无疑的。今竟不惜变更原来次第，将乾卦置于西北方、坤卦置于西南方二隅之地，而与五行相合，足证五行思想在当时一定非常盛行。可是推测这一位设计人，又绝不是驺衍一派的阴阳家，因为驺衍的“五德转移”说，是自黄帝土德起算，以“五行相胜”迭次更代；而《说卦传》首言“帝出乎震”，由木起依次至火、至土……以“五行相生”为序，这两种说法不是一套。今考《吕氏春秋·十二纪》中言春季三月“其帝太皞”，夏季三月“其帝炎帝”，其说与《说卦传》合。而《吕氏春秋》为杂家之书，我们只可以推测此一安排的设计人，是战国时一位非驺衍学派的相信五行说的易家所为。

先秦易学与五行的关系，只见于上引《说卦传》这一处文字，以后不见有更进一步的发展。直到汉象数易兴起后，在京房手下，五行与卦象重作新配合，才又产生“土王四季”的新说，见后文京房易说中。

三、干支与易

干支与五行，同是不见源头的文化长流，代表我国文化历史的悠久古老。一般相传黄帝时大桡作甲子，始以干支纪日（按古代只以干支纪日，东汉建武以后，始以干支纪年月日时）。有些古籍如《通历》《诸史会编》《历代通鉴辑览》等，均言伏羲氏造“甲历”。再从《史记·历书》上的记载——“神农以前尚矣，盖黄帝改定星历”看，是太史公相信历法起于神农以前，至黄帝时加以“改定”。十干的“干”，即“榦”字；十二支的“支”，即“枝”字。榦为主，枝为从。十干当是从日上起，“古有十日”的神话传说，可能与此有关；十二支当是从月上起，十二度月圆为一年，故创十二支。日月的关系，正是干支主从的关系，从这个起源于自然现象的日月处着想，说干支与八卦同起源于伏羲氏，也不无道理。

将十干与十二支依次相配合，成为甲子、乙丑、丙寅等六十个名称，通称“六十甲子”。中国人在历法上以此法纪日，至少确证在殷商时已开始，因为近代所发现的甲骨文中有完整的干支表，和现在所知的完全一样。

十干与十二支每个名字的含义，因为其起源古远的关系，今日已难以确切肯定。但我们参考古来各书籍的记载，对其大概意义的认识是不会错的，那就是：十干与十二支都是借自然界草木的现象以表示出“圆道循环”的理则。十干的第一“甲”，象草木戴孚甲而生。最后的“癸”，乃完成一次“圆道循环”后，再揆度出土。十二支的第一“子”，言草木孳生于地下。而最后的“亥”，言完成一次“圆道循环”后，藏生机于根荄，准备再度孳生。这当然是因为古人生活在大自然中，放眼看去，日月升降往返，四季运转推移，动植物出生死亡、萌芽黄落，一切都是“圆道循环”，于是遂借植物一方面来表示这一个思想。五行的相生相胜，也可以说是受这一思想倾向而产生。这一认识在了解中国古文化方面，极为重要。

易八卦不含“圆道循环”义，但自文王演八卦为六十四卦后，从六十四卦的命名及《序卦传》的排列次第上看，显然是受了“圆道循环”思想的影响，而且也同样取植物的初发生为开始。《序卦传》的次第除乾、坤二卦象天地外，第一是屯卦，其次是蒙卦，屯象草木之始生，蒙为童蒙而长；最后是既济卦与未济卦，既济言一次循环之成，未济言下一循环复始。而且每一卦象本身六爻也代表着一次“圆道循环”，初潜上亢，剥尽复来，成了易的根本义。在汉象数易兴起前，表面上看不出卦象与干支合流的迹象。可是在这种“圆道循环”的理则下，我们也可以说易早在西周之初，文王演易为六十四卦时，已和干支在精神方面合流了。正因为有此先天共通的含义，所以象数易一兴起，干支立刻成了易中最活跃的分子；象数易任何一家学说中，无不晃动着干支的影子。

关于干支与象数易密切结合的情形，后文各家易说中可看到。接下来笔者就古籍中对十干十二支的释义，做一综合归纳。这二十二个文字的最原始义，虽不可见，由后人的分别诠释中，也大体可得到一个近似的了解：

十天干义

甲 《说文》：从木，戴孚甲之象。

《史记·律书》：言万物剖符甲而出也（以下简称史律）。

《汉书·律历志》：出甲于甲（以下简称汉律）。

《正韵》：草木初生之莩子也。

作者按：甲字象草木始生，戴孚甲之状，义为初蒙生。

乙 《说文》：象春草木冤曲而出，阴气尚强，其出乙乙也。

《史律》：言万物生轧轧也。

《汉律》：奋轧于乙。

《月令》郑注：乙之言轧也，时万物皆抽轧而生，物之出土艰屯，如车之辗地涩滞。

作者按：乙字象草木冤曲出土上长之状，义为生长。

丙《说文》：万物成炳然。

《史律》：言阳道著明。

《汉律》：明炳于丙。

《释名》：丙，炳也，万物炳然皆著见也。

作者按：丙义同炳，炳然著见，言草木逐渐长大。

丁《说文》：夏时万物皆丁实。

《史律》：言万物之丁壮也。

《汉律》：大盛于丁。

作者按：丁字象草木壮盛如伞之状，义为臻于盛时，如今“壮丁”之丁。

戊《汉律》：丰楙于戊。

《释名》：戊，茂也，物皆茂盛也。

《月令》郑注：戊之言茂也，万物皆枝叶茂盛。

作者按：戊，古茂字，枝叶茂盛，义为极盛之时。

己《说文》：象万物辟藏诎形也。

《汉律》：理纪于己。

《释名》：己，纪也，皆有定形可记识也。

作者按：己义各家解释不一，《汉书·律历志》言“理纪于己”是其义。言万物茂盛之后，向外发展之势止，乃反而理纪于己身，充实自己。

庚《说文》：象秋时万物庚庚有实也。

《史律》：言阴气更万物。

《汉律》：敛更于庚（王念孙《补注》：敛当为改字之误）。

《月令》郑注：庚之言更也，万物皆肃然更改，秀实新成。

作者按：庚义同更，言万物结实而更其生。

辛《说文》：秋时万物成而熟。

《史律》：言万物之辛生，故曰辛。

《汉律》：悉新于辛。

《释名》：辛，新也，物初新者皆收成也。

作者按：辛义同新，上庚为万物结实，此为实熟，实熟成种为新生。

壬《说文》：象人裹衽之形。

《史律》：壬之为言任也，言阳气任养万物于下也。

《汉律》：怀任于壬。

《释名》：壬，妊也，阴阳交，物怀妊，至子而萌也。

作者按：壬义为怀妊、任养，实熟而成种，任养于地下。

癸※《说文》：冬时，水土平，可揆度也。象水从四方流入地中之形。

《史律》：癸之为言揆也，言万物可揆度。

《汉律》：陈揆于癸。

《释名》：癸，揆也，揆度而生，乃出土也。

作者按：癸义为揆度，经过地下之任养，乃揆度欲出土。于是下接戴孚甲而出之“甲”，周而复始。

由上看，十干毫无疑问地为一完整的“圆道循环”，借草木的出生、成长、茂盛、结实、任养于地下，说明万物的一个周期。所应注意的，“甲”是表示草木戴孚甲而出，而真正生机之发动，实应由种子任养于地下之“壬”开始，然后至“癸”，揆度出土。十干之不始于“壬”而始于“甲”，隐约间似与夏历之不以子月为正月，而以寅月为正月，同一思想形态。由此看来，十干至少与夏历同时创建，可得明证。至于夏历是创于夏代？抑创于夏代以前？今不可确知，也许夏历之建寅为继承更远古的十干文化。

十二地支义

子《说文》：十一月阳气动，万物滋。

《史律》：子者滋也；滋者，言万物滋于下也。

《汉律》：孳萌于子。

《释名》：子，孳也，阳气始萌，孳生于下也。

作者按：子义为草木孳生于地下。

丑《说文》：纽也，十二月万物动用事。

《史律》：丑者，纽也，言阳在上未降，万物厄纽未敢出。

《汉律》：纽牙于丑。

《释名》：丑，纽也，寒气自屈纽也。

作者按：丑义为扭曲，草木蒙生于地下，扭曲作势。

寅《说文》：髌也（段注：字当作濥，正月昜气动，去黄泉欲上出，阴尚强也。象宀，不达，髌寅于下也。

《史律》：言万物始生，螾然也。

《汉律》：引达于寅。

《释名》：寅，演也，演生物也。

《淮南子·天文训》：寅则万物螾螾也（高诱

注：动生貌）。

作者按：寅义为引演、动生，言草木由扭曲而引演动生。

卯《说文》：冒也，二月万物冒地而出，象开门之形，故二月为天门。

《史律》：卯之为言茂也，言万物茂也。

《汉律》：冒茆于卯。

《释名》：卯，冒也，载冒土而出也。

作者按：《汉书·律历志》之言是，卯即茆，茆冒出之义。

辰《说文》：震也，三月阳气动，雷电振，民农时也，物皆生。

《史律》：言万物之蜄也。

《汉律》：振美于辰（王念孙《补注》：美当为羡之误，羡义为延长）。

《释名》：辰，伸也，物皆伸舒而出也。

作者按：辰义有二：一为震，取雷震而万物生；一为伸，取万物之伸舒生长。二义相通。

巳《说文》：已也，四月阳气已出，阴气已藏，万物见，成形彰。

《史律》：言阳气之已尽也。

《汉律》：已盛于巳。

《释名》：巳，已也，阳气毕布已也。

《淮南子·天文训》：巳则生已定也。

作者按：巳义同“已然”之已，言万物至此时已盛。

午 《说文》：牾也，五月阴气牾逆阳，冒地而出也。

《史律》：午者，阴阳交，故曰午。

《汉律》：咢布于午。

《释名》：午，忤也，阴气从下上，与阳相忤逆也。

作者按：午义为忤逆，阳盛极而阴生，阴与阳相忤逆。

未 《说文》：味也，六月滋味也。

《史律》：未者，言万物皆成，有滋味也。

《汉律》：昧薆于未（颜师古注：薆，蔽也）。

《释名》：未，昧也，日中则昃而幽昧也。

作者按：未义有二：一作味，取万物既成而有滋味；一作昧，取日之过中，亦万物既成义，二义实通。

申 《说文》：神也，七月阴气成体，自申束。

《史律》：申者，言阴用事，申贼（一作则）万物。

《汉律》：申坚于申。

《释名》：申，身也，物皆成，其身体各申束之。

作者按：申义应为伸，与屈义相对，古人言虫之行进为一屈一伸，屈为蓄力作势，伸为力足而弛，此言万物上长之势尽，始松弛也。

酉 《说文》：就也，八月黍成，可为酎酒，象文酉之形也。

《史律》：酉者，万物之老也。

《汉律》：留孰于酉。

作者按：酉字见于甲骨文，为酒器，“八月黍成，可为酎酒”之义。

戌 《说文》：灭也，九月阳气微，万物毕成，阳下入地也。

《史律》：言万物尽灭。

《汉律》：毕入于戌。

《释名》：戌，恤也，物当收敛，矜恤之也。

作者按：戌义为灭、为恤，皆言物之将尽。

亥 《说文》：荄也，十月微阳起，接盛阴。

《史律》：亥者，该也，言阳气藏于下，故该之。

《汉律》：该阂于亥。

《释名》：亥，核也，收藏百物，核取其好恶真伪也。

作者按：亥义为根荄、为收藏，万物之生机至此收藏于根荄，于是下接孳萌于地下之“子”，周而复始。

十二地支之义，同于十天干，也是表现“圆道循环”的思想。其中“酉”字为见于甲骨文的象形文字，最是毫无疑问的原始义，于时为八月，正合时节。总之，古人创制干支，是在“圆道循环”的思想背景下完成的，易自六十四卦起受到此思想的影响，《序卦传》的排列次序以及后来许多卦象圆图排列，都是在此思想影响下产生。而干支名称的入于卦象，则是象数易兴起以后的事。

四、灾异与易

言灾异，是汉人疯狂趋赴的风尚，后人甚至有称之为“灾异之学”的。西汉天子自武帝起，臣相自董仲舒、公孙弘起，以后的君臣，“明灾异”成了必具的常识。当时有名的学者，都是灾异专家。我们读西汉史，每见天子因为灾异的缘故，下诏罪己或责罪大臣；大臣因为灾异的缘故，上书言得失或互相攻讦，真是灾异满天飞了。

论者多谓灾异之风，由董仲舒的“天人三策”所扇起，这话当然不无道理。董仲舒的“天人三策”积极地助长了灾异思想的盛行，不过，也不可委其责于董仲舒一人。自秦火以后，学术思想界成了空虚状态，历高、惠、文、景之世，一任先秦阴阳、杂家思想肆意发展，遂渐渐演变成天人相应的灾异之说。董仲舒言灾异实际上是“果”，并不是“因”，在董仲舒未对策以前，武帝已经深受灾异思想的感染了。我们只需举董仲舒第一次对策时，武帝的“策问制令”就会明白：

> 制曰：朕获承至尊休德，传至亡穷而施之罔极，任大而守重，是以夙夜不皇康宁，永惟万事之统，犹惧有阙。故广延四方之豪隽，郡国诸侯，公选贤良、修洁、博习之士，欲闻大道之要，至论之极。今子大夫褎然为举首，朕甚嘉之，子大夫其精心致思，朕垂听而问焉。……三代受命，其符安在？灾异之变，何缘而起？性命之情，或夭或寿，或仁或鄙，习闻其号，未烛厥理。

武帝所提出来的最重要的问题，是“符命”“灾异”“性命”，由此可见当时流行的天人思想早已感染了他。而董仲舒呢？也就针对着武帝的问题，大加发挥：

> 陛下发德音，下明诏，求天命与情性，皆非愚

> 臣所能及也。臣谨案春秋之中，视前世已行之事，以观天人相与之际，甚可畏也。国家将有失道之败，而天乃先出灾害以谴告之，不知自省，又出怪异以惊惧之，尚不知变，而伤败乃至，以此见天心之仁爱人君而欲止其乱也。……刑罚不中，则生邪气，邪气积于下，怨恶畜于上，上下不和，则阴阳缪戾而妖孽生矣，此灾异所缘而起也。

这一次对策以后，又有第二次对策，第三次对策，后人称为“天人三策”，性质略同。站在董仲舒的立场，他针对天子提出的问题做答，以《春秋》为根据，抬出天降灾异的大帽子以限制君权，其动机未尝不善。可是，他当时的声望是名儒学者，天下学人都瞩目于他对策的言论。他以当时流行的灾异之说言《春秋》，从此孔子的真精神便埋葬在他手里了。原来他“三年不窥园”地钻研《春秋》，是把《春秋》放在“灾异”的染缸中泡了一个透。不过，话说转来，董仲舒当时即令以纯粹孔孟的儒家思想对策，以武帝自负的性格与整个时代的风气看，也一定不会听他的，董仲舒也许已经看到了这一点。所以笔者说，灾异的事不能委其责于董仲舒一个人。

易与灾异在汉以前不相干涉。当然，就易道而言，易包含天道、地道、人道。就卦象上言，八卦象天、地、雷、风、山、泽、水、火八种自然现象，而此八种自然现象的泛滥失调，就是灾异。但古人论易，只是以此八种自然现象代表易变的功用，以推及万物，并非执着于这八种自然现象本身，所以从不将易与灾异并论。文王以后，易用于筮占，讲吉凶悔吝，是借卦爻之象，预示几兆，要人趋吉避凶，悔吝不生，也不曾把灾异之说引入易中。到了孔子十翼，以义理说易，虽时引天道以明人事，但不言灾异之变，“子不语怪、力、乱、神”，灾异在古代是属于怪与神范围，孔子不谈这个。

追究灾异之起，最初只是一种单纯的观念，先民们对自然界突然发生的反常现象，感觉忧惧而不知所由，后来与阴阳的思想合流，才渐渐发展成一种“说”。《国语·周语》上：

> 幽王二年，西周山川皆震，伯阳父曰：周将亡矣！夫天地之气，不失其序，若过其序，民乱之也。阳伏而不能出，阴迫而不能烝，于是有地震。今三川实震，是阳失其所镇阴也。阳失而在阴，川源必塞，源塞，国必亡。

再后来，又与五行之说结合，《吕氏春秋·有始览·应同篇》：

凡王者之将兴也，天必先见祥乎下民。黄帝之时，天先见大螾大蝼，黄帝曰：土气胜！土气胜，故其色尚黄，其事则土。及禹之时，天先见草木秋冬不杀，禹曰：木气胜！木气胜，故其色尚青，其事则木。及汤之时，天先见金刃生于木……

由此以降，便是董仲舒"天人三策"中的灾异思想。而易与灾异虽说均言天人，但易卦爻象在汉以前实在并未在灾异中被应用过。

自武帝与董仲舒的三次策对以后，灾异思想的气势更盛了，有圣人的《春秋经》为根据，有"天人之学"的响亮口号，俨然成了学术思想的重心，似乎当时流行的学术思想都趋向于解说灾异上面。然而灾异思想实在不足以称为"学"，它本身完全建立在一些不定时出现的反常现象与人类疑惧的心理上。除了阴阳五行等说附会解说外，它本身没有一套坚实的理论作基础。尤其是，人们只可以就已发生的灾异作解说，而不能准确推断未来灾异在何时何地发生。汉代灾异思想的盛行，实际上只是说明了一件事，那就是：汉代缺乏一个学术思想的中心领导。

象数易的兴起，是借解说灾异而兴起的，我们看初期的象数易家，如：

孟喜：得《易家候阴阳灾变书》。（《汉书·孟喜传》）

焦延寿：其说长于灾变。（见《汉书·京房传》）

京房：以明灾异得幸。（《汉书·京房传》）房数上疏，先言其将然，近数月，远一岁，所言屡中。（同上）

费直：长于卦筮。（《汉书·费直传》）

高相：专说阴阳灾异。（《汉书·高相传》）

京房言灾异尤精，《汉书·五行志》引《京房易传》论灾异事凡七十二见，简直成了一篇京房论灾异的专论文章。初期象数易与灾异的密切关系由此可见。

象数易由解说灾异而兴，可是易学毕竟有它博大精深的内容，所以不久，便将当时流行的解说灾异的数术家思想，一起纳于自己卦象之下。后来，到了东汉，灾异思想衰落，象数易又走上注经的路。所以灾异与易的关系，和阴阳、五行、干支不同，它只是象数易兴起的借力，在象数易内容中它派不上用场，但就象数易由它而兴来看，二者的关系又极为密切。

第四节　近因之二：武帝尊儒术的影响

促成象数易兴起的另一直接因素，来自政治方面，为受了武帝“罢黜百家，独尊儒术”政策的影响。

汉自武帝以前，朝廷对学术思想采不干涉主义。由高祖至吕后临朝的二十余年，因致力于国家的统一及内权的争夺，不遑于学术。文、景两代的三十余年，则以黄老之术治国，听任学术思想自由发展。虽然史载文、景时朝廷已设有博士，如韩婴在文帝时为博士，董仲舒在景帝时为博士，事实上并未对学术思想确定一个大方向去推展实行。甚至到了武帝即位以后，君臣虽有心行儒术，仍不免在好黄老的窦太皇太后干涉下（窦氏为文帝后），御史大夫赵绾、郎中令王臧，均以积极行儒术而下狱自杀。至建元五年（公元前136年），窦太皇太后死前一年，大概由于老得无力问政的关系，朝廷始置五经博士。在她死后一年（元光元年），武帝召贤良对策，董仲舒才敢提出绝百家之道、尊孔子之术建议。董仲舒的建议见于第三次对策中，是这样的：

春秋大一统者，天地之常德，古今之通谊也。

今师异道，人异论，百家殊方，指意不同，是以上亡以持一统法制数变，下不知所守。臣愚以为诸不在六艺之科、孔子之术者，皆绝其道，勿使并进，邪僻之说灭息，然后统纪可一而法度可明，民知所从矣。

后来历史上称汉武帝“罢黜百家，独尊儒术”，便是由董仲舒这对策来。可是，我们后来读史的人，千万不可被这两句看来直截了当的话所蒙蔽：第一，董仲舒是建议武帝“诸不在六艺之科、孔子之术者，皆绝其道，勿使并进”的人，而他本人就是一肚子阴阳、五行、灾异思想，试问孔子六艺中何曾有董仲舒《春秋繁露》的那一套？第二，同时的淮南王刘安幕下拥有一大批儒家以外的道家、阴阳家、杂家之士，《汉书·淮南王传》言安“招致宾客方术之士数千人，作为内篇二十一篇，外篇甚众，又有中篇八卷，言神仙黄白之术，亦二十余万言”。武帝不但接受了刘安所献的内篇书，而且“爱秘之”（《汉书·淮南王传》）；第三，武帝始终雅好杂学，他一生求神仙长生的故事多多，已不需例举，就上节所引聚会占家问娶妇一段文字看，其中五行家、堪舆家、建除家、丛辰家、天人家、太乙家等，无一不是儒家以外的思想。由此看来，所谓“罢黜百家，独尊儒术”，实在只是一面不符实际的假招牌。名义上“罢黜百家”，而真正罢黜的，只是法家与纵横家，见于《武帝纪》建元元年：“丞相绾（卫绾）奏所举贤良，或治申、商、韩非、苏秦、张仪之言，乱国政，请皆罢。奏，可。”至于当代流行的与灾异、数术有关的一些家数，都不在“罢黜”之列。名义上“独尊儒术”，而所尊的儒术，既非孔子的“仁”，也非孟子的“义”，也非荀子的“礼”，而是灾异、数术思想下的儒术。近代读书人有不少以汉武帝“罢黜百家，独尊儒术”为口实，来责怪孔孟儒家思想束缚了中国人，殊不知这对孔孟来说，是很冤枉的一件事。孔孟的儒家真精神，正是在这八个字之下葬埋了。

总之，汉武帝“罢黜百家，独尊儒术”，并非如一般人想象地在学术上定孔子的儒家思想于一尊，而是脱胎换骨，以灾异、数术思想为质，以儒家躯壳为表的新儒术。这种新儒术所结的果，便是不久以后出现的儒门诸经纬书：易纬、诗纬、书纬、礼纬、乐纬、春秋纬、孝经纬。象数易是易纬一路的思想。

上节说过，自孔子以后，易是“以大就小”，屈居儒门为六学之一，它原涵有天道、地道、人道，不会永远安于以人道为范畴的儒学之中。现在，它的时机来了，灾异、数术思想是“天人相应”之学，讲天人莫过于易理的深远幽微。至此它遂乘时而起，与这些灾异、数术思想相融合，以它无不应的理，以它无不极的数，以它无不赅的象，容纳众流，大包大揽，冶所有当代流行的灾异、数术思想于一炉，成就了新的易学形态——象数易。所以究象数易的起因，武帝的“罢黜百家，独尊儒术”这块假招牌，不能不说是原因之一。

第五节　近因之三：隐士易学的出现

第三节“近因之一：灾异、数术思想的盛行”，是促成象数易兴起的时代思想方面的因素；第四节“近因之二：武帝尊儒术的影响”，是政治方面的因素；本节“近因之三：隐士易学的出现”，则是人物方面的因素。一个新学术思想的兴起，各方面因素已备，时至机熟，自有人起而倡导，“人物”可不列为因素之一。但象数易不然，论学说内容是一套革命性的崭新的学术，而创制者却是一位藏身在时代舞台后面、不肯吐露姓名的隐士。象数易如就源起而言，称之为“隐士易学”也未尝不可。所以本节不止应该特别提出说明，而且笔者认为极为重要。

说到中国的隐士们和学术文化的关系，真是非常密切又极为微妙。当我们一想到历史上各朝代一向存在着的“隐士”一名时，一方面眼前浮现出一些淡泊名利、浪迹山林湖海间的有学问而闲散的人物；一方面也同时会想到他们保存着某种隐秘的从远古以来就恒常存在着的学术暗流。隐士不同于佛教的出家和尚，和尚出家后是要弃除一切尘念，对世间事不再过问；隐士则多只是为了避免生活上的烦累，在思想上并不与世隔绝。不唯不断却尘缘，有许多学问道德极高的隐士，反而站在时代舞台的后面，虎视眈眈地注视着时代的变动，以局外人客观的立场、淡泊的心境和冷静的观察，对时代动态做明智的分析；他们的心实在仍是和时代结合在一起的，这也正是中国文化以“人”为本位的特质的表现。

今就以《论语》中所记载的隐者来看，楚狂接舆、长沮、桀溺、荷蓧者、晨门者等，他们或以言语讥嘲孔子，或以歌声暗讽孔子，只不过是因为他们认为当前的时代人心，非孔子所能扭转挽救。换句话说，在他们的冷静观察分析之下，认为还不到出而救世的时机，因而对孔子的不识时务，逞意气用事，表示不赞同。试问：如果这些隐士不是已对时代人心有了深透的观察，怎么会出面来干涉孔子的救世行动呢？如果他们真的忘情于世间事，又何必留意于孔子师徒的车尘所至以及孔子的用心呢？这些都表示着所谓“隐士”只是从世俗生活中退隐，他们的思想仍时刻关注着时代人心。而我们以后人的立场，看孔子奔波一生终未为诸侯所用，以及他死后两百多年的战乱不息，实则也不得不佩服《论语》中隐士们眼光的锐利。同时，我们看到孔子处处对这些隐士甚有礼貌，绝不严厉指责，也就可以看出，孔子自也知道这些隐士同样是怀有救世之心的人。所不同的，他们是要待机而动，不做他们认为徒劳无功的事；而孔子，是要站在“人”的立场上，尽做人的天职，知其不可而为之。

有学养的隐士们，既是仍存着用世之心，所以他们虽是僻处山野，并未放松对世间学术的钻研。他们有恬淡的心情、有清静的环境、有充裕的时间去运思。尤其是，以他们远离世俗生活，综观世间人事的超越立场，往往在学术思想上表现出独特的智慧。他们中有一些人，在山僻林野间择徒授学，学成后到社会上去创建一些轰轰烈烈的事业，如鬼谷子之流；有一些人惊鸿一瞥地到现实世界中逍遥游一遭，然后又倏然而逝，留下些须泥爪，供后人追怀遐思，如老子、庄子之流；又有一些则观察时变，见机而作，计运数之必趋，将几叶图书，画龙点睛地投入纷纭人间，而他们自己却飘然局外，看这一颗石子在湖水中所激起的震荡，如黄石公之流。诸如这些情形，在中国历史上多的是，打开历代史书艺文书目，其中有相当部分出于不知名的隐士。他们的思想对中国文化的影响，真是“匪云浅鲜”。所以笔者说隐士一脉的学术，与中国文化的关系非常密切又极为微妙。

可是，在各门学术中，尤其与隐士密切相关的，便是易学这一门。因为易道博大精深，玄远奥秘，代表易道的“象”与“数”，尤耐人寻味，使人追索探求之不尽。隐士们正好以他们的闲暇宁静去从事陈爻布卦、索隐探幽的研究。不止我们现在要论的汉象数易是隐士推演出来的研究心得，以后的宋代邵雍的易学，也是出于隐士一脉。隐士与易学，在中国学术中出现了难分难解的情形。

在《先秦易学史》一书的最后，笔者曾谓自孔子以后，易学分为三支：儒门易为第一支，以人道为主；道家易为第二支，以天道为主；继承原来筮占之术的筮术易为第三支，以神道为主。以人间学术界比作舞台，儒门易站在舞台上，正面打着易学的旗帜；筮术易则流落台下；至于道家易，台上台下，时隐时现，没有定位。隐士们是道家者流，自从孔子把易纳入儒门人道的小圈子以后，他们既不肯跟着进入儒门的小圈子，又不肯守原来筮术易之旧。他们也是同儒门易一样的革命易学，但所着重的是易在天道的一方面。于是他们把易带入山林，取易象数而把玩，揣摩推求其理。儒家与道家学术主要不同精神之一，是儒家“守常”，道家“守时变”，表现在易学上也是如此。儒门易自孔子以后，永远以解注易经为旨归，而道家易则跟着时代走，随时代不同创立新易学。当战国时期，天下嚣嚣，阴阳五行学说盛行，儒门易沉寂之时，我们可以想象到，一定有些世外隐逸高士，正在默察易风之所趋，将易学与阴阳五行说作新的汇合（前文引《说卦传》“帝出乎震”一节易与五行结合的文字，笔者推断当出于隐士，而为儒门学者收于《说卦传》中）。历秦至汉，到了宣帝年间，一方面隐士易学已有了相当的成就；一方面眼见当时学术界杂学并兴，数术诸家思想各不相属，于是我们现在就要谈到的那位隐士，便将他的新易学推入人间世。这一套新易学完全纳当代思潮于易学之中，用以解说占验灾异，第一个接受新易学的，便是孟喜，第二个是焦延寿。这些话非凭虚臆断，乃从以下几个线索上得来：

第一，《孟喜传》中言喜“好自称誉，得《易家候阴阳灾变书》”。“易家候阴阳灾变书”从名字上看，已无疑地可断定为新的象数易，上有“得”字，证明必有传人，只是孟喜未透露。

第二，《京房传》言京房受易于梁人焦延寿，而“焦延寿独得隐士之说”，焦延寿的易学也是象数易，也不言传人姓名，只知道传人的身份是“隐士”。

第三，《京房传》言：“延寿尝从孟喜问易。”焦延寿既从孟喜问易，是证明二人相识，且易学相通。《京房传》中言焦氏：“以候司先知奸邪。”“其说长于灾变，分六十四卦更直日用事，以风雨寒温为

> 候。”由文字上看，与孟喜的《易家候阴阳灾变书》显为同性质易学，而今传《焦氏易林》前面所载直日法与相传的孟喜卦气，根本是一套东西（详见后文孟氏、焦氏二家易说）。
>
> 第四，《京房传》言：“会喜死，房以为延寿易即焦氏学。翟牧、白生不肯，皆曰非也。”京房以为焦延寿易即孟氏学，是因为他知道其师与孟喜相过从，且易学同出于隐士。翟牧和白生是孟喜的弟子，不肯承认，可能是由于当时孟喜的声誉高，翟、白二人守门户之见，不欲与京房同列。

把上面四项合起来看，就很明显看出来孟喜与焦延寿的易学，很可能是来自一个人。这人不愿留姓名于人间，焦延寿只透露了他是隐士身份，孟喜则连其隐士身份也不透露。西汉年间隐士的风气甚盛，此人正是黄石公一流，其事与授书张良类似，实为典型的隐士风格。故笔者断定焦延寿与孟喜为同门，即授《易家候阴阳灾变书》与孟喜的人，也就是传易与焦延寿的那位隐士——象数易的真正开创者。

如果再进一步推想：那位隐士何以会选择儒门易三家之一的孟喜作为象数易的传人？那更是高明的手法了。大凡创立新学说以推翻旧学说，最有效的方法是使旧学说阵营中的人倒戈相向。孟喜这个人不像施雠、梁丘贺那样忠于师法，但他有胆量（从诈言其师田王孙枕其膝死一事可知），富开创精神，正是适当人选。我们看《汉书·孟喜传》中所载孟喜对师门轻蔑的样子，便想到这一选择真是高明之至，汉儒门易可以说被孟喜一个人推倒了。接着，这位隐士又寻出一位有隐士性格、道德高尚的焦延寿（见《汉书·京房传》），纯粹发扬象数易。前有孟喜的摧坚攻锐，推倒儒门易；继有焦延寿的发扬光大，并收京房为弟子，于是开创出象数易的三百年盛世（由西汉宣帝年间至魏王弼时代，约为公元前 60—240 年）。我们能不佩服那一位藏身在时代舞台后面的隐士的高度智慧吗？这正是中国隐士“神龙见首不见尾”的作风。说不定在新兴的象数易如火如荼大行于世的时候，那一位隐士正拄杖站立在峰峦顶、松林下，俯视他一手导演的学术闹剧，掀髯而笑哩！

第四章 前期占验派象数易家

汉象数易家集中兴起于两汉季世，截然划分为前后两个时期，而此两时期的易风也不同。前期易学以“占验”为主，所重在“术”；后期易学以“注经”为主，所重在“文字”。故本书分别称之为“前期占验派象数易”与“后期注经派象数易”。本章所述为前期占验派象数易家，共有孟喜、焦延寿、京房、费直、高相五人。其中高相一家易学失传；孟喜一家虽得知他卦气说的大要，但如何应用卦气于占验术中，则不得其详；费直一家，本传说他“长于卦筮”，《隋志》载有他所著《易林》一书。如何用术，也不得而知，所知的只是他一面行筮术占验，一面仍保有十翼解易的儒门易风，在前期象数易中，是比较守旧的一家。焦延寿与京房师徒二人，本为一家之学。焦氏有《易林》传世，但他如何用术的细情，自始就隐晦玄秘不为人知。后人徒见其书，不知其术。比较上所知较多的是京房的易学，京氏易创建最多，流传也最广，影响象数易也最大，自是前期占验派易家中的翘楚。今分别述各家于后。

第一节　孟喜易

一、孟喜事略

孟喜原为儒门易阵营中人，田王孙弟子。宣帝时，与施雠、梁丘贺三家并盛一时，后因“得《易家候阴阳灾变书》”，遂改师法，倡象数易学。《汉书·儒林传》中《孟喜传》，已见前第二章第三节引录，此不复赘。本传中只言他是宣帝年间人，详细生卒年月不得知，《汉书·京房传》载：“延寿云：尝从孟喜问易。会喜死，房以为延寿易即孟氏学。”由此可知孟喜年长于焦延寿，而为汉象数易家的第一人。《汉志》中载有他的著作：《易经十二篇施孟梁丘三家》《章句施孟梁丘各二种》《孟氏京氏十一篇》《灾异孟氏京房六十六篇》。原书均早亡佚。

二、孟喜易说——卦气

象数易中“卦气”之说，后人谓出于孟喜。卦气是以六十四卦三百八十四爻象配合一年中四时、十二月、二十四气、七十二候、三百六十五日的一套庞大的组织系统，内容非常繁杂。今为了明白起见，分为以下四正卦、十二月卦、六日七分法三部分叙述。

（一）四正卦

四正卦之说，见于唐一行《大衍历议》引《孟氏章句》，云：

> 坎、离、震、兑二十四气，次主一爻，其初，则二至二分也。坎以阴包阳，故自北正，微阳动于下，升而未达；极于二月，凝涸之气消，坎运终焉。春分出于震，始据万物之元，为主于内，则群阴化而从之；极于南正而丰大之变穷，震功究焉。离以阳包阴，故自南正，微阴生于地下，积而未章；至于八月，文明之质衰，离运终焉。仲秋阴形于兑，始循万物之末，为主于内，群阳降而承之；极于北正而天泽之施穷，兑功究焉。故阳七之静始于坎，阳九之动始于震，阴八之静始于离，阴六之动始于兑。故四象之变皆兼六爻，而中节之应备矣。

可知孟喜是以坎、离、震、兑四卦的二十四爻，分主一年中二十四气；坎、离二卦的初爻分主二至（冬至、夏至），震、兑二卦的初爻分主二分（春分、秋分）。文中“阳七”指少阳，“阳九”指老阳，“阴八”指少阴，“阴六”指老阴。“阳七之静始于坎”，取坎卦象 ☵ 为以阴包阳，少阳未及于变，故静于阴中。“阳九之动始于震”，取震卦象 ☳ 为一阳动于下，老阳及于变，故始动于震。“阴八之静始于离”，取离卦象 ☲ 为以阳包阴，少阴未及于变，故静于阳中。“阴六之动始于兑”，取兑卦象 ☱ 为一阴动于上，老阴及于变，故始动于兑。阳九动于震下，阴六动于兑上的原因，是从“阳动而进，阴动而退”来。

孟喜这一说，显然是从《说卦传》“帝出乎震”一段演变而来。《说卦传》:

> 帝出乎震……万物出乎震，震，东方也。……离也者，明也，万物皆相见，南方之卦也。……兑，正秋也，万物之所说也。……坎者，水也，正北方之卦也。……

在上一章“五行与易”一节，我们曾经讨论过。《说卦传》中这一段文字，是战国时代易学受了五行思想的影响而产生的，以坎、离、震、兑四卦配四时方位的四正，以乾、坤、艮、巽四卦配方位上的四隅，完全是为了迁就“五行相生”之说。但此说既已成立，且被载入《说卦传》中，可知当时此说已流行，既如此，将更由此演变下去，是必然之理。孟喜四正卦之说，便是由此进一步演变的结果，舍八卦中乾、坤、艮、巽四隅，专用坎、离、震、兑四正，将四正的二十四爻与一年中二十四气相配，正相符合。以图表示之，如图 4–1。

图 4–1　四正的二十四爻与二十四节气相配图

四正卦之用，从图上看，实用为四隅，这是由于四时的二至二分起于四仲月之故。所以此图只可就季节言，不可从方位上看。

四正卦又称四时方伯卦，因其各主一季，汉人喜以官爵称呼卦象，故名方伯。

（二）十二月卦

唐一行《大衍历议》:

> 十二月卦，出于《孟氏章句》，其说易本于气，而后以人事明之。

所谓十二月卦，为从六十四卦中，选取十二卦配合十二月份，为孟喜卦气的一部分。这十二卦是：

䷗复	十一月	䷫姤	五月
䷒临	十二月	䷠遁	六月
䷊泰	正月	䷋否	七月
䷡大壮	二月	䷓观	八月
䷪夬	三月	䷖剥	九月
䷀乾	四月	䷁坤	十月

此十二卦以阴阳相对进退为用，十一月为冬至月，微阳生于地下，故为复卦，依次阳渐进而阴渐退，至四月为纯阳乾卦，阳气至盛。五月微阴生于地下，故为姤卦，依次阴渐进而阳渐退，至十月为纯阴坤卦，阴气至盛。如此周而复始，与一年四季寒暑相应。但这里所应注意者是十二月卦中的乾、坤二纯卦。我们虽然可以说是十二月卦的根本卦，但实际上，此十二卦是同等地位的十二个符号。乾与坤同于复与姤，各代表一个月，十二月卦所依据的原理是以“⚊”与“⚋”象征阳气与阴气。我们不能说十二月卦起于复、终于坤，或者起于姤、终于乾，因为时间的循环

无始无终。一年的起于某月某日、终于某月某日，一月的起于某日某时、终于某日某时，都是人为的分法。天道自然，始卒若环，所以将十二月卦画作圆图，实较为合理，如图 4–2。

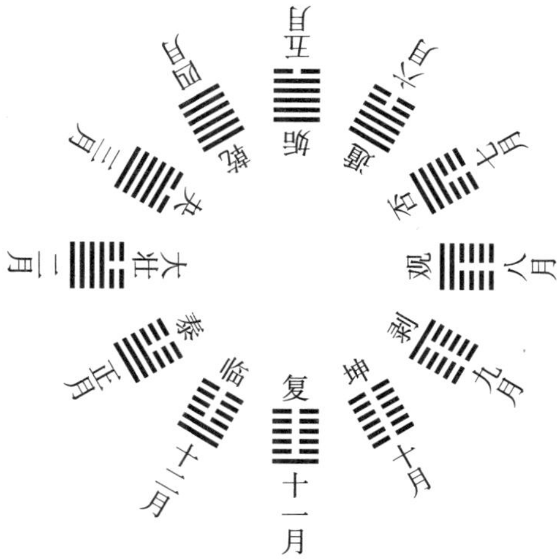

图 4–2　十二月卦图

十二月卦又名十二消息卦。“消息”一名，根据于《剥卦·彖传》“君子尚消息盈虚”及《丰卦·彖传》“天地盈虚，与时消息”。象数易家乃取以名十二月卦。“消息卦”一名，在西汉时已有，因为《乾凿度》中记有“消息卦，纯者为帝，不纯者为王”。京房所上奏折中也有“少阴倍力而乘消息”之言（见《汉书·京房传》）。只是到了东汉荀爽、虞翻手里，“消”与“息”二字更赋予特殊的含义。李鼎祚《周易集解》引荀爽注升卦上六云：“阴用事为消，阳用事为息。”引虞翻注《剥卦·彖传》云：“乾息为盈，坤消为虚。”虞翻注十二月卦，于复、临、泰、大壮、夬下均言“阳息”；于姤、遁、否、剥下均言“阴消”。是以“息”专名阳长，以“消”专名阴长。荀、虞之所以如此赋予“消息”二字以特殊含义，想来当是为了统一文字的含义，以便于注经。因为十二月卦的阴阳进退在《彖传》中所言，极不一致，举如下：

复："刚长。"
临："刚浸而长。"
泰："小往大来。"
大壮："刚以动。"
夬："刚决柔。"
姤："柔退刚。"
遁："（柔）浸而长。"
否："大往小来。"
剥："柔变刚。"

这样或言"长"、或言"往来"、或言"决"、或言"退"、或言"变"，名称不一，用于注经不方便，荀、虞乃以"消""息"二字统一之，凡阳长名"息"，凡阴长名"消"。这种以古人所用普通名词，赋以专有的含义，是荀、虞注经的特点之一，如"盈""虚"、如"变""化"、如"穷神""知化"都是。

十二月卦又名十二辟卦。"辟"义为君，此十二卦依次用事君临各该月，好像五行说中五德转移、轮番为王一样，故称十二辟卦。

十二月卦更进一步的发展，为配合七十二候。每卦六爻，十二卦共计七十二爻，与《礼·月令》《吕氏春秋》上的七十二候相应，即每爻主一候，一卦主六候。宋李溉曾有卦气圆图，今转录其图如图 4-3。

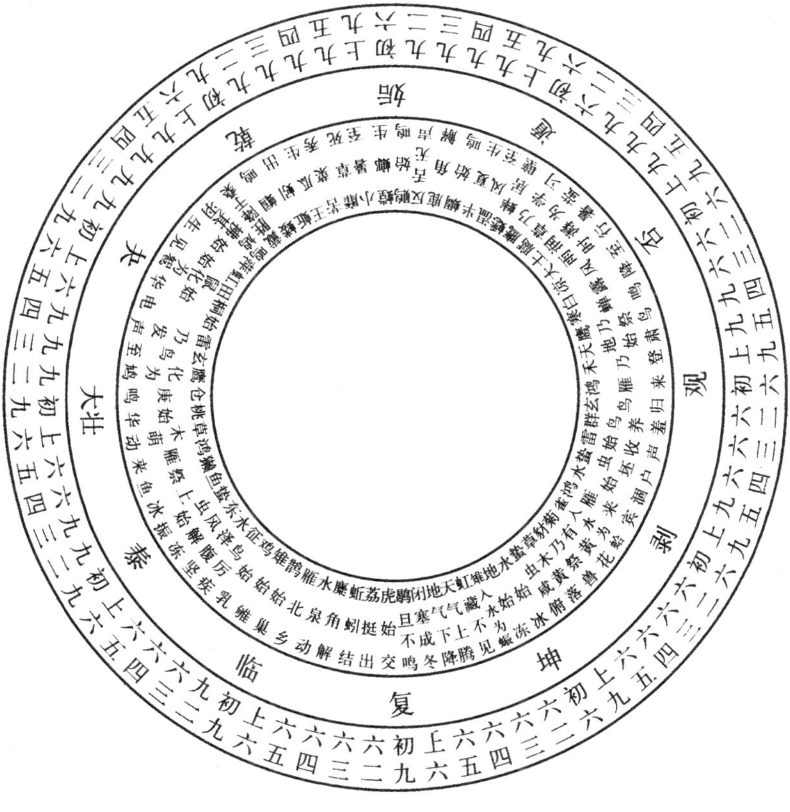

图 4-3　李溉卦气圆图

孟喜十二月卦，以阴阳爻位的进退表明一年十二个月的寒暑周流，平实而论，甚为明确恰当。卦爻象的含义，原在于“以通神明之德，以类万物之情”，若十二月卦，可谓得之。《系辞传》言“变通配四时”，“往来不穷谓之通”，“刚柔相推，变在其中矣”。这些话都足以支持十二月卦的成立。尤其《复卦·象传》有言：“先王以至日闭关，商旅不行，后不省方。”隐然与十二月卦之复卦主十一月相合，故后人甚至有以为十二月卦为源出孔门者（见陈兰甫《东塾读书记》）。也因此，十二月卦在汉以后极为流行，今日民间新岁楹联，书“一元复始”“三阳开泰”，即从十二月卦来。

东汉以后，象数易家采十二月卦之说以注经，见于李氏《集解》中颇多，略举如下：

䷁ 坤初六《象传》：“履霜坚冰，阴始凝也。”

《九家易注》：“初六始姤，姤为五月。”

又：上六爻辞：“龙战于野”。

荀爽注：“消息之位，坤在于亥。”（按十月建亥）

䷛ 大过九二爻辞：“枯杨生稊，老夫得其女妻，无不利。”

虞翻注：“阳在二也，十二月时。”

《系辞传》:“天尊地卑,乾坤定矣。”

荀爽注:“谓否卦也。否七月,万物已成,乾坤各得其位定矣。”

又:“方以类聚。”

《九家易注》:“谓姤卦,阳爻聚于午也。”(按五月建午)

又:“物以群分。”

《九家易注》:“谓复卦,阴爻群于子也。”(按十一月建子)

又:“变通配四时。”

虞翻注:“变通趋时,谓十二消息也。泰、大壮、夬配春;乾、姤、遁配夏;否、观、剥配秋;坤、复、临配冬。谓十二月消息相变通而周于四时也。”

后来晋干宝注易,尤其念念不忘十二月卦。其注乾、坤二卦十二爻,即以十二月为根本义,读者可阅李氏《集解》。

(三)六日七分法

四正卦为以卦象配四时、二十四气;十二月卦为以卦象配十二月、七十二候;六日七分法乃以卦象配一年内三百六十五日又四分日之一的岁实。

三百六十五日又四分日之一,为我国古六历岁实之数

（古六历为黄帝历、颛顼历、夏历、殷历、周历、鲁历。岁实为由今年冬至点到明年冬至点，一岁中实有日数），起源极早。其测定之法，见于《后汉书·律历志》：

> 历数之生也，乃定仪表以校日景，景长则日远，天度之端也。日发其端，周而为岁，然其景不复，四周千四百六十一日而景复初，是则日行之终。以周除日，得三百六十五四分度之一，为岁之日数。

孟喜既已以卦象配合四时、十二月、二十四气、七十二候，当然要更进一步推到配日上。但是很不巧，一年中的岁实数不是整数，而是三百六十五日又四分日之一。如以六十四卦三百八十四爻相配，爻数有余，行不通。于是便把坎、离、震、兑四正卦除外，以其余六十卦三百六十爻去配合。但这样虽然整数合了，五日又四分日之一的零数仍在。这是一个不易解决的问题，因为五日又四分日之一依十进位，该是五点二五，如用六十卦去除，所得是零点零八七五的一个小数；如用三百六十爻去除，所得更小。于是，为了解决这个难题，孟喜别出心裁地想出了一个妙法：不采用十进位，而分每日为八十分，五日共得四百分，四分日之一为二十分，五日又四分日之一共计为四百二十分，以六十卦去除，每卦得七分。合上面每卦所分得的日数为六日七分，是为六日七分法。但这样一来，便无法以爻计算了，因为每卦的七分如用六爻去除，是除不尽的，只好不谈爻而只谈卦。

照这样看来，无疑地，六日七分法有其明显的缺点。为了分配上的不均，不论爻而只论卦，是缺点之一；五日又四分之一的零数不以十进位计算，而以一日八十分计算，削足以适履，是缺点之二。虽然，孟喜为了创建一个庞大的以卦象配合月日节候的卦气系统，配日的工作势在必行，六日七分法可以说是强为配合。后来，清代易学家焦循对此曾予以严厉的批评：

> 夫六十四卦三百八十四爻，与一岁三百六十五日四分日之一，本不可强配。……其取坎、离、震、兑为四正，本诸《说卦传》东西南北之位。其取十二辟卦，第以阴爻阳爻自下而上者以为之度。其余不足以配。于是乾、坤、复、姤等，既用以配十二月，又用以当一月中之六日七分。譬之罗经二十四向，于十干则舍戊、己，于八卦止用乾、巽、坤、艮，其别有用意，原无关于易也。

焦氏批评六日七分法为“别有用意”，站在注经的立场是对的。因为孟喜的这套卦气说，原不是为了解经，而是占验灾异的一套占验术。今日所知的四正卦、十二月卦、六日七分法，都是孟氏卦气占验术中之“方”。其术如何用？早已失传。但是，我们不应该说这套占验术“无关于易”。因为前期象数易诸家，都是以占验灾异言易（见第三章第三节（四）“灾异与易”），占验灾异是象数易兴起时的本来面目。至于将这一套占验之学用于解经，是东汉马、郑、荀等倡起来的易风。孟喜以后，焦氏易、京氏易均言卦气，正因为他们的易学都是以占验为用之故。焦循是站在传统儒家易经的立场作批评，未设身处地站在汉象数易的立场。所以他说“无关于易”一语，并不恰当。

依照六日七分法的分配，除四正卦外，其余六十卦，分配于一年十二个月，每月均为五卦，列表于下：

十一月：未济、蹇、颐、中孚、复。

十二月：屯、谦、睽、升、临。

正月：小过、蒙、益、渐、泰。

二月：需、随、晋、解、大壮。

三月：豫、讼、蛊、革、夬。

四月：旅、师、比、小畜、乾。

五月：大有、家人、井、咸、姤。

六月：鼎、丰、涣、履、遁。

七月：恒、节、同人、损、否。

八月：巽、萃、大畜、贲、观。

九月：归妹、无妄、明夷、困、剥。

十月：艮、既济、噬嗑、大过、坤。

然后，依上面的前后次第，与七十二候相配，冬至由中孚卦开始，中孚配“蚯蚓结”，复配“麋角解”，以下类推。再配以公、辟、候、大夫、卿五爵，中孚为公，复为辟，以下类推循环。再与四正卦、二十四气配合，便是《新唐书·历志》所载的六十四卦用事配七十二候图，今抄录于下，见图4–4。

常气	月中节 四正卦	初候 始卦	次候 中卦	末候 终卦
冬至	十一月中 坎初六	蚯蚓结 公中孚	麋角解 辟复	水泉动 侯屯内
小寒	十二月节 坎九二	雁北乡 侯屯外	鹊始巢 大夫谦	野始雊 卿睽
大寒	十二月中 坎六三	鸡始乳 公升	征鸟厉疾 辟临	水泽腹坚 侯小过内
立春	正月节 坎六四	东风解冻 侯小过外	蛰虫始振 大夫蒙	鱼上冰 卿益
雨水	正月中 坎九五	獭祭鱼 公渐	鸿雁来 辟泰	草木萌动 侯需内

图4–4　六十四卦用事配七十二候图

惊蛰	二月节 坎上六	桃始华 侯需外	仓庚鸣 大夫随	鹰化为鸠 卿晋
春分	二月中 震初九	玄鸟至 公解	雷乃发声 辟大壮	始电 侯豫内
清明	三月节 震六二	桐始华 侯豫外	田鼠化为鴽 大夫讼	虹始见 卿蛊
谷雨	三月中 震六三	萍始生 公革	鸣鸠拂其羽 辟夬	戴胜降于桑 侯旅内
立夏	四月节 震九四	蝼蝈鸣 侯旅外	蚯蚓出 大夫师	王瓜生 卿比
小满	四月中 震六五	苦菜秀 公小畜	靡草死 辟乾	小暑至 侯大有内
芒种	五月节 震上六	螳螂生 侯大有外	鵙始鸣 大夫家人	反舌无声 卿井
夏至	五月中 离初九	鹿角解 公咸	蜩始鸣 辟姤	半夏生 侯鼎内
小暑	六月节 离六二	温风至 侯鼎外	蟋蟀居壁 大夫丰	鹰乃学习 卿涣
大暑	六月中 离九三	腐草为萤 公履	土润溽暑 辟遁	大雨时行 侯恒内
立秋	七月节 离九四	凉风至 侯恒外	白露降 大夫节	寒蝉鸣 卿同人
处暑	七月中 离六五	鹰乃祭鸟 公损	天地始肃 辟否	禾乃登 侯巽内

图 4-4　六十四卦用事配七十二候图（续）

白露	八月节 离上九	鸿雁来 侯巽外	玄鸟归 大夫萃	群鸟养羞 卿大畜
秋分	八月中 兑初九	雷始收声 公贲	蛰虫坯户 辟观	水始涸 侯归妹内
寒露	九月节 兑九二	鸿雁来宾 侯归妹外	雀入水为蛤 大夫无妄	菊有黄花 卿明夷
霜降	九月中 兑九三	豺乃祭兽 公困	草木黄落 辟剥	蛰虫咸俯 侯艮内
立冬	十月节 兑九四	水始冰 侯艮外	地始冻 大夫既济	雉入水为蜃 卿噬嗑
小雪	十月中 兑九五	虹藏不见 公大过	天气上腾地气下降 辟坤	闭塞而成冬 侯未济内
大雪	十一月节 兑上六	鶡旦不鸣 侯未济外	虎始交 大夫蹇	荔挺出 卿颐

图 4-4　六十四卦用事配七十二候图（续）

宋李溉复据此图造为卦气圆图，内容相同，不赘录。但此中有几个应该特别提出讨论的地方。

第一，十二月卦以复卦主十一月，复卦象为䷗，正合冬至一阳生之义，今却在复卦之前置中孚卦，而以卦气起中孚，何故？

对此问题，古人无解说。笔者于此曾甚费思考，认为是从中孚卦象上来。因为冬至是十一月中气，在大雪节气十五日之后，此时正是严冬肃肃，虽微阳动于地中，地表面上尚不能够表现出来。此时以复卦象的一阳生于下来形容，似乎太多，于是便在复卦前另置中孚卦。中孚卦象为䷼，初、二、五、上爻为阳，三、四爻为阴，从全象上看，代表坚实闭锢于外，内含柔质，正果实种核之象。以此种核之象的中孚卦置于复卦前，表示万物虽在此时被闭锢未见生象，然而内中生机已兆，此下再继之以复卦，更能表现阳气的渐生之状。由此取义而言，极为切当。且“中孚”之卦名，当初也一定是由卦象上来。“孚”字从爪子，《说文》段注：“《方言》：鸡卵伏而未孚。于此可得孚之解矣。”是孚字的含义为卵有子，孵化待出而尚未出，虽尚未出，但已预知卵中之子必将破卵而出。孚字引作“信”讲，便是由此而来，言中有必生之机，信其机至必熟也。老子《道德经》言：

> 道之为物，惟恍惟惚。惚兮恍兮，其中有象；恍兮惚兮，其中有物。窈兮冥兮，其中有精，其精甚真，其中有信。

“其中有信”一句话，便是“中孚”义。由此来看，卦气起中孚，实为极佳的安排。

第二，由中孚卦起，以下六十卦的排列，以何为原则？

这一方面，前代易学家也不闻有所讨论。今按六十四卦的排列方式，在汉以前，只有《序卦传》所载的排列一种。《序卦传》的排列是一方面依据卦象的反对卦与旁通卦；一方面依据"圆道循环"义（见《先秦易学史》一书）。今孟喜卦气中六十卦的排列，似乎是仿照《序卦传》而来，所不同的是：《序卦传》是除去乾、坤二卦，以其余六十二卦排列。卦气是除了坎、离、震、兑四卦，以其余六十卦排列；《序卦传》本于卦象与卦义二者做排列的依据，卦气是只以卦义为排列的依据，不顾卦象。至于卦义之取"圆道循环"，则卦气与《序卦传》同。

现在来看卦气中六十卦的排列：由中孚而复、而屯，显然仿《序卦传》的开始，取万物之渐生。下由谦而睽、而升、而临，取物之壮盛光耀。下由小过而蒙、而泰，为因受小挫而隐退，自处安泰（此处蒙不作童蒙解，为蒙昧之义，韬光养晦之谓）。泰然安处而待时之至，于是有需。继之以随、晋、解、大壮，又臻极盛。极盛而衰，于是豫心生、讼事生、蛊患生，而当革。革则须有决断心，故继之以夬（夬者决也），由是军旅之师兴。兵事之后，休养生息，励精图治，乃由小畜而乾、而大有。然后功成身退，归与家人处而乐其乡井之生活。由中孚至井三十卦，为一大段落。

由上三十卦排列看，在含义上与《序卦传》相同，取物之始生以后，一起一伏，一盛一衰，表明物极必反，困顿自强之理。后三十卦起于咸、姤，也是仿《序卦传》的下经起于男女。由咸、姤至损、否为一阶段；由巽、萃至既济为一阶段；噬嗑以下又为一阶段。最后以颐卦结束，取颐养含藏以待中孚、复之再生。

易卦象本是一套活用的符号，汉象数易之所以盛行三百余年之久，正是由于这些易家敢于在前人成规之外，作新的寻求、新的创建。焦延寿、京房、郑玄、荀爽、虞翻等大象数易家，无一不有其独特的一套易说，卦象依旧，花样翻新。明清以来，许多人指斥汉象数易有失经本，而笔者则以为易道斯在，人人得玩索卦象而异其说，正不必拘泥于“非古人意”而菲薄汉象数易家。

第三，辟、公、侯、大夫、卿五爵的配卦，似无必然的理由，十二月卦分别置为每月中气之中卦，是因为古人以中气为主，故十二月卦均以“辟”爵当之，是有意的安排。其他公、侯、大夫、卿四爵，看不出有何道理。《魏书·正光术》云：“中孚为三公，复为天子，屯为诸侯，谦为大夫，睽为九卿，升还从三公，周而复始。”也不言究竟理由为何。

卦气之说，今所知者已叙述如上。依前引唐一行《大衍历议》，为出自孟喜，然查易纬诸书中，也有卦气之记载。如今传《乾元序制记》中即载有四正卦配二十四气、八风，云：

坎初六冬至广漠风，九二小寒，六三大寒，

六四立春条风，九五雨水，上六惊蛰。震初九春分明庶风，六二清明，六三谷雨，九四立夏温风，六五小满，上六芒种。离初九夏至景风，六二小暑，九三大暑，九四立秋凉风至，六五处暑，上九白露。兑初九春分阊阖风，九二寒露，六三霜降，九四立冬始冰不周风，九五小雪，上六大雪也。

《稽览图》中除言四正卦外，复加入公侯二十四卦及月份，八风于离初九夏至作凯风，震九四立夏及兑九四立冬下脱漏温风及不周风，其他全同。《稽览图》引《是类谋》曰：

冬至日在坎，春分日在震，夏至日在离，秋分日在兑。四正之卦，卦有六爻，爻主一气。余六十卦，卦主六日七分，八十分日之七。岁有十二月三百六十五日四分日之一，六十而一周。（按今《是类谋》无此文）

易纬中所载，正是孟喜卦气之说，只是增加了“八风”的配合。而此八风的配合，正好提供我们卦气说演变形成的线索。考八风之名，曾见于《吕氏春秋·有始览》：

何谓八风？东北曰炎风，东方曰滔风，东南曰熏风，南方曰巨风，西南曰凄风，西方曰飂风，西北曰厉风，北方曰寒风。

又见于《淮南子·坠形训》：

何谓八风？东北曰炎风，东方曰条风，东南曰景风，南方曰巨风，西南曰凉风，西方曰飂风，西北曰丽风，北方曰寒风。

《吕氏春秋》八风名称与易纬全不同；《淮南子》八风有三名相同，渐进渐同，可证易纬中八风是由《吕氏春秋》经《淮南子》渐渐演变而来。尤其值得注意的，《吕氏春秋》为杂家之书，而《淮南子》为道家思想极浓厚之书。其作者与易纬的匿名作者，以及传易与孟喜、焦延寿的隐士，推测都是一类人物。这正是隐士学术的一脉。所以卦气之说，严格说来，不得谓孟喜所创，乃是创建于不知名的隐士，而由孟喜最早推行于世。

卦气原是一套占验术，至东汉荀爽、郑玄、虞翻以后，乃用以注经，兹引录李氏《集解》中所载数例如下：

《䷧解·彖传》："雷雨作而百果草木皆甲宅。"荀爽注："解者，震世也，仲春之月，草木萌动[1]。”

《䷍大有·象传》:“火在天上，大有。”

荀爽注:“谓夏，火王在天，万物并生。”

䷯井九五:“井冽寒泉食。”

虞翻注:“泉自下出称井，周七月，夏之五月。”

《䷫姤·象传》:“后以施命诰四方。”

虞翻曰:“震二月，东方；姤五月，南方；巽八月，西方；复十一月，北方。”

孔颖达《周易正义序》引郑康成《释复卦辞》:“反复其道，七日来复。”也以卦气为解云:

建戌之月，以阳气既尽；建亥之月，纯阴用事；至建子之月，阳气始生。隔此纯阴一卦，卦主六日七分，举其成数言之，而云七日来复。

---

① 动:有本作“芽”。

第二节　焦延寿易

一、焦延寿事略

《汉书》卷七十五《京房传》载焦延寿生平事：

（房）治易，事梁人焦延寿。延寿字赣，赣贫贱，以好学得幸梁王，王共其资用，令极意。学既成，为郡史察举，补小黄令，以候司先知奸邪，盗贼不得发。爱养吏民，化行县中，举最当选，三老官属上书愿留赣，有诏许增秩留，卒于小黄令。赣常曰：得我道以亡身者，必京生也。共说长于灾变，分六十四卦更直日用事，以风雨寒温为候，各有占验。

《儒林传·京房传》（按《汉书》有《京房传》二）：

延寿云：尝从孟喜问易。……焦延寿独得隐士之说，托之孟氏，不相与同。

《焦氏易林·费直序》：

六十四卦变者占，王莽时建信天水焦延寿之撰也。……赣善于阴阳，复造此以致易未见者。其射存亡吉凶，遇其事类则多中，至于糜碎小事非其事类，则亦否矣。赣之通达隐几，圣人之一隅也。

焦延寿，《汉书》无传，由上数处记载，其生平事约略可知。尤难得的是，《焦氏易林》一书今传于世，为象数易留传后世的少数著作之一。只是此书因不见于《汉志》，以及《礼记·月令正义》引《焦氏易林》一段文字不见于此书中（见本章第三节“京房易”），故后人也有疑及此《焦氏易林》非焦氏原著，而为崔篆所著（见余嘉锡《四库书目提要辨证》），但指证不足，仍当以焦氏著为宜。焦延寿的在世年代，上引《京房传》言其“尝从孟喜问易”，费直《焦林序》说他是王莽时人，马国翰乃综合这两家之说，推断云：

尝以《汉书》考之，京房受易梁人焦延寿，延寿云尝从孟喜问易，喜死，房以为延寿易即孟氏学。房仕孝元之期，时孟喜已死，延寿及问孟喜，盖在宣帝之世，年当在二十左右。自元帝初元元年数至王莽始建国元年，仅五十七年，焦于斯时，约不过八十余岁。其书晚成，故中间有及成、哀时事者。（马国翰辑《费氏易林》“后考”）

今观焦延寿为人，终其身于小黄令，不趋高位，不慕利达，恬淡宁静，适志而止，俨然是一个“深有得于易道者”的风格，得享高年，是意料中事，马说似可信。

二、焦延寿易说——六十四卦变占

（一）《焦氏易林》

《焦氏易林》一书，完全是占验时的断语。焦氏命占时用术的详情虽不得而知，但从此书中可看出他有一套独特的占法，就是仿八卦变为六十四卦的原理，将六十四卦中的每一卦依次与六十四卦相配，称为“之”。如乾卦，依《序卦传》的顺序，先从本卦开始，其次之坤、之屯、之蒙……（《易林》为了减少麻烦，仅本卦后第一卦有“之”字，如乾卦后“之坤”，以下各卦则省却“之”字）。这样一来，六十四卦中每一卦可化为六十四卦，总计可得四千九十六变卦。此四千九十六变卦，每卦下系以断语，多数是四言诗句，以示明吉凶祸福。费直称之为“六十四卦变者占”。

《焦氏易林》中的断语，就文字上看，非常通俗化，绝不类易经卦爻下的《系辞传》那样古奥难懂，而是用当时民间流行的语体写成的诗。这些断语有些一望而知其吉凶含义，也有一些隐晦不知所云，很多是借古事以示意。可是，这些断语与卦的关系究竟何在？焦延寿何所依据而创作了这几千首占断诗？却是后世易家无法得知的谜。

以下且抄录《焦氏易林》开始数卦，以见其真貌：

䷀乾　下乾上乾

道陟石阪，胡言连謇，译喑且聋，莫使道通，请谒不行，求事无功。

之坤

招祸来螫，害我邦国，病在手足，不得安息。

屯

阳孤亢极，多所恨惑，车倾盖亡，身常忧惶，乃得其愿，雌雄相从。

蒙

鹊鹬鸬鸠，专一无尤，君子是则，长受嘉福。

必须再说明的，乾卦象下面“乾下乾上”四个小字中的

“乾”，是指三画卦（☰）的乾，因为后面屯卦（䷂）下面是“震下坎上”，蒙卦（䷃）下面是“坎下艮上”。这表示焦氏的将六十四卦变为四千九十六卦，只是仿八卦变为六十四卦的原理，而不是依照“因而重之”的方式。故焦氏的“某卦之某卦”，当是：

乾之坤	坤之屯	屯之蒙
䷀ ↓ ䷁	䷁ ↓ ䷂	䷂ ↓ ䷃

“之”字的含义，是后世术家所用“由某卦变为某卦”的“变”的意思。

那么，我们现在来看上引数卦下的断语。乾卦下断语依常理论，尚可勉强予以解释，今试释如下：

第一卦，乾。乾卦象，依《焦氏易林》体例当是：

䷀
↓
䷀

“道陟石阪”似是从卦象上言，由六爻皆阳的乾卦，复之六爻皆阳的乾卦，阳性刚坚，故喻如登升石阪之道。“胡言”为胡人之言，乾为西北方卦，西北胡地，由乾之乾为深入胡地，入胡地故闻胡言（按《九家易》：乾为言），“连謇”为难懂，“胡言连謇”是说胡人言听来难懂。“译喑且聋”言传译之人喑且聋，由乾入乾，无一阴爻为应，故如是言。因而“莫使道通”。最后“请谒不行，求事无功”，是吉凶之断。

第二卦“之坤”下的断语，便觉有点偏于一面，因为就象上说，乾之坤当是：

䷀
↓
䷁

乾为纯阳，坤为纯阴，以阳之阴，依理当作吉断，然而断语却以女祸误国言，断为凶。今忖焦林之意，大约以乾卦为纯阳用事，坤卦为纯阴用事，以纯阳乾卦之纯阴坤卦，即由纯阳用事一反而为纯阴用事。犹人君一旦迷于女色，失其权柄，听命于后妃，故言“招祸来螫，害我邦国，病在手足，不得安息”。然历史上贤后懿妃，也大有人在，何不从彼而从此？

至于第三卦“屯”、第四卦“蒙”下的断语，就更难窥其隐义了。屯下断语似只就屯卦象上立义，蒙下断语似只就“童蒙”上立义，不知道与来之的乾卦究有何干系？

以上的解释，只是从常理看，实际上，焦氏必有据以产生各卦断语的人所不知的奥秘及其特有的解释。上面的举例及试释，只是借此对《焦氏易林》做一表面的认识而已。

再有一个现象，就是在四千九十六则断语中，有许多则是文字或含义全同的，例如：

> 坤之革："螟虫为贼，害我黍谷，中霤空虚，家无所食。"
>
> 需之明夷："螟虫为贼，害我五谷，箪食空虚，家无所食。"
>
> 同人之节："螟虫为贼，害我稼穑，尽禾单麦，秋无所得。"
>
> 豫之谦：（同上）
>
> 临之恒："蝗虫为贼，伤害稼穑，愁饥于年，农夫鲜食。"
>
> 剥之睽："螟虫为贼，害我禾谷，箪缾空虚，饥无所食。"
>
> ……
>
> （以下文义雷同者，尚有多则，不赘。）

其他有几十则都像上面这种情形，而在这些断语相重复的卦间，也寻不出共通的关系。但我们确信焦延寿有他必然如此的理由，这是他独家之学，别人不知底细。也正因为别人无法知其底细，故班固说他“独得隐士之说”。

（三）焦林六十卦直日

《焦氏易林》前面附有“焦林直日”，录于下：

六十卦每卦直六日，共直三百六十日，余四卦各寄直一日。

立春　雨水三十日五卦，每卦直六日。

小过、蒙、益、渐、泰。

惊蛰　春分　春分震卦直一日。

需、随、晋、解、大壮。

清明　谷雨

豫、讼、蛊、革、夬。

立夏　小满

旅、师、比、小畜、乾。

芒种　夏至　夏至离卦直一日。

大有、家人、井、咸、姤。

小暑　大暑

鼎、丰、涣、履、遁。

立秋　处暑

恒、节、同人、损、否。

白露　秋分　秋分兑卦直一日。

巽、萃、大畜、贲、观。

寒露　霜降

归妹、无妄、明夷、困、剥。

立冬　小雪

艮、既济、噬嗑、大过、坤。

大雪　冬至　冬至坎卦直一日。

未济、蹇、颐、中孚、复。

从大雪后将坎卦入数断，从立冬后四十五日，系王相不断。

小寒　大寒

屯、谦、睽、升、临。

每两节气共三十日，管五卦，逐日终而复始排定，一卦相次管六日。凡卜，看本日得何卦，便于本日卦内寻所卜得卦，看吉凶。

这种直日法，一看就知与上节孟喜的卦气为一路之学，六十四卦的分配与排列都全同于孟喜。所不同的，是孟喜将六十卦均分三百六十日后，以余下的五日又四分日之一，以每日八十分计，作四百二十分，再平均分配于六十卦，每卦得七分，共计每卦得六日七分。而焦延寿的直日法则将余下的五日又四分日之一，在坎、离、震、兑四正卦上各分配一日，另外还有一日又四分日之一，却未见着落。我们当然相信焦延寿有处理这一日又四分日之一的方法，只是未流传下来，故后世不知。但不管怎样，对五日又四分日之一的处理，焦延寿与孟喜有了差异，这是二人在用术上大同小异之处。

于是，在这里我们不妨把京房的直日法也提出来，作一比较。京房也用直日法，而且六十四卦的分配与排列也同于孟、焦，但在最后五日又四分日之一的零数的处理上，又自不同。京氏的方法见于唐一行《大衍历议》：

> 京氏又以卦爻配期之日，坎、离、震、兑，其用事自分、至之首，皆得八十分日之七十三，颐、晋、井、大畜，皆五日十四分，余皆六日七分。

这是说京房的方法是先依孟喜的六日七分，将一年三百六十五日又四分日之一分配后，再把冬至的前一卦颐、春分的前一卦晋、夏至的前一卦井和秋分的前一卦大畜，各从原有的六日七分上，除下八十分日之七十三，分别归于四正卦坎、离、震、兑所管。这样一来，颐、晋、井、大畜四卦，便各剩下五日十四分；其他诸卦仍是每卦六日七分不变。京房所以这样做，是为了复卦“七日来复”这句经文。经言“七日”，现在每卦只有六日七分，差七十三分不足（以一日八十分计），于是遂运其巧思，从二至二分的前四卦上各剥下七十三分，又因没有理由将这七十三分加在二至二分后的卦上，乃将这七十三分归于坎、离、震、兑四正，于是以四正的七十三分，加二至二分后中孚、解、咸、贲四卦的各六日七分，成为“七日”。孟喜的六日七分法本来已经不应理了，京房这一来更觉奇巧诡曲，削足以适履。

除此之外，李鼎祚《周易集解》又引《易轨》之说，也是在五日又四分日之一上立异说，《集解》复卦“七日来复”下曰：

> 案《易轨》，一岁十二月三百六十五日四分日之一，以坎、离、震、兑四方正卦，卦别六爻，爻生一气，其余六十卦，三百六十爻，爻主一日，当周天之数，余五日四分日之一，以通闰余者也。

《易轨》之说，是以五日又四分日之一通闰余。

综上孟喜、焦延寿、京房与《易轨》之说，问题都发生在五日又四分日之一的零数上。孟、焦、京三人差肩而生，且都是占验专家，在这一点上不能一致，可见在象数易初兴起时，这一问题对各家来说是一个难题。也由此可以知道，所谓卦象，只是几个原则性的符号。用这几个符号约略表明天地自然之道是可以的，但要一定巨细靡遗，密合无间，那是不可能的事。

此外，上引录“焦林直日表”小字注中，有“王相不断”之言，王相即“旺相”，即今术家所用“旺相休囚”之说：春令木旺火相土死金囚水休，夏令火旺土相金死水囚木休，秋令金旺水相木死火囚土休，冬令水旺木相火死土囚金休，季月土旺金相水死木囚火休。旺相是五行生克下产生的东西，这几句小字注，如果不是后人附加，便证明了焦延寿占验时，也以五行为用；而我们看焦氏弟子京房易中大用五行、干支的情形，忖测焦氏易用五行，应是不足奇怪的事。

总之，对于焦延寿，以及对于上节所述孟喜的易学，我们所知都太少了。对于孟喜，我们只约略知道他的卦气之说；对于焦延寿，只知道他的一本断语书《焦氏易林》及不周全的直日法。至于他二人如何使用卦气去占验吉凶？如何详细用术？今日已无所知——然而要想真正了解孟、焦，“术”的方面应是首要的。笔者曾将《焦氏易林》断语中有关节候之句与卦气相对照，多不合，如《易林》师之坤卦：

春桃生花，季女宜家，受伤且多，在师中吉……

依卦气，“桃始华”是需卦，而需为二月卦；师卦所当候为“蚯蚓结”，在四月；坤卦为“天气上腾，地气下降”，更在十月。再如坤之需：

> 霜降闭户，蛰虫隐处，不见日月，与死为伍。

依卦气，霜降为九月中气，蛰虫咸俯与水始冰为艮卦所当候，此与坤卦相应，但与二月需卦的关系何在？凡此种种，表示出焦氏易有他的独家法门。费直《易林序》赞焦延寿："通达隐几，圣人之一隅也。"此中"隐几"果何在乎？焦氏不能复生，后人不得而知矣。

第三节　京房易

一、京房事略

《汉书·京房传》有二：一为卷七十五《京房传》；一为卷八十八《儒林传》中《京房传》。卷七十五《京房传》原文甚长，兹摘录如下：

> 京房，字君明，东郡顿丘人也，治易、事梁人焦延寿。……好钟律，知音声。初元四年，以孝廉为郎。永光、建昭间，西羌反，日蚀，又久青亡光，

阴雾不精。房数上疏，先言其将然，近数月，远一岁，所言屡中，天子说之。数召见问，房对曰：古帝王以功举贤，则万化成、瑞应著，末世以毁誉取人，故功业废，而致灾异，宜令百官各试其功，灾异可息。诏使房作其事，房奏考功课吏法。上令公卿朝臣与房会议温室，皆以房言烦碎，令上下相司，不可许。上意乡之。……上令房弟子晓知考功课吏事者，欲试用之，房上中郎任良、姚平，愿以为刺史，试考功法，臣得通籍殿中，为奏事，以防雍塞。石显、五鹿充宗皆疾房，欲远之，建言宜试以房为郡守。元帝于是以房为魏郡太守，秩八百石，居得以考功法治郡。房自请愿无属刺史，得除用他郡人，自第吏千石已下，岁竟乘传奏事，天子许焉。房自知数以论议，为大臣所非，内与石显、五鹿充宗有隙，不欲远离左右，及为太守，忧惧。……初，淮阳宪王舅张博从房受学，以女妻房，房与相亲，每朝见，辄为博道其语，以为上意欲用房议，而群臣恶其害己，故为众所排。……及房出守郡，显告房与张博通谋，诽谤政治，归恶天子，诖误诸侯王，语在《宪王传》。初，房见道幽、厉事，出为御史大夫郑弘言之。房、博皆弃市，弘坐免为庶人。房本姓李，推律自定为京氏。死时年四十一。

《儒林传·京房传》：

> 京房受易梁人焦延寿，延寿云：尝从孟喜问易。会喜死，房以为延寿易即孟氏学，翟牧、白生不肯，皆曰非也。至成帝时，刘向校书，考易说，以为诸易家说皆祖田何、杨叔、丁将军，大谊略同，唯京氏为异党。焦延寿独得隐士之说，托之孟氏，不相与同。房以明灾异得幸，为石显所谮，诛，自有传。房授东海殷嘉、河东姚平、河南乘弘，皆为郎、博士。繇是易有京氏之学。

西汉易学家有两京房。一为杨何弟子，梁丘贺之师，官至太中大夫，出为齐郡太守，宣帝以前人。《梁丘贺传》言其子临“专行京房法”，乃指此前一京房而言。本节所论的京房，为焦延寿弟子，元帝年间人。前一京房为儒门易家，此一京房则为汉象数易的重镇。

京房的为人，从上面传记中可知，是一个胸襟褊窄、贪名耀己的人。他的老师焦延寿看到了这一点，所以预言：“得我道以亡身者，必京生也！”后来果然为石显所构而被杀（时为元帝建昭二年，公元前 37 年）。不过，京房确是一个有智慧、多才艺的人，他不但精于易，也深精于音律。象数易虽首创于孟、焦，可是论建树，以及发扬光大，普遍推行于世，可以说京房最具功劳。

京房著述颇多，《汉志》有《易京氏》凡三种八十九篇，《隋书·经籍志》有《京氏章句》十卷，又有《占候》十种七十三卷。今传仅有《京氏易传》三卷，是京氏著述之存留，十不及一。后世术家言易都传说出于京氏，或真或假，虽无从辨别，但由此可知京氏易流传民间之盛。

二、京房易说

京房易在象数易中最为繁复，名目多，牵涉广，是一套包罗万象的占验之学。前述孟喜、焦延寿易，虽不知其用术之详情，要以卦气为主；京房不然，他创建了另一套崭新的占术，以八宫卦变为根本，系以世应、飞伏、爻辰、六亲、纳甲等名目，从重重叠叠的关系中断决人事，蔚然成为一大体系，兹分别叙述如下。

(一)八宫、世应、世建

第一，八宫：八宫卦变是仿效乾、坤生六子成八卦的原理，由八卦化生六十四卦。其方法：以乾、震、坎、艮、坤、巽、离、兑为八宫本位卦，又名八纯卦。由八纯卦初爻变起，于是乾卦变初爻成姤，震卦变初爻成豫，坎卦变初爻成节，艮卦变初爻成贲，坤卦变初爻成复，巽卦变初爻成小畜，离卦变初爻成旅，兑卦变初爻成困，称为一世卦。然后再变第二爻，所成卦称二世卦；变第三爻，所成卦称三世卦；变第四爻，所成卦称四世卦；变第五爻，所成卦称五世卦；五世以后，如再变上爻，则乾卦成坤，震卦成巽，坎卦成离，艮卦成兑，变入他宫，故不变上爻而返变第四爻，所成卦称游魂卦；再继续变内卦三爻，所成卦称归魂卦。“游魂”“归魂”之名，也是京房所创，托言于孔子，《京氏易传》卷下云：

> 孔子易云：有四易，一世、二世易地易，三世、四世为人易，五世、六世为天易（按六世即八纯卦），游魂、归魂为鬼易。

如此变化的结果，以八纯卦为本位卦，每八卦为一组，称为八宫，即“乾宫”“震宫”“坎宫”……今列八宫卦变表如表 4–1。

表 4–1　八宫变卦表

八宫	八纯卦	一世	二世	三世	四世	五世	游魂	归魂
乾宫	乾 ䷀	姤 ䷫	遁 ䷠	否 ䷋	观 ䷓	剥 ䷖	晋 ䷢	大有 ䷍
震宫	震 ䷲	豫 ䷏	解 ䷧	恒 ䷟	升 ䷭	井 ䷯	大过 ䷛	随 ䷐
坎宫	坎 ䷜	节 ䷻	屯 ䷂	既济 ䷾	革 ䷰	丰 ䷶	明夷 ䷣	师 ䷆
艮宫	艮 ䷳	贲 ䷕	大畜 ䷙	损 ䷨	睽 ䷥	履 ䷉	中孚 ䷼	渐 ䷴
坤宫	坤 ䷁	复 ䷗	临 ䷒	泰 ䷊	大壮 ䷡	夬 ䷪	需 ䷄	比 ䷇

续表

八宫	八纯卦	一世	二世	三世	四世	五世	游魂	归魂
巽宫	巽䷸	小畜䷈ㅤ	家人䷤	益䷩	无妄䷘	噬嗑䷔	颐䷚	蛊䷑
离宫	离䷝	旅䷷	鼎䷱	未济䷿	蒙䷃	涣䷺	讼䷅	同人䷌
兑宫	兑䷹	困䷮	萃䷬	咸䷞	蹇䷦	谦䷎	小过䷽	归妹䷵

八宫为汉象数易卦变的一种，从六十四卦象中寻出理则，作有条理的排列。自文王演易为六十四卦后，文王当初如何排列六十四卦的先后次第，已不能确知，有人说就是《序卦传》的次第，也有人说《序卦传》为后起。但《序卦传》的排列，就卦象方面看，虽泰半以反对卦为准，毕竟有乾、坤、坎、离、中孚、小过、颐、大过八卦例外，不得不借助于旁通，觉得不够整齐一致；就卦义方面言，虽寓有万物盛衰循环之理，有些地方仍感牵强含混。今京房纯粹由卦象上着手，在同一原则下，尽括六十四卦，其所创“八宫”“游魂”“归魂”之名虽于经无据，但在卦象的排列上，不失为自六十四卦产生以来，最整齐一致的一种排列方式，这是难得的创建。汉象数易家致力于卦象的变排上，不遗余力，后来虞翻的卦变也是在这一冲动下产生的。再以后影响到宋代的邵雍，又创出另一套卦象排列法，此是后话，俟《宋易》一书中再论。

第二，世应：“世应”乃据上八宫而立，“世”为世爻，“应”为应爻，简称世应。八纯卦以上爻为世爻，其他一、

二、三、四、五世卦，各以其变及之爻为世爻，游魂卦以第四爻为世爻，归魂卦以第三爻为世爻。应爻则为与世爻相应之爻，初与四应，二与五应，三与上应。今举乾宫八卦为例：

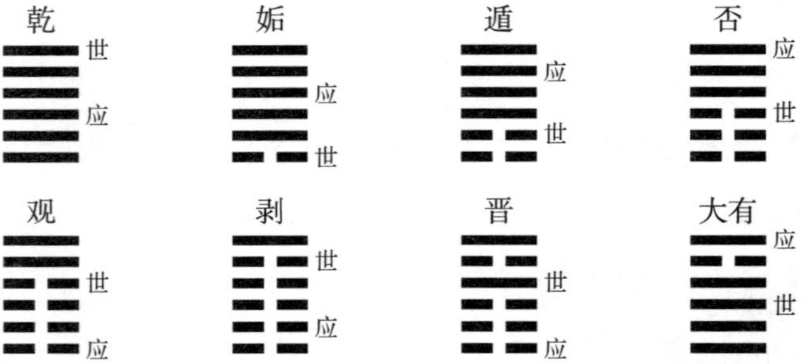

图 4-5　乾宫八卦世应图

世爻为一卦之主，占时，代表问占者本人。应爻则为问占者所询及之人、时、地、物或事等。世为主，应为宾，世应之用，在于表现问占者与所问者之对立性。晁公武《读书志》云：

> 大抵变三易、运五行、正四时、谨二十四气、志七十二候，而位五星、降二十八宿，其进退以几而为一卦之主者，谓之世；奇耦相与，据一以起二，而为主之相者，谓之应。

在占时，先决定卦象，次就卦象视其为某宫某世，定其世爻与应爻，再就此世爻与应爻论及干支、五行、飞伏等各种关系以断吉凶。

京房言世应，并及爵位，如《京房易传》乾宫诸卦。乾："与坤为飞伏居世……九三三公为应。"姤："元士居世……九四诸侯为应。"遁："大夫居世……上九宗庙为应。"观："诸侯临世，反应元士而奉九五。"剥："天子治世，反应大夫。"晋："诸侯居世，反应元士。"大有："三公临世，应上九为宗庙。"其他各宫诸卦，均类此。可知京房论易，是以初爻为元士，二爻为大夫，三爻为三公，四爻为诸侯，五爻为天子，上爻为宗庙。

第三，世建：与八宫、世应同时而立的，又有"世建"。晁公武曰："起乎世而周乎内外，参乎本数以配月者，谓之建。"所称之"建"，李道平称之为"世月"，乃以世爻合月建，故本书称之为"世建"。其法由十二月卦来，分一年十二月，阴阳各半，由十一月至四月阳长，故为阳月；五月至十月阴长，故为阴月。于是依照一世、二世……的次序，以月建配合。胡一桂《易学启蒙翼传》言此颇明，曰：

一世卦阴主五月，一阴在午也；阳主十一月，一阳在子也。二世卦阴主六月，二阴在未也；阳主十二月，二阳在丑也。三世卦阴主七月，三阴在申也；阳主正月，三阳在寅也。四世卦阴主八月，四阴在酉也；阳主二月，四阳在卯也。五世卦阴主九月，五阴在戌也；阳主三月，五阳在辰也。八纯上世阴主十月，六阴在亥也；阳主四月，六阳在巳也。游魂四世，所主与四世卦同；归魂三世，所主与三世卦同。

今举《京房易传》中乾宫八卦为例，以见京氏世建之用：

乾：建巳至极主元位。（按巳为四月，乾世在上，阳爻。）

姤：建庚午至乙亥。（按姤世在初，阴爻，午五月，亥十月。）

遁：建辛未至丙子。（按遁世在二，阴爻，未六月，子十一月。）

否：建壬申至丁丑。（以下类推，不赘。）

观：建癸酉至戊寅。

剥：建甲戌至己卯。

晋：建己卯至甲申。

大有：建戊寅至癸未。

八宫、世应、世建是一套东西，世应与世建是由八宫发展出来，故合于一处叙述。京房用此以占验，东汉易学家乃用于注经，如李氏《集解》所引：

《䷐随·象传》：“大亨，贞，无咎。”

荀爽曰：“随者，震之归魂，震归从巽，故大通。”

（按以八宫为解）

《䷧解·象传》：“雷雨作，而百果草木皆甲宅。”

荀爽曰：“解者，震世也，仲春之月，草木萌动，雷以动之，雨以润之，日以烜之，故甲宅也。”

（按以八宫、卦气为解）

䷇比卦辞：“原筮元永贞，无咎，不宁方来，后夫凶。”

干宝曰：“比者，坤之归魂也，亦世于七月。”

（按以八宫、世建为解）

䷃蒙卦辞：“蒙，亨。”

干宝曰：“蒙者，离宫阴也，世在四，八月之时，降阳布注，荠麦并生，而息来在寅，故蒙于世为八月，于消息为正月卦也。”

（按以八宫、世建、卦气合为解）

（二）纳甲、纳十二支（京氏爻辰）、纳五行、纳六亲

第一，纳甲：以八卦分纳十天干，取第一位“甲”作代表，说创自京房。《京氏易传》卷上乾卦：“甲壬配内外二象。”姤卦：“辛壬降内外象。”

卷下：“分天地乾坤之象，益之以甲乙壬癸，震巽之象配庚辛，坎离之象配戊己，艮兑之象配丙丁。”

其法：先分八卦为阴阳卦两组，乾、震、坎、艮为阳卦；坤、巽、离、兑为阴卦。复分十天干为阴阳两组，甲、丙、戊、庚、壬为阳干；乙、丁、己、辛、癸为阴干。然后以阳卦纳阳干，以阴卦纳阴干，乾与坤二卦分内外象，各纳二干，其他六卦则各纳一干，于是：

☰乾：内卦纳甲、外卦纳壬。

☳震：纳庚。

☵坎：纳戊。

☶艮：纳丙。

☷坤：内卦纳乙、外卦纳癸。

☴巽：纳辛。

☲离：纳己。

☱兑：纳丁。

乾、坤二卦各分内外象纳二干，乃不得已的变通办法，因天干数十，卦数为八，多余二干无处安排。乾、坤为父母卦，遂使之各多纳一干以解决此一难题。本来符号间的相互配合，规定在于人为，后人竟有从此大做文章者，如《梦溪笔谈》赞纳甲之言曰：

> 易有纳甲之法，可以推见天地胎育之理。乾纳甲壬，坤纳乙癸者，上下包之也；震、巽、坎、离、艮、兑纳庚、辛、戊、己、丙、丁者，六子生于乾坤之包中，如物之处胎甲者。

纳甲之说，到了后汉魏伯阳，转变到丹道修炼上，以月象盈亏升降立义，是谓魏氏纳甲。其说不同于京房，将在后文魏伯阳易中叙述。

第二，纳十二支：地支与天干是同胞兄弟，十天干既已入卦，十二地支自然也要入卦。于是京房同样采取分阴分阳的方法，将十二支分别配合每卦六爻上，所以精确地说，应该是卦纳十干，爻纳十二支。乾、震、坎、艮四阳卦纳阳六支子寅辰午申戌，坤、巽、离、兑四阴卦纳阴六支丑卯巳未酉亥。其次序：乾卦六爻由下而上，分纳子寅辰午申戌；坤卦六爻由下而上，分纳未巳卯丑亥酉；其他六卦，震与乾同，纳子寅辰午申戌，坎纳寅辰午申戌子，艮纳辰午申戌子寅，巽纳丑亥酉未巳卯，离纳卯丑亥酉未巳，兑纳巳卯丑亥酉未。合纳甲与纳十二支，则如图 4–6。

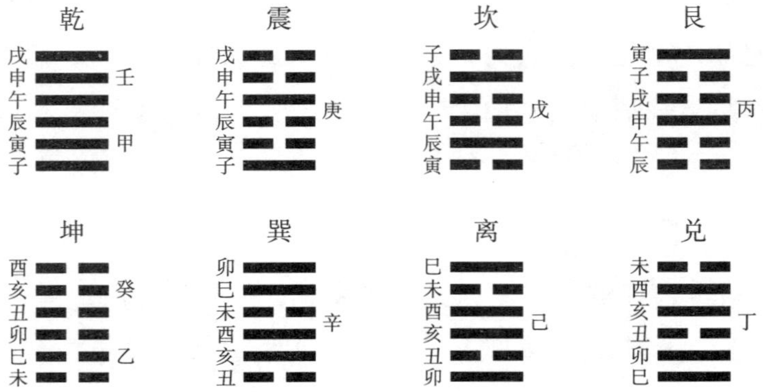

图 4–6　纳甲与纳十二支图

这便是后来的“火珠林法”，直到今日为术家所沿用。纳十二支散见于《京氏易传》中，例如乾宫八卦：

䷀ 乾：“参宿从位起壬戌”。（按指世上爻纳壬戌。）

䷫ 姤：“井宿从位入辛丑”。（按指世初爻纳辛丑。）

䷠ 遁：“鬼宿入位见丙午”。（按指世二爻纳丙午。）

䷋ 否：“柳宿从位降乙卯”。（按指世三爻纳乙卯。）

䷓ 观：“星宿从位降辛未”。（按指世四爻纳辛未。)

䷖ 剥:“张宿从位降丙子”。(按指世五爻纳丙子。)

䷢ 晋:“翼宿从位降己酉金”。(按指世四爻纳己酉。)

䷍ 大有:“轸宿从位降甲辰”。(按指世三爻纳甲辰。)

因为京房是焦延寿的弟子,所以京房纳甲、纳十二支之法,有人说是从焦延寿来。《礼记·月令正义》引有《焦氏易林》的一段文字云:

震主庚子午,巽主辛丑未,坎主戊寅申,离主己卯酉,艮主丙辰戌,兑主丁巳亥。

与京房法完全相同,但不见于今所传《焦氏易林》中,故余嘉锡《四库书目提要辨证》疑此段文字为真正《焦氏易林》之文,而今所传之《焦氏易林》,或为崔篆所作之《周易林》。

京房纳十二支,后人又称“爻辰”,义为以十二爻纳十二辰。但到了东汉,郑玄承京氏爻辰而改变其次序,用于注经,也称“爻辰”。本书为了区别二人的不同,乃名京氏者为纳十二支或京氏爻辰,而郑玄者为郑氏爻辰。

第三，纳五行：京房易中最活跃的角色，除了十干、十二支外，尚有一个五行。五行与卦象攀上关系在《说卦传》中有记载可资证明，前文第三章已叙述过。但彼时干支尚未入卦，现在，在京房手下，干支分别与卦爻配合起来，五行自然也要参与，于是，便发生了五行与干支如何配合的问题。

本书前在第三章第三节（二）“五行与易”中，曾经叙述过五行的“土王季夏说”，《说卦传》《吕氏春秋》到《淮南子》，都是持这种五行说，即以木直春、火直夏、土直季夏、金直秋、水直冬，并曾图示说明，这是早期的一种五行说。第二种后起的五行说，最早见于《白虎通》，叫作“土王四季说”，《白虎通》云：

> 土所以王四季者何？木非土不生，火非土不荣，金非土不成，水非土不高，土扶微助衰，历成其道，故五行更旺，亦须土也。

《历例》中说得更明白：

> 立春木，立夏火，立秋金，立冬水，各旺七十二日，土于四立之前，各旺一十八日，合之亦为七十二日，总计三百有六十日，而岁成矣。

这种后起的“土王四季说”，显然是有感于早期的“土王季夏说”不合理而产生。因为以土王季夏一个月，一方面使火王于夏的三个月减少为两个月；一方面土只有一个月，造成了五行所主时间的不齐一。现在将土分王于四季，自四季中各取一十八日，如此，木、火、金、水各剩下七十二日，而土所主为四个一十八日，也是七十二日。这种办法比较起原来“土王季夏说”，较为合理（实际上仍是不合理，因为一年岁实为三百六十五日有余，同时据今日天文学家测定，春夏秋冬四季所有日数也不相等，此处只就二者比较言）。而且，采用“土王四季说”后，五行配十二支的问题也解决了，如图 4–7。

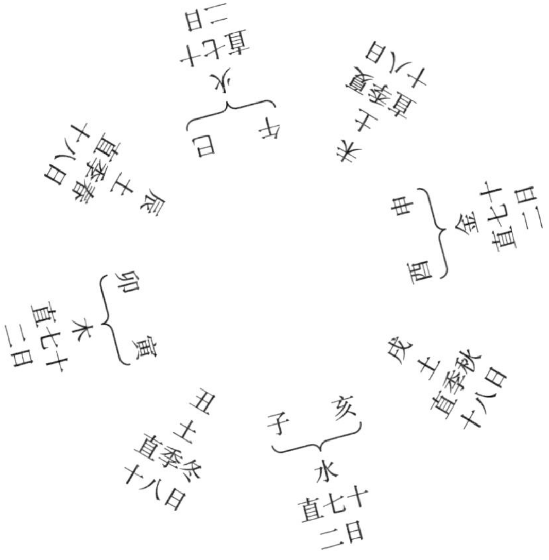

图 4–7　五行配十二支图

这种“土王四季”的五行说，以往不知道创于何人，只知道产生于《白虎通》时代（班固时代）以前与《淮南子》时代（淮南王刘安时代）以后。那么现在我们研究京房易，乃发现京房所采用的就是这种“土王四季”的五行说，原来是在象数易兴起之际，干支、五行在卦象上相遇，求互相配合而产生的，创始人自然说是京房比较适当。想象中，五行与十二支的配合当初是花费过一番心思的，因为五行的数目是“五”，十二支的数目是“十二”，以五配十二,一当三不足三,一当二余二。最后才设计出以寅卯配木、巳午配火、申酉配金、亥子配水，而以辰戌丑未配土的新说。此一说为京房所创的证据，见于《火珠林》所引的“八卦六位图”，图分卦爻象与文字解说两部分，前者言传自京房，后者言为唐李淳风作。图中纳甲、纳十二支，全是京房法，五行与十二支相配，是采用“土王四季”之说，今录其图如图 4-8。

乾属金

——壬戌 土	乾主甲子、壬午，甲为阳
——壬申 金	日之始，壬为阳日之终，
——壬午 火	子为阳辰之始，午为阳辰
——甲辰 土	之终，初爻在子，四爻在
——甲寅 木	午，乾主阳，内子为始，外
——甲子 水	午为终也。

图 4-8　八卦六位图

坤属土

——癸酉 金	坤主乙未、癸丑，乙为阴
——癸亥 水	日之始，癸为阴日之终，
——癸丑 土	丑为阴辰之始，未为阴辰
——乙卯 木	之终，坤初爻在未，四爻
——乙巳 火	在丑，坤主阴，故内主未
——乙未 土	而外主丑也。

震属木

——庚戌 土	震主庚子、庚午，震为长
——庚申 金	男，即乾之初九，甲对于
——庚午 火	庚，故震主庚，以父授子，
——庚辰 土	故主子午与父同也。
——庚寅 木	
——庚子 水	

巽属木

——辛卯 木	巽主辛丑、辛未，巽为长
——辛巳 火	女，即坤之初六，乙与辛
——辛未 土	对，故巽主辛，以母授女
——辛酉 金	故主丑未，同于母也。

图 4-8　八卦六位图（续）

——辛亥 水
——辛丑 土

坎属水
——戊子 水 坎主戊寅、戊申，坎为中
——戊戌 土 男，故主于中辰。
——戊申 金
——戊午 火
——戊辰 土
——戊寅 木

离属火
——己巳 火 离主己卯、己酉，离为中
——己未 土 女，故亦主于中辰。
——己酉 金
——己亥 水
——己丑 土
——己卯 木

艮属土
——丙寅 木 艮主丙辰、丙戌，艮为少

图 4-8 八卦六位图（续）

——丙子 水　　男，乾土爻主壬对丙，用
——丙戌 土　　丙辰、丙戌，是第五配。
——丙申 金
——丙午 火
——丙辰 土

兑属金
——丁未 土　　兑主丁巳、丁亥，兑为少
——丁酉 金　　女，坤上爻主癸对丁，用
——丁亥 水　　丁巳、丁亥，乃第六配。
——丁丑 土
——丁卯 木
——丁巳 火

图 4-8　八卦六位图（续）

此图中纳甲、纳十二支与五行的配合，正是《白虎通》“土王四季”说的由来，笔者由此推断此说出自京房。（按上图至今为术家所用，一无变更。）

第四，纳六亲：由于五行在爻象上起用，接着便由生克关系带来了一套与人事有关的新名目，后来易家称之为“六亲”。《京氏易传》中虽未有此名，却有其用。《京氏易传》卷下：

八卦鬼为系爻，财为制爻，天地为义爻，福德为宝爻，同气为专爻。

按系爻之“鬼”，即为后日术家所言之“官鬼”；制爻之“财”，即为“妻财”；义爻之“天地”，即为“父母”；宝爻之“福德”，即为“子孙”；专爻之“同气”，即为“兄弟”；加上本位卦表示问占者自己，共六位，故名“六亲”。其用法：以八宫本位卦所纳之五行为主，与该宫内其他各卦中各爻所纳五行，论生克关系：本位卦为我，生我之爻为义爻，于六亲为父母（天地）；我生之爻为宝爻，于六亲为子孙（福德）；克我之爻为系爻，于六亲为官鬼（鬼）；我克之爻为制爻，于六亲为妻财（财）；相同之爻为专爻，于六亲为兄弟（同气）。今且举《京氏易传》陆绩注乾宫乾卦如下：

䷀乾下乾上

“水配位为福德”，陆注：甲子水是乾之子孙。（按指初爻）

“木入金乡居宝贝”，陆注：甲寅木是乾之财。（按指二爻）

“土临内象为父母”，陆注：甲辰土是乾之父母。（按指三爻）

“火来四上嫌相敌”，陆注：壬午火是乾之官鬼。

（按指四爻）

“金入金乡木渐微”，陆注：壬申金司位伤木。（按指五爻）

“宗庙上建戌亥、乾本位”，陆注：戌亥，乾之位。（按指上爻）

（由上陆注，可知子孙、父母、官鬼之名，在三国时代已产生，很可能在京房即已创用，陆绩乃承袭而来。陆氏为象数易家之一，见下章。）

五行、十干、十二支，在古人看来，属于自然数，归于天道范围内，六亲则属于人事，京房更配以五星、二十八宿、二十四气、七十二候，这一套占验之学真称得上是上通天道、下贯人事，集当时杂学之大成，块然巨构，于戏伟矣！

东汉以后，象数易家用这一套纳甲、纳十二支、纳五行、纳六亲注易的，李氏《集解》中所引甚多，兹录其中数例如下：

《䷵归妹·彖传》：“天地之大义也。”
虞翻注：“乾主壬，坤主癸，日月会北。”

䷸巽九五：“先庚三日，后庚三日。”
虞翻注：“震主庚，离为日。”

《系辞传》:“八卦成列，象在其中矣。”

虞翻注:“乾、坤列东，艮、兑列南，震、巽列西，坎、离在中。”

（按“乾、坤列东”言乾纳甲、坤纳乙，甲乙为东方木;“艮、兑列南”言艮纳丙、兑纳丁，丙丁为南方火;“震、巽列西”言震纳庚、巽纳辛，庚辛为西方金;“坎、离在中”言坎纳戊、离纳己，戊己为中央土。）

䷇ 比六三《象传》:“比之匪人，不亦伤乎。”

干宝注:“六三乙卯，坤之鬼吏，在比之家，有土之君也。周为木德，卯为木辰，同姓之国也。爻失其位，辰体阴贼……”

（按比为坤之归魂卦，世在三，居内卦之上，故言“有土之君”;卯木克坤土，故言“坤之鬼吏”;三为阳位，今阴爻居之，故言“爻失其位”。）

䷯ 井初六:“井泥不食。”

干宝注:“在井之下体，本土爻，故曰泥也。”

（按井卦下体为巽，初六为辛丑土，故言“本土爻”。）

䷲震六二《象传》:“震来厉。”

干宝注:“六二木爻,震之身也。”

(按震六;为庚寅木,震本东方卦,为木,故言“震之身”。)

(三)飞伏

晁公武《读书志》言飞伏曰:

世之所位而阴阳之肆者谓之飞;阴阳肇乎所配而终不脱乎本,以应显佐神明者谓之伏。

“飞伏”也是京房所创,飞意为显,伏意为隐。占时卦象之显者不足,乃以隐者济其穷,阴下伏阳,阳下伏阴,故飞伏之用即为阴阳互相涵摄之义。京房易对飞伏之用颇重视,今观《易传》中每卦必及飞伏,兹统计六十四卦相与飞伏如表 4-2:

表 4-2 六十四卦相与飞伏表

乾宫	乾	姤	遁	否	观	剥	晋	大有
飞伏卦	与坤	与巽	与艮	与坤	与巽	与艮	与艮	与坤
震宫	震	豫	解	恒	升	井	大过	随
飞伏卦	与巽	与坤	与坎	与巽	与坤	与坎	与坎	与巽

续表

坎宫	**坎**	**节**	**屯**	**既济**	**革**	**丰**	**明夷**	**师**
飞伏卦	与离	与兑	与震	与离	与兑	与震	与震	与离
艮宫	**艮**	**贲**	**大畜**	**损**	**睽**	**履**	**中孚**	**渐**
飞伏卦	与兑	与离	与乾	与兑	与离	与乾	与乾	与兑
坤宫	**坤**	**复**	**临**	**泰**	**大壮**	**夬**	**需**	**比**
飞伏卦	与乾	与震	与兑	与乾	与震	与兑	与兑	与乾
巽宫	**巽**	**小畜**	**家人**	**益**	**无妄**	**噬嗑**	**颐**	**蛊**
飞伏卦	与震	与乾	与离	与震	与乾	与离	与离	与震
离宫	**离**	**旅**	**鼎**	**未济**	**蒙**	**涣**	**讼**	**同人**
飞伏卦	与坎	与艮	与巽	与坎	与艮	与巽	与巽	与坎
兑宫	**兑**	**困**	**萃**	**咸**	**蹇**	**谦**	**小过**	**归妹**
飞伏卦	与艮	与坎	与坤	与艮	与坎	与坤	与坤	与艮

从上表统计可看出京房飞伏卦的法则：

第一，与飞伏之卦限于八纯卦。

第二，八纯卦各与其旁通卦为飞伏。

第三，一世卦、二世卦、三世卦，与其内卦为飞伏。

第四，四世卦、五世卦，与其外卦为飞伏。

第五，游魂卦与五世卦同，归魂卦则与该宫纯卦同。这种飞伏卦的安排，与今日术家所用飞伏不同。今术家用飞伏，以八纯卦为各该宫其他七卦的伏神，遇所占之卦中用神不上卦时，则寻本宫纯卦之伏神以论断。例如乾宫八卦，以乾卦为姤、遁、否、观、剥、晋、大有等七卦的伏神；如遇占财时，当以财爻为用神，而遇天风姤卦中无财爻，则以本宫乾卦二爻寅木之财为伏神，姤卦二爻亥水此时即为飞神，亥水生寅木，谓之“飞来生伏”，便是吉。京房所用飞伏，显然与今术家所用不同。

李氏《集解》中引东汉象数易家以飞伏注经者，如：

䷁坤上六：“龙战于野。”

荀爽注：“消息之位，坤在于亥，下有伏乾。”

《䷱鼎·象传》：“鼎，象也，以木巽火，烹饪也。”

荀爽注：“震入离下，中有乾象。”

《系辞传》：“乐天知命，故不忧。”

荀爽注：“坤建于亥，乾立于巳，阴阳孤绝，其法宜忧；坤下有伏乾，为乐天，乾下有伏巽，为知命，故不忧。”

《系辞传》：“利用安身。”

《九家易》注：“利用，阴道用也，谓姤时也。阴升上究，则乾伏坤中。”

《䷛大过·象传》：“君子以独立不惧，遁世无闷。”

虞翻注：“君子谓乾初，阳伏巽中，体复一爻。”

䷩ 益六三：“有孚，中行告公用圭。”

虞翻注：“公，谓三，伏阳也。”

（四）互体

互体，或称互卦，发明于京房，指一卦中二至五爻所成之卦象而言，二至五爻互结一卦之上下二体，故名互体。其根据来自《系辞传》：“若夫杂物撰德，辨是与非，则非其中爻不备。”后人于此争论甚多，或谓互体非《系辞传》“中爻”之义。虽然，就易道的发明上，互体自有其意义，在经中寻根找据，也不过是中国人从古到今的习惯而已。

京房言互体，有两种情形：第一，以一卦之二至四爻或三至五爻互成一卦，如讼 ䷅，二至四爻互离卦，三至五爻互巽卦，此为互体之正格。第二，以一卦内外体言，见于《京氏易传》中有二例：姤 ䷫ 下言“金木互体”；观 ䷓ 下言“金土木互为体”（按观为乾宫卦，乾为金，下体坤为土，上体巽为木，故言金土木互体）。第二种之互体，义为“同体”，后世易学家所谓之互体，乃指第一种而言，故今不论第二种。

《京氏易传》中言及互体处颇多，例如：

䷼ 中孚："互体见艮。"（按三至五互艮。）

䷤ 家人："互体见文明。"（按三至五互离。）

䷘ 无妄："内互见艮，止于纯阳；外互见巽，顺于阳道。"（按内互指二至四，外互指三至五。）

䷺ 涣："互见动而上。"（按二至四互震。）

䷹ 兑："内外互体见离巽。"（按二至四互离，三至五互巽。）

䷮ 困："坎象互见离火入兑。"（按二至四互离。）

䷝ 离："互见悦顺，著于明丽。"（按二至四互巽，三至五互兑，巽顺，兑悦。）

䷬ 萃："互见艮阳。"（按二至四互艮。）

李氏《集解》也有一处引京氏注及于互体：

《䷙ 大畜·彖传》："利涉大川，应乎天也。"京房注："谓二变五体坎，故利涉大川，五，天位，故曰应乎天。"

（按二与五相应，大畜二为阳爻居阴位，五为阴爻居阳位，以其相应，故使之互变。互变后，二至四互坎水。）

京房互体，止于上面二至四、三至五两种，至于后来演变为初至四、初至五、二至五、二至上、三至上以及半象之用，那是虞翻的进一步增演，俟后文“虞氏易”中再述。

互体的发明，主要目的是为了增多卦象。后来易学家有不少人认为非出于经义，痛诋其非。其实，不止易学，一切学术演变都是由简趋繁；也不止学术一方面是如此，人类文化整个说起来也是由简趋繁。昔庄子慨叹“道术之将为天下裂”，慨叹是一回事，而道术之必将为天下裂是任何人不能阻止的文化潮流。今就以易学来说，伏羲氏当初画八卦，只是几个概括性的符号，代表宇宙间八种自然现象，何曾含有筮占的意义在内？而文王演易为六十四卦用于筮占，是文王演易超出了伏羲的古义。文王演易用于筮占，何曾以之阐扬人事义理？而孔子十翼发明易在人道方面的理则，是孔子赞易又超出了文王的古义。所以，我们应认清易本身是以变为用的“道”，它的几个卦象符号赅尽天下万事万物的象，也赅尽天下万事万物的理。如必以孔门经义作为对汉象数易的评价标准，便是忽略了最要紧的大易因时因地、唯变所适的本性。那么，孔子将弃其十翼义理以就文王，文王将毁其六十四卦以从伏羲，易永远停止于八卦之域，易学还有什么价值？是乌得为易乎？所以笔者对互体的看法，觉得倒是不必要斥责京房的多事。所谓卦象，无非是几个符号，以几个有限的符号涵摄宇宙间一切事、一切物、一切理，一切看得见的事和看不见的事、一切看得见的物和看不见的物、一切看得见的理和看不见的理。在这种情形下，人们对卦象的研究分析，随着时间的延长越精越微，自是常情。互体的发明，无非在表示易卦显象之中更有隐象潜在，告诉人，易卦象不是一望而尽其内涵的一个肤浅的象，而卦象有其立体的重叠，透过其立体性会发现象中更有象，一个象、两个象……甚至有无穷多的象隐藏着。京房当初发明互体之时，我们不便妄测他是否有此用心，可是就互体卦本身所代表的这方面的意义，应该是不容被易学家所漠视的。总而言之，笔者的意思是：我们研究古人的思想，切不可拘于"合乎古训与否"作为评价标准，应视其是否具有真正思想上的意义。京房的互体，乃至于后来虞翻进一步推演出更多的互体，如站在易道的立场看，都是可取的。

《河洛精蕴》卷四外篇载有六十四卦中四爻互卦图，为统计六十四卦中四爻二至四、三至五互体所归纳的结果，今录如图 4–9 以资参考。

乾、坤、剥、复、大过、颐、姤、夬

以上八卦皆互乾、坤（乾、大过、姤、夬互乾，坤、剥、复、颐互坤）

图 4–9　六十四卦中四爻互卦图

解、蹇、睽、家人、渐、归妹、既济、未济

以上八卦皆互既济、未济（解、睽、归妹、未济互既济，蹇、家人、渐、既济互未济）

比、师、监、观、屯、蒙、损、益

以上八卦皆互剥、复（比、观、屯、益互剥，师、临、蒙、损互复）

咸、恒、大壮、遁、大有、同人、革、鼎

以上八卦皆互姤、夬（咸、遁、同人、革互姤，恒、大壮、大有、鼎互夬）

大畜、无妄、萃、升、随、蛊、否、泰

以上八卦皆互渐、归妹（无妄、萃、随、否互渐大，有、升、蛊、泰互归妹）

涣、节、小过、中孚、丰、旅、离、坎

以上八卦皆互大过、颐（小过、丰、旅、离互大过，涣、节、中孚、坎互颐）

震、艮、谦、豫、噬嗑、贲、晋、明夷

以上八卦皆互解、蹇（艮、谦、贲、明夷互解，震、豫、噬嗑、晋互蹇）

兑、巽、井、困、小畜、履、需、讼

以上八卦皆互睽、家人（巽、井、小畜、需互睽，兑、困、履、讼互家人）

图 4-9　六十四卦中四爻互卦图（续）

第四节　费直易

一、费直事略

《汉书·儒林传·费直传》:

> 费直，字长翁，东莱人也。治易为郎，至单父令。长于卦筮，亡章句，徒以《彖》《象》《系辞》十篇文（文字当为“之”字，见马国翰《费氏易》引吴仁杰《古周易》说）言解说经上下。瑯玡王璜平中能传之。

费直，前述焦延寿易时，曾引其为《焦氏易林》所作序，中言焦延寿为王莽时建信天水人，可见他也是王莽时代人。然而《汉书·艺文志序》载:

> 刘向以中古易经校施、孟、梁丘经，或脱去无咎悔亡，唯费氏经与古文同。

刘向校书是成帝年间事，又证明他在成帝年间已经以易名显。所以马国翰推测他的生存年代云：

> 盖费在成帝时以易名显，故向校经及之。犹刘歆在成帝时以经知名，得与父向同典校秘书，后乃为王莽国师。费比较歆年虽长，莽时犹存，亦不过七十余岁。

费氏易被后世易家称为“古文易”，范晔《后汉书·儒林传》中言：

> 又有东莱费直，传易授瑯玡王璜，为费氏易，本以古字，号古文易。

《隋书·经籍志》也说：“又有东莱费直，传易，其本皆古字，号曰古文易。”推源其本，都是从刘向校书“唯费氏经与古文同”一语而来。然《易经》在汉代诸经中独无今古文之争，刘向校书“唯费氏经与古文同”一句话，不是说费氏经为古文字，同于古文《易经》，而是以费氏经、施、孟、梁丘三家经本与古文《易经》校对，发现三家经本中有些处少掉了“无咎”“悔”“亡”等字，而费氏经本较完善。换句话说，费氏经本与古文《易经》文义相合。范晔《后汉书·儒林传》乃改就文字上着眼，称费易为“古文易”。《隋书》

因之，遂相沿成说，名费氏易为“古文易”了。其实，施、孟、梁丘三家经本又何以见得非古文字？

本传言费直“长于卦筮”，究竟是传统筮占之术，抑或是孟、焦、京一派象数占验之术？不得而知。查《隋志》有“《易林》二卷，费直撰，梁五卷”之纪录。也有人疑《礼记·月令正义》所引出自《焦氏易林》的“震主庚子午……”的一段文字（见上节“京房易”中引），既不见于《焦氏易林》，当为《周易林》中文。再证以费氏为《焦氏易林》作序之事，推测费氏的“卦筮”，当也采象数之说，本书列费氏为象数易家之一，由此。

费氏易在西汉未立于学官，只是流行于民间。至东汉以后，愈演愈烈，乃刘向校书“唯费氏经与古文同”一语的影响，主要还是因为他的易学是以解经为宗旨，与孟、焦、京等以占验为宗旨的易学不同，这在下面费氏易说中再叙述。笔者也由此将费易的来源系于儒门易周王孙一支，已见于本书第一章“易的传承”一节中。

二、费直易说

（一）以传解经

费直易不像孟喜、焦延寿、京房，在象数易上各创有新说，费直无新说的创立，他的易说特色也正在于此。前引本传中说他：“亡章句，徒以《彖》《象》《系辞》十篇文言解说经上下。”可见他的易学精神是承孔门十翼义理，而方式是以《彖传》《象传》《系辞传》解说经义，后人称为“以传解经”。

“以传解经”的问题，在后世曾引起两种不同的意见。有人根据《汉书 · 费直传》，说在费直以前，经自经、传自传（即十翼之文与经上下各不相附），从费直开始以传附于经后；也有人根据《三国志 · 魏书》，说自郑玄开始才经传相合。今按《三国志 · 魏书》高贵乡公与淳于俊之问对：

> 帝又问曰：孔子作《彖》《象》，郑玄作注，虽圣贤不同，其所释经义一也，今《彖》《象》不与经文相连，而注连之，何也？俊对曰：郑玄合《彖》《象》于经者，欲使学者寻省易了也。

据此，是由郑玄开始合《彖传》《象传》于经，文义甚明白。高贵乡公与淳于俊去汉未远，言经传合于郑玄，自然可信；但班固《汉书 · 费直传》中的话，也同样不应忽略。据笔者推想，关于《易经》本以传合经的问题，应该是逐步演变而成的，费直“以《彖》《象》《系辞》十篇文言解说经上下”，只是将传义打散讲解经文，尚未将《彖传》《象传》之文打散，分附于经文之后，这是第一步（班固所以特别提出费直以传解经，是因为与费直同时的象数易家均以象数解易，而费直独守十翼之义理）；到了郑玄，继承费直以传解经的路线，而将《彖传》《象传》之文打散，分附经文之后，这是第二步；然后，到了王弼注易，复继承郑玄注易经本，更进一步将《文言传》也分散附于乾坤二卦之后，这是第三步。王弼易本即今日流传的经本。所以，以《彖传》《象传》之文打散分附于经后，实际上虽是从郑玄开始，而也可以说由费直肇其端。马国翰辑《周易费氏注》一卷中引吴仁杰《古周易》所论甚有理，读者可参阅。

因为费氏易是以传解经，而东汉易风是以注经为宗旨，所以入东汉后，费氏易渐盛。一方面也是得到刘向"唯费氏易与古文同"一语的助力，因为在新莽前后，伪书充斥，刘向这句话至少证明了费氏易经本非时人所造的伪书。《后汉书·孙期传》载：

> 陈元、郑众皆传费氏易。其后，马融亦为之传，融授郑玄，玄作《易注》，荀爽又作《易传》，自是费氏兴而京氏遂衰。

《隋书·经籍志》在重复上文之后，说：

> 魏代王肃、王弼并为之注，自是费氏大兴。

这里说的费氏易兴，都是指以传解经的方式，并不是说费氏易有何新说。马、郑、荀、王等人都是以注经为宗旨的易学家，所以都宗费氏的以传解经；孙期传言“京氏遂衰”，是指东汉学风趋于注经，焦、京一派占验的易学风气乃衰。这一点是极重要的认识，切不可误会于东汉易家“皆传费氏易”为宗费直易学内容。例如《三国志·王弼传》“疏”引《四库提要》曰：

> 弼之说易，源出费直，费直易今不可见，然荀爽易即费氏学，李鼎祚书尚颇载其遗说，大抵究爻位之上下，辩卦德之刚柔，已与弼注略近，但弼全废象数，又变本加厉耳。

这一段话，便是将王弼注易采用费氏本，误会为费氏学了。东汉易家宗费氏，只是宗他“以传解经”的方式，而费氏除以传解经外，并无自创之易说。《四库全书》这段话不足取。

（二）费氏分野

《晋书·天文志》载：

> 班固取三统历十二次配十二野，其言最详，又有费直说《周易》。

以下引有费直《周易分野》之说。马国翰辑本费直《周易分野》中，将《晋书·天文志》所引与《开元占经》中所引，一并引录，并序云：

《周易分野》一卷，汉费直撰，直有《费氏易》已著录。案罗泌《路史》云：《费直易》十二篇，以易卦配地域，今其书佚，唯《晋书·天文志》引其十二次所起度数，称费直《周易分野》。唐《开元占经》亦引之称名。兹据辑录，考《隋志》有《易林》二卷，《易内神筮》二卷，梁有《周易筮占林》五卷，俱费直撰，悉佚不传，此未知当属何书，姑以《晋志》所引，题"分野"，至其配卦之例，莫可稽考，《唐书·历志》载一行论两戒间及易卦，或其遗法乎。

下面一并将马辑费氏《周易分野》录下，以存费学之一隅：

寿星起轸七度（《晋书·天文志》）自轸七度至氐十度为寿星之次（瞿昙悉达唐《开元占经》卷六十四）

大火起氐十一度（《晋书·天文志》）自氐十一度至尾八度为大火（《开元占经》）

析木起尾九度（《晋书·天文志》）自尾九度至南斗九度为析木之津（《开元占经》）

星纪起斗十度（《晋书·天文志》）自南斗十度至须女六度谓之星纪之次（《开元占经》案：六当作五）

元枵起女六度（《晋书·天文志》）自须女六度至危十三度为元枵（《开元占经》）

诹訾起危十四度（《晋书·天文志》）自危十四度至奎一度为诹訾（《开元占经》）

降娄起奎二度（《晋书·天文志》）自奎二度至胃三度依（《晋志》当作娄九度）谓之降娄之次（《开元占经》）

大梁起娄十度（《晋书·天文志》）自胃四度（依《晋志》当作娄十度）至毕八度为大梁（《开元占经》）

实沈起毕九度（《晋书·天文志》）自毕九度至东井十一度为实沈（《开元占经》）

鹑首起井十二度（《晋书·天文志》）自东井十二度至柳四度为鹑首（《开元占经》）

鹑火起柳五度（《晋书·天文志》）自柳五度至张十二度为鹑火（《开元占经》）

鹑尾起张十三度（《晋书·天文志》）自张十三

度至轸六度为鹑尾（《开元占经》）

上所谓“分野”，并未及于卦象，题为“周易分野”，实不合。马氏辑此，只是为了借此一点迹象，供后人思及费氏有此一门已亡佚之学罢了。今考以卦爻象配地域，易纬《稽览图》中有载，与卦气之说列于一处，今抄录于下：

幽、冀起坎，初六候之。兖、郑，坎六四候之。青、齐，震初九候之。徐、鲁，震九四候之。扬、吴、越，离初九候之。益、卫，兑初九候之。并、雍、秦，兑九四候之。

可见以卦爻象配地域之说，在当时纬书家也有，并非费氏独家之学。

第五节　高相易

《汉书·儒林传·高相传》：

高相，沛人。治易，与费公同时。其学亦无章句，专说阴阳灾异，自言出于丁将军。传至相，相授子康及兰陵毋将永。康以明易为郎，永至豫章郡尉。及王莽居摄，东郡太守翟谊，谋举兵诛莽，事未发，康候知东郡有兵，私语门人，门人上书言之。后数月，翟谊兵起，莽召问，对受师高康。莽恶之，以为惑众，斩康。繇是易有高氏学。高、费皆未尝立于学官。

由上，知高相易完全是占说阴阳灾异。新莽之际，灾异盛行，故其学盛行了一阵，至东汉，学即衰微。然《隋志》言："梁丘、施氏、高氏亡于西晋。"是高氏易虽衰，也有其传，至西晋始亡。

第五章　后期注经派象数易家

象数易至东汉中叶以后，易风转变，原因是由于马融、郑玄、荀爽等一班经学家投入象数易阵营。这一班人都是以治经学为立场而治易，遂将象数易由“占验”带上了“注经”的路。此期中主要易家推郑玄、荀爽、虞翻三人，各有新说建立，而以虞翻最为突出。其他如马融、刘表、宋忠、王肃等人，虽无大创建，也都以注易知名当时，故综为一节。至于魏伯阳一支易学，虽然时代上约与郑、荀同时，但因易学性质不属于“注经”一派，而对于注经派易学来说，有分化的影响，故与管辂、王弼二家易学同列于下章。

第一节　郑玄易

一、郑玄事略

《后汉书·郑玄传》：

郑玄，字康成，北海高密人也。八世祖崇，哀帝时尚书仆射。玄少为乡啬夫，得休归，常诣学官，不乐为吏，父数怒之，不能禁。遂造太学受业，师事京兆第五元先，始通《京氏易》《公羊春秋》《三统历》《九章算术》。又从东郡张恭祖受《周官》《礼记》《左氏春秋》《韩诗》《古文尚书》。以山东无足问者，乃西入关，因涿郡卢植，事扶风马融。融门徒四百余人，升堂进者五十余生。融素骄贵，玄在门下三年，不得见，乃使高业弟子传受于玄，玄日夜寻诵，未尝怠倦。会融集诸生考论图纬，玄善算，乃召见于楼上。玄因从质诸疑义，问毕辞归。融喟然谓门人曰：郑生今去，吾道东矣。玄自游学十余年，乃归乡里，家贫，客耕东莱，学徒相随已数百千人，及党事起，乃与同郡孙嵩等四十余人俱被禁锢，遂隐修经业，杜门不出。……初，中兴之后，范升、陈元、李育、贾逵之徒，争论古今学，后马融答北地太守刘瓌及玄答何休，义据通深，由是古学遂明。灵帝末，党禁解，大将军何进闻而辟之，州郡以进权戚，不敢违意，遂迫胁，玄不得已而诣之，进为设几杖，礼待甚优，玄不受朝服而以幅巾见，一宿逃去，时年六十。……时大将军袁绍总兵冀州，遣使要玄，大会宾客，玄最后至，乃延升上坐，身长八尺，饮酒一斛，秀眉明目，容仪温伟。绍客多豪俊，并有才说，见玄儒者，未以通人许之，竞设异端，百家互起，玄依方辩对，咸出问表，皆得所未闻，莫不嗟服。时汝南应劭亦归于绍，因自赞曰：故太山太守应中远北面称弟子何如？玄笑曰：仲尼之门，考以四科，回赐之徒，不称官阀。劭有惭色。……五年春，梦孔子告之曰：起，起，今年岁在辰，来年岁在巳。既寤，以谶合之，知命当终。有顷，寝疾。时袁绍与曹操相拒于官渡，令其子谭遣使逼玄随军。不得已，载病到元城县，疾笃不进。其年六月卒，年七十四。……凡玄所注：《周易》《尚书》《毛诗》《仪礼》《礼记》《论语》《孝经》《尚书大传》《中候乾象历》。又著《天文七政论》《鲁礼禘祫义》《六艺论》《毛诗谱》《驳许慎五经异义》《答临孝存周礼难》，凡百余万言。

郑玄生于东汉顺帝永建二年（公元127年），卒于献帝建安五年（公元200年）。他不专为以易名家的学者，所学极博，故被当代称为“通儒”。他的成就在于训注古经典籍，对象数易的见地，也是从他的《易注》中看到，尤其对易纬诸书，除郑玄外更无别家注。

二、郑玄易说

（一）郑氏爻辰

郑氏爻辰，为象数易中新说之一。前本书为“京房易”一节，曾述京氏以乾、坤二卦十二爻纳十二支之法，京氏的纳十二支，是京氏爻辰。至郑玄，变更京氏之说，乾卦六爻由下而上配子、寅、辰、午、申、戌六辰，仍京氏之旧；坤卦则改京氏之配未、巳、卯、丑、亥、酉为未、酉、亥、丑、卯、巳。郑氏爻辰乃本于月律，即月令十二月所中之律，隔八相生。其法见于《周礼·春官》“太师”郑注：

黄钟，初九也，下生林钟之初六，林钟又上生太簇之九二，太簇又下生南吕之六二，南吕又上生姑洗之九三，姑洗又下生应钟之六三，应钟又上生蕤宾之九四，蕤宾又上生大吕之六四，大吕又下生夷则之九五，夷则又上生夹钟之六五，夹钟又下生无射之上九，无射又上生中吕之上六。

韦昭注《国语·周语下》“王将铸无射”章，便是根据郑氏，韦氏注曰：

十一月黄钟，乾初九也。
十二月大吕，坤六四也。
正月太簇，乾九二也。
二月夹钟，坤六五也。
三月姑洗，乾九三也。
四月中吕，坤上六也。
五月蕤宾，乾九四也。
六月林钟，坤初六也。
七月夷则，乾九五也。
八月南吕，坤六二也。
九月无射，乾上九也。
十月应钟，坤六三也。

后来惠栋复据郑氏此说，绘有爻辰图，载于《易汉学》中，如图 5-1。

图 5-1　十二月爻辰图

据惠栋说，郑玄爻辰出于易纬《乾凿度》。其实《乾凿度》上记载的以爻配辰，与郑氏的爻辰全然不同，《乾凿度》之说是另外一套，今录其言如下：

> 天道左旋，地道右迁，二卦十二爻而期一岁。乾阳也，坤阴也，并治而交错行。乾贞于十一月子，左行阳时六，坤贞于六月未，右行阴时六，以奉顺成其岁，岁终次从于屯蒙。屯蒙主岁，屯为阳，

贞于十二月丑，其爻左行，以间时而治六辰；蒙为阴，贞于正月寅，其爻右行，亦间时而治六辰，岁终则从其次卦。……法于乾坤，三十二岁期而周六十四卦三百八十四爻万一千五百二十折，复从于贞。

《乾凿度》这段话的主要含义是以卦主岁，每二卦十二爻主一岁，由乾坤起，次屯蒙，次需讼……历三十二岁而周六十四卦。郑玄爻辰，则以月律为主，只用乾坤二卦，不及其他六十二卦。因为《乾凿度》之说是以卦主岁，所以它的法则，是仿效天道左旋，地道右迁，以爻配辰是“并治而交错行”。也就是说，乾爻左行，坤爻右行，两相反对交错而运动。而郑玄爻辰主要是以乾坤十二爻配合十二律相生，所以它的法则是律吕隔八相生。如从《乾凿度》之说看上面惠栋的爻辰图，郑玄的以乾卦六爻配子、寅、辰、午、申、戌，以坤卦配未、酉、亥、丑、卯、巳，是取乾左行，坤也左行，间时而治六辰；与《乾凿度》乾左行、坤右行的法则不合。倒是京房的纳十二支，合于《乾凿度》之说。由此可知郑玄的爻辰主要着眼于律吕相生，不能与《乾凿度》之说并论，惠征君言郑氏爻辰出于《乾凿度》，是未经细察。

表现郑玄之爻辰出于律吕相生最为明白的，当为道藏

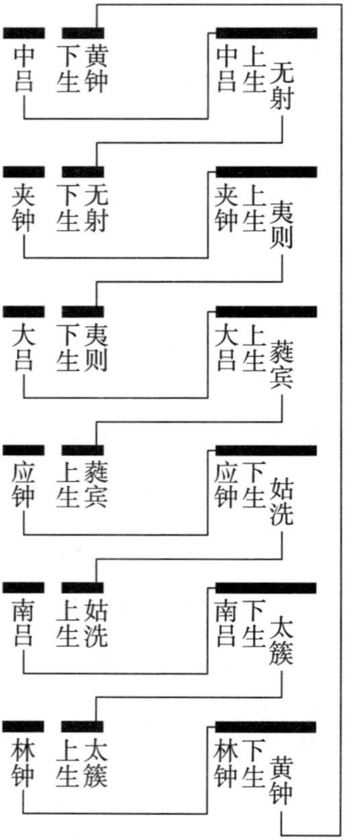

图 5-2　乾坤合律图

《周易图》卷下所载的乾坤合律图，今转录如图 5-2。

按十二律中所谓“上生”“下生”，是我国古乐制律之法。王光祈《中国音乐史》名之为“三分损益法”。《吕氏春秋·古乐篇》：“三分所生，益之一分，以上生；三分所生，去其一分，以下生。”自《吕氏春秋》以后，《淮南子》《史记》《汉书》《后汉书》均载上生、下生之法（《史记》及《汉书》所载稍有不同，谓大吕由蕤宾下生而得。《吕氏春秋》《淮南子》《后汉书》及郑玄注《礼记·月令》则全同）。郑玄爻辰以乾坤十二爻合律，实由此音乐发展路线而来。京房精于易，也精于音律，《汉书》本传载他“本姓李，推律自定为京氏”。京房是否曾以卦爻象合律？后世无传。但在京房时代，以卦爻象合律之事已生，想来是一定有的，因为在易纬《乾凿度》《通卦验》中均已言到十二律之事。不过，据《后汉书·律历志》的记载，京房不是用十二律相生，而是用六十律相生法，其言曰：

> 房字君明，知五声之音、六律之数，上使太子太傅韦玄成字少翁、谏议大夫章杂试问房于乐府。房对：受学于故小黄令焦延寿六十律相生之法，以上生下者，皆三生二，以下生上皆三生四，阳下生阴，阴上生阳，终于中吕，而十二律毕矣。中吕上生执始，执始下生去灭，上下相生，终于南事，六十律毕矣。

据此，京房的六十律相生法，乃受于其师焦延寿，焦、京均精于易学与音律，以卦爻象合律，应是想象中的事。只是京房的六十律相生法，想来远较十二律相生法烦复细密，所以自京氏死后百年左右，六十律相生法已无人通晓，甚至连他所制的调音器——准，也已无人知道如何使用。《后汉书·律历志》载：

> 元和元年，待诏候钟律殷彤上言，官无晓六十律以准调音者，故待诏严崇，具以准法教子男宣，宣通习，愿召补学官，主调乐器。……太史丞弘试十二律，其二中，其四不中，其六不知何律，宣遂罢。自此，律家莫能为准施弦，候部

莫知复见。

元和是东汉章帝年号，早于郑玄数十年，此时京房六十律相生法已无人知，郑玄自然也无由得知。以上是因为说到十二律相生，牵连到京房的六十律相生法。总之，郑玄爻辰是本于十二律相生，合乾坤十二爻与十二月而成，郑氏用此注《礼记·月令》。

其他，郑玄以其爻辰注经之处多多，从中可看出他也将十二生肖、二十八宿配入。屈万里先生《先秦汉魏易例述评》中引录郑注甚备，读者可参看，此处略摘引其数则以为例：

易纬《通卦验》："正阳云出，如冠缨。"

郑注："九二辰在寅，得艮气，形似冠缨者，艮象也。"

易纬《通卦验》："南黄北黑。"

郑注："九五辰在申，得坤气，为南黄。"

《诗疏》卷七之一引比初六："有孚盈缶"。

郑注："爻辰在未，上值东井。井之水，人所汲。用缶，缶汲器也。"

《诗疏》卷十一之一引中孚卦辞："豚鱼吉，利涉大川。"

郑注："三，辰在女，亥为豕。""四，辰在丑，丑为鳖蟹。"

《礼记疏》卷六引贲六四："白马翰如"。

郑注："九三位在辰，得巽气，为白马。"

《礼记疏》卷五十四引蛊上九："不事王侯，高尚其事。"

郑注："上九艮爻，艮为山，辰在戌，得乾象，父老之象，是臣之致仕也。"

《诗疏》卷七之一引坎六四："樽酒簋贰用缶"。

郑注："爻辰在丑，丑上值斗，可以斟之象。斗上有建星，建星之形似簋。……建星上有弁星，弁星之形又如缶。"

《公羊传疏》卷十五引坎上六："系用徽纆"。

郑注："爻辰在巳，巳为蛇，蛇之蟠屈似徽纆也。"

郑玄是一个博览群书的人，故其说颇杂，由上诸例约略看出。惠栋《易汉学》中绘有爻辰上值二十八宿图，为据郑氏说，今并录于下，如图 5-3 以资参考。

图 5-3　爻辰上值二十八宿图

（二）爻体

郑玄注经的另一体例，屈万里先生称之为“爻体”（《先秦汉魏易例述评》），即以卦中某一爻为该卦之主。初、四两爻如为阳，均为震爻；如为阴，均为巽爻。二、五两爻如为阳，均为坎爻；如为阴，均为离爻。三、上两爻如为阳，均为艮爻；如为阴，均为兑爻。郑氏以此注经之例，如：

> 《集解》萃卦辞：“王假有庙，利见大人。”
>
> 郑注：“四体震爻，震为长子。五本坎爻，坎为隐伏。居尊而隐伏，鬼神之象。长子入庙升堂，祭

祖祢之礼也，故曰王假有庙。二本离爻也，离为目，居正应五，故利见大人矣。”

《集解》颐卦辞：“自求口实。”

郑注：“二五离爻。”

易纬《通卦验》：“张如积鹄。”

郑注：“初九辰在子，震爻也。如积鹄之象。”

《礼记疏》卷八引贲六四：“白马翰如。”

郑注：“六四，巽爻也。”

《诗疏》卷十一之二引中孚卦辞：“豚鱼吉，利涉大川。”

郑注：“二五皆坎爻。”

郑玄爻体之说，并非私意初创，追求其始，自八卦初画，即有一爻当一卦之主之意义在。记得笔者在《先秦易学史》中论及八卦取象时曾说：震（☳）象一阳在下，取义于雷动地下；坎（☵）象一阳在中，取义于水流地中；艮（☶）象一阳在上，取义于山耸地上；巽（☴）象一阴在下，取义于风行天之下；离（☲）象一阴在中，取义于日耀于天空中；兑（☱）象一阴在上，取义于天上动象倒映水中。是震、巽二卦，主要含义在于初爻；坎、离二卦，主要含义在于中爻；艮、兑二卦，主要含义在于上爻。说初爻为震爻或巽爻，中爻为坎爻或离爻，上爻为艮爻或兑爻，自无不可。后来到了《系辞传》，孔门讲易，站在阴阳君民的观点解释，《系辞传》下云：

阳卦多阴，阴卦多阳，其故何也？阳卦奇，阴卦偶，其德行何也？阳一君而二民，君子之道也；阴二君而一民，小人之道也。

八卦每卦三爻，阳卦指震、坎、艮，每卦一阳为卦之主，故言“君子之道”；阴卦指巽、离、兑，每卦一阴为卦之主，故言“小人之道”。《系辞传》虽然从另一立场作解，其以卦中一爻为卦主之义，则同。郑玄只不过将三爻之八卦，推用于六爻之六十四卦上，初爻与四爻同，二爻与五爻同，三爻与上爻同。所以笔者以为爻体一说，在道理上是说得过去的。至于有些注解株连过甚，如：

《诗疏》卷六之四引损卦辞：“二簋可用享”。

郑注：“四，巽爻也，巽为木。五，离爻也，离为日，日体圆。木器而圆，簋象也。”

又卷七之一引离九三：“鼓缶而歌”。

郑注：“艮爻也，位近丑，丑上值弁星，弁星似缶。”

前例由离为日，及于日体圆，更及于簋象为圆；后例由位近丑，及于丑上值弁星，更及于弁星似缶。这都是因为经文难解，郑玄为了解通经文，只好挟其广博的杂学，迂曲求解，这些部分自然不免招致后人指责。

第二节 荀爽易

一、荀爽事略

《后汉书·荀爽传》：

爽，字慈明，一名谞，幼而好学。年十二，能通《春秋》《论语》。太尉杜乔见而称之曰：可为人师。爽遂耽思经书，庆吊不行，征命不应。颍川为之语曰：荀氏八龙，慈明无双。……后遭党锢，隐于海上，又南遁汉滨，积十余年，以著述为事，遂称为硕儒。党禁解，五府并辟，司空袁逢举有道，不应，及逢卒，爽制服三年，当世往往化以为俗。时人多不行妻服，虽在亲忧，犹吊问丧疾者，又私谥其君父及诸名士，爽皆引据大义，正之经典，虽不悉变，亦颇有改。后公车征为大将军何进从事中郎，进恐其不至，迎为侍中，及进败，而诏命中绝。献帝即位，董卓辅政，复征之，爽欲遁命，吏持之急，不得去。因复就，拜平原相，行至宛陵，复追为光禄勋，视事三日，进拜司空。爽自被征命，及登台司，九十五日，因从迁都长安。爽见董卓忍暴滋甚，必危社稷，其所辟举，皆取才略之士，将共图之，亦与司徒王允及卓长史何颙等为内谋，会病薨，年六十三。

按献帝纪，荀爽死于初平元年夏五月，本传言年六十三，当生于顺帝永建三年（公元128—190年），即较郑玄晚生一年，而较郑早死十岁。爽父《荀淑传》言为荀卿十一世孙，那么荀爽该是十二世孙。爽一生持身正直，好学深思，虞翻曾论荀爽、马融、郑玄、宋忠四家易学，对荀爽虽有小贬，而许为四家之胜，虞氏言曰：

汉初以来，海内英才其读易者，解之率少，至孝灵之际，颍川荀谞号为知易，臣得其注，有愈俗儒，至所说“西南得朋，东北丧朋”，颠倒反逆，了不可知。……又南郡太守马融，名有俊才，其所解释，复不及谞。……乃北海郑玄，南阳宋忠，虽各立注，忠小差玄，而皆未得其门，难以示世。(《三国志·虞翻传》注引《翻别传》)。

虞翻论人，一向严苛，于易学目空当世，然观李氏《集解》虞氏注中独于荀爽屡称“荀公”（见虞注临卦辞及大过九五等处），足知虞翻对荀爽易学甚为尊重。且李氏《集解》中所引易注三十五家，引最多者为荀、虞两家，也由此可见荀爽在后汉象数易中的地位。

二、荀爽易说——升降

易纬《乾凿度》云：

阳动而进，阴动而退。
阳变七之九，阴变八之六。
阳气升上，阴气欲承。

荀爽便是根据阳道进、阴道退的道理，造为“阳升阴降”之说以注易，凡阳爻都有上升九五的趋势，凡阴爻都有下降六二的趋势，后人称此说为“升降”。

荀氏升降说本于三个基本观念，须先说明：

第一，阴阳爻之动以互相调和为利。阴阳调和，本为大易化成万物的基本作用。但以往易家都从已形成的卦象上作解，荀爽则从阴阳升降的未然情状上讲，尤其是解释乾、坤二卦，以往易家都从纯阳、纯阴的纯体上讲（包括十翼），到了其他六十二卦，才讲阴阳调和之用。荀爽不然，注乾、坤二卦，即以阴阳调和立义。例如：

䷀乾九二："见龙在田，德施普也。"

荀注："见者，见居其位。田谓坤也。二当升坤五，故曰见龙在田，大人谓天子，见据尊位，临长群阴，德施于下，故曰德施普也。"

又《彖传》："大明终始。"

荀注："乾起坎而终于离，坤起于离而终于坎，离坎者，乾坤之家而阴阳之府，故曰大明终始也。"

《䷁坤·文言》："直方大，不习无不利，则不疑其所行也。"

荀注："直方大，乾之唱也；不习无不利，坤之和也。阳唱阴和而无所不利，故不疑其所行也。"

这种以阴阳调和之用来注乾注坤，显然与传统的解释不同。看来似觉注文义逸出经文义之外，然而这也正是荀氏升降说的特色。

第二，阴阳爻之动以当位为正。阴阳爻各当其位，也是易的原始义，荀爽升降对这一点严格遵守。也就是说阳爻升当升阳位，阴爻降当降阴位，如果升不当位，或者降不当位，则为不利。如：

《䷀乾·文言》：“亢之为言也，知进而不知退，知存而不知亡。”

荀注：“阳位在五，今乃居上，故曰知进而不知退也。在上当阴，今反为阳，故曰知存而不知亡也。”

䷒临九二《象传》：“咸临，吉，无不利，未顺命也。”

荀注：“阳感至二，当升居五，群阴相承，故无不利也。阳当居五，阴当顺从，今尚在上，故曰未顺命也。”

有时候，为了迁就经文，不得已自乱其例，有阴升阳降的情事，然绝大多数也都是以阴阳爻当位为原则。

第三，特重卦中二、五两爻。因五为阳位之最尊，二为阴位之最尊，所以二、五两爻升降，成了荀注中的最常用，由李氏《集解》荀注中可显见。

由于以上几个观念的结合，于是荀爽认为阳爻在乾二者当上升坤五，阴爻在坤五者当下降乾二；乾二升坤五为坎，坤五降乾二成离。如此交易，阴阳既调，又各当其位，上引他注《乾·彖传》云："离坎者，乾坤之家而阴阳之府。"便是由此来。这一句话也成了荀爽注所有六十四卦的总思想路线。

李氏《集解》中荀注多多，今且举例说明如下：

《䷀乾·文言》："云从龙，风从虎。"

荀注："龙喻王者，谓乾二之坤五为坎也。""虎喻国君，谓坤五之乾二，为离而从三也。三者，下体之君，故以喻国君。"

又："本乎天者亲上，本乎地者亲下。"

荀注："谓乾九二本出乎乾，故曰本乎天，而居坤五，故曰亲上。六二本出于坤，故曰本乎地，降居乾二，故曰亲下也。"

《䷆师·彖传》："能以众正，可以王矣。"

荀注："谓二有中和之德，而据群阴，上居五位，可以王矣。"

《䷗复·彖传》："利有攸往，刚长也。"

荀注："利往居五，刚道浸长也。"

䷭ 升六五《象传》:“贞吉升阶，大得志也。”

荀注:“阴正居中，为阳作阶，使升居五，已下降二，与阳相应，故吉而得志。”

䷄ 需九二:“小有言，终吉。”

荀注:“乾虽居下，终当升上，二当居五，故终吉也。”

以上所举，都算是荀爽升降说的正格，但荀爽并不全依此正格作注，有许多注解自违其例。凡是自违其例的，可以说全是受了经文的限制，为了解通经文，不得不违例。如:

䷂ 屯初九《象传》:“虽盘桓，志行正也。”

荀注:“盘桓者，动而退也。谓阳从二动而退居初，虽盘桓，得其正也。”

䷎ 谦九三《象传》:“劳谦君子。”

荀注:“阳当居五，自卑下象，降居下体，君有下国之意也。”

䷅ 讼卦辞:“有孚。”

荀注："阳来居二，而孚于初，故讼有孚也。"

上屯卦是因为经文上有"盘桓"二字，谦卦是因为有"谦"字，讼卦是因为有"孚"字，不得已，只好变阳升为阳降。又如：

《☰乾·象传》："或跃在渊，进无咎也。"

荀注："乾者，君卦。四者，阴位。故上跃居五者欲居坤初，求阳之正。地下称渊也。阳道乐进，故曰进无咎也。"

这一条前半言四欲居坤初之渊，后半言阳道乐进，显然矛盾。阳四居坤初该是"退"（见前例屯初九注"阳从二动而退居初"），不能言"进"。荀爽大概也觉得这条注文不妥当，于是在下面《文言》九四下，又注道：

四者，臣位，故欲上跃。居五下者，当下居坤初，得阳正位。

"居五下者，当下居坤初，得阳正位。"如果这样，就是一项"阳降"的新条例了。追究其本，实在由于经文上有一个"渊"字，使他不得不自违其例。

还有少部分，是没有道理的望经文而生义，如：

䷬萃上六《象传》："赍资涕洟，未安上也。"

荀注云："此本否卦，上九阳爻，见灭迁移。"

由经文的"未安上也"，兴怪异之思，竟想到上九阳爻见灭。又如：

《䷾既济·象传》："小吉，亨也。"

荀注："天地既交，阳升阴降，故小者亨也。"

照荀氏说，既济卦阴阳各正其位，该是大吉才是，上言"天地既交"，下言"小者亨"，岂不是头重脚轻？

记得在上节"郑玄易"时，笔者曾将郑注的株连过甚，迂曲求解，归之于迁就经文，现在荀爽易注也发生了同样的情形，下节"虞翻易"也是一样。求解通经文，加于东汉易学家的压力实在太大了，但东汉易风是以"注经"为志，有时候为了解通一句经文，百思不得其解时，只有像郑玄那样绕一个大弯，牵东引西；或如荀爽这样自违其例；或如虞翻那样多创造新象。西汉孟、焦、京的易学表现得活泼有生气，东汉郑、荀、虞等人的易学表现得拘谨少生气，主要原因就在这"注经"与"不注经"的分别上。荀爽原想在升降的法则下，使六十四卦能得到通解。但这一法则始终建立不起来，有许多处不得不在经文之下，团团打转，我们只可以称他的易学是不成熟的升降说。但他锐意创新，想以一个新法则为六十四卦建立通解的心志是可嘉的，他在当时得享盛名以及虞翻称扬他的原因，大概是在此吧！

至于后人对荀氏升降说的反应，非议甚多，根本原因是由于他不以当前卦象注易，而以未然的阴阳升降情势注易，予人以舍实就虚的感觉。例如：

> ䷝ 离九四："充如其来如。"
>
> 荀注："阳升居五，光炎宣扬，故充如也；阴退居四，灰炭降坠，故其来如也。"

在离卦象 ䷝ 上，阳爻居四，而荀氏以升居五后作注；阴爻在五，而荀氏以退居四后作注。实违背了"易者，象也；象也者，像也"的原意。荀氏是在未成象处立义。又如前引乾、坤二卦，荀注都是在乾、坤交通之后立义，失去了乾之所以为乾，坤之所以为坤。尤其是：

> 《䷁ 坤·彖传》："含宏光大。"
>
> 荀注："乾二居坤五为含，坤五居乾二为宏，坤初居乾四为光，乾四居坤初为大也。"

将动词、形容词，一并作名词解释，如此创新，实不足取。

荀爽易注中又有“此本某卦”之言，后人有以“卦变”称之。其实，荀氏只是一个不成熟的升降说，并无另一套卦变。所谓卦变，是指一套有理则、有系统而包括周全的卦象变化。严格说来，汉易中只有两套卦变：一是京房的八宫卦变；一是下节将叙述的虞氏卦变。至于荀爽的某卦本为某卦，不是站在卦变上说话，而是为了解通经文，视文义而立言，以下就李氏《集解》中所见一一举出来看：

《䷂屯·象传》：“动乎险中。”

荀注：“此本坎卦也。”

按坎卦为阳在二、阴在初。此以九二降初，初六升二，乃是因为坎为“险”，震为“动”，合《象传》之言。同时也符合了《象传》上面一句“刚柔始交而难生”的话。这是荀氏升降说为了解通经文不得已自违其例之一。

《䷃蒙·象传》：“以亨行时中也。”

荀注：“此本艮卦也。”

按艮卦为阳在三、阴在二，此降九三于二，升六二于三，虽不当位，然二于内卦为中，三于全象为中，且能二五相应、三上相应，合经文“时中”之义，也是升降说违例之一。

《䷕贲·彖传》:“贲、亨,柔来文刚,故亨;分刚上而文柔。”

荀注:“此本泰卦。”

是因为经文有“柔来文刚”“分刚上而文柔”二句。

《䷮困·彖传》:“险以说。”

荀注:“此本否卦。”

是因为经文中“险”“说”二字义。

《䷯井·彖传》:“往来井井。”

荀注:“此本泰卦。”

乾初升九五为往,坤五降初六为来,得经文“往”“来”义。

其他还有未指明某卦本某卦的,如:

䷅讼卦辞:“有孚。”

荀注:“阳来居二,而孚于初。”

乃指本于遁卦。

《䷢晋·彖传》:“柔进而上行。”

荀注："阴进居五，处用事之位。"

乃指本为观卦。

《䷺涣·象传》："先王以享于帝，立庙。"

荀注："阴上至四承五为享帝，阳下至二为立庙也。"

乃指本为否卦。

由上这些散漫的注文看来，荀氏易无一套整然的卦变。只因为他既不能以其升降之说解释全部经文，便只好对那一部分用升降说解不通的经文采变通办法，因文义立注。这样一来，情况变得复杂起来，遂使后人眼花缭乱，误以为他有一套卦变。

还有，后人或名荀氏易为"之卦"、为"爻之"、为"往来"，仍然还是一个"升降"，名目不同罢了。

第三节　虞翻易

一、虞翻事略

《三国志·吴书·虞翻传》：

虞翻，字仲翔，会稽余姚人也。……翻州举茂才，汉召为侍御史，曹公为司空，辟，皆不就。翻与少府孔融书，并示以所著《易注》，融答书曰：闻延陵之理乐，观吾子之治易，乃知东南之美者，非徒会稽之竹箭也；又现象云物，察应寒温，原其祸福，与神合契，可谓探赜穷通者也。会稽东部都尉张纮又与融书曰：虞仲翔前颇为论者所侵，美宝为质，雕摩益光，不足以损。孙权以为骑都尉，翻数犯颜谏争，权不能悦；又性不协俗，多见谤毁，坐徙丹阳泾县。吕蒙图取关羽，称疾还建业，以翻知医术，请以自随，亦欲因此令翻得释也。……关羽既败，权使翻筮之，得兑下坎上，节，五爻变之临，翻曰：不出二日，必当断头。果如翻言。权曰：卿不及伏羲，可与东方朔为比矣。魏将于禁为羽所获，系在城中，权至，释之，请与相见。他日，权乘马出，引禁并行，翻呵禁曰：尔降虏，何敢与吾君齐马首乎！欲抗鞭击禁，权呵止之。后，权于楼船会群臣饮，禁闻乐流涕，翻又曰：汝欲以伪求免邪！权怅然不平。权既为吴王，欢宴之末，自起行酒，翻伏地，阳醉不持。权去，翻起坐，权于是大怒，手剑欲击之，侍坐者莫不遑遽，惟大司农刘基起抱权谏曰：大王以三爵之后，手杀善士，虽翻有罪，天下孰知之？且大王以能容贤畜众，故海内望风，今一朝弃之，可乎？权曰：曹孟德犹杀孔文举，孤于虞翻何有哉！基曰：孟德轻害士人，天下非之，大王躬行德义，欲与尧舜比隆，何得自喻于彼乎？翻由是得免，权因敕左右，自今酒后言杀，皆不得杀。翻尝乘船行，与麋芳相逢，芳船上人多，欲令翻自避，先驱曰：避将军船。翻厉声曰：失忠与信，何以事君？倾人二城，而称将军，可乎？芳阖户不应而遽避之。后翻乘车行，又经芳营，门吏闭门，车不得过，翻复怒曰：当闭反开，当开反闭，岂得事宜邪！芳闻之，有惭色。翻性疏直，数有酒失。权与张昭论及神仙，翻指昭曰：彼皆死人而语神仙，世岂有仙人也！权积怒非一，遂徙翻交州。虽处罪放，而讲学不倦，门徒常数百人；又为《老子》《论语》《国语》训注，皆传于世。初，山阴丁览、太末徐陵，或在县吏之中，或众所未识，翻一见便与友善，终成显名。在南十余年，年七十卒。

传注引《虞翻别传》曰：

翻初立《易注》，奏上曰……臣高祖父故零陵

> 太守光，少治孟氏易。曾祖父故平舆令成，缵述其业。至臣祖父凤，为之最密。臣先考故日南太守歆，受本于凤，最有旧书。世传其业，至臣五世。前人通讲，多玩章句，虽有秘说，于经疏阔。臣生遇世乱，长于军旅，习经于枹鼓之间，讲论于戎马之上，蒙先师之说，依经立注。又臣郡吏陈桃，梦臣与道士相遇，放发被鹿裘，布易六爻，挠其三以饮臣，臣乞尽吞之，道士言：易道在天，三爻足矣。岂臣受命应当知经？所览诸家解，不离流俗义，有不当实，辄悉改定，以就其正。

观虞翻一生，狂傲多才，遇事孤直，心至言及，不避猜嫌，古道忠诚，率真可爱。陈寿评为“古之狂直”，洵为的当。史载魏文帝为设虚席以待，可见他是当时天下知名的人才。《虞翻别传》不知何人所写，侯康以为“非吴人撰，然亦当为三国时人”。就《虞翻别传》中所载虞氏自述看，自他高祖父起，五世传孟氏易。然就今日李鼎祚《集解》中所见，他的易学非止传孟氏一家，实为象数易以来各家学说的总汇。十二月卦、六日七分法，固可以说是承自孟氏易，其他八宫、纳甲、互体、飞伏、爻辰、爻体、升降等，无一不收。更接受了道士魏伯阳丹道易的纳甲说，加上自创的卦变、半象等新义，后世易家视他为两汉象数易发展的最高峰，不为过言。

《虞氏易注》原书早佚，幸李鼎祚《集解》中保存资料颇丰。《集解》所引三十五家易注，以虞氏注为最多。观其注易，杂出多方，笔者不拟一一备述。本节所论，只止于他的卦变、反对、旁通、互体、半象等有新创义之几方面。八卦逸象的增衍，是一件要紧事，也附于后。至于其他承袭各家之说，已见前各家易说，不赘；至于以魏伯阳纳甲解易一部分，俟下章“魏氏易说”中再细述。

二、虞翻易说

（一）虞氏卦变

“卦变”一词，就字面上的意义看，凡是卦象所生的变化，都应如此称呼。那就是不止孟喜的十二月卦、焦延寿的变占、京房的八宫，连郑玄的爻辰、荀爽的升降，也都可以称为卦变。可是，这样就失之于太广泛而无归属，所以易家言卦变，限制了此名的含义，以“某卦从某卦变来”做解释。那么所谓卦变，实指一套有理则、有系统，且包括周全的卦象变化而言。譬如孟喜的十二月卦，有理则、有系统，但包括不周全，不能尽纳六十四卦，所以不能称为卦变；焦延寿的六十四卦变占，有系统，包括周全，但乏理则，也不得称为卦变；荀爽的升降，有理则，但无系统，且包括不周全，自然也不得称为卦变；至于郑玄的爻辰，更不得称为卦变了。所以笔者认为汉易中称得上卦变的，实际上只有两套：一是京房的八宫卦变；二是现在要说到的虞翻卦变。京房的八宫卦变，是以八纯卦为本位卦，循着一世、二世……游魂、归魂的理则，纳六十四卦于一大系统。虞翻的卦变，则是以乾坤二卦为根本，分一阳五阴卦为一类、一阴五阳卦为一类、二阳四阴卦为一类、二阴四阳卦为一类、三阴三阳卦为一类，以一爻动为法则，纳六十四卦于一大系统。可是京房的八宫卦变因为不受注经的牵制（以八宫注经是后人的事，参看前京氏易），所以排列成整然一致的八宫图，予人以明确清晰的印象。而虞氏卦变，则因为受了注经的牵制，不能悉心着意于卦象的安排，所以他的卦变虽然规模已具，却难免其中有违例之处，也因此没有及身留下一个像八宫那样明确的卦变图。虽然，当我们周览过李氏《集解》中虞氏注以后，不得不承认虞翻确已经创建了一套新的、有理则、有系统且包括周全的卦变。他所以没有竟其全功的原因，只是因为受了注经的牵制。注经是东汉象数易学的最高目标，是虞翻不能摆脱掉的。后来，到了南宋俞琰手中，终于完成了这个卦变图（俞琰的图名为“先天六十四卦直图”，采用虞翻卦变理则与魏伯阳六十四卦排列方式而成，该图见本书下章“魏伯阳易”中引录）。俞琰之所以完成了这个卦变图，关键仍在于摆脱了注经的牵制。虞氏为了迁就注经，虽然创立了一爻动的卦变法则，但在变动中有升有降，以致未能完成一定的卦序排列；俞琰因为不理会注经，所以将虞氏的一爻动，规定为动升，而不动降，这样遂完成了一套井然有序的卦变图。依此一爻动升的法则，凡一阳五阴的卦，起于复，终于剥；一阴五阳的卦，起于姤，终于夬；二阳四阴的卦，起于临，终于观；二阴四阳的卦，起于遁，终于大壮；三阴三阳的卦，则以泰与否为起讫。复、剥、姤、夬、临、观、遁、大壮、泰、否，加上乾与坤二本位卦，正是十二月卦，以此为范畴，罗纳六十四卦无遗。以下卦变图，排列次序依据俞琰“先天六十四卦直图”展开，卦下系李氏《集解》中所见之虞注，以资参证。

纯阳卦一：

䷀ 乾

纯阴卦一：

䷁ 坤

一阳五阴卦六：

䷗ 复　　注：“阳息阴。”

䷆ 师

䷎谦　　注："乾上九来之坤。"

䷏豫　　注："复初之四。"

䷇比　　注："师二上之五。"

䷖剥　　注："阴消乾也。"

一阴五阳卦六：

䷫姤　　注："消卦也。"

䷌同人

䷉履　　注："谓变讼初为兑也。"

䷈小畜　注："需上变为巽。"

䷍大有

䷪夬　　注："阳决阴，息卦也。"

二阳四阴卦十五：

䷒临　　注："阳息至二。"

䷣明夷　注："临二至三。"

䷲震　　注："临二至四。"

䷂屯　　注："坎二之初。"

䷚颐　　注："晋四之初。"

䷭升　　注："临初之三。"

䷧解　　注："监初之四。"

䷜坎　　注："乾二五之坤，于爻观上之二。"

䷃ 蒙　　注：“艮三之二。”

䷽ 小过　注：“晋上之三，当从四阴二阳临观之例，临阳未至三，而观四已消也。”

䷦ 蹇　　注：“观上反三也。”

䷳ 艮　　注：“观五之三也。”

䷬ 萃　　注：“观上之四也。”

䷢ 晋　　注：“观四之五。”

䷓ 观　　注：“观，反临也。”

二阴四阳卦十五：

䷠ 遁　　注：“阴消姤二也。”

䷅ 讼　　注：“遁三之二也。”

䷸ 巽　　注：“遁二之四。”

䷱ 鼎　　注：“大壮上之初。”

䷛ 大过　注：“大壮五之初，或兑三之初。”

䷘ 无妄　注：“遁上之初。”

䷤ 家人　注：“遁初之四。”

䷝ 离　　注：“坤二五之乾……于爻遁初之五。”

䷰ 革　　注：“遁上之初。”

䷼ 中孚　注：“讼四之初也。……此当从四阳二阴之例，遁阴未及三，而大壮阳已至四，故从讼来。”

䷥ 睽　　注：“大壮上之三在系，盖取二之五也。”

䷹ 兑　　注：“大壮五之三也。”

䷙ 大畜　注：“大壮初之上。”

䷄ 需　　注：“大壮四之五。”

䷡ 大壮　注：“阳息泰也。”

三阳三阴卦二十：

䷊ 泰　　注：“阳息阴。”

䷵ 归妹　注：“泰三之四。”

䷻ 节　　注：“泰三之五。”

䷨ 损　　注：“泰初之上。”

䷶ 丰　　注：“此卦三阳三阴之例，当从泰二之四。而丰三从噬嗑上来之三，折四于坎狱中而成丰。”

䷾ 既济　注：“泰五之二。”

䷕ 贲　　注：“泰上之乾二，乾二之坤上。”

䷐ 随　　注：“否上之初。”

䷔ 噬嗑　注：“否五之坤初，坤初之五。”

䷩ 益　　注：“否上之初。”

䷟ 恒　　注：“乾初之坤四。”

䷯ 井　　注：“泰初之五也。”

䷑ 蛊　　注：“泰初之上。”

䷮ 困　　注：“否二之上。”

䷿ 未济　注：“否二之五。”

䷺ 涣　　注：“否二之四。”

䷞ 咸　　注：“坤三之上成女，乾上之三成男。”

䷷ 旅　　注：“贲初之四，否三之五，非乾坤往来也，与噬嗑之丰同义。”

䷴ 渐　　注：“否三之四。”

䷋ 否　　注：“阴消乾。”

以上，对照上面卦序排列与下面虞氏注，可看出大半卦是相符的，一些违例的卦同荀爽一样，是受了经文的限制，不得不如是。这些卦如一阳五阴卦中的谦卦，注“乾上九来之坤”，是因为《谦卦·彖传》中有“天道下济”之言。又比卦，注“师二上之五”，是因为比与师为反对卦。《师卦·彖传》有“能以众正，可以王矣”，《比·彖传》有“比，辅也，下顺从也”，以及九五“王用三驱，失前禽”等言。一阴五阳卦中的履卦，注“谓变讼初为兑也”，是因为履九二有“幽人贞吉”之言。又小畜卦，注“需上变为巽”，是因为《小畜·彖传》中有“密云不雨，上往也”及上九“月几望”之言；需外卦为坎水，上变，则四五爻坎象半见，故上往则密云不雨；又坎为月，今坎象半见，故几望。

二阳四阴卦中的屯卦，注“坎二之初”，与荀爽“此本坎卦”同，因《屯·彖传》有“刚柔始交”之言。又颐卦，注“晋四之初”，是因为颐初九有“舍尔灵龟，观我朵颐”之句，虞注谓：“晋，离为龟，四之初，故舍尔灵龟。坤为我，震为动，谓四失离入坤。”又蒙卦，注“艮三之二”，与荀爽“此本艮卦”同，因《蒙·彖传》有“亨行时中”之言。二阴四阳卦中的讼卦，注“遁三之二”，与荀爽同，因讼卦辞中有“有孚”二字。三阴三阳卦中的丰卦，注“当从泰二之四”是正格，下又云“而丰三从噬嗑上来之三，折四于坎狱中而成丰”，是因为《丰卦·象传》中有“君子以折狱致刑”之言。旅卦与丰卦情形相似，注“否三之五”是正格，但又云“贲初之四”，是因为《旅·象传》有“君子以明慎用刑，而不留狱”之言；虞注云：“君子谓三，离为明，艮为慎，兑为刑，坎为狱，贲初之四，狱象不见，故以明慎用刑而不留狱，与丰折狱同义者也。”所以涉及贲卦，是在利用贲卦中有互体坎象以解说经文。

不过，在上面卦变中有四个特殊的卦，需要提出来予以说明。

第一，䷜坎 注：“乾二五之坤，于爻观上之二。”

第二，䷝离 注：“坤二五之乾……于爻遁初之五。”

按坎、离二卦旁通。下面“于爻观上之二”与“于爻遁初之五”是站在卦变立场作注，上面“乾二五之坤”与“坤二五之乾”，是站在旁通立场作注，这一点必须认清，否则就是自破体例，成为两爻同时动了。（虞氏据旁通立注，见后文。）但虞氏乾坤二五互交，与荀爽“乾二升坤五，坤五降乾二”不同。虞注坎卦辞“维心亨”云：“坎为心，乾二五旁行流坤，阴阳会合，故亨也。”又注《系辞传》“是故刚柔相摩，八卦相荡”云：“乾以二五摩坤，成震、坎、艮；坤以二五摩乾，成巽、离、兑。”只讲旁通，不言升降。

第三，䷽小过　注：“晋上之三，当从四阴二阳临观之例，临阳未至三，而观四已消也。又有飞鸟之象，故知从晋来。”

第四，䷼中孚　注：“讼四之初也。……此当从四阳二阴之例，遁阴未及三，而大壮阳已至四，故从讼来。”

按从小过、中孚二卦虞注中，最明显看出虞翻卦变在竭力保持其一爻动的法则。小过卦四阴二阳，如依例，当从临观二卦来，但临观二卦三四两爻均为阴，今如云自临观来，均须两爻动方可，而虞氏卦变的原则是只有一爻动，于是求变通，从临观所变的卦中找自来。晋卦来自观，遂以小过来自晋立说。因为小过卦辞上有一句“飞鸟遗之音”，虞注：“离为飞鸟，震为音，艮为止，晋上之三，离去震在，鸟飞而音止，故飞鸟遗之音。”一方面不背一爻动的原则，一方面也符合了经文。中孚卦的情形与此同，因为九二爻辞有“鸣鹤在阴”之句，虞注：“二在讼时，体离，为鹤，在坎阴中，有鸣鹤在阴之义也。”

总之，虞翻卦变虽然也如荀爽升降那样，有许多违例之处，但它可以说是一套有理则、有系统且又包括周全的卦变。因为受注经的限制，及身未能竟其全功；如果不是受了注经的限制，我们可以想象得到不待南宋俞琰出，虞氏当时即已绘出了他上面的卦变图。又，在俞琰之前，朱熹有卦变图，也是据虞翻一爻动原则而作，只是朱图各卦重出，失之于繁，未若俞琰之图完美。（朱图载于朱熹《易经集注》前页，读者可参看。）

（二）反对、旁通、成既济定

反对与旁通均为易原始义。《序卦传》六十四卦排列次第，即以反对卦与旁通卦为原则。《杂卦传》中释卦义多取反对；而《说卦传》“天地定位，山泽通气……”一章，显取旁通。再向上数，如乾与坤、坎与离，是以旁通为象，以反对为义；剥与复、损与益，是以反对为象，以反对为义。更向上溯至最源头处，"—"与"--"两个原始符号，即以两个旁通的象代表两种相反对的作用。所以《杂卦传》中说："否、泰，反其类也。"《系辞传》中说："六爻发挥，旁通情也。""旁行而不流。"都说明了反对与旁通在易中的重要性。

虞翻取反对与旁通义注易之处甚多，今分别举述于下。

第一，以反对卦注易。见于李氏《集解》者，如以下六卦：

䷊ 泰卦辞："小往大来，吉亨。"

虞注："阳息坤，反否也。坤阴诎外，为小往；乾阳信内，称大来。天地交，万物通，故吉亨。"

䷋ 否卦辞："否之匪人，不利君子贞，大往小来。"

虞注："阴消乾，又反泰也。……阴信阳诎，故大往小来，则是天地不交而万物不通。"

䷓ 观·彖传："观盥而不荐，有孚颙若，下观而化也。"

虞注："观，反临也，以五阳观示坤民，故称观。"

䷚ 颐卦辞："贞吉。"

虞注："反复不衰，与乾、坤、坎、离、大过、小过、中孚同义。"

䷣明夷

虞注："夷，伤也。临二之三而反晋也。"

䷴渐卦辞："女归吉，利贞。"

虞注："反成归妹，兑女归吉。"

此外《系辞传》《序卦传》中尚有数处，不赘举。

第二，以旁通卦注易。见于李氏《集解》者，共有二十卦（以下有注文者是）：

䷇	比	虞注："与大有旁通。"	（以旁通义释九五。）
䷍	大有	虞注："与比旁通。"	（以旁通义释《彖传》、初九、上九。）
䷈	小畜	虞注："与豫旁通。"	（以旁通义释《彖传》、初九、九三、六四、九五。）
䷏	豫	虞注："与小畜旁通。"	（以旁通义释《彖传》、六二、九四。）

䷉ 履	虞注:“与谦旁通。”	(以旁通义释《象传》《象传》。)
䷎ 谦	虞注:“与履旁通。”	(以旁通义释《彖传》《象传》。)
䷌ 同人	虞注:“旁通师卦。”	(以旁通义释《彖传》、九三、九五。)
䷆ 师		
䷑ 蛊	虞注:“与随旁通。”	(以旁通义释初六。)
䷐ 随		
䷒ 临	虞注:“与遁旁通。”	(以旁通义释卦辞。)
䷠ 遁		
䷖ 剥	虞注:“与夬旁通。”	(以旁通义释上九。)
䷪ 夬	虞注:“与剥旁通。”	(以旁通义释《彖传》、九二、九四。)
䷗ 复	虞注:“与姤旁通。”	(以旁通义释《象传》、《象传》、上六。)
䷫ 姤	虞注:“与复旁通。”	(以旁通义释《彖传》、九三。)
䷙ 大畜	虞注:“与萃旁通。”	(以旁通义释九二。)
䷬ 萃		
䷚ 颐	虞注:“与大过旁通。”	(以旁通义释卦辞。)
䷛ 大过		

䷜ 坎	虞注：“与离旁通。”	（以旁通义释《象传》。）
䷝ 离	虞注：“与坎旁通。”	（以旁通义释《象传》、《象传》、六五、上九。）
䷟ 恒	虞注：“与益旁通。”	（以旁通义释六五、上六。）
䷩ 益		
䷱ 鼎	虞注：“与屯旁通。”	（以旁通义释卦辞。）
䷂ 屯		
䷰ 革	虞注：“与蒙旁通。”	以旁通义释《象传》、九五、上六。
䷃ 蒙		

反对与旁通的含义，无非在表明宇宙间一切事物，没有绝对孤立的存在，前后左右免不了有相对待的关系，而在对待中有共通之理。到了宋代，易图之学大盛，许多易图都是在反对与旁通的原则下画成。清焦循的大治旁通之学，实本于虞翻。（反对卦与旁通卦的意义，请参阅笔者《先秦易学史》。）

第三，成既济定。虞氏注易另一法则，以六爻阴阳各得正位，即成既济卦为义。此项法则无专名，但在虞氏注中所见之处颇多，不可略过，屈万里先生在《先秦汉魏易例述评》一文中，就虞氏注文之成句，名之为“成既济定”。屈先生依照种类不同，各引虞氏注一例，甚明白。兹转录于下。

《䷀乾·彖传》："云行雨施"。《集解》引虞注："已应既济，上坎为云，下坎为雨，故云行雨施。"

按乾二四上三爻不正，变而之正，则成既济。既济四至上为上坎，二至四为下坎也。

䷂屯六二："十年乃字"。《集解》引虞注："坤数十，三动反正，离女大腹，故十年反常乃字，谓成既济定也。"

按屯上坎下震，唯三爻不正。变而之正，则成既济而下体为离也——此一爻不正当变之例。

《䷞咸·彖传》："圣人感人心而天下太平"。《集解》引虞注："初四易位，成既济。"

按咸上兑下艮，初四二爻不正，易位后则皆得正而成既济——此两爻不正当变之例。

䷴渐初六："鸿渐于干，小子厉，有言，无咎。"

《集解》引虞注："初失位，故厉；变得正，三动受上，成震。"又上九："其羽可用为仪吉"。虞注："谓三变受，成既济。"

按渐上巽下艮，初上皆不正，三因受上而变（三变受上说另详），变后亦不正，故初既变，三复变而受上，则成既济定矣——此三爻不正当变之例。（作者按：三变受上说，为虞氏注易少数特例之一，见屈文。本书从略。）

䷨ 损六五："或益之十朋之龟，弗克违，元吉。"《集解》引虞注："谓二五已变成益，故或益之。……三上失位……三上易位成既济。"

按损上艮下兑，二三五上四爻皆不正。二五变，三上易位，则成既济。——此四爻不正当变之例。

《䷥ 睽·彖传》。《集解》引虞注："二五易位"。又云："四动，坤为地。"又上九爻辞虞注："三在坎下，故遇雨；与上易位，坎象不见，各得其正，故则吉也。"

按睽上离下兑，二至上五爻皆不正，故二五、三上各易位，四再变动，乃成既济。——此五爻不正当变之例。

> ䷿未济九二《象传》。《集解》引虞注："谓初已正，二动成震，故行正。"九四爻辞虞注："动正，得位。"六五爻辞虞注："之正则吉"。上九爻辞虞注："终变之正，故无咎。"

按未济六爻皆不正，《集解》引虞注者五爻，皆言当变。唯六三一爻注阙，然以其例推之，亦必当变也。

除以上屈先生所引录者外，《集解》中尚有《恒·象传》、损上九、井上六、革卦辞、归妹六五、《节·象传》及《系辞传》《说卦传》中等处，不具引。虞氏此项"成既济定"之注易法则，自然是根据十翼阴阳当位而来，但不与十翼原意相类。十翼是就已成象的当位、不当位而言，虞翻乃就未成象处言，这一点当是受了荀爽的影响。

（三）互体、半象

"互体"创自京房，其义乃借以表示易道之隐微，前于京氏易说中已说过。只是京氏言互体，只限于中四爻，即二三四五爻，以二至四或三至五所成的三画卦为互体；到郑玄时，仍依此例。到了虞翻，乃突破此限制，言互不止于中四爻，初上爻也可用；同时四画卦可为互体，五画卦也可为互体。最后仍嫌不足，又创两画卦之"半象"，于是卦象

大为增加。虞氏以此注易，例多，不胜枚举，今就每类举二例如下，以见一斑。（均见李氏《集解》）

第一类：二至四、三至五，以三画互三画卦者（承京氏）：

《䷂屯·象传》："雷雨之动满盈。"
虞注："坎水流坤，故满盈。"
（二至四互坤，在坎下。）

䷈小畜上九："既雨既处。"
虞注："谓二已变，三体坎雨。"
（二爻变，则二至四互坎。）

䷊泰六四："翩翩。"
虞注："二五变时，四体离飞，故翩翩。"
（二五爻互变，则五为阳，三至五互离。）

䷏豫九四："勿疑。"
虞注："坎为疑，故勿疑。"
（三至五互坎）

第二类：初至四、二至五、三至上，以四画互六画卦者：

《䷈小畜·象传》："君子以懿文德。"
虞注："初至四体夬，为书契。"

《䷱鼎·象传》："君子以正位凝命。"
虞注："体姤，谓阴始凝。"
（初至四体姤）

䷶丰九三《象传》："终不可用也。"
虞注："四死大过，故不可用。"
（二至五互大过）

䷹兑九五："孚于剥。"
虞注："二四变，体剥象，故孚于剥。"
（二四爻变，则二至五互剥。）

䷊泰九三："无往不复。"
虞注："从三至上，体复象。"

《䷹兑·象传》："民忘其死。"
虞注："三至上，体大过死。"

第三类：初至五、二至上，以五画互六画卦者：

䷃蒙卦辞："童蒙求我。"
虞注："二体师象。"
（初至五互师）

《䷍大有・象传》："君子以遏恶扬善。"
虞注："以乾灭坤，体夬。"
（初至五互夬）

《䷃蒙・象传》："蒙以养正。"
虞注："体颐，故养。"
（二至上互颐）

䷜坎九五《象传》："中未光大也。"
虞注："体屯，五中，故未光大也。"
（二至上互屯）

第四类：如上所举，一个卦象，除乾、坤二卦外，其余六十二卦均可化生为三画卦四、六画卦六。今且举屯卦为例：

䷂ 屯

初至三　☳（原内卦）

初至四　䷗（互体）

初至五　䷚（互体）

初至上　䷂（原卦象）

二至四　☷（互体）

二至五　䷖（互体）

二至上　䷇（互体）

三至五　☶（互体）

三至上　䷦（互体）

四至上　☵（原外卦）

换句话说，一个卦象可化成十个卦象，站在易象的含藏幽赜方面言，固然有道理，但用之于解经，自不免招致后人物议了。

可是，虞翻尚不止于此，他更进一步以两画象言互，那就是所谓的“半象”。

虞氏以半象注易，李氏《集解》中也有多处，举数例如下：

《䷄需·象传》：“君子以饮食宴乐。”

虞注：“二失位，变体噬嗑，为食，故以饮食。”

（需二为阳爻失位，变为阴，则三至五互离，初至二为半震象，上离下震，为噬嗑。）

䷌同人九四："弗克攻，吉。"

虞注："变而承五，体讼，乾刚在上，故弗克攻则吉也。"

（同人四为阳爻失位，变为阴，则二至四互坎，五至上为半乾象，上乾下坎，为讼。）

䷏豫卦辞："利建侯行师。"

虞注："三至上，体师象，故行师。"

（豫三至五互坎，五至上半坤象，上坤下坎，为师。）

䷶丰上六："丰其屋。"

虞注："三至上，体大壮，屋象，故丰其屋。"

（丰四至上为震，三至四半乾象，上震下乾，为大壮。）

这样一来，卦象又凭空增加了许多，每卦可以增加初至二、二至三、三至四、四至五、五至上等五个半象。更不止于此，因为半象"⚌"，可以为乾半象，也可以为巽半象，也可以为兑半象；半象“⚍”，可以为坎半象，可以为离半象，可以为震半象，也可以为兑半象。卦象衍生繁多不为过，而如此漫无标准，用以注易，实予人以“不确定”的感觉，即虞翻本人，也应感觉此非适当之途径吧！

半象之说，甚遭后人批评，如顾炎武（《日知录》卷一），如焦循（《易图略》卷七），均曾痛加指责。所以然之故，实由于半象本身缺乏一个主观的标准，而标准取决于经文。例如上举需卦例，二爻变阴，则初至二“⚍”为半震象。其实，“⚍”也可以说是半兑象，也可以说是半坎象，也可以说是半离象。所以不说是半兑、半坎、半离，而说是半震的原因，是由于经文有“饮食”二字；由饮食而及于噬嗑卦，由噬嗑而决定“⚍”为半震象。再如上举同人卦例，五至上“⚌”为半乾象，实际上，“⚌”也可以为半巽象，也可以为半兑象。所以不说是半巽、半兑，而说是半乾的原因，是由于经文中有“弗克攻”三字，由弗克攻及于乾刚，由乾刚决定为乾半象。其他所有半象的决定，标准莫不取决于经文。这就叫作“跟着经文打转”，如此而不招致后人指责，自然是不可能的事。

不过，笔者在此再郑重表示，虞翻以半象注经的方法虽不可取，而站在发明易道的角度说，半象的创立自有不容忽视的含义在。“易者，象也；象也者，像也。”卦象原是借符号以象万物，但符号是固定不变的，而万物是无一分无一秒不在变动演化中。因此，我们看卦象，最忌将卦象作为死板不变的符号看待；须知每一卦象都是活变的，都有它分秒变化的势能蕴含于其中。何以明之？就是要在卦象的内外体中，在卦象的反对与旁通中，在卦象的互体中，在卦象所呈现的半象中，去解悟易道的这种隐微繁赜。所谓“半象”，含义即“未完成的象”。何谓未完成的象？就是这个象正在趋向于变，而它的变的势能正在起作用，但尚未达到成熟的阶段。乾卦中含有巽半象，含有兑半象，表示乾阳中隐藏巽阴、兑阴的潜在势能（巽、兑为阴卦），此种势能在乾阳正壮盛时虽不显，但至乾阳盛极而衰时，此种势能就会抬头，促使乾阳趋变于阴。阳中含阴，阴中包阳，万物之理，莫不如是。所以半象的创立，对发明易道言，委实是极有价值的事。可是，用之于注经，便觉不妥。原因是：经文已经是落入名相，落入易道已呈现于某一方面的确定含义。解释它，也应该用已变成的确定的象，而半象的含义未能确定，于是就免不了使人生“穿凿附会”（顾炎武批评半象之言）之感。因而，笔者以为研究虞翻半象，应该将半象注经与半象本身对发明易道的价值分别开来，这样才是研究易学的正途，庶几可免蔽于半象之失而不见半象之用之弊。总之，在汉易家中，虞翻毕竟是佼佼出众的一个。他的创造才智，精辟的见地，处处表现，但因受了注经的时代学术风尚的拘束，使他未能直接倾全力在易道上发挥，而多耗费精力于琐屑的注解经文上，这是一件很可惜的事。

李氏《集解》虞注中，除上所举半象例以外，他如需九二、讼初六、《小畜·象传》、渐九五、丰上六等处多多，读者可自行参阅。

（四）虞氏八卦逸象

虞翻总两汉象数易之成，其注易或承袭前人之说，或自创新说，杂出多途。除上述外，其他琐屑方法，本书不拟一一尽举。然不应忽略的为其八卦逸象，惠栋《周易述》言："虞氏传其家五世孟氏之学，八卦逸象十倍于九家。"此下即据《周易述》，录虞氏八卦逸象。

乾逸象六十一：

为王、为神、为人、为圣人、为贤人、为君子、为善人、为武人、为行人、为物、为敬、为威、为严、为道、为德、为信、为善、为良、为爱、为忿、为生、为庆、为祥、为嘉、为福、为禄、为积善、为介福、为先、为始、为知、为大、为盈、为肥、为好、为施、为利、为清、为治、为高、为宗、为甲、为旧、为文、为古、为畏、为大明、为昼、为远、为郊、为野、为门、为大谋、为道门、为百、为岁、为朱、为顶、为圭、为蓍。

坤象八十一：

为妣、为民、为刑人、为小人、为鬼、为尸、为形、为自、为我、为躬、为身、为拇、为至、为安、为康、为富、为财、为积、为重、为厚、为基、为致、为用、为包、为寡、为徐、为营、为下、为裕、为虚、为书、为永、为迩、为近、为思、为恶、为默、为礼、为义、为事、为类、为闭、为密、为耻、为欲、为过、为丑、为恶、为怨、为害、为终、为丧、为死、为杀、为乱、为丧期、为积恶、为冥、为晦、为夜、为暑、为乙、为年、为十年、为盍、为户、为阖户、为庶政、为大业、为土、为田、为邑、为国、为邦、为大邦、为鬼方、为器、为缶、为辐、为虎、为黄牛。

震象四十九：

为帝、为主、为诸侯、为人、为行人、为士、为兄、为夫、为元夫、为行、为征、为出、为逐、为作、为兴、为奔、为奔走、为警卫、为百、为言、为讲、为议、为问、为语、为告、为响、为音、为应、为交、为惩、为后、为世、为从、为守、为左、为生、为缓、为宽仁、为乐、为笑、为大笑、为陵、为祭、为鬯、为草莽、为百谷、为麋鹿、为筐、为趾。

坎象四十七：

为云、为元云、为大川、为志、为谋、为惕、为疑、为恤、为逖、为悔、为涕淡、为疾、为灾、为破、为罪、为悖、为欲、为淫、为狱、为暴、为毒、为虚、为渎、为孚、为平、为则、为经、为法、为蒙、为聚、为习、为美、为后、为入、为纳、为臀、为腰、为膏、为阴夜、为岁、为三岁、为酒、为鬼、为校、为穿木、为弧、为弓弹。

艮象三十七：

为弟、为小子、为贤人、为童、为童仆、为官、为友、为道、为时、为小狐、为狼、为硕、为硕果、为慎、为顺、为待、为执、为厚、为求、为笃实、为穴居、为城、为宫、为庭、为庐、为牖、为居、为舍、为宗庙、为社稷、为星、为斗、为沫、为肱、为背、为尾、为皮。

巽象二十：

为命、为诰、为号、为随、为处、为利、为商、为同、为归、为交、为白茅、为草莽、为草木、为薪、为帛、为墉、为床、为桑、为地、为鱼。

离象十九：

为黄、为见、为飞、为明、为光、为甲、为孕、为戎、为刀、为斧、为资斧、为矢、为黄矢、为罔、为鹳、为鸟、为飞鸟、为瓮、为瓶。

兑象九：

为友、为朋、为刑、为刑人、为小、为密、为见、为右、为少知。

以上逸象共三百二十三义。

这些逸象自然都是据《说卦传》广为引申，不知惠栋何由得知。总之，看过上述虞翻易说的大要介绍后，使我们感到虞翻易实在是以“象”为重心的易学，卦变、互体、半象是就本卦象内增加象之用，旁通与八卦逸象是就本卦象外增加象之用。虞氏如此肆意而为，创增卦象，虽受后世易家批评指责，也算得上“豪气干云”了。

第四节　其他象数易家

东汉季世，易风极盛，上所述郑玄、荀爽、虞翻三家，为对象数易有新创的易学家。其他还有多人，虽无新说创建，也都是易名卓著，为当时易界所推崇，不可略过，兹总为一节简述于下。

一、关中：马融

马融，字季长，扶风茂陵人，《后汉书》本传称他：“才高博洽，为世通儒，教养诸生，常有千数，涿郡卢植、北海郑玄，皆其徒也。”说他教学生时，“坐高堂，施绛帐，后列女乐”。可知是一个不大拘于俗礼细节的儒者。晁公武《郡斋读书志》云：“凡《彖》《象》《文言》等参入卦中者，皆祖费氏，东京荀、刘、马、郑皆传其学。”赵汝楳《易辑闻》云：“陈元、郑众皆传费学，马融、郑玄、荀爽、王肃、王弼皆为之注。”可见采用费氏以传解经方式而注易，是自马融开始。马融是当时名儒，又是郑玄、卢植的老师，所以他的影响很大：第一，开荀、郑以下易学以注经为主的易风；第二，他所倡导的费氏以传解经的方式普遍被采用。

《隋书·经籍志》载：“梁有汉南太守马融注《周易》一卷，亡。”《新唐书》《旧唐书》均载有《马融章句》十卷，今所见有马国翰辑本《周易马氏传》三卷。就今辑本中所见，马氏易一方面重文字训诂，一方面杂采象数之说。文字训诂这方面且置，兹举其中有关象数之处如下：

䷀ 乾初九：“潜龙勿用。”

马注：“物莫大于龙，故借龙以喻天之阳气也。初九建子之月，阳气始动于黄泉，既未萌芽，犹是潜伏，故曰潜龙也。”

䷁ 坤卦辞：“西南得朋，东北丧朋。”

马注："孟秋之月，阴气始著，而坤之位，同类相得，故西南得朋。孟春之月，阳气始著，阴始从阳，失其党类，故东北丧朋。"

《☲ 家人·象传》："风自火出，家人。"

马注："木生火，火以木为家，故曰家人。火生于木，得风而盛，犹夫妇之道，相须而成。"

《系辞传》："大衍之数五十，其用四十有九。"

马注："易曰太极，谓北辰也，太极生两仪，两仪生日月，日月生四时，四时生五行，五行生十二月，十二月生二十四气，北辰居位不动，其余四十九转运而用也。"

从这几则注文看来，马氏显然采象数家卦气、五行等说以注经。颜延之《庭诰》云"马、陆得其象数"，应是指这些。同时，《后汉书·郑玄传》中言："会融集诸生考论图纬，闻玄善算，乃召见于楼上。"可证他对当时流行已久的图纬之学，也曾下工夫研究过。郑玄后来注易纬，未始不是受了这位老师的影响。

二、荆州：刘表、宋忠（衷）

汉献帝初平元年至建安十三年中间（公元190—208年），刘表为荆州牧，时天下大乱，荆州独安。《后汉书·刘表传》载当时荆州的盛况："万里肃清，大小咸悦而服之，关西兖豫学士归者，盖有千余。表安慰赈赡，皆得资全，遂起立学校，博求儒术，綦毋闿、宋忠等撰立五经章句，谓之后定。"《刘镇南碑》说到当时荆州学风之盛云："洪生巨儒，朝夕讲论，訚訚如也。"又言当时五经的整理情形："君（指刘表）深愍末学，远本离质，乃令诸儒改定五经章句，删划浮辞，芟除烦重。"说刘表在东汉末年天下扰扰之际，竟把荆州治理成一片乐土。他不仅提倡经学，且领导来归的天下学者对经学重新研讨改定。刘表和他的五业从事宋忠，在易学方面都享盛名。

刘表字景升，为易九家之一。荀勖《中经簿》载有其《易传》十卷。《隋书·经籍志》有"《周易》五卷，汉荆州牧刘表章句"。《新唐书》《旧唐书》并云五卷。是刘氏易在隋唐时已失其半，今更无传。李氏《集解》引刘表易注仅有《谦卦·象传》与《颐卦·象传》两处。马国翰合此与《释文》《正义》等书所引辑为一卷，所见都是些短缺残文，不足以窥知大体。勉强据以推论，似是持甚稳健的态度解释经文。有些文字解说与今本异，如《屯·象传》“君子以经纶”，作“经论”；《损·象传》“君子以惩忿窒欲”，作“澄忿懫欲”，注云：“澄，清也；懫，止也。”《系辞传》“知以藏往”，作“知以臧往”，注云：“臧，善也。”这些也许就是所谓“后定”的成绩吧！

宋忠，或宋衷，字仲子，在刘表幕下官五业从事，是荆州学风的实际领导人物。“五业”二字作为官名不见于史册，马国翰以为“五等”之误，实则应从卢弼之说，为“五经之业”的省称（见《三国志·王肃传》集解）。刘表改定五经章句，令忠主其事，故以“五业从事”名官。宋忠易学在当时颇擅声名，虞翻尝谓：“北海郑玄，南阳宋忠，虽各立注，忠小差玄。”足见宋、郑已在伯仲之间。李氏《集解》中时见宋氏注，从中可看出他的易学风格为重义理兼采象数，与马融之重训故兼采象数者不同。兹举数例，以见其学之大概。

䷆ 师卦辞：“开国承家”。

宋注：“阳当之五，处坤之中，故曰开国。阴下之二，在二承五，故曰承家。”

䷊ 泰六四《象传》：“翩翩不富，皆失实也。”

宋注：“四，互体震，翩翩之象也。阴虚阳实，坤今居上，故言失实也。”

䷫姤初六：“羸豕孚蹢躅”。

宋注：“羸，大索，所以系豕者也。巽为股，又为进退，股而进退，则蹢躅也。初应于四，为二所据，不得从应，故不安矣。体巽为风，动摇之貌也。”

䷾既济初九：“曳其轮，濡其尾，无咎。”

宋注：“离者，两阳一阴，阴方阳圆，舆辐之象也。其一在坎中，以火入水，必败，故曰曳其轮也。初在后，称尾，尾濡曳，咎也。得正有应，于义可以危而无咎矣。”

䷰革九五《象传》：“大人虎变，其文炳也。”

宋注：“阳称大，五以阳居中，故曰大人。兑为白虎，九者变爻，故曰大人虎变，其文炳也。”

宋忠更知名的是太玄之学，曾作《太玄解诂》。其影响所及，吴地虞翻、陆绩都因而习玄（见《三国志·陆绩传》集解）；魏地王肃也从宋氏受玄及易。扬雄《太玄》，本为易之同门旁出，宋忠治易探玄，名盛一时。此外，宋忠也精于古学，蜀中李譔、尹默，并从他受古学（见《三国志·刘表传》)。是宋氏坐居荆州，而其学风影响，遍及于魏、蜀、吴三国。由此看来，宋氏在当时是颇为突出的一个大学者，他在汉末学术界的地位，是不容忽视的。

三、魏地：王肃、董遇

王肃，字子雍，少从宋忠读《太玄》。肃父王朗好易，尝作《易传》行世。《三国志·魏书·齐王纪》六年："诏故司徒王朗所作《易传》，令学者得以课试。"可见王肃易学，一承自宋忠，一承于其父。本传中说："肃好贾、马之学，而不好郑氏，采会同异，为尚书、诗、论语、三礼、左氏解及撰定父朗所作《易传》，皆列于学官。"《隋书·经籍志》有《周易》十卷魏卫将军王肃注，今马国翰辑本有《周易王氏注》二卷及《周易音》一卷。张惠言曾谓王弼注易，祖述肃说，即从王肃受学于宋忠一脉而来。因王弼的祖父王凯，为刘表婿，与其父王业在荆州居住有年，深受宋学的影响，是王弼与王肃之学有同源之谊。今观马本王氏注残卷中，如坤卦辞："西南得朋，东北丧朋。"注："西南阴类，故得朋；东北阳类，故丧朋。"蒙上九："击蒙。"注："击，治也。"均与王弼义通，张氏之言，不谓无据。

董遇，字季直，与王肃同时而稍年长于肃。明帝时为大司农，也治易。《隋书·经籍志》载："梁有魏大司农董季直注《周易》十卷，亡。”《魏书》无董氏传，仅王肃传末附有数语，裴松之注引《魏略》，言遇幼出贫寒，故治学勤严，尝语人：“读书百遍而义自见。”今马国翰辑本有《董氏章句》一卷，止零星二十余节，其中注“大衍之数”一节，谓：“天地之数五十有五者，其六以象六画之数，故减之而用四十九。”与吴姚信立说相同，为新说之一，未知二人谁先倡。

四、吴地：陆绩、姚信

陆绩，字公纪，吴郡吴人。年六岁，以怀橘遗母之孝行闻。及长，与虞翻、庞统相友善而年少于二人。陆绩天资聪颖，于天文、星历、算数之学深造有得。曾做浑天仪，在天文学上与张衡齐名，故《晋书·天文志》言：“论天者虽多，然精于阴阳者，张平子、陆公纪之徒。”后又研习《太玄》，因宋忠之《太玄解诂》，论正其失，故《隋书·经籍志》有“《扬子云太玄经》十卷，陆绩宋忠注。”陆氏为一个不可多得的才士。

陆绩因精于天文历算，故注易也多及于这方面。《隋书·经籍志》有“《周易》十五卷，吴郁林太守陆绩注”，颜延之《庭诰》云“马、陆得其象数”。今就马国翰辑《周易陆氏述》三卷中看，如：

《䷀乾·文言》:“圣人作而万物睹。”

陆注:“阳气至五,万物茂盛,故譬圣人在天子之位,功成制作,万物咸见之矣。”

又:“六爻发挥,旁通情也。”

陆注:“乾六爻发挥,变动旁通于坤,坤来入乾,以成六十四卦,故曰旁通情也。”

《䷜习坎·彖传》:“水流而不盈。”

陆注:“水性趋下,不盈溢崖岸也。月者,水精,月在天,满则亏,不盈溢之义也。”

《系辞传》:“凡三百有六十,当期之日。”

陆注:“日月交会,积三百五十四日有奇为一会,今云三百六十当期,则入十三月六日也。十二月为一期,故云当期之日。”

又:“观鸟兽之文。”

陆注:“谓朱鸟、白虎、苍龙、玄武、四方、二十八宿、经纬之文。”

陆绩曾注《京氏易传》,故张惠言谓陆氏易为京氏易。其实,陆氏易不应说是京氏易。京房因谙于天文历数,故其易中多涉及星宿算数方面,尤其积算法,为京氏独家之学,鲜有人知其究竟。陆绩以精于天文历算，故能会通京氏易而为之注，并非陆氏传京氏易。今观《陆氏述》三卷中，不见有纳甲、飞伏、八宫、六亲之迹可证。马国翰在《陆氏述》序文中云：

> 玩其遗文，刊物作利之，与孟喜同；为其嫌于无阳，嫌作兼，与荀爽、虞翻同；夷于左股，夷作睇，与子夏、郑元同。它如疢作疾，晢作逝，窒欲作疗欲，靡之作縻之之类，亦必有所师承，不主一家，择善而从，注之称述也，其在斯乎！

马氏之言是对的。

陆绩死时仅三十二岁，时建安二十四年，洵可称为一代才士。

比陆绩稍晚，有姚信。姚信，《吴志》无传，仅《陆绩传》注中道及。阮孝绪《七录》云：字元直，吴兴人，吴太常卿。陆德明《释文序录》言字德祐。《隋书·经籍志》有“《周易》十卷，吴太常姚信注”。马国翰辑《周易姚氏注》一卷引四十余节，其间如注谦六二“鸣谦，贞吉”，言互体；注《观·彖传》“贞，小亨”，言虞氏卦变；《系辞传》“大衍之数”下，则注“天地之数五十有五者，其六以象六画之数，故减之用四十九”，与董遇同。姚、董二人虽地异吴、魏，时代相同，未知谁先倡。

五、蜀地：蜀才

李鼎祚《周易集解》所采易注三十五家中，有蜀才一家。“蜀才”是号，不是真实姓名，含义是以“才”自命的某一“蜀”地人。后人有两种推测：一认为是谯周；一认为是范长生。谯周是蜀汉人，仕后主朝。邓艾入川，周引《易·乾卦·文言》中“知进退存亡而不失其正者，其唯圣人乎”一段话，劝后主降魏，后卒于晋武帝泰始六年（公元 270 年）。《蜀书》本传中载有他以“典午忽兮，月酉没兮”占司马昭之死。从“典午”“月酉”的用词上看，谯周自是通象数易。

范长生晚于谯周三十余年，为李雄据蜀时人。据《晋书》，李雄以永兴元年（公元 304 年）僭号成都王后，“范长生自西山乘素舆诣成都，雄迎之于门，执版延坐拜丞相，尊曰范贤”。范长生劝李雄称尊号，于是两年后，李雄即帝位，“加范长生为天地太师，封西山侯”。崔鸿《十六国春秋·蜀录》中载：“西山（按为青城山）范长生，岩居穴处，李雄欲立为君而臣之，长生固辞，曰：推步大元，五行大会甲子，祚钟于李，非吾节也。”“范长生善天文，有术数，民奉之如神。”可见范长生是精于术数的人。今比较谯周与范长生二人，谯周于史书有传，传中载有他的著述“撰定《法训》《五经论》《古史考书》之属百余篇”，不见有易注之作，如有，也不必称为“蜀才”。范长生原抱才隐居于青城山，后为李雄尊为丞相，才名高于一时，以“蜀才”自号，较为合理，所以后人多以蜀才为范长生。马国翰辑佚书有《周易蜀才注》一卷，即题为范长生撰。

蜀才易的内容，就李氏《集解》所引看来，乃全采用虞翻卦变之说以注易，凡卦下注有“此本 × 卦”者，与虞翻卦变全然相合，无一例外。其他象数家之说，则甚少见采用。以下列全部蜀才注“此本 × 卦”之卦，与虞翻注相对照，以见蜀才说易实本于虞氏。

《䷄需·彖传》：“需，有孚光亨贞吉。位乎天位以正中也。”

蜀才注：“此本大壮卦。案六五降内，有孚光亨贞吉。九四升五，位乎天位以正中也。”

虞翻注卦辞：“大壮四之五。”

《䷅讼·彖传》：“讼，有孚，窒惕，中吉，刚来而得中也。”

蜀才注：“此本遁卦。案二进居三，三降居二，是刚来而得中也。”

虞翻注卦辞：“遁三之二。”

《䷆师·象传》：“刚中而应，行险而顺。”

蜀才注：“此本剥卦。案上九降二，六二升上，是刚中而应，行险而顺也。”虞注缺。

《䷇比·象传》：“原筮元永贞，无咎，以刚中也。”

蜀才注“此本师卦。案六五降二，九二升五，刚往得中，为比之主，故能原究筮道，以求长正而无咎矣。”

虞翻注卦辞：“师二上之五。”

由上已可看出蜀才注易本于虞翻之情状，以下各卦均简录。

䷊泰

蜀注：“此本坤卦。”

虞注：“阳息阴。”

䷋否

蜀注：“此本乾卦。”

虞注："阴消乾。"

䷌ 同人

蜀注："此本夬卦。"

虞注缺。

䷐ 随

蜀注："此本否卦。"

虞注："否上之初。"

䷒ 临

蜀注："此本坤卦。"

虞注："阳息至二。"

䷓ 观

蜀注："此本乾卦。"

虞注："观反临也。"

䷘ 无妄

蜀注："此本遁卦。"

虞注："遁上之初。"

䷙ 大畜

蜀注:“此本大壮卦。”

虞注:“大壮初之上。”

䷞ 咸

蜀注:“此本否卦。”

虞注:“坤三之上成女，乾上之三成男。”

䷟ 恒

蜀注:“此本泰卦。”

虞注:“乾初之坤四。”

䷢ 晋

蜀注:“此本观卦。”

虞注:“观四之五。”

䷣ 明夷

蜀注:“此本临卦。”

虞注:“临二之三，而反晋也。”

䷨ 损

蜀注:“此本泰卦。”

虞注:“泰初之上。”

䷩ 益

蜀注:“此本否卦。”

虞注:“否上之初。”

䷷ 旅

蜀注:“否三升五。”

虞注:“否三之五。”

六、附:翟元、干宝、其他

翟元，生平事不详，李鼎祚《周易集解》采易注三十五家中，有翟元一家。又考陆德明《释文序录》引荀九家为:荀爽、京房、马融、郑玄、宋衷、虞翻、陆绩、姚信、翟子元。翟子元也不知何许人,《释文》言有《易义》之作。马国翰以二名近似，故推断为一人。又因九家次第，翟元排在姚信以后，故推断为魏晋间人。马说可信。

翟氏易注,《集解》所引不多，无法窥知其思想梗概。然就其零星义来看，是以经学家立场采象数之说以注易，与马融风格相近。兹录《集解》所引翟氏易注中有关象数的三则，如下:

《☰乾·文言》："与四时合其序。"

注："乾坤有消息从四时来也。"

《☱随·象传》："泽中有雷，随，君子以向晦入宴息。"

注："晦，冥也。雷有阳气，春夏用事。今在泽中，秋冬时也。故君子象之，日出视事，其将晦冥，退入宴寝而休息也。"

☴巽六四："悔亡，田获三品。"

注："田获三品，下三爻也。谓初巽为鸡；二兑为羊；三离雉也。"

干宝，为晋元帝时人。汉象数易自王弼《易注》出，可以说是气运已终。且此后整个中国思想潮流奔赴于佛、老，易学研究之风寝衰，去王未远，可视为汉象数易落日余晖的，为干宝。干宝字令升，新蔡人，仕晋元朝为散骑常侍领国史。《晋史》本传说他"性好阴阳术数"，在他的著述中列有《周易注》，《隋志》载有他所撰《周易注》十卷及《周易爻义》一卷。干宝易对汉象数诸家最倾心于孟、京，如在他注《系辞传》"六爻相杂，唯其时物也"句下，说：

一卦六爻，则皆杂有八卦之气，若初九为震爻，九二为坎爻也；或若见辰戌言艮，巳亥言兑也；或若以甲壬名乾，以乙癸名坤也；或若以午位名离，以子位名坎；或若德来为好物，刑来为恶物，王相为兴，休废为衰。

在“爻有等，故曰物”句下说：

等，群也。爻中之义，群物交集，五星四气，六亲九族，福德刑杀，众刑万类，皆来发于爻，故总谓之物也。

所言义，都不出孟、京二家。不过，干氏注易有他新创的一面，便是以文、武、周、成的遭遇比附爻象。这种情形见于干氏易注中，甚为普遍，成为干氏易注的特有风格，也正是本书特提出干氏附录于此的原因。以下且录李氏《集解》中干注乾卦六爻作例。

䷀乾

初九：“潜龙勿用。”

注：“位始故称初，阳重故称九。阳在初，十一月之时，自复来也。初九甲子，天正之位，而乾元

所始也。阳处三泉之下，圣德在愚俗之中，此文王在羑里之爻也；虽有圣明之。德，未被时用，故曰勿用。”

九二：“见龙在天，利见大人。”

注：“阳在九二，十二月之时，自临来也。二为地上，田在地之表，而有人功者也。阳气将施，圣人将显，此文王免于交羑里之日也，故曰利见大人。”

九三：“君子终日乾乾，夕惕若厉，无咎。”

注：“爻以气表，繇以龙兴，嫌其不关人事，故著君子焉。阳在九三，正月之时，自泰来也。阳气始出地上，而接动物，人为灵，故以人事成天地之功者，在于此爻焉。故君子以之忧深思远，朝夕匪懈，仰忧嘉会之不序，俯惧义和之不逮，反复天道，谋始反终，故曰终日乾乾。此盖文王反国大厘其政之日也。凡无咎者，忧中之喜，善补过者也，文恨早耀，文明之德，以蒙大难，增修柔顺，以怀多福，故曰无咎矣。”

九四：“或跃在渊，无咎。”

注：“阳在九四，二月之时，自大壮来也。四，虚中也，跃者，暂起之言，既不安于地，而未能飞于天也。四以初为应，渊谓初九甲子，龙之所由升也。或之者，疑之也，此武王举兵孟津，观衅而退

之爻也。守柔顺，则逆天人之应，通权道，则违经常之教，故圣人不得已而为之，故其辞疑矣。”

九五：“飞龙在天，利见大人。”

注：“阳在九五，三月之时，自夬来也。五在天位，故曰飞龙，此武王克纣正位之爻也。圣功既就，万物既睹，故曰利见大人矣。”

上九：“亢龙有悔。”

注：“阳在上九，四月之时也。亢，过也，乾体既备，上位既终，天之鼓物，寒暑相报，圣人治世，威德相济，武功既成，义在止戈，盈而不反，必陷于悔。”

干宝注易的体例，观上可知。其他各卦注中，也多有历史人物比附，不胜举，读者可参阅李氏《集解》。

其他，除本书以上所已介绍或下章将介绍的魏伯阳、管辂、王弼外，李鼎祚《集解》中所引，尚有何晏、王廙、张璠、向秀、王凯冲、侯果、韩康伯、刘巘、何妥、崔憬、沈驎士、卢氏、崔觐、伏曼容、孔颖达、姚规、朱仰之、蔡景君等。这些都是魏晋以后人：有些去汉过远；有些守象数之说而无新创义；有些是儒门易家；有些在《集解》中只一二见；有些虽也有易注之作，无甚高论。故本书不复一一述及。

第六章　汉象数易的结束

现在，我们要说到象数易的结束了。回顾象数易自孟、焦、京开始，一阵狂飙般卷来，在儒门义理以外，推出许许多多光怪陆离的新说。就内容上说，它确实已远离了儒门义理，可是就整个汉易的发展趋势上看，颇有点像《西游记》中孙悟空翻筋斗的一幕，最后仍未脱出儒门的掌握。当象数易始兴之际，孟喜、焦延寿、京房差肩而起，推出以占验灾异为主的新易学。一时间，卦气、变占、八宫、互体、纳甲、飞伏等名目耀眼翻飞，都是儒门易前所未见的新鲜玩意儿。此时，正如孙悟空十万八千里的筋斗一路翻滚开去，大有弃绝儒门、独立开创新天地之势。然而，就在同时，便出现了费直"以《彖》《象》《系辞》十篇文言解说经上下"的以传解经的一派易学。这一派易学虽未明白站在反对占验派易学的立场，而且费直本人也曾为《焦氏易林》作序，但他的以传解经的易学大方向，却表示出是儒门易精神的仍然存在，费直不自觉地在扮演着儒门易卫道者的角色。于是，有他这一条锁链的援引，到了东汉以后，象数易便从占验派手中又被拉回到儒门易经旗下。东汉象数易家除本章将述及的魏伯阳、管辂以外，无一不是以注解易经为务。尽管他们说易的内容极尽象数之奇巧，而目的是为了“注经”；易经的地位高高在上，“紧箍咒”般箍在东汉象数易家的头上，使他们摆脱不开。

这一易学趋势的转变，对象数易来说，实在已经注定了趋向衰微的命运。因为象数易之兴，乃兴于占验，非兴于注经；今以占验的象数易，用之于注经，自然使人生索奇弄怪、蒙混经义之感。加上经文的隐晦难解，象数易家为了勉强求通，不得不创新说，转大弯，象外生象，攀枝引条。如此一来，象数易给人的印象更是弊窦丛生了。前文在叙述郑玄、荀爽、虞翻的易学时，笔者已一再说过，并举例指明他们在受制于经文下所作的许多不妥当的注解。在这种情势下，荀、虞时代虽号称象数易盛世，实际上已是入了“注经”的网中，欲飞不能，只有待毙了。

果然，劫数来了。就在虞翻刚刚死去，象数易的阵营中就出现了一个潇洒得连笔杆也懒得一提的管辂，绝对反对以文字注易，而就眼前现象假数术以明易道。管辂的学术血统是孟、焦、京占验派一系（见后文“管辂易”一节），他的出现当然算是象数易在“注经”下产生了流弊这件事的反动；注经的象数易一衰，占验的象数易抬头，是必然之理。可是，还未等到管辂的易学发生影响，就在管辂的同时，忽然像从天上掉下来一样，冒出一个二十多岁的青年小伙子王弼。这个未涉足人事的毛头青年，竟然神灵附体似的拿起笔来写了一本《易注》。其中彻底废弃了象数，完全采用儒门十翼义理解易。说来不信，风行三百年之久的象数易（由西汉宣帝年间孟喜时代算到王弼时代，约三百年），竟被这个青年人轻易地一笔抹掉。王弼的忽然出现，活像如来佛的那一只神力无边的手掌，一反复间，把孙悟空压在五指山下（《西游记》中，孙悟空在如来佛掌中疯狂地翻过一阵筋斗之后，还未出如来佛的掌心，反被如来佛一反掌压在五指山下）。象数易这一阵学术旋风于此告终。

本章所述，应该只限于管辂与王弼二人，但另有一支极为重要而不容忽略的易学，便是魏伯阳的易学。魏伯阳就时代上说，早于虞翻；就易学内容上说，是象数易家，照理应该列于上章“东汉象数易家”内叙述。但是魏氏象数，从学术血统上求，来自占验一派。从目的上看，不为注经，与马、郑、荀、虞的东汉象数易主流不是一路。魏氏是把象数易用之于丹道修炼之术上。就东汉易风而言，这是一支歧出的易学，也可以说是对注经派的象数易的一支分化力量。因而，笔者置魏氏易于此章内，与管、王并论。在作用上，这三支易学都是站在与注经派象数易的反对立场。以下分述之。

第一节　魏伯阳援易入丹道

一、魏伯阳事略

《列仙传》:

真人魏伯阳者，会稽上虞人也。世袭簪裾，唯公不仕，修真潜默，养志虚无，博赡文辞，兼通纬候，恬淡守素，唯道是从，每视轩冕如糠粃焉。从阴长生真人得授金丹大道，依法伏炼成真，乃约《周易》撰《参同契》三篇。[①]

《神仙传》:

魏伯阳，吴人也，高门之子而性好道术，不肯仕宦，闲居养性，时人莫知其所从来，谓之治民养身而已。入山作神丹，将三弟子，知两弟子心不尽

① 考《列仙传》，未有此文。清朱元育《参同契阐幽》于“自序启后章，第三十六”中有“按列仙传……”云云。当是作者直接引用。

诫，丹成乃诫之曰：金丹虽成，当先试之，饲于白犬，犬能飞者，人可取之，若犬死者，即不可服也。伯阳入山时，将一白犬自随。又丹转数不足，和合未至，自有毒丹，毒丹服之皆暂死。伯阳故便以毒丹与白犬食之，犬即死。伯阳乃复问诸弟子曰：作丹恐不成，今成而与犬食，犬又死，恐是未得神明之意，服之恐复如犬，为之奈何？弟子曰：先生当服之否？伯阳曰：吾背违世路，委家入山，不得仙道，吾亦耻复归，死之与生，吾当服之耳。伯阳便服丹，丹入口即死。弟子相顾谓曰：所以作丹者，欲求长生耳，而服之即死，当奈何？惟一弟子曰：师非凡人也，服丹而死，得无有意邪！又服之，入口复死。余二弟子乃相谓曰：作丹求长生耳，今服丹即死，当用此何为？若不服此，自可得数十年在世间活也。遂不服，乃共出山，欲为伯阳及死弟子求棺木殡具。二人去后，伯阳即起，将所服丹内死弟子及白犬口中，须臾皆起，将服丹弟子姓虞及白犬而去[①]。逢入山伐薪人，作手书与乡里人寄谢二弟子。弟子见书，始大懊悔。伯阳作《参同契》三相类凡

① 此句，《神仙传》作：“……白犬口中，皆起，弟子姓虞，遂皆仙去”

二卷[①]，其说似解《周易》，其实假借爻象以论作丹之意。而世之儒者，不知神丹之事，多作阴阳注之，殊失其旨矣。[②]

《列仙传》所载，颇简明扼要。《神仙传》中故事显然为后来道家服食一派的伪造。所以引录，是由此我们可以知道魏伯阳是一个弃绝仕途、入山修道的人。二传言魏氏为会稽人或吴人，当可信。因为虞翻为会稽人，李氏《周易集解》引虞翻采魏氏纳甲作注之处甚多（后文有引），《经典释文》"易"字下也有"虞翻注《参同契》"之言，而东汉其他易家不见与魏氏有关。至于魏氏生存时代，自在虞翻之前。今按虞翻生于汉灵帝建宁三年，由此看来，后蜀时，彭晓作《参同契解义》，其中的话倒是可信的，彭氏谓：

汉桓帝时，有魏伯阳以著《周易参同契》示于青州徐从事家，徐乃匿名以注之，而授之于淳于通。

桓帝的时候，正是道教酝酿兴起之时。张道陵自称为张良

---

① 《参同契》三相类凡二卷：《云笈七签·卷一百九》作"参同契五相类凡二卷"，《神仙传》作"参同契五行相类凡三卷"。

② 此文所引不知出处。与《神仙传》及《云笈七签·卷一百九·神仙传》皆少有不同。

的八世孙，得炼丹术于鹄鸣山中。当时炼丹修道的风气甫开，魏伯阳遂将象数易用之于丹道上，为丹道修炼立下理论及方法的依据。

魏伯阳被后世道教尊为神仙，其风格与先秦道家老、庄不同。老、庄是以任性保真、自然无为、安其天命为志；魏伯阳则是在自然上加以人为修炼，以“求长生”为志。《参同契》的最后两句结尾语是：“吉人乘贞，安隐长生。”意思就是说如依《参同契》中所言之道而行，就会安隐长生。

所谓“丹”，是指依法修炼所得的一点精华，但后世对丹义的解释不同：一言《参同契》中所说的炉鼎黄白都是假借物名，实际是指心理上与生理上的修炼功夫，叫作“内丹”；一言所谓丹，就是用炉鼎烧炼药物而服食，叫作“外丹”。隋唐以后，因受佛教的影响，内丹之说大盛，可是我们从历史上看，在魏晋之时却是外丹的天下。魏晋名士如何晏之流，整天穿着宽衣缓带，在外面“行散”，便是吃了一种叫“五石散”的丹药五内发烧的缘故。这已入于道家范围，此处姑置之不论。总之，根据《参同契》，丹炼成后，还丹入口可以使人长生。

以下我们看魏氏丹道易的几项新说。

二、魏伯阳易说

（一）牝牡四卦

“牝牡四卦”为魏伯阳丹道易的总纲领，相当于孟喜卦气中的四正卦。但孟氏四正卦取坎、离、震、巽，魏氏则取乾、坤、坎、离。孟氏取坎、离、震、巽为四正卦，是来自《说卦传》“帝出乎震”一章，《说卦传》一章是根据五行相生立说（已见前文）；今魏氏取乾、坤、坎、离，乃根据于乾坤为天地父母，而坎离为乾坤化生之理。“牝牡”二字已说明了魏氏取此四卦的含义。

《参同契·乾坤门户章第一》：

> 乾坤者，易之门户，众卦之父母。坎离匡廓，运毂正轴。牝牡四卦，以为橐籥，覆冒阴阳之道；犹工御者，准绳墨，执衔辔，正规矩，随轨辙，处中以制外，数在律历纪。

乾坤为易之门户，是说乾在上，坤在下，居外；而坎离二卦居乾坤上下之内，即在门户之中。乾坤是两极，坎离是乾坤变生的作用。这四卦如毂轴的运转，何以如毂轴的运转？因乾发其阳而下，坤致其阴而上，阴阳之交，是成坎离故。

如以图象示之，如图 6-1。

图 6-1　牝牡四卦图

此四卦如橐籥之运动，其他六十卦象均由此四卦之运动而化生，故此四卦居于“处中制外”的轴心位置，此乃就象上言。如就物理上推，则律、历、纪之数，均由此而成。接着，在《坎离二用章第二》中，魏氏再从体与用上发挥牝牡四卦的含义：

> 天地设位，而易行乎其中矣。天地者，乾坤之象也，设位者，列阴阳配合之位也。易谓坎离，坎离者，乾坤二用，二用无爻位，周流行六虚，往来既不定，上下亦无常。幽潜沦匿，变化于中，包囊万物，为道纪纲，以无制有，器用者空，故推消息，坎离没亡。

天地是体，以其有体，故有位。坎离是用，用非实体，故“无爻位”，虽无爻位，然而“没亡”。换句话说，坎离是“作用的存在”，它是周流六虚，往来不定，上下无常的。但这种似无还有、变化无常的坎离才正是易。为什么说“易谓坎离”呢？因为无坎离，即乾坤不起作用，乾坤不起作用，即乾坤成死体，由坎离的作用上见易道之故。由此立论，所以魏氏在后文又说“日月为易”。因为日月周流运行于天地之间，为天地精华之合。那么，引申推论出去，便可以说：父母为体，子女为易；君臣为体，善政为易；炉鼎药物为体，金丹为易。万物之理都在这里了。

魏伯阳以此牝牡四卦阐明易道阴阳调和之理，平实而论，不但完全契合易本义，而且直接明确，使人易于了解。《系辞传》中说：

> 乾坤其易之蕴邪！乾坤成列，而易立乎其中矣。乾坤毁则无以见易，易不可见，则乾坤或几乎息矣！

试看，以魏氏牝牡四卦之义，做这几句话的注解，是多么恰当！而《系辞传》这几句含义不太明显的文字，从魏氏牝牡四卦上会，又是多么浅近易懂！所以笔者认为就魏氏的援易入丹道而言，也不过是将易带入一个新的小园地中，无大奇特。但如就牝牡四卦对易道的阐发来说，确乎是易精义的揭示，是值得称赞的。

魏伯阳的《参同契》书中，有文无图。牝牡四卦的含义，已如上图所示；至于其他六十卦如何安排在四卦之外呢？因为魏氏的目的不是在创造一个卦变图，所以文字中未说到。

到了南宋，俞琰绘成一个先天六十四卦直图，被易学家公认为把握了魏氏易的精义，即图 6–2，兹录于此。

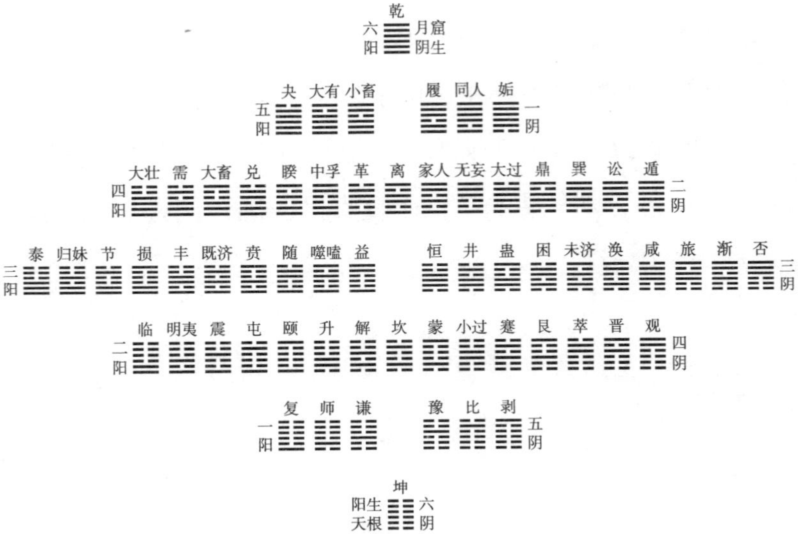

图 6–2　先天六十四卦直图

俞氏此图，乃合魏伯阳易与虞翻易而成，排列方式依虞氏卦变，中乾、坤、坎、离则为魏氏牝牡四卦，自然形成，充分表现了“运毂正轴”“处中以制外”的含义。尤其是上下对称，左右平整，十二月卦环于周遭。真算是一个排列得精巧完美、无懈可击的一个卦图。魏、虞二人死后如有知，必当认俞氏为知己于地下矣！

（二）魏氏六十卦直日

除乾、坤、坎、离四卦外，其他六十卦，魏伯阳有一套直日法，这套六十卦直日法是实际应用于丹道修炼的方法，《乾坤门户章第一》中说：

> 月节有五六，经纬奉日使，兼并为六十，刚柔有表里。朔旦屯直事，至暮蒙当受，昼夜各一卦，用之依次序，既未至晦爽，终则复更始。

这是说以一月三十日为一个循环周，三十昼夜，数共六十。依《序卦传》次序，昼夜各一卦，依次相配，朔旦自屯卦开始直事，暮由蒙卦换直，到既济、未济直晦爽日，再开始另一循环。

然后，再将一昼夜的两卦十二爻，配合一昼夜的十二辰。这一部分应是魏氏易的要紧所在，因为丹道修炼是每日依时辰行火候的，可是魏氏并未在《参同契》中明白道出，只是约略地说：

> 日月为期度，动静有早晚，春夏据内体，从子到辰巳，秋冬当外用，自午讫戌亥。(《乾坤门户》章第一)

跟着日月的期度，动静于早晚，随着春夏秋冬的不同，分内体外体之用。原则虽然说出，详细步骤未言明，究竟早晚动静的不同在哪里？内体外体如何用？魏氏不说，只写下“从子到辰巳”“自午讫戌亥”两句食之无肉、弃之有味的话。魏氏这里的隐讳不说，不知道绞尽了后世多少有心修道的人的脑汁，也因而有许多不同的见解，以下且引录朱云阳对这段话的注释：

此节言二至二分，数准一年，大周天之火候也。日月为期度者，日主乎昼，位当正午，自一阳动处以至六阳，即属日之气候。月主乎夜，位当正子，自一阴静处以至六阴，即属月之气候。动静有早晚者，一阳动而进火，应屯卦而为早，一阴静而退火，应蒙卦而为晚。要知一日之期度，即一月之期度，一月之期度，即一年之期度。又要知一年之动静，不出一月之动静，一月之动静，不出一日之动静。此两句承上起下，为通节纲领，下文遂推详一年之候。卦之内外二体，包举四时，假如屯卦自初爻进火，为子时一爻初动，直到上爻，便是纯阳之巳，从内体达外用，故应乎春夏。蒙卦自上爻退火，为午时一阴初静，直到初爻，便是纯阴之亥，从外用返内体，故应乎秋冬。此言冬夏二至交媾之候也。

朱云阳这里所说的，究竟也只能算是一家的解释，不能说就是魏伯阳的原意。

魏伯阳不把他的方法详细说明，也许有他不得不然的理由。因为丹道修炼之事，关系身命，要在当时当地口传身授，指导实行，文字解说，无法周详，影响人害多利少。在《三道由一》章第三十四中，魏氏说：

> 《参同契》者，敷陈梗概，不能纯一，泛滥而说，纤微未备，阙略仿佛。

正是此意。

关于六十卦直日法，是象数易占验一派中很重要的事，本书前文已分别介绍过，孟喜、焦延寿、京房各有六十卦直日法，大同而小异。魏伯阳的六十卦直日虽形式上类似孟、焦、京，实质上大为不同。孟、焦、京的直日法是以六十卦配一年三百六十日、十二月、二十四节气。魏氏是以六十卦配一月三十日及每日的十二辰。孟、焦、京是创造了另一套新卦序，以“卦气起中孚”起算，魏氏则依《序卦传》的次第，从屯蒙开始。同时本书前在郑玄爻辰中，也曾引过《易纬乾凿度》之说。《乾凿度》是以六十四卦主岁，每岁两卦，依《序卦传》次第，先乾坤，次屯蒙，次需讼……历三十二岁而周六十四卦。魏伯阳的六十卦直日，在互相比照之下，很显然是糅合了《易纬乾凿度》与孟、焦、京之说，更缩小其规模而成；因为丹道修炼最要紧的是日与时辰，年岁与节候为次要。于是，由这里我们便可以看出魏伯阳丹道易在易学发展上的血统来。易纬与孟、焦、京都是属于占验派象数易，到东汉注经派象数易兴起后，占验派失势；魏伯阳乃是在注经派象数易兴盛之际的一支改革的占验派象数易学。

（三）魏氏纳甲

纳甲、纳十二支之说，创于京房，前于京氏易中已叙述过。魏伯阳承京氏之说，《参同契·动静应时》章第三十七：

> 屯以子申，蒙用寅戌，余六十卦，各自有日。

屯卦内体为震，外体为坎，震内体纳子寅辰，坎外体纳申戌子，故言“屯以子申”。蒙卦内体为坎，外体为艮，坎内体纳寅辰午，艮外体纳戌子寅，故言“蒙以寅戌”。此言纳十二支，与京氏全同。至于纳甲，魏氏也同于京氏，只是多了个配合月象，说载于《天符进退》章第四：

> 三日出为爽，震庚受西方。八日兑受丁，上弦平如绳。十五乾体就，盛满甲东方。蟾蜍与兔魄，

> 日月气双明。蟾蜍视卦节，兔者吐生光。七八道已讫，屈折低下降。十六转受统，巽辛见平明。艮值于丙南，下弦二十三。坤乙三十日，阳路[1]丧其明。节尽相禅与，继体复生龙。壬癸配甲乙，乾坤括始终。七八数十五,九六亦相当。四者合三十，阳气[2]索灭藏。……八卦布列曜，运移不失中。

这一节便是易学界所传的魏伯阳纳甲。八卦乾纳甲壬，坤纳乙癸，震纳庚，巽纳辛，坎纳戊，离纳己，艮纳丙，兑纳丁，全同于京房。只是新创出以月象盈亏合卦，为当初京房纳甲所无。“三日出为爽，震庚受西方”，言月之初三日，上弦新月于初昏时，始见于西方庚地，月形如钩，只见下三分之一，如震卦 ☳ 之象。“八日兑受丁，上弦平如绳”，言至月之初八日，初昏时月见于南方丁地，上弦平满，形如兑卦 ☱ 之象。“十五乾体就，盛满甲东方”，言至月之十五日，昏时月见于东方甲地，其形充盈圆满，如乾卦 ☰ 之象。“蟾蜍与兔魄，日月气双明。蟾蜍视卦节，兔者吐生光”，乃借蟾蜍言日，兔魄言月，月之有圆缺，乃由于受日光之故，二气相感，故言“双明”；日视卦爻之节，施光于

① 阳路：一作“东方”。

② 阳气：一作“易象”。

月，月受日之光，而发盈亏之明。“七八道已讫，屈折低下降。十六转受统，巽辛见平明”，言十五日月形盈满，乾道成而转亏，于是一阴生于下，乾阳之统尽，转受统于坤阴，十六日平明时，月见于西方辛地，下弦月缺三分之一，如巽卦 ☴ 之象。“艮直于西南，下弦二十三”，言至二十三日，下弦月于平明时见于南方丙地，形如艮卦 ☶ 之象。“坤乙三十日，阳路丧其明”，言至月之三十日，月中阳光尽丧，坤阴盛极，即所谓晦，全不见月，故言如坤卦 ☷ 之象。“节尽相禅与，继体复生龙”，言坤阴极盛之后，乾阳复来，一阳生于下，复由震卦开始另一循环。“壬癸配甲乙，乾坤括始终”，言乾纳甲壬，坤纳乙癸，为原始要终之道。“七八数十五,九六亦相当”，为由老阳、老阴、少阳、少阴之数，言月象消长之期，少阳七与少阴八相合，其数为十五，老阳九与老阴六相合，其数也是十五，故自朔至望，自望至朔，阴阳消长，均以十五日为期。“四者合三十，阳气索灭藏”，言合七、八、九、六四数，为三十，正一月之日数；晦朔之交，阳气灭尽，月象不见，与望之月象盈满正相对。“八卦布列曜，运移不失中”，以上以月象合卦，只见六卦象，此言八卦，乃因坎离二卦，处中制外，无爻位之象，有乾坤之用，日月相感生光，阴阳消长见形，实际上也就是坎离之作用，六卦为具体的象的存在，坎离为抽象的作用的存在，故言。

以上魏伯阳纳甲，纯以月象之盈亏及其出没方位合卦为说，究其实，与大易思想源起之本义虽不合，但就配合之巧，理论之圆，洵可谓教外别传一大宗。尤以卦象与月象之近似，震巽象亏缺，艮兑象平弦，乾作盈满，坤为丧明，几人疑为古圣画卦由月象而起。当然，魏氏之说，只是取其大略，不能精确得若合符节，后人有议其不尽符合者，如赵汝楳云：

昼夜有长短。昼短，日没于申，则月合于申，望于寅；昼长，日没于戌，则月合于戌，望于辰。十二月间，三日之月未必尽见庚，十五日之月未必尽见甲。合朔有先后，则上下弦未必尽在八日二十三日，望晦未必尽在十五日三十日。震巽位于西，兑艮位于南，乾坤位于东与大传之卦易位。兑画阳过阴，艮画阴过阳，不能均平与上下弦月体相符。

赵氏之言自然有理，但应知魏氏纳甲的目的不是在做学问，而是以卦象合月作为丹道修炼的理论根据。至于在修炼应用上，魏氏自有其精细步骤及方法。明乎此，就可以知道魏氏上面纳甲的一段话，乃如他所说为“敷陈梗概”，非“纤微具备”之论。《两弦合体章第九》，魏氏言其纳甲之用为丹道修炼之义甚明，其文曰：

> 火记不虚作，演易以明之。偃月法[1]炉鼎，白虎为熬枢。汞日为流珠，青龙与之俱。举东以合西，魂魄自相拘。上弦兑数八，下弦艮亦八。两弦合其精，乾坤体乃成。二八应一斤，易道正不倾。

至于赵氏批评魏氏纳甲“震巽位于西，兑艮位于南，乾坤位于东，与大传之卦易位”，是固执于古说之言，不知《说卦传》震东、兑西、离南、坎北之位，乃出于五行相生之影响；魏伯阳以月象而论，是一新发明，自然不合于《说卦传》之位。魏氏之所以想到以卦象合月，想来是在丹道修炼中发现的，因为丹道修炼，每夜视月象而进火退火，久之，乃发现月象与卦象有相合之处，才发明这一套纳甲说。后人如站在做学问的立场去斤斤求证，指责毫厘之误于魏氏“敷陈梗概”的文字间，宁不为我们的魏道长窃笑于地下？——笑书呆子之只知咬文嚼字邪！

图 6-3，表示魏伯阳纳甲中月象、卦象及方位之状。

---

① 法：一作“作”。

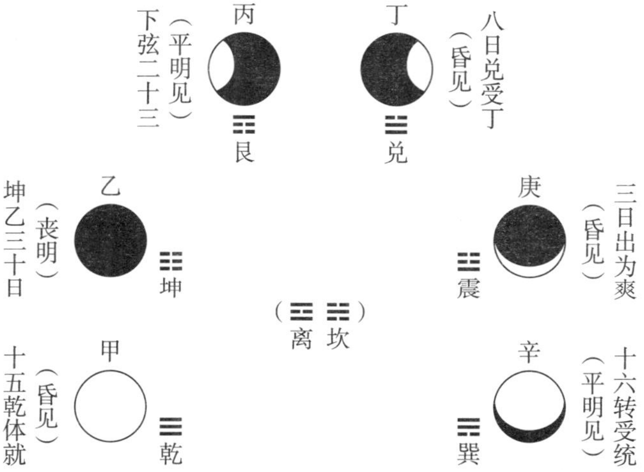

图 6-3　魏伯阳纳甲月象图

魏伯阳纳甲不为注易之用，而用之以注易的是虞翻。虞翻是会稽人，与魏同乡，《经典释文》“易”字下言：

虞翻注《参同契》云：字从日下月。

是虞翻采取魏氏“日月为易”之说（见《参同契·坎离二用章第二》）。李氏《集解》中虞翻引魏氏纳甲以注易之处甚多，摘举数处如下：

《䷁坤·彖传》：“西南得朋，乃与类行。”

虞注：“谓阳得其类。月朔至望，从震至乾，与时偕行，故乃与类行。”

又："东北丧朋，乃终有庆。”

虞注："阳丧灭坤，坤终复生，谓月三日震象出庚，故乃终有庆，此指说易道阴阳消息之大要也。谓阳月三日，变而成震，出庚。至月八日，成兑，见丁，庚西丁南，故西南得朋。谓二阳为朋，故兑，君子以朋友讲习之，《文言》曰：敬义立而德不孤。《象》曰：乃与类行。二十九日，消乙入坤，灭藏于癸，乙东癸北，故东北丧朋，谓之以坤灭乾，坤为丧故也。”

《䷦蹇·彖传》："蹇之时用大矣哉。”

虞注："谓坎月生西南而终东北，震象出庚，兑象见丁，乾象盈甲，巽象退辛，艮象消丙，坤象穷乙，丧灭于癸，终则复始，以生万物，故用大矣。”

《系辞传》："在天成象。”

虞注："谓日月在天成八卦，震象出庚，兑象见丁，乾象盈甲，巽象伏辛，艮象消丙，坤象丧乙，坎象流戊，离象就己，故在天成象也。”

又："悬象著明，莫大乎日月。”

虞注："谓日月悬天，成八卦象。三日暮，震象出庚。八日，兑象见丁。十五日，乾象盈甲。十七日旦，巽象退辛。二十三日，艮象消丙。三十日，坤象灭已。晦夕朔旦，坎象流戊。日中则离，离象就已。戊已土位，象见于中，日月相推，而明生焉。故悬象著明，莫大乎日月也。”

看到虞翻对魏伯阳易说的倾心，不禁想起了《三国志·虞翻传》引《别传》中的话，说虞翻在奏表中，曾言郡吏陈桃梦见他与道士相遇，道士布易六爻，挠三爻使他饮下等话（见前文引）。中所称放发披鹿裘的“道士”，隐约就是魏伯阳的影子。大概魏伯阳当时以“簪裾之家”的子弟，弃绝名利，入山修道，又精于易学，故在其家乡会稽一带，甚受人称颂。虞翻对他这位前辈老乡，心中极为向往，乃有平日道士的影子晃动在心中。又《别传》引虞氏自述其高祖以来五世治孟氏易，也当是从魏伯阳来。这一点，焦循在《易图略》中，已经提到，其言曰：

魏伯阳《参同契》，本京氏此文（按指京氏纳甲），而系之以日月为易之说……虞翻知伯阳此说，本之京房，而房则以为传自孟氏。……考翻说得朋，唯以纳甲，然则累世所传之孟氏易，即京氏之说，而魏伯阳所演而失者也。

焦循只看到魏氏纳甲源于京氏，而京氏则以为传自孟氏。尚未思及焦、京易与孟氏易实同为隐士所传授，原是一家之学；如思及此，便更了然于汉易的流变了。不过焦循推想虞翻以纳甲说得朋，乃“累世所传之孟氏易，即京氏之说，而魏伯阳所演而失者”，这话并不正确。昔孟喜与焦延寿先后受学于隐士，学出同源而所用有异，京房更传自焦延寿，多有创建；至魏伯阳，复祖述京氏而变更其说之用。就学术源流上说，是一脉相承，但就学说内容上说，是一路推陈出新。研究中国学术史的人，大都犯有一种通病，喜欢把后人创建的新说，追本溯源，归给最早的人。魏伯阳纳甲源出于京房是不错的，京房曾自言其易为孟氏易，也史有明文，但我们不能据此便说魏氏易即孟氏易，只可以说魏氏易“源出于”孟氏。

第二节　管辂以数术合易

一、管辂事略

管辂传列于《三国志·魏书·方伎传》中，陈寿在传末评曰：

华佗之医诊，杜夔之声乐，朱建平之相术，周宣之相梦，管辂之术筮，诚皆玄妙之殊巧，非常之绝技矣，昔史迁著扁鹊、仓公、日者之传，所以广异闻而表奇事也，故存录云尔。

可见陈寿不是站在学术思想上看管辂，而是把他看作一个“术筮者”，为他立传是为了“广异闻而表奇事”。这一点，笔者之所以首先提出来，是因为本书所采立场与陈寿不同，本书是站在学术思想的立场来写管辂。诚然，管辂一生不立文字，以其精深的筮术著名于当时，说他是“术筮者”为得其实，但是我们说这个术筮者绝非一般民间术士可比。《三国志》作者陈寿是晋人，去辂未远，尚未能从整个汉代学术思想的演变上认识管辂的重要性，故不脱当时人以术筮者视管辂的看法。我们在两千多年之后，回头综观汉代易学的流衍发展，实不得不在学术思想上给管辂一席重要的地位。他的不屑于文字注易，实为时代对象数易注经派所产生的反动；他的以数术合易，实为自两汉以来数术家的最高成就，而对易学来说，毋宁说是一个新的开创。尤其是对后世而言，遥接后世宋邵雍一派的易学。这位不可多得的奇才，应是易学史上关键人物之一。

陈寿因为把管辂看作术筮者，所以本传中绝大篇幅在举事例以明其数术之验，仅前后两段文字简述其出身与死前事，引录如下：

> 管辂，字公明，平原人也，容貌粗丑，无威仪而嗜酒，饮食言戏，不择非类，故人多爱之而不敬也。……正元二年，弟辰谓辂曰：大将军（按指司马昭）待君意厚，冀当富贵乎？辂长叹曰：吾自知有分直耳，然天与我才，不与我年寿，恐四十七八间，不见女嫁儿娶妇也。若得免此，欲作洛阳令，可使路不拾遗，枹鼓不鸣，但恐至太山治鬼，不得治生人，如何！辰问其故，辂曰：吾额上无生骨，眼中无守精，鼻无梁柱，脚无天根，背无三甲，腹无三壬，此皆不寿之验；又吾本命在寅，加月食夜生，天有常数，不可得讳，但人不知耳；吾前后相当死者过百人，略无错也。是岁八月为少府丞，明年二月卒，年四十八。

但裴松之注引辂弟辰所撰《辂别传》，则对管辂少年事言之甚详。情在手足，字里行间或有溢美之词，然由此也可看出管辂自幼时便才异常人，而且生性爱好数术，确曾苦心钻研，才有后日的成就，今录下此段以供参考：

> 辂年八九岁，便喜仰观星辰，得人辄问其名，

夜不肯寐，父母常禁之，犹不可止。自言：我年虽小，然眼中喜视天文。尝云：家鸡野鹄，犹尚知时，况于人乎？与邻比儿共戏土壤中，辄画地作天文及日月星辰，每答言说事，语皆不常，宿学耆人不能折之，皆知其当有大异之才。及成人，果明周易、仰观、风角、占相之道，无不精微。体性宽大，多所含受，憎己不仇，爱己不褒，每欲以德报怨。尝谓：忠孝信义，人之根本，不可不厚；廉介细直，士之浮饰，不足为务也。自言：知我者稀，则我贵矣，安能断江汉之流，为激石之清？乐与季主论道，不欲与渔父同舟，此吾志也。……琅玡太守单子春，雅有材度，闻辂一黉之隽，欲得见，辂父即遣辂造之。大会宾客百余人，坐上有能言之士，辂问子春：府君名士，加有雄贵之姿，辂既年少，胆未坚刚，若欲相观，惧失精神，请先饮三升清酒，然后而言之。子春大喜，便酌三升清酒，独使饮之。酒尽之后，问子春：今欲与辂为对者，若府君四坐之士邪？子春曰：吾欲自与卿旗鼓相当。辂言：始读诗论易本，学问微浅，未能上引圣人之道，陈秦汉之事，但欲论金木水火土鬼神之情耳。子春言：此最难者，而卿以为易邪？于是唱大论之端，遂经于阴阳，文采葩流，枝叶横生，少引圣籍，多发天然。

子春及众士互共攻劫，论难锋起，而辂人人答对，言皆有余，至日向暮，酒食不行。子春语众人曰：此年少盛有才器，听其言论，正似司马犬子游猎之赋，何其磊落雄壮，英神以茂！必能明天文地理变化之数，不徒有言也。于是发声徐州，号之神童。

管辂生于汉献帝建安十五年，卒于高贵乡公正元三年，虞翻死后十七年。

二、管辂易说

管辂易在汉象数易中别具一格，予人以通灵神秘的感觉。“通灵”来自他的不立文字、直造易道，“神秘”来自他的精于数术，用数术于无形，人不见其迹象。因而，我们研究汉易，觉得在汉象数经过长期发展之后出现了管辂的数术易，多少有点像后来佛教在中国经过长期发展之后出现了慧能的禅。慧能以前，佛门子弟着重于解说佛经，透过经论文字去领会佛理。到了慧能，乃提倡不立文字，见性成佛。管辂以前，马、郑、荀、虞等人以注解《易经》为主。到管辂，则抛弃文字障，游心数术，直造易道。研究慧能，我们总觉得他来得不简单，不自禁会想到佛教传入中国后经过长久时期的孕育，才结下这一枚硕果；研究管辂，同样也有这种感觉，使人觉得他的出现“非一朝一夕之故”。象数易历三百余年的蓄积，乃熔铸成这颗灵珠。所不同的，佛教自慧能以后，即开创出一个盛极的禅世界。而管辂的数术易，却未得传人，随其身死而寂。以下且先从“数术易”一名说起。

笔者称管辂易为“数术易”，乃根据以下两个理由。

第一，班固《汉书·艺文志》载“数术百九十家”，分为天文、历谱、五行、蓍龟、杂占、形法六种。班固解释“数术”之义曰：

> 数术者，皆明堂、羲和、史卜之职也。……春秋时，鲁有梓慎，郑有裨灶，晋有卜偃，宋有子韦；六国时，楚有甘公，魏有石申夫，汉有唐都。

《辂别传》中载辂尝自言：

> 当世无所愿欲，得与鲁梓慎、郑裨灶、晋卜偃、宋子韦、楚甘公、魏石申共登灵台，披神图，步三光，明灾异，运蓍龟，决狐疑，无所复恨也。

管辂这段话，明显是从《汉志》来。也就是说，他的理想是做《汉志》中“数术”一流的人。再证以辂所学，《汉志》

数术中所列天文、历谱等六种，他无一不通（见本传）。所以，笔者以为“数术”这顶帽子，是管辂乐于戴的。

第二，管辂所讲的“数”，不是象数易的“数”。象数易的数，指易中“七八九六之数”“大衍之数”“天数五，地数五”“奇偶之数”等，其概念与数目字密切相关。而管辂所讲的数，为“定数”之义，为宇宙万物所以成、所以毁、所以如此、所以如彼的那一个不得不然的决定因。后人又称之为“天数”，含有“命定”的意义。此数，初也来自大易，后来发展成一种自然常在的抽象观念，为数术家所专擅。数术家认为用术的目的，便是求得此数，而此“数”的意义的形成，远在管辂以前，并非自管辂始。且看下面管辂的一段话便知数与术的含义：

> 石苞为鄴典农，与辂相见，问曰：闻君乡里翟文耀隐形，其事可信乎？辂言：此但阴阳避匿之数，苟得其数则四岳可藏，河海可逃，况以七尺之形，游变化之内？散云雾以幽身，布金水以灭迹，术足数成，不足以怪。苞言：欲闻其妙，君且善言其数也。辂言：夫物不精不为神，数不妙不为术……今逃日月者，必阴阳之数，阴阳之数通于万类……

“术足数成”一语是数术家的信念，认为在用术时，如果方法正确，考虑周到，自然会得到所求的数——万物所以然的决定因。“数不妙不为术”，是说因为这个数奇妙难得，所以才设术以求。可见“求数”是用术的目的，“用术”是求数的方法。但这个含义为决定因的数，还是从易数中来，由上引最后几句“今逃日月者，必阴阳之数，阴阳之数通于万类”可知。阴阳之数即是易七八九六之数，也就是奇偶之数，可见数术家所言的数，是易中数字概念的数的进一步演变，演进到超出数字概念的意义上去。

以上便是笔者称管辂易为“数术易”的理由。简单说来，管辂易中不外一数一术，而“数术”为《汉志》中既有的名称，管辂又曾自言向往那些数术家，故本书以之名其易。

以下来谈管辂数术易的内容，笔者感到很不容易落笔，因为管辂既不立文字注经，又不造作易图，甚至于平日除了别人向他问及易以外，他根本不主动地谈及易，而他的谈及易，也非如一般易学家的发挥《易经》中辞义，只是就眼前所见所闻的现象论数术，而寓易于数术中；初闻其言，似不及易，次思其理，无不合易道。他曾被吏部尚书何晏请去问易，《辂别传》载：

> 辂为何晏所请，果共论易九事。九事皆明，晏曰：君论阴阳，此世无双。时邓飏与晏共坐，飏言：君见谓善易，而语初不及易中辞义，何故也？辂寻

声答之曰：夫善易者不论易也。晏含笑而赞之：可谓要言不烦也。

这段话中有两点应注意：二是他与何晏论易九事以后，何晏赞他“论阴阳，此世无双”，证明他是以数术论易，不是像一般易学家那样就易论易；一是邓飏听他论易以后，说他论易“初不及易中辞义”，可见他是直造易道，不经由《易经》文字去理解。这段文字已表示了管辂易的特色，而“善易者不论易”，尤为管辂这位易学家的特殊风格。由此，笔者对管辂易的叙述，对他的许多事例进行观察分析，综合为以下三方面。

第一，管辂数术易为融合各家数术于易道之学。

管辂易不是一门单方面的学问，而是一个合成体。从数术的立场看，他是一个数术家；从易的立场看，他又是一个易家。而且他非止精于数术中某一种，或五行、或天文，他是会通了数术中各家之学于一心；他所把握的易道也不当用儒门易、象数易的学术形态来范围，乃是易家同追求的超乎文字、图象之上的易的常体。但这里，我们必须先把“数术”与易的关系弄清楚。所谓数术，实质上本也是上求易道的方法，《后汉书·方术传序》中说：“极数知变而不诡俗，斯深于数术者也。”可见数术家的精深造诣在于“极数知变”。然“极数知变”四字，一向也是易家所标榜的，《系辞传》："通其变，遂成天地之文，极其数遂定天下之象。"所以数术家与易家就目的上说，是一致的，同是在追求那一个存在于天地万物间的"道"。只不过易家名此道为易，造出卦象符号，由象上去索求；而数术家则不名此道为易，创出各种用术方式，由术上去求罢了。至于象数易，原兴起于数术之合易，与数术家的血缘更近，我们只要翻开《汉志》中的数术各家来看：天文一家中日月星宿为象数易中所用，历谱一家中干支节候为象数易中所用，五行一家中金木水火土为象数易中所用，蓍龟一家原来就是易家，而杂占、形法两家也以不离阴阳、五行为条件。象数易中孟、焦、京占验一振易学，名之为数术易，也无不可。而不同的，只是数术一名，系指不及于易卦象的各家的专门道术（蓍龟一家原出于易，除外）。象数易乃舍各家特有之道术，综合取数术各家所用之五行、干支、星宿等条件，合于易卦象以明易道。例如象数易中用五行、干支不言奇门遁甲，用星宿历时不言日食月晕，是为二者之区别。

于是，我们可以得到管辂数术易的梗概了，他是以各家数术之学为根基，通过他超人的智慧，与易道融合贯通为一体。他不是纯粹的数术家，因为他把各家数术整套带入易家园地中，他也不是纯粹的象数易家，因为他不舍各数术家特有的道术。他确是真正体会到易道之"常"，而以他深造有得的数术，行易道之"变"。且举《辂别传》中一例来看：

> 辂与倪清河相见，既刻雨期，倪犹未信。辂曰：夫造化之所以为神，不疾而速，不行而至，十六日壬子直满，毕星中已有水气，水气之发，动于卯辰，此必至之应也。又天昨檄召五星，宣布星符，刺下东井，告命南箕，使召雷公、电父、风伯、雨师，群岳吐阴，众川激精，云汉垂泽，蛟龙含灵……天有常期，道有自然，不足为难也。倪曰：谭高信寡。相为忧之。于是便留辂住，请府丞及清河令，若夜雨者，为啖二百斤犊肉，若不雨，当住十日。辂曰：言念费损。至日向暮，了无云气，众人并嗤辂。辂言：树上已有少女微风，树间又有阴鸟和鸣，又少男风起，众鸟和翔，其应至矣。须臾，果有艮风鸣鸟，日未入，东南有山云楼起，黄昏之后，雷声动天，到鼓一中，星月皆没，风云并兴，玄气四合，大雨河倾。

在此，管辂是合数术中天文、风角、鸟鸣之学与易卦位一起用，他的最高原理，是易道之阴阳感应。“少女风动”指东南风动，东南巽位，巽为少女；“少男风起”指东北风起，东北艮位，艮为少男。少女少男相感应为易道，在配合应用下，数术与易，水乳交融。

> 辂辞裴使君（按指裴徽），使君言：丁（当为何之误）邓二尚书有经国才略，于物理不精也，何尚书神明精微，言皆巧妙，巧妙之志（疑作至）殆破秋毫，君当慎之。自言不解易九事，必当以相问，比至洛，宜善精其理也。辂言：何若巧妙？以攻难之才，游形之表，未入于神；夫入神者，当步天元、推阴阳、探玄虚、极幽明，然后览道无穷，未暇细言。若欲差次老庄而参爻象，爱微辩而兴浮藻，可谓射候之巧，非能破秋毫之妙也。

这里管辂的几句话“夫人神者，当步天元、推阴阳、探玄虚、极幽明，然后览道无穷”，已相当明白地道出了他的数术易的面貌。“步天元、推阴阳、探玄虚、极幽明”是指数术的极数知变；“然后览道无穷”是指在精通数术的极数知变以后，进于大通易道。此时自然随时、随地、随事、随物，入幽出显，无不证见易道之在，故言。

总之，从上面所举，我们已可看出管辂的数术易，乃建立在三个基础上：一是他精于数术各家之道术；二是他深会了易道之博大精微；三是他天赋有超人的智慧，因而使他融通了数术与易道而为一。在他看来，数术即易，易即数术，现象当前，随感斯应。前文笔者说他是三百多年象数易所蓄积成的一颗灵珠，正由于他的数术易能给人以超越数术与象数易的感觉而言。

第二，管辂的数术易不是直觉的感知，而是透过理智活动，经由观察、分析、综合三步骤所得的结果。

因为管辂以其精湛的数术融通易道到了“得心应手”的地步，所以与一般人的了解能力便有了“隔”（借用王国维《人间词话》中的名词）。一般人只见他如响斯应，断事如神，遂疑心他有天赋的灵通能力，直觉感知事物的未来变化。对于这一点，笔者认为是不对的。管辂的占断事物，乃是透过理智的活动，经过观察、分析后，再综合得到结论。但因为他的天赋智慧高于常人，所以他的理智活动特别敏快，为常人智力所不能及。加上他的那一套数术，少有人知晓。这样一来，在常人看来确近乎是直觉感知了。然而，我们只要看他本传中所举的许多事例，就很清楚地证明他所得到的每一结论，都经过了观察、分析、综合三步骤。譬如本传中记载他自叹无寿的原因：

> 吾额上无生骨，眼中无守精，鼻无梁柱，脚无天根，背无三甲，腹无三壬，此皆不寿之验；又吾本命在寅，加月食夜生，天有常数，不可得讳……

这段话中，他判断自己无寿，很明显是三方面观察分析的综合：第一方面，“额上无生骨，眼中无守精，鼻无梁柱，脚无天根”，是从相术上观察分析（于数术家中，相人属于形法一家）。第二方面，“背无三甲，腹无三壬”，是根据京房纳甲所做的观察分析。京房易乾纳甲壬、内体三爻为甲子、甲寅、甲辰；外体三爻为壬午、壬甲、壬戌。管辂在此以人体为卦象，男人为乾阳，故取乾卦，内体为背，外体作腹，内体无三甲，外体无三壬，则乾象不成，故人寿不永。第三方面，“本命在寅，加月食夜生”，又是从天文及命学上言。把这几种结论合起来，管辂遂肯定一个“不寿”的结论，认为这个结论便是“天有常数”的“常数”。

上面这一例，是管辂自己说出了做结论的依据，自然不会被人疑为直觉感知。笔者先引此例，是在证明管辂所做的结论，有他观察、分析、综合的理智活动与数术上的根据。且再看下面一例：

> 辂至列人典农王弘直许，有飘风高三尺余，从申上来，在庭中幢幢回转，息以复起，良久乃止。直以问辂，辂曰：东方有马吏至，恐父哭子，如何？明日，胶东吏到，直子果亡。直问其故。辂曰：其日乙卯，则长子之候也。木落于申，斗建申，申破寅死。丧之候也。日加午而风发，则马之候也。离

为文章，则吏之候也。申未为虎，虎为大人，则父之候也。

这是辂传中记载最详细的一则事例，日期、时刻、方向、地点等条件均具备，正可作为我们的例证。今就笔者浅知，试逐句解析管辂回答王弘直的话，以见他的判断都是理智活动的结果：

“其日乙卯，则长子之候也。”言飘风在庭中回转这一天，日辰在卯，卯属东方，于卦为震，而震为长子。

“木落于申，斗建申，申破寅死，丧之候也。”此就三方面归纳出“丧之候”的结论：第一方面，木落于申，是就五行发用上说，五行木生于亥，绝于申，因为申属金，克卯木。而飘风自东方木上来，故受克于申，当丧。第二方面，斗建申，是说该月建申（即七月），月建也以申金克卯木，是凶上加凶。第三方面，申破寅死，是更就冲合上说，寅与申相冲，而卯与寅比邻，均属木；寅为申金冲破而死，则卯木无助，是凶极而又无助。总括此三方面，归纳出“丧之候”的结论。

“日加午而风发，则马之候也。”言飘风之发生，在日正午时，十二支属相，午为马。

“离为文章，则吏之候也。”午于方位为南方，于卦为离，离在象为文章，文章为官吏（今术家言离象也是如此）。

“申未为虎，虎为大人，则父之候也。”申于方位为西南方，西南属坤卦，象数易言坤为虎（见虞翻逸象），而易言“大人虎变”（见革卦九五），故虎为大人。对长子而言，大人自是父亲。

上面只是笔者以粗浅的认识所做的解析，但由此已可看出管辂的每一句话都不是凭空妄言，自有他数术上的理论根据。在他的理论根据之下，观察、分析当前的现象，于是得出结论。他还不单单是以一个结论做肯定，乃综合几个结论的结果，归纳成一个总判断。这正如一颗种子在地，要想判断它能否发芽生长，必看空气的条件、日光的条件、水分的条件，其他土壤、肥料、时间、空间诸条件。如果这些条件都具备，自然判断这颗种子必将发芽生长，这也就是管辂说的“术足数成”。从上面所举事例中，我们当完全明白了“术足数成”的含义。当然，在不懂数术的人看来，上面一段粗浅的解析（管辂自有他更精深的道理），已经是左牵右挂、麻烦之至，要想在短时间内整理出一个肯定的总结论，殊非易事。管辂何以能够很快得出总结论回答王弘直的话？这便是前面说过的两个原因：第一个原因是管辂有逾于常人的智慧（非指他有直觉能力，乃指他理解力的敏快），他的思想活动非常人所能及；第二个原因是数术家所用这一套学问，一般人看起来虽是非常繁杂玄虚，但由数术家用起来，并非如一般人想象那样。因为五行、干支等的生克冲合，全是些固定的法则，数术家们早已把这些法则背诵得滚瓜烂熟，成了不用再费思考的直接反应。在判断一件事的时候，不需要就这些法则的本身上去着想，只需看是否对这些法则考虑得周全。重要的是要看是否能就当时当地的实际情况，配合这些繁杂的法则，得到正确的结论。所以精审的思虑、冷静的头脑与高度的智慧，是占断者必具的条件。

再举管辂为郭义博占断一事。郭义博原是管辂学《周易》及天文的老师，辂就郭学数十日后，便过其师。后来，郭反向辂问易及天文事。一日，郭义博请管辂为作卦，《别传》谓：

> 义博设主人，独请辂，具告辛苦。自说兄弟三人俱得躄疾，不知何故，试相为作卦知其所由，若有咎殃者，天道赦人，当为吾祈福于神明，勿有所爱，兄弟俱行，此为更生。辂便作卦，思之未详，因留宿。至中夜，语义博曰：吾以此得之。

此例显见管辂的数术易是建立在精慎的思考上，而不是建立在直觉反应上。只因为有些事，思路比较容易调理，他就很快做决断；有时候，遇到如此例这样条件特别复杂或特别晦暗的事件，他同样需要长时间去思考。但他毕竟因为天赋有高度的智慧与专一精思的性向，所以当时虽“思之未详”，到了夜半，卒获结论。

管辂的数术易非为直觉感知，乃是理智活动的结果。从本传所举诸事例中，还有两个现象可为证明：一是当他占断事物应验后，人问他何故，他必有理由答问；一是人有愿向他学易者，他必热心详尽教授。关于前者，本传中事例多多，不烦举。如果是一种天赋灵通的神秘力量，使他直觉感知事物的将然变化，必然连他自己也不能道出“何以故”的理由。管辂不然，有问必答。至于他回答的话有些是属于数术的，有些是属于易道的精微一方面，人不能领会他的话，那就又当别论了。关于后者，最好以事例说明，如《别传》载：

基（按为安平太守王基）曰：吾少好读易，玩之以久，不谓神明之数，其妙如此。便从辂学易，推论天文。辂每开变化之象，演吉凶之兆，未尝不纤微委曲，尽其精神。基曰：始闻君言，如何可得，终以皆乱，此自天授，非人力也。于是藏《周易》、绝思虑，不复学卜筮之事。

义博从辂学鸟鸣之候，辂言：君虽好道，天才既少，又不解音律，恐难为师也。辂为说八风之变，五音之数，以律吕为众鸟之商，六甲为时日之端，反复遣曲，出入无穷。义博诤然沉思，驰精数日，卒无所得。义博言：才不出位，难以追征。遂于此止。

可见管辂的易学是可以教授人的，他也甚愿热心教人。只是学的人才智不及，终于无功，正如郭义博说的“才不出位”，奈何！

所以管辂易的主要关键，在于他具有超人的智慧上。因为他智慧高，理智活动敏快，为人所不及，故被人视为直觉感知，视为神妙灵通，也因而未得传人，其术随其身死而绝。就这一方面言，我们不当说管辂的数术易是当时的一个学派，他只是灵光独耀，特受天宠，是易学界一颗独特的慧星。但管辂天赋智慧虽高，后天苦心钻研之功也不可没。他在八九岁时已开始专精其心思于数术，以他青少年时期全部充沛的精力用之于追求探讨，乃能成就他精湛的数术易，这也是他仅享年四十八岁即死去的原因。

第三，管辂的数术易，是中国古代天人之学的高度发展。

现在，我们要谈到管辂用其数术易占断事物的变化，何以会应验不爽，而管辂何以必信他的占断会应验不爽的问题。这一问题牵涉极广，不止是管辂易的问题，而是整个哲学上从古到今难获解决的问题。

前面说过，管辂占断时所得的结论，是经过观察、分析及综合等理智活动的结果。但是，不管他经过如何审密的思考，不管数术上的理由如何充足，他敢于在事物变化之前肯定事物的未来变化，总是大胆的事。如前所举例，他为清河倪太守刻雨期，断安平王太守之丧子，以及传记中所载之诸多占断及应验得使人瞠目咋舌的射覆事例等，无论他如何用数术及易道上的理由解答，总不免给人一个感想：他何以敢那样肯定地相信他所作的占断？不错，他精于数术，明于易道，是他的信心的支持力量，可是他依据于数术与易道所作的占断，毕竟是“预测”，预测与事物变化的事实是前后两件事。他相信这两件事必相符合的那个“信念”，究竟是何所自而来？

人类到今天为止，仍是奇妙不可思议的动物，尽管科学家把一个人体化分为某元素占几分之几、某元素占几分之几……然而一个生命的具体存在绝非这几样物质的配合所能够解释得了的，更重要的是放射在这几样物质背后的那一团灵性之光。人的灵性究竟何所自来？如果说人的灵性来自构成人体各物质元素的巧妙配合，那么由各物质元素巧妙配合而来的灵性又是何所自来？再注意人与人间智慧性向的参差不一，猝然死去与悠然复活之际灵魂的飘忽不定，实不得不承认所谓“人”，并不是偶然的物质的配合，而有其所见所知的生命以外的根源。人如此，万物莫不如此。一犬一马有其灵性，一鱼一虫有其灵性，一草一木有其灵性，一山一石有其灵性，万物的智慧性向参差不一，而其必有灵性可推想而知。由此，我们设想在所见所知的感觉世界之后，另有一个灵性的世界，也未尝不可。事实上，许多宗教与神秘学说都是建立在这一假想上面。

灵性是一种不可思议的东西，它不受物质的局限。庄周自谓“独与天地精神相往来”，也就是说他能把自己的生命活在灵性之中与天地万物的灵性相交通。中国人很早已把灵性世界视为一种形而上的存在，而名之为“天”，所谓“万物本于天”。天在此是一个抽象的代名词，代表灵性之所出。由于万物本于天，人又为万物之一，所以人与万物在一个“天”字上产生了相互交通的理由，庄周能够以自己的生命与天地精神相往来，原因在此。同时，人的灵性既然本于天，人如能由此灵性上溯，便可以返于天的灵性之府，这叫作“天人同德”或“天人合一”。孔子所说“夫大人者，与天地合其德”，便是由此立言。人可以上通天，经由天又可以下通万物，由此，人与万物均可以互通，这是中国古人很早很早已有的思想，而此思想对中国文化有着无比的重要性，中国古代道德家希望借积善行德而通于天（荀子：积善成德，而神明自得），修道之士希望借体性的修炼而通于天，数术家则别造出许多套数术，希望借数术而上合天道。

以今日的科学观点看数术家的推命、堪舆、占卜等术，是找不出道理的迷信，利用几枚铜钱，或是一个罗盘，或是生辰年月日时，便推算出人事物理的未来变化，毫无科学上的道理。然而事实上这些讲不出道理的玩意儿有时会有出乎意外的应验。笔者近数年来出入数术之门，思有以找出思想理论上的根据，至今无所得。然而对于斥之为迷信，实也不愿轻易出口，因为总觉得在不可解释之中若有其灵通之性在。中国古人在数术方面如何创造发明，如何演进，已无法详知，我们只可以说这是中国古人的智慧加上久远文化在经验中所得的结果。也就是说中国古人很早已产生了天人可以交感的意念，然后利用人造的一套干支、五行，配合天象、四时、八方等，创造了上合天道的数术。再从长期经验中试验、修订，使这套数术与天道更密切相合。数术家的天人合一，实在是中国悠久文化的表征之一。从数术的本身虽然发现不出与天道相合的必然道理，但是有许多许多年的历史经验作支持，这种历史经验造成了人心中的信念。正如太阳的今日升起，明日又升起一样，今日太阳升起不足以成为明日升起的理由，但是由历史给人一个信念，由今日的太阳升起，知明日也必会升起。数术家为人占断所依赖的信心，正是这种历史经验。何况管辂精于数术，明于易道，又具有超人的智慧，加上历史经验的支持力量，自然内心凝聚成坚定的信念。他相信他的占断正如一般人相信明天太阳会升起一样坚定。今天，在科学的立场上，有人说这是盲目的信仰，但是也何尝不可以说这种盲目的信仰便是信道的智慧？

管辂信念之坚定，从传记中所载的许多事例中可知，他不止于必信自己的数术易合天道，直信自己与易道、天道合而为一。他自言“善言易者不论易”，便是泯却了心智与易道相对立的一句话。他自以为居于易道之中，无对立，故不论易。笔者称其数术易为中国天人之学的高度发展的原因，即在此。也正因为管辂自居于与易道融通为一的境界，他虽不论易，实不离易。别人不知他的境界之高，与他论易时，才发现他的滔滔雄辩，左右逢源。兹举以下《别传》中两段文字以见这位“不论易”的易学家真正论起易来的情状：

> 魏郡太守钟毓，清逸有才，难辂易二十余事，自以为难之至精也。辂寻声投响，言无留滞，分张爻象，义皆殊妙。毓即谢辂。辂卜知毓生日月，毓愕然曰：圣人运神通化，连属事物，何聪明乃尔？辂言：幽明同化，死生一道，悠悠太极，终而复始，文王损命，不以为忧，仲尼曳杖，不以为惧，绪烦

蓍筮，宜尽其意。毓曰：生者好事，死者恶事，哀乐之分，吾所不能齐，且以付天，不以付君也。

故郡将刘邠，字令元，清和有思理，好易而不能精，与辂相见，意甚喜欢，自说注易向讫也。辂言：今明府欲劳不世之神，经纬大道，诚富美之秋，然辂以为注易之急，急于水火，水火之难，登时之验，易之清浊，延于万代，不可不先定其神，而后垂明思也，自旦至今，听采圣论，未有易之一分，易安可注也？辂不解古之圣人何以处乾位于西北，坤位于东南？夫乾坤者，天地之象，然天地至大，为神明君父，覆载万物，生长抚育，何以安处二位，与六卦同列？乾之象，《象》曰：大哉乾元，万物资始，乃统天。夫统者，属也，尊莫大焉，何由有别位也？邠依易《系辞》诸为之理以为注，不得其要。辂寻声下难，事皆穷析，曰：夫乾坤者，易之祖宗，变化之根源，今明府论清浊者有疑，疑则无神，恐非注易之符也。辂于此为论八卦之道及爻象之精，大论开廓，众化相连，邠所解者，皆以为妙，所不解者，皆以为神。自说欲注易八年，用思勤苦，历载靡宁，相得至论，此才不及易，不爱久劳，喜承雅言，如此相为高枕偃息矣。欲从辂学射覆，辂言：今明府以虚神于注易，亦宜绝思于灵蓍，灵蓍者，二仪之明数，阴阳之幽契，施之于道则定天下吉凶，用之于术则收天下毫纤微末，未可以为易也。邠曰：以为术者，易之近数，欲求其端耳，若如来论，何事于斯！留辂五日，不遑恤官，但共清谭。

总之，对管辂数术易，笔者只可以据其传记中所载，做如上的分析叙述。这些叙述不能尽意，也许根本未把握住管易的要点，这是笔者必须在此声明的。不过，无论从何角度看，管辂的数术易是易学中特异的一支。他的特异处不止于不立文字，而在于就事论事，直指易道。回到本节开始时所说的，他的易学颇有点像慧能的禅，禅一脉被佛家称为“教外别传”，数术易对易学来说，说是“教外别传”，也可。

至于管辂的用术详情，传记中均未言明，只言“人请辂作卦”。如何作卦？不得而知。忖情当非用古代的蓍草，也非用后世的金钱，乃由数术得卦，再按卦论事。笔者曾请教数术长者胡公，也不得其详，云可能为后世梅花数之先声。按辂传中所言，辂死后其术已不传，今日自是无从考究了。

第三节　王弼扫象数归义理

一、王弼事略

王弼，《三国志》无传，他的事迹只有寥寥数语附在《钟会传》之末：

> 初，会弱冠，与山阳王弼并知名，弼好论儒道，辞才逸辩，注易及老子，为尚书郎，年二十余卒。

但此下裴松之注文考引颇详，足以使后人对王弼有清楚的认识，注曰：

> 弼字辅嗣，何劭为其传曰：弼幼而察惠，年十余，好老氏，通辩能言，父业，为尚书郎。时裴徽为吏部郎，弼未弱冠，往造焉。徽一见而异之，问弼曰：夫无者，诚万物之所资也，然圣人莫肯致言，而老子申之无已者何？弼曰：圣人体无，无又不可以训，故不说也；老子是有者也，故恒言无所不足。寻亦为傅嘏所知，于时何晏为吏部尚书，甚奇弼，

叹之曰：仲尼称后生可畏，若斯人者，可与言天人之际乎！正始中，黄门侍郎累缺，晏既用贾充、裴秀、朱整，又议用弼。时丁谧与晏争衡，致高邑王黎于曹爽，爽用黎，于是以弼补台郎。初除，觐爽，请间。爽为屏左右，而弼与论道，移时，无所他及，爽以此嗤之。……弼天才卓出，当其所得，莫能夺也，性和理，乐游宴，解音律，善投壶。其论道，附会文辞不如何晏，自然有所拔得，多晏也。颇以所长笑人，故时为士君子所疾。弼与钟会善，会论议以校练为家，然每服弼之高致。何晏以为圣人无喜怒哀乐，其论甚精，钟会等述之，弼与不同，以为圣人茂于人者神明也，同于人者五情也；神明茂，故能体冲和以通无，五情同，故不能无哀乐以应物。然则圣人之情，应物而无累于物者也，今以其无累，便谓不复应物，失之多矣。弼注易，颍川人荀融难弼大衍义，弼答其意，白书以戏之……弼注《老子》，为之指略，致有理统，注道略论（注当为著），注《易》，往往有高丽言。太原王济好谈，病老庄，常云见弼《易注》，所悟者多。然弼为人，浅而不识物情，初与王黎、荀融善，黎夺其黄门郎，于是恨黎，与融亦不终。正始十年，曹爽废，以公事免。其秋，遇厉疾，亡，时年二十四。无子绝嗣。弼之卒也，晋景王闻之，嗟叹者累日，其为高识所惜如此。

裴注又引《博物记》曰：

初，王粲与族兄颢，俱避地荆州，刘表欲以女妻粲，而嫌其形陋而用率，以颢有风貌，乃以妻颢。颢生业，业即刘表外孙也。蔡邕有书近万卷，末年载数车与粲，粲亡后，相国掾魏讽谋反，粲子与焉。既被诛，邕所与书悉入业。业字长绪，位至谒者仆射，子宏字正宗，司隶校尉，宏，弼之兄也。

以上尤其《博物记》的一段记载，对王弼的易学渊源提供了难得的线索。荆州易学之盛，在上章第四节中笔者已经叙述过，当时刘表、宋忠均为名易学家。王弼的生卒年代，据《三国志》卢弼集解，乃生于黄初七年丙午，卒于正始十年己巳，上距建安十三年刘表之死、荆州破亡，近二十年，自然不曾耳濡目染于荆州学风。但他的父祖两代，居住荆州有年。父亲为刘表外孙，这个家世与荆州学风的密切关系，可想而知。王弼幼承易学之教，自是毋庸置疑的事。清张惠言谓王弼注易，祖述王肃，也正是从这一条线索上来（王肃为宋忠弟子，见前文）。总之，从这个家世背景上看，王弼的思想早熟，是有他的先天条件的。

虽然如此，王弼注《道德经》与注《易》，毕竟是中国学术界一桩“令人惊奇”的事。试想，以二十四岁即死去的短命青年，敢于注《易》《道德经》这两部最具哲理思想的大书，且其见地之精到，千余年来为后人所赞赏，岂非“难能可贵”的事？如果再进一步想，《道德经》一书是一位具有卓绝智慧的老先生积其一生经验阅历而写成，《易》一书则成于伏羲、文王、孔子三圣之手，王弼竟然以二十多岁的毛头青年，提笔作注！想到这里，那便不止是惊奇于他的难能可贵，直要拍案而起，惊呼“王弼何物小子，敢于有此胆识”了。

记得在前文，笔者曾说过，学术思想的发展，有其不得不然的趋势，时至机熟，不得不如此；时至机熟，不得不如彼。此中学术思想本身的蜕变，社会人心的促动，以及当事人身世背景的孕育，因缘辐辏，绝非偶然。王弼的兴起，正是这样。一方面他的家世背景是促成他思想早熟的条件，但尤其大于个人因素的，是学术思想本身蜕变之势以及社会人心促动之力。换句话说，学术思想发展到汉魏之交，已到了需要有人起而做淘革开创的时候。王弼乃在这种需求下应运而兴，一注《易》，结两汉以来象数易发展至泛滥无归的弊习；一注《道德经》，开魏晋以下老学之玄风。他像是专为此二事而来，匆匆做毕此二事，也就匆匆而卒。

至于说到王弼是先注《道德经》，抑或先注《易》的问题，就上所引何劭《王弼传》中看，弼幼年时即“好老氏，通辩能言”。未弱冠，又往造裴徽，以“圣人体无”“老子是有”答裴徽问。后乃为傅嘏、何晏等所知，可知他是以老学成名，自当是先注《道德经》，后注《易》。但不管何者先、何者后，他只活了二十四岁，执笔作注，总不出死前五六年间。此外,《隋书·经籍志》中载有《论语释》三卷，王弼撰，书早亡佚。由此看来，这位只活了二十四岁的青年哲学家，人生历程虽短，却是上探伏、文，下索孔、老，他的狂，委实狂得可爱哩！

二、王弼易说

（一）摒弃象数

如实说来，王弼对易学并未创建任何新说，他的贡献唯在于排除以象数注《易》，而恢复以儒门十翼义理注《易》之旧。换句话说，他在易学上得享盛名，不在于有何积极的创建，而在于以复古为革命，彻底扫除象数易学。然而，他的扫除象数，也可以说就是他的创建。因为当象数易发展到了荀、虞以后，可以说已臻于烦琐复杂之至。学术界中人对易学的感想，不止是名目繁多，奇巧滋生，尤其是各家立说不一，此亦一是非，彼亦一是非，令人无所依从。

这情形使易学成了一门“变戏法的学问”。诸如以下几方面而言：

其一，就六爻卦象上言，有五爻之互体、四爻之互体、三爻之互体、两爻之半象，再加上内外二象、反对、旁通等，面对一卦，使人思索考虑之不尽。

其二，就卦外取象上言，引申再引申，牵葛引藤，无穷无尽（见前文引录虞翻逸象）。

其三，易道斯在，各人体会不一，例如乾可以为“门”，坤何为不可？坤可以为政，乾何为不能？（乾为门，坤为政，俱见虞翻逸象。）易学家各以私意取象注经，缺乏明确标准。

其四，各家异说竞立，如卦气有孟、焦、京之别，爻辰有京、郑之分，纳甲有京氏、魏氏二家，卦变更是各有其说，加上纬书诸说，纷然杂陈，使人目迷五色。

其五，易道原是宇宙间涵摄万象的法则，要靠深思静观去体会，现在象数易家创造了许多新名目、新方式，无非为了解通一句或一字经文，这等于是把易学引入重重文字障中，是遗弃了易道之大，而务于字句之细。

象数易在这几方面的弊窦，不可避免地使学界中人产生反感，这里且引干宝的一段话，以见象数解易的烦琐情形，干宝注《系辞传》“六爻相杂，唯其时物也”句下云：

> 一卦六爻，则皆杂有八卦之气。若初九为震爻，

九二为坎爻也（按此以爻体言）；或若见辰戌言艮，巳亥言兑也（按此以纳十二支、爻辰言）；或若以甲壬名乾，以乙癸名坤也（按此以纳甲言）；或若以午位名离，以子位名坎（按此以十二支合卦位言）；或若德来为好物，刑来为恶物，王相为兴，休废为衰（按此以五行生克言）。

干宝还只是说出了一部分，即此已可见要想解释一卦中某一爻的含义，所考虑的地方是多么复杂。这样一来，便是钻进象数的迷魂阵中，只在干支、五行、卦位上打转，云来雾去，不见易道何在了。王弼生当斯时，他出身于易学世家，深切感受到象数易这种烦琐杂乱。加上他的性格是老庄一类的人，长于以通体直捷的感悟，以简明概括的方式去解说义理，那些象数易的陆离光怪，盘根错节，对他来说，委实难耐。于是，挟其青年人“初生之犊”的勇气，毅然举起了扫除象数易的大纛。他的誓师词可以用《周易略例·明象篇》中的一段话来充当：

义苟在健，何必马乎？类苟在顺，何必牛乎？爻苟合顺，何必坤乃为牛？义苟应健，何必乾乃为马？而或者定马于乾，案文责卦，有马无乾，则伪说滋漫，难可纪矣。互体不足，遂及卦变，变又不足，推致五行，一失其原，巧愈弥甚，纵复或值，而义无所取，盖存象忘意之由也。

这段指责，切中象数易之弊，尤其是“定马于乾，案文责卦，有马无乾”三句。“定马于乾”是说执着于卦象；“案文责卦”是说执着于文字名言；“有马无乾”是说蔽于象而失却易本义。对象数易来说，真是一针见血的指斥。

《周易略例》是王弼的易学立场及简述他注易所持的原则，忖情当写成于《易注》之前，从略例中可看出王弼注易的原则是：

第一，观各卦《彖辞》以见卦义。(《明彖篇》)

第二，有些卦参酌卦名以见卦义。(《明彖篇》。按如屯、蒙、大过、遁等。)

第三，有些卦以其一爻为卦主以见卦义。(《明彖篇》。按如履、明夷、同人、小畜、大有、师、比等。)

第四，有些卦举上下二体以明卦义。(《明彖篇》。按如睽、丰、归妹等。)

第五，特重“时”义。(《明卦适变通爻篇》)

第六，用刚柔、比应、高下、远近、动静、屈伸、承乘、内外、得失位等，以明爻变。(《明卦适变通

爻篇》)

《周易略例》书后，有卦略十一卦，为王弼以义理解易的示范，今且举其两卦以见一斑：

䷂ 屯　此一卦皆阴爻求阳也。屯难之世，弱者不能自济，必依于强，民思其主之时也，故阴爻皆先求阳，不召自往。马虽班如，而犹不废，不得其主，无所冯也。初体阳爻，处首居下，应民所求，合其所望，故大得民也。

䷛ 大过　大过者，栋桡之世也。本末皆弱，栋已桡矣，而守其常，则是危而不扶，凶之道也。以阳居阴，拯弱之义也，故阳爻皆以居阴位为美。济衰救危，唯在同好，则所赡褊矣，故九四有应则有它吝，九二无应则无不利也。

很显然，王弼解易是要恢复十翼义理，完全洗刷尽象数的色彩，这情形是一望而知的。为了更明白起见，兹更摘举《易注》讼卦中二例，将王注与荀虞二家注并列于后，以供读者参阅比照：

䷅ 讼初六："不永所事，小有言，终吉。"

王注："处讼之始，讼不可终，故不永所事，然后乃吉。凡阳唱而阴和，阴非先唱者也，四召而应，见犯乃讼。处讼之始，不为讼先，虽不能不讼，而了讼必辩明矣。"

虞注："永，长也，坤为事，初失位，而为讼始，故不永所事也。小有言，谓初四易位成震，言三食旧德，震象半见，故小有言。初变得正，故终吉也。"

讼上九："或锡之鞶带，终朝三褫之。"

王注："处讼之极，以刚居上，讼而得胜者也。以讼受锡，荣何可保？故终朝之间褫带者三也。"

荀注："二四争三，三本下体，取之有缘。或者，疑之辞也，以三锡二，于义疑矣，争竞之世，分理未明，故或以锡二。终朝者，君道明，三者，阳成功也；君明道盛，则夺二与四，故曰终朝三褫夺之也。鞶带，宗庙之服，三应于上，上为宗庙，故曰鞶带也。"

虞注："锡，谓王之锡命。鞶带，大带，男子鞶带。初四已易位，三二之正，巽为腰带，故鞶带。位终乾上，二变时，坤为终。离为日，乾为甲，日出甲上，故称朝。应在三，三变时，艮为手，故终朝三褫之。使变应已，则去其鞶带，体坎乘阳，故

《象》曰：不足敬也。”

人心对于某种学术形态，到了一定时期，就会产生强烈的喜新厌旧之感。象数易到王弼时，已经历三百多年之久，由于前述的弊端，此时，人们已觉其既陈腐又烦琐，所以王注一出，与荀、虞相较之下，给人一新耳目的感觉。以王弼一人之力，何能推倒茁壮三百多年之久的象数大树？实人心有以助成之。

（二）恢复十翼义理

王弼《易注》只注解了六十四卦及《彖传》《象传》《文言传》部分，《系辞传》《说卦传》《序卦传》《杂卦传》则未注（今十三经注疏本为韩康伯注）。我们看他的《易注》，确是相当谨严地把握了十翼思想，无论就法则的运用还是义理的发挥上，均不脱十翼范畴。在这里最好引实例来看，以下且引录王注第一卦乾卦为例，注文后括号中为笔者所做说明：

䷀乾：元亨利贞。（未注）

初九：潜龙勿用。

王注：“《文言》备矣。”（是完全赞同《文言传》之义。）

九二：见龙在田。

王注："出潜离隐，故曰见龙。处于地上，故曰在田。德施周普，居中不偏，虽非君位，君之德也。初则不彰，三则乾乾，四则或跃，上则过亢，利见大人，唯二五焉。"（乃综合《象传》九二"见龙在田，德施普也"及《文言》九二"利见大人，君德也"之义。）

九三：君子终日乾乾，夕惕，若厉，无咎。

王注："居。下体之极，处上体之下，在不中之位，履重刚之险，上不在天，未可以安其尊也，下不在田，未可以宁其居也。纯修下道则居上之德废，纯修上道则处下之礼旷，故终日乾乾，至于夕惕，犹若厉也。在上不骄，在下不忧，因时而惕，不失其几，虽危而劳，可以无咎。处下卦之极，愈于上九之亢，故竭知力而后免予咎也。乾三以处下卦之上，故免亢龙之悔，坤三以处下卦之上，故免龙战之灾。"（乃综合发挥《文言》"居上位而不骄，在下位而不忧"及"九三重刚而不中，上不在天，下不在田，故乾乾因其时而惕，虽危，无咎矣"之义。）

九四：或跃在渊，无咎。

王注："去下体之极，居上体之下，乾道革之时也。上不在天，下不在田，中不在人，履重刚之险而无定居所，处斯，诚进退无常之时也。近乎专位，欲进其道，迫乎在下，非跃所及，欲静其居，居非所安，持疑犹豫，未敢决志，用心存公，进不在私，疑以为虑，不谬于果，故无咎也。”（为综合发挥《象传》“或跃在渊，进无咎也”及《文言》“上下无常，非为邪也，进退无恒，非离群也”；“九四重刚而不中，上不在天，下不在田，中不在人，故或之，或之者，疑之也，故无咎”之义。）

九五：飞龙在天，利见大人。

王注：“不行不跃而在乎天，非飞而何？故曰飞龙也。龙德在天，则大人之路亨也。夫位以德兴，德以位叙，以至德而处盛位，万物之睹，不亦宜乎。”（乃综合发挥《象传》“飞龙在天，大人造也”及《文言传》“圣人作而万物睹”“飞龙在天，乃位乎天德”之义。）

上九：亢龙有悔。（未注）

用九：见群龙无首，吉。

王注：“九，天之德也，能用天德，乃见群龙之义焉。夫以刚健而居人之首，则物之所不与也；以柔顺而为不正，则佞邪之道也。故乾吉在无首，坤利在永贞矣。”（乃取《象传》“用九，天德不可以为首也”之义。）

（按王注乾坤二卦，为六十四卦中所注最差之两卦，后节将特别提出讨论，此处引以作例，只在证明王氏注易是以十翼思想为根据，别无他意。）

王弼十分谨严地把握十翼思想以注易的情形，由上乾卦例中可见，其他六十三卦莫不如此。不过，王弼虽是根据十翼思想注经，除乾坤二卦注文以外，其他六十二卦确有不少地方表现出精辟独到的见解与阐理明晰的优点，使后人不能不佩服他的“察惠”。例如：

䷂屯六三：“即鹿无虞，唯入于林中，君子几，不如舍。往，吝。”

《象》曰：“即鹿无虞，以从禽也，君子舍之。往，吝，穷也。”

王注：“三既近五，而无寇难，四虽比五，其志在初，不妨己路，可以进而无屯邅也。见路之易，不揆其志，五应在二，往必不纳，何异无虞以从禽乎？虽见其禽而无其虞，徒入于林中，其可获乎？几，辞也。夫君子之动，岂取恨辱哉？故不如舍，往，吝，穷也。”

䷮困九四：“来徐徐，困于金车，吝，有终。”

《象》曰：“来徐徐，志在下也，虽不当位，有与也。”

王注：“金车，谓二也，二，刚以载者也，故谓之金车。徐徐者，疑惧之辞也，志在于初而隔于二，履不当位，威令不行，弃之则不能，欲往则畏二，故曰来徐徐困于金车也。有应而不能济之，故曰吝也。然以阳居阴，履谦之道，量力而处，不与二争，虽不当位，物终与之，故曰有终也。”

我们读《象传》文，总觉过于简略，义犹未明。读王氏注以后，卦义便明白易知，这正是王注的真价值。何劭撰《王弼传》中言：“太原王济好谈，病老庄，常云：见弼《易注》，所悟者多。”弼注能使人多所悟，算是已达到了注易的目的。后人所以称扬王弼《易注》者，也多在于他能裨补十翼之简略，且能不背十翼之意旨。

但是，有一处注文，需要在此处特别提出讨论的，便是《复卦·象传》“反复其道，七日来复”一句。王弼的注文是：“阳气始剥尽，至来复，时凡七日。”这一注文，引起后来孔颖达的误解，在《正义疏》中解说王氏之注云：

阳气始剥尽，谓阳气始于剥尽之后，至阳气来复时，凡经七日。观注之意，阳气从剥尽之后，至于反复，凡经七日，其注分明。如褚氏、庄氏并云五月一阴生，至十一月一阳生，凡七月，而云七日不云月者，欲见阳长须速，故变月言日。今辅嗣云，剥尽至来复，是从尽至来复，经七日也，若从五月言之，何得云始尽也？又临卦亦是阳长，而言八月，今复卦亦是阳长，何以独变月而称七日？观注之意，必谓不然，亦用易纬六日七分之义，同郑康成之说，但于文省略，不复具言。……剥卦阳气之尽，在于九月之末，十月当纯坤用事，坤卦有六日七分，坤卦之尽，则复卦阳来，是从剥尽至阳气来复，隔坤之一卦六日七分，举成数言之，故辅嗣言凡七日也。

孔氏此疏对王弼来说，不能不说是一大遗憾。因为王弼以易学革命者的姿态，打出扫除象数、恢复十翼义理的旗号。经孔颖达这么一来，王弼的立场虽不致发生大动摇，总是有了裂痕，让后世的象数易家找到了破绽。事体虽小，对王弼的影响却极大。

笔者在此无意于偏袒王弼，但就客观讨论学术的立场，不得不指出孔颖达这段疏文是曲解了王弼注的意义；他不深切明了王弼反象数易的强烈的学术态度，以及孔氏内心存有六日七分的象数思想，所以才写出这样的令古人含冤的疏文。孔氏在疏中批评褚氏、庄氏之说不应理，他的解释实也未见高明。试问：王弼《易注》六十四卦均排除象数，难道会独于此采六日七分象数家之说，以自毁其学术立场吗？以六日七分“举成数言”作七日，王弼如以此马虎从事为态度，敢提笔作《易注》吗？有笔如刀，笔者以为孔氏在此处，实难辞笔刀杀人之咎。

笔者在《先秦易学史》一书中，曾经以图示明乾阳与坤阴往复循环之义。乾进坤退是两种往复平衡的作用，这两种作用的平衡性在卦象上已表示得很明白，即乾卦六爻，坤卦也同样是六爻。换句话说，乾阳前进的历程是六个阶段，坤卦后退的历程也是六个阶段。经文中“七日来复”的“日”字，实际上就是“一个阶段”的代名词。古人因为常时生活于大自然中，所以思想也接近大自然，一切喜欢用自然界的名词代表。在生活中，一日又一日是最切实最普遍的阶段划分，故用七日代表七个阶段。《复卦·象传》的全句是：“反复其道，七日来复，天行也。”天行与当初卦象的创造是不可分的，所以古人以“日”代表乾坤二卦各爻所表示的时间阶段，并不奇怪。那么，我们看王弼的注文：“阳气始剥尽，至来复，时凡七日。”阳气自剥（䷖）尽开始，转入坤卦（䷁），经过坤卦六爻的六个阶段，至复（䷗）初，不正是第七个阶段，不是“凡七日”吗？这正是王弼离象数而推明义理注易，孔颖达却一味向六日七分上着想，与他所批评的褚氏、庄氏向十二消息卦上着想，岂非犯了同样的错误？再看下面一句“复其见天地之心乎”下，王注有“动息地中”一语。动息地中就是说阳气自剥尽入坤阴（地下）后，退息于阴之谓（此“息”字也可用象数易家“阳息阴”之息会），阳息阴六爻后，回至于乾初爻的复（地上）。这一层意义，自象数易兴起后，便无人作如是会。大家都从十二消息卦上想，将坤卦作为一个阶段看，基本观念错误，自然解不通“七日来复”的经文，也不明王弼“时凡七日”之义了。追究孔颖达之所以错误，实由于太执着于“日”字，没有想到王弼正是要反对这种态度，曾斥为“定马于乾”“存象忘意”。孔氏反以此来疏解王弼之注，诬妄死人之不能起而辩白，王弼如有灵，岂不攘臂怒睛于地下！

此外，对王弼《易注》误解的尚有《四库提要》的一段文字：

> 弼之说易，源出费直，直易今不可见，然荀爽易即费氏学，李鼎祚书尚颇载其遗说。大抵究爻位之高下，辨卦体之刚柔，已与弼注略近，但弼全废象数，又变本加厉耳。

这段话错在将王弼易系在荀爽易的系统下，认为由荀爽顺势发展而来，不知王弼易正是荀爽象数易的反动。说王弼易“源出费直”，尚有可说。因为费直是“以《彖》《象》《系辞》十篇文言解说经上下”。但费直是一方面以十翼解易，一方面又接受了象数之说，他是象数易阵营中人，与王弼的完全摒弃象数不同。荀爽被后人视为传费氏易，只是承受费氏以传解经的方式，学说内容全不同于费氏。王弼也是采用费氏解经的方式，学说内容更是彻底反对荀氏。这一方面在第四章“费氏易”一节中，笔者已指出，读者务须认识清楚，然后对汉易的流变才不会混淆，对王弼易才有正确的评定。王弼是彻底反象数易的易学家，岂可将他与象数易家荀爽居于一堂？

（三）王弼《易注》所引起的“功过”“儒道”之论

王弼《易注》问世，在当时并未引起大论战，是一桩很意外的事。揆理，象数易发达至王弼时代已三百多年之久，荀爽、郑玄、虞翻等大象数易家又都死后不远（按荀爽死于献帝初平元年，下距王弼五十九年；郑玄死于建安五年，下距王弼四十九年；虞翻死于魏明帝景初三年，下距王弼仅十年）。王弼起而欲一举象数扫而空之，必将引起激烈争辩，可是史册上并没有看到。只有在何劭所撰《王弼传》中提到“弼注易，颍川人荀融难弼大衍义，弼答其意，白书以戏之曰……”一段话，王弼究竟如何答荀融？传中未言；“白书以戏之曰”下面的一些话，又与大衍义无关。今按荀融是颍川荀氏一族人，颍川荀氏为名门望族，自汉以来，家门长盛，人才代出，荀爽便是荀融的曾祖父辈。荀融的叔父荀颛也明于易，《晋书》本传言其以“难钟会易无互体”见称于世。荀颛既难钟会的易无互体，是主张易有互体，也是承荀爽象数易的家风甚明。王弼是排斥互体的（上文引《周易略例》中，王弼曾明言排斥互体），今荀融以大衍义难弼，虽非正面与王弼的摒弃象数论战，实在是站在象数易的立场，向王弼提出一个最难离开象数以解释的问题。因为《系辞传》“大衍之数五十”一章，源由蓍策之数上来（见《先秦易学史》）。自象数易三百年来，异论多多，或从五行立义，或从卦爻数立义，或从天文星宿立义，都是象数易的言论。今荀融以此难王弼，无疑地算是当时象数易家对王弼《易注》的一个反击。不过，荀融的非难并没有把王弼难倒，从何劭的《王弼传》中“弼答其意，白书以戏之”的文字看来，王弼很轻松地应付过了这场问难，而且荀融竟被王弼一“戏”而罢，所以史书上也就没有了下文。（王弼释大衍义讨论，见后文。）

荀融的问难，只算是一个小小的反应。就王弼《易注》在转变易学思想潮流的重要性上说，应该有象数易家起而在六十四卦上作全面的、深入的论战才是，结果竟没有。这是为什么呢？推测起来大概是由于下面几个原因吧：

第一，王弼《易注》问世后，弼即死去。人已渺矣，争论也就不起了。

第二，象数易自兴起以来，一向是异说林立，易家都只务于讲自己的易学，少理会他人如何讲。

第三，王弼之时，天下仍处三分之局，魏地文学之风尚盛，玄谈之风方兴，文人务于逞游辞、谈玄理，而真正关心学术、思想者则乏人。

第四，此时象数易的发展，已至极盛之后，人心厌于象数易之烦琐，故自虞翻死，即无象数易名家。荀融被王弼一击而退，已见他不是对象数易有深造的人。

然而，王弼《易注》毕竟是易学史上的一次革命，渐渐地，是非褒贬之论起来了，而且随着时代的延长，后世人更看清楚了这件事在学术思想上的重要性，所以后世易学家便有很多对王弼《易注》表示意见的。有些赞同的人，推崇备至；有些反对的人，甚至破口大骂。这些批评大约可分为两方面：一是对王弼《易注》的“功”与“过”的批评；一是在赞同王弼的人中，又有“儒门义理”与“道家义理”的褒贬。兹分别简述于下。

第一，关于王弼《易注》的功与过方面。

指斥王弼《易注》最厉害的，在东晋时已有孙盛，《三国志》注引孙盛曰：

> 《易》之为书，穷神知化，非天下之至精，其孰能与于此？世之注解，殆皆妄也。况弼以附会之

辞，而欲笼统玄旨乎？故其叙浮义则丽辞溢目，造阴阳则妙赜无间，至于六爻变化，群象所效，日时岁月，五气相推，弼皆摈落，多所不关。虽有可观者焉，恐将泥夫大道。

后来范宁甚至说：

王弼注易为惑世诬民，罪甚于桀纣。

推崇王弼的，则把王弼捧上了天，孔颖达就是最倾心的一个，他在《周易正义序》中说：

汉理珠囊，重兴儒雅，其传易者，西都则有丁、孟、京、田，东都则有荀、刘、马、郑，大体更相祖述，非有绝伦，唯魏世王辅嗣之注，独冠古今。

后来黄宗羲称王弼有："廓清之功。"

议论纷纷，难以尽举，仅举出上四人之言以为代表。总之，是功？是过？自王弼死后迄今，一直被易学家们站在一己主观的立场上去评议，不外是象数易家言其非，义理易家言其是，即今日易学界仍然如此。

说起来，王弼《易注》功过的问题，当然也算是学术史上一个缠讼不决的问题。可是在笔者看来，也可以说不算是一个问题。因为学问之道，殊途同归。尤其大易，它原是涵天盖地、万古长存的“道”。人可经由象数的途径去认识它，也可经由义理的途径去认识它，王弼只不过是取道于义理罢了。至于王弼指斥象数易的流弊，那是属于学术发展形式一方面的事，并非是象数一途就不能通达易道。笔者在《先秦易学史》中一再说过，易学的本质是一个思想，这个思想因为涵摄了宇宙万象之理，所以随着时空的不同而呈现不同的学术形态。王弼摒除象数，以义理解易，不过是在时空的要求下，使易学改变为另一个学术形态，而易学之为一个思想之本质，依然如故。因之，从象数与义理一端看易，只是途径的不同；从易一端看象数与义理，也只是表现形态的差别。同时，我们看易学自伏羲画卦开始，至文王一变，至孔子再变，至孟、焦、京三变，至王弼四变。这条文化长流正由于变化曲折，才更增加了它的美妙多姿。如此，何须骂王弼“惑世诬民，罪甚于桀纣”呢？同理，王弼的摒除象数，以义理注易，也不过是易学无尽长流千变万化中的一小曲折，且是以复古为革命，又何足当得起“独冠古今”的称誉呢？休，休，笔者其以“无功过”论王弼乎！

第二，关于王弼《易注》为儒门义理抑为道家义理方面。

后人对王弼的另一议论，便是在赞同王弼改革易学的人中，许多人又指责他不该“以老治易”。这些批评的人自然都是儒门学者，反对老子思想的。批评极多，随举一两人为例，如刘克庄：

至王辅嗣出，始研寻经旨，一扫汉学，然其弊流而为玄虚矣。

又如陈振孙：

王弼始一切扫去，申易以义理，然弼好老氏，以老治易，又入玄虚。

反对王弼以老治易，是因为使易学流入玄虚，这观念极为普遍。今日有许多学者一提起王弼《易注》，便首先指责这一方面。

现在来讨论这一问题。凭实而论，说王弼《易注》为“以老治易，流入玄虚”，不免有点过甚其辞。弼注中诚然有涉及老氏思想之处，然称得上“以老治易”之处并不多；使人生“玄虚”感之处尤其少。为了求切实起见，笔者就所知弼注中有关老氏思想者，条列于下，并予以简略解说，以供读者参考。

第一，乾坤二卦《彖传》“大哉乾元”及“至哉坤元”

两节文字下，弼注：“天也者，形之名也。健也者，用形者也。夫形也者。”“地也者，形之名也。坤也者，用地者也。”按此两处注文，可称为是“以老治易，流入玄虚”。原因当是由于王弼年纪太轻，思想未臻成熟，对众卦之本的乾坤二卦的深远义理，未能会出，不得已落入天地形名的注老思想形式中，遂予人以玄虚之感。（这两处注文，笔者将在下节特别提出讨论，此处且置。）

第二，乾卦用九“见群龙无首，吉”下，弼注以“夫以刚健而居人之首，则物之所不与也”释“无首”一词。此一处注文，只可以称为是“以老治易”，不得称为“玄虚”。因为王弼在此虽是从《象传》“天德不可为首也”的“天德”上立言，实际取义却是背《象传》而从老氏“不敢为天下先”之义，可是这里没有任何“玄虚”在。（此一处注文也将在下节特别讨论，读者可翻阅。）

第三，《复卦·彖传》“复其见天地之心乎”下，弼注：“复者，反本之谓也，天地以本为心者也。凡动息则静，静非对动者也，语息则默，默非对语者也。然则天地虽大，富有万物，雷动风行，运化万变，寂然至无，是其本矣。故动息地中，乃天地之心见也。若其以有为心，则异类未获具存矣。”王弼在此以“反本”释复，以“寂然至无”为天地之心。最后两句“若其以有为心，则异类未获具存矣”显然是老氏“无之以为用”的思想，所以此一处也可以称为“以老治易”。可是，读者当知王弼此注并非有意主动向老子思想上牵，实由十翼思想导引他如此。在《复·象传》“复其见天地之心乎”前面，有“反复其道，七日来复”之句，后面《象传》又有“先王以至日闭关，商旅不行，后不省方”之句。王弼注前者云：“阳气始剥尽，至来复，凡七日。”注后者云：“先王则天而行者也，动复则静，行复则止，事复则无事也。”由此知阳气在来复之前，天行上有一“七日”的静的段落，人事上也有古人效法天行的事实，于是王弼把“天地之心”释为那段静的段落，他的注文原是由十翼思想而来。但是，由十翼思想而言，阳气虽由剥尽入于静的段落，实非止而不动，只是入于地中，在地面上不见其动罢了，王弼注云：“凡动息则静，静非对动者也，语息则默，默非对语者也。”这几句话说得真是漂亮，“静非对动”，证明王弼确已领会到“静”的真义（“静”的意义，见《先秦易学史》一书中“动的宇宙观”一节）。然而由静一转，转到“寂然至无”，便觉有点不自然。虽然“动息地中”后，由地面上言可以说是寂然至无，总觉得是跟着老氏思想走。所以这一处也算作“以老治易”，但并不“玄虚”。

第四，坤六二“直方大，不习，无不利”句下，弼注：“居中得正，极于地质，任其自然而物自生，不假修营而功自成，故不习焉而无不利。”注中的“任其自然”与“不假修营”似为老子自然无为之思想，实际上王弼是把握着坤性柔顺与经文“不习”而立注，坤卦辞的“利牝马之贞”，《象传》的“乃顺承天”“柔顺利贞”，《文言传》的“坤道其顺乎，承天而时行”，都是弼注的依据，所以此一处与老氏思想无涉。

第五，颐初九“舍尔灵龟，观我朵颐，凶”句下，弼注有“夫安身莫若不竞，修己莫若自保，守道则福至，求禄则辱来”之言，似与老氏“祸莫大于不知足，咎莫大于欲得”的思想相合，实际上也是十翼本义。爻辞既言“观我朵颐，凶”，卦辞又有“观颐，自求口实”，《象传》又有“颐，君子以慎言语，节饮食”，所以这一处也不可以说是以老氏思想治易。

第六，恒上六“振恒，凶”下，弼注：“夫静为躁君，安为动主，故安者，上之所处也，静者，可久之道也。处卦之上，居动之极，以此为恒，无施者得也。”此注中虽引用老氏“静为躁君”之言，也非以老治易，乃就卦名、卦象及《象传》文上立注，不需烦言。

第七，他如以“德之常”注井卦辞之“无得无丧”，以“无为”注革上六之“居贞，吉”，以“自然”言《损·象传》之“与时偕行”，都只是文字上同老氏，绝不可以说是老氏思想。

以上七处为见于王弼《易注》中具有老子思想色彩者，而真正称得上“以老治易，流入玄虚”的，只有乾坤二《象传》注二处；称得上“以老治易”而不得谓之“玄虚”的，有乾卦用九及《复卦·彖传》注二处；其他都只是文字上或近似、或同于老氏，实际不能称之为“以老作易”。试问：王弼注易六十四卦及《彖传》《象传》《文言传》，其中仅有四处及于老氏思想，何得说是“以老治易”？仅有二处予人以“玄虚”感，何得便说是“流入玄虚”？所以笔者认为许多学者的此种批评是过甚其辞。

就笔者读王弼《易注》所得的感觉，认为王弼实在是相当谨严地遵循着十翼义理以注易。乾坤二卦的多用老氏思想，是因为他年事轻，尚不能把握易道的大体，故不能不以老氏思想充当。至于其他六十二卦，笔者认为都是非常忠实地守护着十翼义理。要知道，王弼自幼是以老学成名。他爱好老氏思想，在注易之前对老子思想已深有领悟。也许正因为是这样，在他注易时才格外小心谨慎，力避逸出十翼义理的范围以外。他希望以十足儒门义理注易，但他终是深谙于老学的人，且对老氏的文字已烂熟于心，所以偶尔会不自觉地涉入老氏思想与文字语句，这原是很自然的事。而后世许多学者既不作如此设想，复不细察全部易注，反而先存有王弼幼好老学的成见，见弼注中有三两处涉及老氏思想，便言“以老治易”，便言“玄虚”，这是不符合实际的。

复次，在王弼《易注》之外，有两处也当一提的是：

第一处，《系辞传》“大衍之数五十，其用四十有九”句下，韩康伯注引王弼之言，韩氏注云：“王弼曰：演天地之数，所赖者五十也，其用四十有九，则其一不用也。不用而用以之通，非数而数以之成，斯易之太极也。四十有九，数之极也。夫无不可以无明，必因于有，故常于有物之极而必明其所由之宗也。”

孔颖达《正义疏》言韩康伯“亲受业于王弼，承弼之旨”。今姑不疑此段文字为韩康伯借名伪托，此段看来近于老氏思想的文字实为十翼义理。《系辞传》：“易有太极，是生两仪，两仪生四象，四象生八卦。”由两仪、四象到八卦，表示物象的愈演愈繁，而万象之本，源于太极。太极为何情状？《系辞传》中虽未予描述，但就其称“太”、称“极”及居于两仪之先而论，已知其为不可致诘的形而上的一种作用。那么，如就体用上分的话，便是太极为形而上的体，两仪以下为形而下的用。今“大衍之数五十，其用四十有九”，四十九是用，另一不用自然是体。所以王弼以“太极”释“一不用”，自是《系辞传》含藏未发之本义。而且以太极释“一不用”，并非为王弼所始言，僧一行《大衍论》及王应麟《玉海》均引为《子夏易传》之说，云：“一不用者，太极也。”可知王弼是承《子夏易传》之旧说。《子夏易传》为儒门十翼义理之书，王弼此一注文正表示着复儒门十翼义理之古。所以，如果说王弼此注与老氏

“无之以为用”的思想相通，那该说是由《子夏易传》起便如此，更可以说自十翼起便相通，岂可以说是王弼以老治易？

第二处，另外又有一处是涉及庄子的。《周易略例·明象篇》中之文，如：“言生于象，故可寻言以观象，象生于意，故可寻象以观意。意以象尽，象以言著，故言者所以明象，得象而忘言，象者所以存意，得意而忘象。犹蹄者所以在兔，得兔而忘蹄；筌者所以在鱼，得鱼而忘筌也。”这些话，一读而知是套用庄子的句型，且引用了庄子蹄兔筌鱼的原句。可是在这里，王弼并非要以庄学治易，只是借庄子这一套动人的句型以破除名言表象，因为他看到当时的象数易犯了“或定马于乾，案文责卦，有马无乾”等弊病。这在前文已说过，不烦多说。

总之，遍王弼有关易学著作中，称得上“以老治易”的，仍只是乾坤《彖传》、乾用九及《复·彖传》四处。笔者的结论是：我们可以说王弼《易注》中有老氏思想，或某些处落入老氏思想，不可以“以偏概全”地说王弼以老治易。因为读王弼《易注》后，它给予人的整体概念是儒门十翼义理，而不是老氏思想，更没有“流人玄虚”之感。

于是，我们现在不妨来谈一谈另一个问题了：王弼《易注》中有了老子思想是否就是“流弊”呢？关于此一问题，这里只拟简略叙述，不拟多费笔墨，因为在《先秦易学史》

中笔者已有专章讨论过。笔者认为研究易学的人，应有一个很重要的能耐，那便是：要能站在儒、道二家的樊篱之外看易学。因为易是中国文化的大源，它既不专属于儒家，也不专属于道家。自伏羲氏画卦到文王演易，易由天道自然思想的“符号易”，演变为神道思想的“筮术易”，原无儒、道之别。孔、老二氏出，始改变筮术易为文字义理，孔子引易入人道，老子则重视易的天道方面，于是易有儒、道之分。但因孔子取学术演变的顺势承继了易思想，且用易为教本以授门人，并袭用了“易”的原有名称；老子因未设教的缘故，未采用易为教本以授徒，且未袭用“易”一名而只言其理则，名之为“道”。所以自孔、老以后，学术界都视儒家为易学正统，忽略了道家易。儒家后学，尤认为易为儒门之学，这实在是一种偏见。易原是儒、道所从出的“中国文化的大源”。

职是之故，我们说王弼《易注》不要说算不上是“以老治易”。即令是以老治易，只要真正裨补于易道的发明，也不能算是“流弊”。攻击王弼的人，以“玄虚”二字为口实，实则何讲玄虚？依传统儒家的见解，意指不切实际，不像《论语》中的每一句话都紧扣着“人生”二字，而是纯作理论的推究思考的学问。殊不知易学原起源于对宇宙万象的观察思考，由观察思考创制了卦象符号，而寓宇宙万象的理则于卦象符号中。今易学由卦象符号倒推上去，去认识宇宙万象的理则，非作纯理论的推求思考不为功。而且，玄虚的纯理论的推求思考，代表着人类超越现实生活迈向精神生活的进取心，为站立在人道立场上去领悟天道的必要途径，对易学言，何弊之有？我们应知易道广大，理无不赅，人人可得而从象上、从数上、从术上、从推理上、从经验上、从文字上、从其他一切智力所及之处去探讨它、了解它、认识它，儒家务实用，由人道中见易道，道家重玄思，由天道中见易道，都无不可。王弼《易注》之为儒家义理，抑为道家义理，又何必斤斤计较呢？

（四）王注乾坤二卦用九用六及《彖传》之讨论

以笔者看来，王弼《易注》除乾坤二卦外，其他六十二卦确实相当发挥了儒门十翼义理，他受到后世易学家的称扬是应该的。可是，乾坤二卦的注文，实在说来，并不高明。尤其乾卦，为六十四卦中最根本、最主要的一卦，而注文也最差，乾卦中的用九及《彖传》两处注文，更是一误解，一失义，这不能不说是一大遗憾。写王弼易至此，不得不特别提出做一讨论。

第一，王注乾坤二卦用九用六之商讨。

> ䷀乾　用九，见群龙无首，吉。
>
> 王注：九，天之德也，能用天德，乃见群龙之义焉。夫以刚健而居人之首，则物之所不与也；以柔

顺而为不正，则佞邪之道也。故乾吉在无首，坤利在永贞。

䷁坤 用六，利永贞。

王注：用六之利，利永贞也。

王弼以“九”为“天之德”，“用九”为“用天德”，是从《象传》“用九，天德不可为首也”一句来，因为有此一“德”字，所以王弼便紧扣住这一字来发挥。解释用九的“无首”为：“夫以刚健而居人之首，则物之所不与也。”解释用六的“利永贞”为：“以柔顺而为不正，则邪佞之道也。”换句话说，王弼解释的“无首”是“不占先”，以“不占先”为“天之德”；所解释的“永贞”是“守正不邪”，以“守正不邪”为坤之德。这样的注解，不但错会了本义，而且有悖于本义之嫌。今试问：乾之所以为乾，正在于它有刚健进取之性，如“不居人之首”、“不占先”，还何以为乾？坤以“守正不邪”为利，难道乾不以“守正不邪”为利吗？

如果说王弼以老子思想治易，这里才真正可算是一笔，不居人之首就是老子三宝之一的“不敢为天下先”。可是，王弼实在不是先存有老子思想作根基以立注，乃是从《象传》上“天德不可为首也”那句话联想到老子思想上来。

天德既然不可为首，那么“无首”两个字便很容易想作谦让不居人之首，更何况孔子曾在《谦卦·彖传》中大赞扬过谦道！同样，坤卦的“利永贞”也在“德”字下解释作“不为不正”。

今按乾卦“用九”的“九”字，坤卦“用六”的“六”字，实从筮术易时代“七、九、八、六”四数来。在用筮中，九为老阳，六为老阴，七为少阳，八为少阴，阳由七进九，及老则变，阴由八退六，及老也变，七九八六之用，是孔子十翼以前易用于筮占时的古义。所以“九”的含义，实为“阳及老而变”，“六”的含义，为“阴及老而变”。乾卦先有卦辞，乃总论一卦之义；次六爻各有爻辞，乃分别论各爻在其本位之义；最后更增“用九”一条，是扼要说明六爻之变的法则。“用九”等于说是“用变”，这一条极为重要，足以看出古圣当初制作卦爻辞时思考的周密。坤卦“用六”的道理与此相同。明白了这个大前提以后，现在再来看“见群龙无首，吉”的文字：“见”，同“现”，呈现，表现之意；“群龙”指六爻，阳爻以龙象，六爻故称群龙；“无首”的“首”字，本义为头，引申义为上、为始、为先、为前、为尚。无首承上群龙而言，意谓六爻之变，各依其时、其位之不同而有其首尚，无任何一爻永以为首而不变。举例来说，如阳在初爻之位“潜龙”时，应以“勿用”为首；在二爻之位“见龙”时，应以“见大人”为首。六爻之变，各依其时位而临事，如此则吉。会得文中的深意以后，才知道这一条“用九”，实在非常非常的重要，等于告诉人：六爻之变是因时位而制宜，是活的，不是死的。因为如此，所以后面《文言传》中的两处言“用九”是：

乾元用九，天下治也。
乾元用九，乃见天则。

国君治天下是要因时位而制宜；天道循环，四时代谢，也有其首尚。王弼只着眼于《象传》上“天德”二字，忽视了《文言传》中的“天则”，致有此误解。殊不知《象传》的“天德不可为首也”，正与《文言传》的“乃见天则”相应，言“不可为首”是“天德”，也是“天则”。我疑心王弼是由于不明白“九”“六”的来历是出于筮术易的“七、九、八、六”，才联想到老子思想上去。如果知道“九”“六”是“变”义，这一条经文的含义并不难会。而坤卦“用六”的“利永贞”，是言利于永守其“坤顺”之贞。坤性与乾不同，乾性刚健，动而进，坤性柔顺，动而退。坤六爻之变，不管初、二、三、四、五、上爻任何时，任何位，均应不失其本性之顺，故言“用六，利永贞”，实不必扯到什么“为不正”、“佞邪之道”上去。

（以上“用九”“用六”义，笔者在《先秦易学史》中曾有专节讨论，读者可参看。）

第二，王注乾坤二卦《彖传》商讨。

《乾·彖传》：大哉乾元，万物资始，乃统天。云行雨施，品物流形，大明终始，六位时成，时乘六龙以御天。乾道变化，各正性命。

王注：天也者，形之名也。健也者，用形者也。夫形也者，物之累也，有天之形，而能永保无亏，为物之首，统之者岂非至健哉！大明乎终始之道，故六位不失其时而成，升降无常，随时而用，处则乘潜龙，出则乘飞龙，故曰时乘六龙也。乘变化而御大器，静专动直，不失大和，岂非正性命之情者邪！

（《彖传》“保合太和”以下四句，王弼另简略作注，无关紧要，不录。）

《坤·彖传》：至哉坤元，万物资生，乃顺承天。坤厚载物，德合无疆，含弘光大，品物咸亨。牝马地类，行地无疆。柔顺利贞，君子攸行。先迷失道，后顺得常，西南得朋，乃与类行，东北丧朋，乃终有庆。安贞之吉，应地无疆。

王注：地之所以得无疆者，以卑顺行之故也。乾以龙御天，坤以马行地。（此注“行地无疆”以上。）

地也者，形之名也。坤也者，用地者也。夫两雄必争，二主必危。有地之形与刚健为耦，而以永保无疆用之者，不亦至顺乎。若夫行之不以牝马，利之不以永贞，方而又刚，柔而又圆，求安难矣。（此注“柔顺利贞”以下。）

乾坤二卦《彖传》，是十翼中第一重要的两篇文字，不仅是六十四卦义理的总纲，也是儒家学说的形而上理论基础。十翼，古人传说均出孔子手，已为后人所否认，但《彖传》之出于孔子，就其所包含的思想内容上看，似是不容怀疑的。孔子的“仁”道学说，原只是以人道为范畴。五十读易而知天命，始达天人一贯之理，为其“仁”道学说在天道上立下基础，便是乾坤二卦《彖传》中所表现的思想。这两篇文字主要的含义有三层：第一层，表现“天生万物”“万物本乎天”的一元思想（按古人此处所用的“天”，非天地相对待的天，乃包括天地在内宇宙万物所由生的“元”，《彖传》名之为“乾元”）。第二层，由乾元之始，动而生与之相对的坤元，于是由乾元、坤元的相互作用，生成万物，即“阴阳化生万物”的思想。第三层，由阴阳化成万物下降收归于人，成为“夫归之道”的有力的形而上依据。这三层为乾坤卦《彖传》中主要精神所在，但是很可惜，王弼连一样也没有把握到。王弼只是套入了注老的思想形式中，从天地形名上落笔，以“天也者，形之名也。健也者，用形者也”训注何谓“天”及“统天”者为乾健；以“地也者，形之名也。坤也者，用地者也”训注何谓“地”及用地者为坤。再以“升降无常，随时而用，处则乘潜龙，出则乘飞龙”言乾之用；以“行之不以牝马，利之不以永贞，方而又刚，柔而又圆，求安难矣”言坤之用。而对于“乾元”为何物，“坤元”为何物，乾元何以称“万物资始”，坤元何以称“万物资生”，却未道及。对于“乾道变化，各正性命”的由形而上降落形而下的化生理论，却注为：“乘变化而御大器，静专动直，不失大和，岂非正性命之情者邪！”不唯辞意含糊，且根本未触及《彖传》的本义。看乾坤二卦《彖传》注，后人批评王弼“流为玄虚”，也不能说无因。

按“元”字的本义为首、为始，“乾元”“坤元”是站在现象界的立场推言万物的始生是来自这两种相对待的作用，在卦象符号上乾元是“⚊”，坤元就是“⚋”。可是，乾元与坤元虽是相对待的两种作用，却是乾元为始，先有乾元的始发动，才呈现出乾元与坤元的相对待；乾元是第一层，乾元与坤元是第二层，所以《彖传》的万物生成说是一元论思想。由乾元落入乾元与坤元以后，这两种作用相反而相成，相离而相合，最后融合凝聚到万物的生成上。乾坤二卦《彖传》就是分言乾元与坤元这两种作用，乾元先发动，故言“万物资始”，《系辞传》“乾知大始”，即此义。乾元表现其用于“天”象上，于是有“云行雨施，品物流行，大明终始，六位时成”的变化现象。这些现象是乾元借天而表现的“用”，这就叫作“乾道变化”。在此变化中，化成了万物的精神部分——性命。然后《坤·彖传》再就坤元这方面言，坤元顺承乾元的发动，借“地”象以表现其用，故言“乃顺承天”。坤元顺承天之变化作用，“含弘”之，“光大”之，吸取乾元化成的“性命”，益之而生成万物的物质部分——躯体，故言“万物资生”，故言“品物咸亨”。《系辞传》中说“坤作成物”，即为此义。乾元与坤元这一套变化过程，便是儒家思想形而上的理论依据，由此下降万物后，再收归到人，便是男女夫妇的人间世，请看：

柔上而刚下，二气感应以相与，止而说，男下女，是以亨利贞，取女吉也。(《咸卦·彖传》)

归妹，天地之大义也，天地不交而万物不兴，归妹，人之终始也。(《归妹卦·彖传》)

乾道成男，坤道成女。(《系辞传》)

天地细缊，万物化醇，男女构精，万物化生。(《系辞传》)

有天地，然后有万物；有万物，然后有男女；有男女，然后有夫妇；有夫妇，然后有父子……(《序卦传》)

说儒家思想是以乾坤二卦《彖传》为形而上理论的依据，笔者当不是以意捏造吧！

乾坤二卦在卦象上代表了万物的形而上作用，其他六十二卦则为现象变化，于是有屯卦的始见形而生，有蒙卦的童蒙而长。接下去产生需、讼、师、比等种种变化，演成了形形色色、起伏转折的物象世界。实在说来，乾坤二卦《彖传》中所含精深的、丰富的、寻绎之不尽的思想，对王弼来说，正应该是他运神笔、唱大论的机会，千万言不得为多。然而王弼竟交臂失之，究其主要原因，是由于他年事太轻。以其年纪太轻故，思想不成熟；以其思想不成熟故，未能深思入理，洞察奥义，遂致不得不滑入已有的老学观念中，招后人“玄虚”之议。至于除乾坤二卦外，其他六十二卦注文相当可观的原因，是由于各卦均落实于现象界。且阴阳爻间杂，有乘承、比应、时位、刚柔、进退等关系可见，又义不若乾坤二卦之大包大涵，故可借天赋的锐智灵光以得。而乾坤二卦之蕴藏深厚，绝非仅靠天才所能担当注解；试看在乾卦辞“元亨利贞”下，王弼根本未有注文，此无他，实以乾卦涵天盖地之义，凝缩此四字之中。而以二十四岁即死去的一个青年哲学家，思想未臻成熟，尚无此大手笔也。

第七章　结论：两汉易学综述

无论从时代、人物及学术内容三方面的任何一方面而言，两汉易学到王弼，都该是一个最适当的结束。故本书所述，到王弼止。显然，本书以上所述，似是偏重于个别问题的讨论及个别易家学说的介绍，而对汉易整体形势的一个综要说明，是必要的。因之，笔者拟在此最后一章，对我们已走过的途程做一回顾，扼要综述两汉易学的演变大势，俾读者有一整体的认识。

两汉易学的发展，以其内容的截然不同，划分为两大阶段："儒门易时期"与"象数易时期"。儒门易时期自西汉初年易学大师田何开始，到宣帝年间施雠、孟喜、梁丘贺三家易并盛时为止，约当公元前200—前50年。此期间，因为学术甫遭秦火破坏之后，所以易学发展的大方向是复古；复古的内容是先秦的儒门十翼义理。也就是说，此期间的易学为先秦儒家以易经为中心的易学的延续，笔者因称之为"儒门易"。此期间易家人物颇盛，除韩婴一支不著名的家传易学外，其他所有易学家尽出自田何之门。我们如称此期间为“田氏易时期”，实不为过言。但这一期间易学家的身世多不得知，少数人在史册中有简略的传记，多数人只留下一个名字。他们的著作也相当多（见《汉书·艺文志》易类书目），只是已经无一保存；现在所能看到的，仅有后人辑录的零星佚文。所幸这一时期的易学风尚是重视师法，所以在学术史的传承系统上，还能够清楚地列出来。

自宣帝以后，因为受到灾异思想的影响，易风骤变。首先是儒门易阵营中三家之一的孟喜，改师法，倡卦气之说。紧接着兴起了焦延寿、京房、费直、高相诸家，各以当时流行的数术之学，与易学融合创立新说。这些新说与此前的儒门易大不相同，不是根据《易经》的文字讲解义理，而是由卦象的排列与五行、干支、历律等数的配合，创造出一种“术”，用此术来占验灾异。到了东汉，复用之于注经，后世易学家因称之为“象数易”。象数易时期当自孟喜算起，包括西汉宣帝以后及整个东汉时代，至魏王弼《易注》问世，乃告终止。约当公元前50—240年。

以上儒门易时期历时约一百五十年，象数易时期历时约三百年，便是本书所述“两汉易学”的范围。

就时间上说，儒门易历时不能算短，而且易家人物甚盛，著述也很丰富，但就整个汉易来说，只能算是序幕，真正汉易的主流是象数易。因为儒门易学的内容是先秦儒家思想的延续，既乏新创义，又与当时流行的时代思想不合；象数易则融合了当时流行的一切学说思想于一炉，充分表现出汉代学术的特色。今日一般易学家多以汉易为象数易的代名，略过儒门易不论，便是由于这缘故。虽然，儒门易在汉易学史上也自有它不可忽略的地位，自秦火以后，学术残破，田何设教授徒，倡导易学复古运动，不但从秦火余烬中恢复了先秦儒门易学，而且扇起了学术界热心研究易学的风气，造成后来宣帝年间易学的盛极一时，象数易乃得乘时而兴起。象数易能在极短时间内蓬勃兴起，成为西汉末年学术界最突出的一门学术，儒门易奠基之功不可没。

从表面看来，象数易是骤然兴起于宣帝年间，实际上乃是经过了长时间的酝酿而形成。构成象数易的主要因素是灾异思想与当时数术各家学说，这些都是先秦阴阳家与杂家思想的化身。先秦阴阳家与杂家思想经过秦火以后，不但气焰未灭，反而乘学术凋敝的机会，更加炽盛起来，到了武帝时已有气吞儒学之势，由当时大儒董仲舒的屈于阴阳、五行之说下可知。武帝私下里也雅好此等思想。但朝廷上标榜的是儒术治国政策，叫着“罢黜百家，独尊儒术”的口号，又立五经博士，因而易学尚能安守在儒门义理的范围内（不过，我们可以在有关资料中看到，当时儒门易与流行于社会的数术思想已经开始了初步的合流）。然后，经过昭帝，到了宣帝以后，灾异思想满天飞舞，几成为当时一切思想之所趋。此时，以解说灾异为本分事的数术各家学说，气焰更高涨。势之所趋，易学就再也不能安守于儒门义理而不变了。要知道易学早在儒门易以前，原是以占断吉凶为用的一种筮术，自孔子以十翼义理赞易以后，儒门易取代了易学的正统，将筮术易排挤在易学圈外。此后，筮术易遂流落江湖间，投身于数术家中。现在，机会来了，筮术易家看到整个时代向灾异上趋赴，便将占断吉凶的故伎，一转而为占验灾异。这样一来，由于筮术易的缘故，易学与数术之学便在占验灾异的目标下走上了合流的道路。站在易学方面说，儒门易久久以来，无新说创建，今与数术之说合流，正是一个新园地的扩展；站在数术方面说，数术之学一向被学术界视为杂学，在学术上没有地位，今与易学合流，正可以提高身份，跻身学术之域。两相吸引，遂一拍而合。加上有一批在中国历史上一向居身幕后、不愿显名于世而又不忘情于世的隐士人物，已察见易风之将变，已经默默地在暗中研究易学与数术合流的事。此时，他们便将所研究的新易学公开出来，这便是孟喜与焦延寿的象数易。史书上记载，只说孟喜“得《易家候阴阳灾变书》”，而不说由何处得来；焦延寿的一套变占术，也只说得自隐士，又不言姓名；忖情度理，传授孟、焦新易学的人，便是上述那一批隐士人物。这些隐士一向做事若隐若现，画龙点睛，不愿留姓名于人间，这是他们特有的风格。新的象数易与旧有的儒门易相较，是一张全然不同的面孔，一登场，立刻为易学带来了新奇与生气。十二消息、六日七分、纳甲、爻辰、飞伏、互体等，都是前所未有的新名目，更加上迎合占验灾异的时代人心，于是不旋踵之间，象数易便风靡于世。元、成以后，儒门易虽然在名义上仍维持着易学的正统，朝廷上仍保有易学博士的名位，实际上已像遍地洪水中几个孤危的山峰，环顾天下，滔滔者尽象数易也，儒门易欲振无力矣。

象数易的兴起，是孔子以后易学的一个转变。从整个易学史的演变上看，自伏羲氏画八卦开始创建易学，至文王一变，至孔子再变，至汉象数易是为第三变。每经过一次转变，易学也随着展开一个新领域。孔子所开展的儒门易学，是以人的德性修养为方向，象数易则转而向人的知识方面发展。所以我们看象数易，第一个印象便是象数易家们总是肆无忌惮地一任自己的思想向四面八方投射出去：向天上投射，结合了天文星象之学；向地上投射，结合了舆地分野之说；与律历合流，配合时节天候音声；与各家杂学合流，配合五行干支色相等。活像一枚炸弹爆发开来，火花四溅。汉易之所以迷人耳目，正是由这种知识的突然开放的新形势所造成，而象数易之真正引人入胜之处，也在于此。

象数易盛于两汉季世，很显然成为前后两个时期。前期由西汉宣帝年间起至新莽时止，约当公元前 50—20 年；后期自东汉顺帝以后至曹魏时代，约当 130—240 年。前期易学有四家：孟喜一家，焦延寿与京房一家，费直一家，高相一家。这四家易学都以占验灾异为主，实际上就是占验术，所以笔者在书中称之为“前期占验派象数易”。后期易学的主要人物有郑玄、荀爽、虞翻三家，次要人物有马融、刘表、宋忠、陆绩等。他们的易学都是以象数注解《易经》经文，所以笔者称之为“后期注经派象数易”。注经派易学在后期象数易中是主流，另外还有两个支流：一为魏伯阳的丹道易，将象数易用于丹道修炼方面；一为管辂的数术易，不立文字，径以数术合易道。比较前后两期的象数易学，前期富开创精神，盛于建立新说，象数易中主要学说，多为前期占验派易家所创建；后期则承袭前期易家之说，虽也有新说建立，也多是以前期之说为根底而继扬。

占验派易学在西汉季世，如火如荼，盛极一时，其中最有名的易家当推京房。京房生于昭帝元凤四年，卒于元帝建昭二年（公元前 77—前 37 年），是焦延寿的弟子。他对象数易创建最多，贡献最大。他的一套占验术，上天下地，包罗最广，后来在社会上流传也最普遍。今日民间术家之说，有许多都是由京房来。占验派易学入东汉以后，气势转衰，是由时代情势所造成的。我们已知道占验派易学在西汉季世之所以大盛，原是由于当时灾异思想的流行，及至东汉光武以后，政权稳固，天下统一，灾异思想渐衰，因而占验派易学也就跟着转趋于沉寂。到了东汉中叶以后，有一批以注解经典为志的经学家，投入象数易阵营，就是马融、郑玄、荀爽等人。他们取象数之说用于注儒门易经，造成风气，于是注经派易学遂兴盛起来。

注经派易学的兴起，也就是占验派易学的失势，不过，在象数易注经声中，有一家前期占验派的易学却声誉特起，那就是费直的一家。先是，在占验派四家易学中，费直虽然也以象数易占验灾异，但同时又墨守着以十翼义理解经的儒门易风，不像其他三家那样完全脱离了儒门易去从事于占验。费直以十翼解经有一个特点，便是将原来单独成篇的十翼的原文，打散开来以解说经文。他这一家易学在占验派四家中，原是守旧的一支。可是等到占验派易学进入东汉势衰，注经派逐渐抬头之际，他的打散十翼原文以解经的方式，因为便利起见，为马融、郑玄、荀爽等注经派易家所接受。这样一来，费氏易声名大盛，后世史家因称后期注经派易学为承费氏易而来。其实，注经派易学就内容上言，仍是占验派各家的学说，只是采费氏易的解经方式罢了。这一点是象数易演变中很重要的辨别，读者不可不认识清楚。

后期注经派易家中，以吴人虞翻最为有名。虞翻生于汉灵帝建宁三年，卒于吴大帝赤乌二年（公元170—239年），为人疏狂直率，高才傲性。他不但综合了两汉以来象数各家的易说，且更增建了许多新说，将象数易发展到最高峰，后世易学界都把虞翻看作是汉象数易中总其成的人物。可是，虞翻的最高成就也积极助成了象数易时代的结束。因为象数易自孟喜首倡以来，已经有许许多多分歧的学说，五花八门，莫衷一是。到了他这里，花样越多，越使易学变得更为烦琐，加深了当时学术界对象数易的反感。要知道，所谓易学，是讲易道之学，易道是宇宙万物所以然的理则，因为易道广大，包罗万象，无形可见，又无所不在。所以古代圣人发明了卦象符号，借这些卦象符号为工具以说明易道。今象数易发展到极致，过分在卦象符号上玩弄奇巧，以及过分在卦象符号所表现的数上去推求牵连，目的只在于解通某一字或某一句的经文。这便浪费了易学家的心神在工具上，对明了易道的大宗旨而言，反倒成了障碍；易学家迷失在象与数的迷魂阵中不能自拔，最后忘却了明道的初心。这种严重的流弊，象数易家不自知，但整个时代人心必然有反应。于是，比虞翻稍晚，立刻便出现了管辂的数术易。管辂的数术易是前期占验派象数易的复兴，复兴的原因，正代表着社会人心对注经派象数易的反感。管辂不理会文字注经，也不从事于文字著述，他根本不屑于与文字为伍，这种激烈的对象数易注经的反对态度，从学术上看是很明显的。然而管辂所反对的还只是文字注经，他并不反对象数易学，他的数术易仍属于象数易。真正起而正面与象数易为敌，完全否定象数易的注经价值的，是与管辂同时的一个青年人——王弼。王弼是这个才活了二十四岁的青年，天资特异，灵慧早发，因为在家世方面与易学有渊源，对象数易的流弊深恶痛绝，竟大胆地提起笔来写了一本《易注》。书中完全摒弃了象数之说，恢复儒门十翼义理。本来以王弼的年龄，在哲学思想上应是未届成熟之年，以如此年纪轻轻的小伙子从事于哲学思想的著述，是极为罕见的事。可是他的《易注》却掀起了易学上的大革命，发展了三百多年之久的象数易，竟被他一手推倒。这不能不说是时代人心普遍厌倦象数易的结果了。

以上是两汉易学四百五十余年的演变大要，总览全局，儒门易为序幕，象数易为主流。前期占验派象数易学代表了西汉时代盛行的灾异、数术；后期注经派象数易学则表现着东汉经学的兴盛。本书所以写象数易特详，而写儒门易较简约的原因，正因为象数易是真正的汉代的学术，它具备了汉代学术的特色。

数术家之学，在中国传统上被视为杂家秘门之学。他们的学说多玄远诡秘，与一般学术思想有“隔”，因而予人以“异样”的感觉。象数易既是由灾异、数术思想而兴起，也因而在中国学术史上，放射着一道奇异神秘的光芒。这种奇异神秘的光芒障碍了人们对象数易的了解，使象数易在许多人心目中成为一团迷雾。可是，由此也正证明了易学的无所不容。在中国学术中能够冶一切杂学于一炉的，也只有易学这一门。汉以后，我们虽常听到有些学者斥责象数易为荒诞不经，为株连过甚，而事实上，这正是象数易的可称道处，它至少表现了易学无不包容的特性。以下再单就象数易思想方面看，有几点应该拈出说明的。

第一，象数易的思想渊源。

汉代灾异思想与数术之说盛行，只能算是当时促成象数易发生的因素。如追溯象数易的思想渊源，实应远溯源于西周的筮术。筮术是西周时代的易学形态，在西周以前，易学原只是八卦。西周初年，文王演易为六十四卦，并加卦辞爻辞以后，易被用作占断吉凶的“术”。当时的占断术有二：一是卜，一是筮，卜是用龟甲或牛骨；筮便是易，是采用一种蓍草，由变换计数方式求出卦象，再根据卦象与卦爻辞以论断吉凶。所以笔者在《先秦易学史》一书中称之为“筮术易”。筮术易在西周时代非常风行，是朝廷上和民间断事决疑的重要方法之一。到了孔子，改革易学，以十翼义理讲易，建立儒门易为易学正统，筮术易乃被排挤出学术园地以外。可是，它仍然在朝野普遍流行，只不过以“术”的身份流行罢了。也正因为它的身份是术，所以到了后来各家杂学兴起的时候，筮术易遂列入杂家之林，而为数术之一，由此得与各家杂学之说会合。到了西汉宣帝时代，灾异之风起，杂学大盛，筮术易乃一变过去的占断吉凶为占验灾异，而以它“易家”的旧头衔，化身为象数易，从儒门易手中复夺回孔子时失去的学术地位。这段思想上的前因后果，从整个易学史上看，是很有趣的。

第二，象数易在易学发展史上的意义。

中国易学发展的历程，自伏羲至周文王为第一阶段，自文王至孔子为第二阶段，自孔子至象数易为第三阶段，象数易时代则为第四阶段。第一阶段的易学是天道思想（八卦是天、地、雷、风、水、火、山、泽八种宇宙自然现象的代表符号）；第二阶段的易学是神道思想（六十四卦及卦爻辞主要用于占断吉凶）；第三阶段的易学是人道思想（十翼的主旨是推明人事义理）。所以纵观这个发展历程，易学宛如从天上来，冉冉降落人间，中国文化之由“天道自然”逐渐归趋于“人”，由易可见。然而象数易该怎样说呢？它兴起于占验灾异，像是返回于神道思想；它又结合了天文星历节候而为说，又像是返回于天道思想。难道易学在人道园地中周游了一遭之后，又要离人间而去吗？不是的，我们审视象数易，它实在并未离开人道的领域。它与儒门易所不同者，儒门易重在发挥“人的德性”一面，而象数易则为“人的知识”一面的开展。儒门易解说易道的目的，是勉人为“善人”、为“君子”、为“大人”“圣人”，在精神人格上要求提升，这一切都属于德性方面。象数易的目的，不在于求一个完美的人格，乃就人智所能及的知识领域中，去证明易道的无所不在：天文星宿上可见易道，节候时令上可见易道，鸟兽木石中有易道，音声色相中有易道……只要是人的知识所及，凡可以比附牵引的，都拉进象数易中派上关系。尤其在象的变化、数的推求配合与术的创造上，在在表现出“追求新知”的欲望。所以我们说，象数易是以知识为活动园地，它与儒门易实同属于人道的范围，只是彼此活动的区间不同罢了。对儒门易来说，象数易是一大转变，但此变只变出了儒家门墙，并未变出人道的樊篱。东汉中叶以后，象数易用于注经，再与儒门易求合，正由此故。

第三，从象数易看中国文化的特色。

尽管象数易中充满了神秘玄奇的新说，站在整个中国文化的立场看，它终不脱中国文化的特色，这里只提出最明显的两方面。

第一方面，表现中国文化中“天人合一”的思想。天人合一的思想是中国文化特质之一，这一思想是中国人在悠久历史中经过观察、体悟所得的认识，在中国文化的任何方面，都有意无意地表现着。学术上，要算易学表现得最为鲜明，易学由天道，而神道，而人道，这个演变历程的本身，便是天人合一的趋势。打开十翼看，言大人，与天地合德；言君子，效法天行；言夫妇，植根于天地；一切行事，以天道循环为戒为惧；所谓吉凶悔吝的准则，全视乎是否合天道而定。一个真正的“人”，中国人认为应该是具体而微的“天”。

可是，儒门易学言天人合一，重在德行一面，而象数易表现天人合一，乃在知识一面。说起来，今日人们大多以科学的立场视之为毫无理论根据。中国人有一套特别的学问，这套学问是综合许多组专门名称所形成：十天干、十二地支、五行、五星、四时、八方、十二律等。这些专门名称当初发明时，都是应用之学，有些是治历明时上所用，有些是日常生活中所需，每一组都有它特殊的意义。但发展到后来，这些符号渐渐被人们拿来互相配合，从彼此的关系中寻找出某种含义以说明天道变化。先秦的阴阳家、杂家，汉代的数术各家，他们学说中最离不开的，也便是这些东西。象数易是由数术家手中取来这些东西，更加上卦象爻象的变化与幽赜精微的易理，于是这一套人为的用以说明天道变化的学问，基础更稳固；人们由此自信已经掌握了天道，而经过这些符号，将天道与人事相合。当然，以今日科学观点来看这一套天人之学，有许多地方缺乏理论根据，又有许多地方牵强、不精确。可是有一点是不容置疑的，那就是这一套学问的逐渐形成，是在“天人合一”的思想下发展完成的。人们有上合于天的基本意念，才有这一套代表天道变化之学。所以我们看汉象数易各家的学说，都是上天下地，极尽其攀附牵连之能，深感失之于“杂”，实际上乃因为其背后有“天人合一”的思想作推动力之故。

第二方面，表现中国文化强固的以“人”为重心的思想。中国文化所呈现的整体形态，是以“人”为重心。如从文化发展史上看，孔子以上的远古文化，是从各不同的方向朝“人”上集中，至孔子，汇于一点，确定了“以人为重心”的文化形态；孔子以下的近古文化，则是固定了的以人为重心的文化向各方面的放射，笼罩了中国文化的各个角落。象数易在孔子以后，在这方面的反应最为显明。当象数易初兴起时，务于象、数与术的研求，似乎要离“人”而入于纯知识之域。一阵热潮过去，到了东汉，便渐渐被拉回到“注经”的路上。这种拉之使回的力量究竟是什么？是以人为重心的中国文化的力量；这力量虽是无形的，却是不可抗拒的。后来王弼起而彻底扫除象数，恢复以十翼义理注经，他指责象数易之弊，说：“一失其原，巧愈弥甚，纵复或值，而义无所取，盖存象忘意之由也。”（《周易略例·明象篇》）换句话说，他不愿看到易学一味地向象与数上钻进而不返；也就是说，他不愿看到易学离开言“人”而向纯知识的领域中发展。这是王弼个人的意思，也是当时大多数学术界人士的意思。究其本，还是中国文化的大方向；中国文化已形成了强固的“以人为重心”的形式，任何一方面不容许背此方向而发展。

第四，魏晋以后象数易的潜伏。

象数易至王弼而衰，衰微的主要原因，在于它本身产生了严重的流弊。王弼乃乘时发难，以一本《易注》造成了易学思想的转向。这在上章第三节“王弼易说”中，我们已讲得很详细。然而，这是站在王弼以前象数易的发展上而论；如果离开上述立场，站在王弼以后的易学发展形势上看，那情况又不一样。我们看到的是：象数易固然衰微了，而王弼《易注》所倡导的十翼义理的易学，也未见有任何热烈的发扬。韩康伯继王弼之后注易《系辞传》《说卦传》《序卦传》《杂卦传》等传，算是王弼易学看得见的影响，但也不过像象数易之后有干宝一样，只能说是余音流光，算不上是发扬。所以，在整个学术上说，王弼以后是易学“衰季”的到来，王弼易和他所排除的象数易一样，同走上衰微的路。这种事实，便表明了象数易不完全是衰微在它本身的流弊与王弼的《易注》上，整个易学趋衰的大思想潮流更是重要的因素。原来从东汉以来，学术思想界已在酝酿着一个剧变，到了魏晋之际，这空前的剧变终于来临。开始是老庄思想风行，继而印度佛教思想如排山倒海般压来，易学只好潜伏隐遁以避其锋了。

学术思想的演变，有时候也颇耐人寻味。当王弼一只手递出了一本《易注》，另一只手又举起一本《老子注》的时候，其实，便是兆示着老学风尚之将继易学而兴。从王弼时起，很快地一阵别具风格的“清谈”之风盛行起来。知识分子在“名士”的高雅名号下，一个个足着木屐、手握麈尾、说有道无、谈玄论理地闹成一片。又不久，佛教思想排山倒海而来，老庄玄义渐渐会合于般若，名士风采渐渐逊色于名僧。这对中国本位文化来说，才真是一次空前的大威胁，也是中国文化的一次大扩展。当时，中国知识分子疯狂地奔赴佛学，我们只要看看当时前后的几个中国籍名僧，如竺道潜，如支遁，如道安，如鸠摩罗什门下的高弟僧肇、道生等人，都是上根利智的第一流思想家。中国人的智慧已十九被佛教思想摄收了去。在这种情况下，试问：易学还有不隐伏的道理吗？

所以，如果从魏晋以后学术思想的演变上来看象数易的衰微，象数易本身的流弊及王弼《易注》的问世乃是原因之小者，大原因当是上述这一文化思潮的巨变。象数易固然衰微了，王弼提倡恢复十翼义理的儒门易学也不得发扬，整个易学归于沉寂。我们说这是汉易时期在运数上到了要结束的时候，也无不可。然而，再回到笔者在本书中已表明过的对易学的看法。易学的本质原是一个因时乘变的思想，它是“为道屡迁，变动不居”的，它是“时乘六龙以御天”的，当“潜”则“勿用”，当“飞”则“在天”，汉易果真结束了吗？君不见七百年之后，世转运移，到了赵宋，佛教思想衰微，易学乃出潜离隐，飞龙在天，再展开一个大盛时期。邵雍一派易学正是遥接两汉象数，而程子《易传》则为王弼易一脉那时候是宋代，易学自然又是另一副面貌了。

毓老师书院讲经笔记系列：

毓老师说论语	爱新觉罗·毓鋆讲述
毓老师说中庸	爱新觉罗·毓鋆讲述
毓老师说庄子	爱新觉罗·毓鋆讲述
毓老师说大学	爱新觉罗·毓鋆讲述
毓老师说老子	爱新觉罗·毓鋆讲述
毓老师说易经（全三卷）	爱新觉罗·毓鋆讲述
毓老师说礼元录	爱新觉罗·毓鋆讲述
毓老师说吴起太公兵法	爱新觉罗·毓鋆讲述
毓老师说公羊	爱新觉罗·毓鋆讲述
毓老师说春秋繁露（上下）	爱新觉罗·毓鋆讲述
毓老师说管子	爱新觉罗·毓鋆讲述
毓老师说孙子兵法	爱新觉罗·毓鋆讲述
毓老师说易传	爱新觉罗·毓鋆讲述
毓老师说人物志	爱新觉罗·毓鋆讲述
毓老师说孟子	爱新觉罗·毓鋆讲述
毓老师说诗书礼	爱新觉罗·毓鋆讲述
易经日讲（上中下）（原毓老师说易经）	爱新觉罗·毓鋆讲述
老子日讲（原毓老师说老子）	爱新觉罗·毓鋆讲述
庄子日讲（原毓老师说庄子）	爱新觉罗·毓鋆讲述

毓老师讲透经典系列（首次出版）：

大学智慧直解——毓老师讲透大学	爱新觉罗·毓鋆讲述
中庸智慧直解——毓老师讲透中庸	爱新觉罗·毓鋆讲述
论语智慧直解（上下）——毓老师讲透论语	爱新觉罗·毓鋆讲述

孟子智慧直解——毓老师讲透孟子	爱新觉罗·毓鋆讲述
人物志智慧直解——毓老师讲透人物志	爱新觉罗·毓鋆讲述
荀子智慧直解——毓老师讲透荀子	爱新觉罗·毓鋆讲述
孙子兵法智慧直解——毓老师讲透孙子兵法	爱新觉罗·毓鋆讲述
易经系辞传智慧直解——毓老师讲透易经系辞传	爱新觉罗·毓鋆讲述

刘君祖作品系列：

易经与现代生活	刘君祖
易经说什么	刘君祖
易经密码全译全解（全9辑）	刘君祖
易断全书（上下）	刘君祖
刘君祖经典讲堂（全十本）	刘君祖
系辞传全译全解	刘君祖
孙子兵法新解	刘君祖
鬼谷子新解	刘君祖
黄帝阴符经说什么	刘君祖
春秋繁露的读法（上下）	刘君祖
老子的新读法	刘君祖
庄子的新读法	刘君祖

吴怡作品系列：

中国哲学史话	张起钧　吴　怡
中国哲学史	吴　怡
禅与老庄	吴　怡
逍遥的庄子	吴　怡
庄子的读法	吴　怡
易经应该这样用	吴　怡
易经新说——我在美国讲易经	吴　怡
老子新说——我在美国讲老子	吴　怡
庄子新说——我在美国讲庄子	吴　怡
中国哲学关键词50讲（汉英对照）	吴　怡
哲学与人生	吴　怡

禅与人生	吴　怡
整体生命心理学	吴　怡
碧岩录详解	吴　怡
系辞传详解	吴　怡
坛经详解	吴　怡
周易本义通讲	吴　怡
人与路，人与桥	吴　怡

高怀民作品系列：

易经哲学精讲	高怀民
伟大的孕育：易经哲学精讲续篇	高怀民
先秦哲学与希腊哲学通讲	高怀民
易学史（全三卷）	高怀民

辛意云作品系列：

论语大义（上下）	辛意云
道德经大义	辛意云
国学十六讲	辛意云
美学二十讲	辛意云

经典读法系列：

庄子的读法	吴　怡
周易的读法	吴　怡
史记的读法	阮芝生
人物志的读法	刘君祖
春秋繁露的读法（上下）	刘君祖
老子的新读法	刘君祖
庄子的新读法	刘君祖
红楼梦的读法	叶思芬
金瓶梅的读法	叶思芬
诗经的读法	刘龙勋
孟子的读法	袁保新

礼记的读法	林素玟
大学的读法（上下）	林世奇

其他：

论语故事	（日）下村湖人
汉字细说	林　藜
细说黄帝内经	徐芹庭
易经与管理	陈明德
周易话解	刘思白
数位易经（上下）	陈文德
读史与观心	张　元
细说易经（上下）	徐芹庭
唐诗之巅	朱　琦
把大学彻底说明白	张　源
阳明心学的三重奥秘	姜忠学
论语约讲——感通孔子心志的新诠释	林义正
易经与中医学	黄绍祖
默观无限美	刘岠渭
西方古典音乐导聆（全 4 册）	刘岠渭

经典讲座系列：

老　子	吴　怡
庄　子	吴　怡
韩非子	高柏园
左　传	张高评
史　记	王令樾